UTB 2608

Eine Arbeitsgemeinschaft der Verlage

Beltz Verlag Weinheim und Basel
Böhlau Verlag Köln · Weimar · Wien
Wilhelm Fink Verlag München
A. Francke Verlag Tübingen und Basel
Haupt Verlag Bern · Stuttgart · Wien
Lucius & Lucius Verlagsgesellschaft Stuttgart
Mohr Siebeck Tübingen
C. F. Müller Heidelberg
Ernst Reinhardt Verlag München und Basel
Ferdinand Schöningh Verlag Paderborn · München · Wien · Zürich
Eugen Ulmer Verlag Stuttgart
UVK Verlagsgesellschaft Konstanz
Vandenhoeck & Ruprecht Göttingen
Verlag Recht und Wirtschaft Heidelberg
VS Verlag für Sozialwissenschaften Wiesbaden
WUV Facultas · Wien

Denker des Christentums

herausgegeben von

Christine Axt-Piscalar
und Joachim Ringleben

Mohr Siebeck

(UTB für Wissenschaft: 2608)
ISBN 3-8252-2608-5
ISBN 3-16-148412-6

Die Deutsche Bibliothek verzeichnet diese Publikation in der Deutschen Na-
tionalbibliographie; detaillierte bibliographische Daten sind im Internet über
http://dnb.ddb.de abrufbar.

Satz: Computersatz Staiger, Rottenburg/N.
Druck und Bindung: Hubert & Co., Göttingen
Einbandgestaltung: Atelier Reichert, Stuttgart.

ISBN 3-8252-2608-5 UTB Bestellnummer

Vorwort

Das Christentum ist ‚denkende Religion'. Von seinen Anfängen an hat es die intellektuelle Selbstvergewisserung des Glaubens über seine zentralen Inhalte aus sich herausgesetzt; und dies bedeutete immer auch deren Verantwortung im kritischen Diskurs mit dem jeweils zeitgenössischen Denken. Solange die Philosophie von ihrem Selbstverständnis her das Verständnis des Menschen und den Weltbegriff nicht ohne den Gottesgedanken meinte erfassen zu können, war sie gleichsam der natürliche Gesprächspartner der Theologie. Dies galt gerade auch da, wo die Bezugnahme der Theologie auf das vernünftige Denken sich als eine vorwiegend kritische vollzog.

Die zentralen Gehalte des christlichen Glaubens – Wahrheit, Freiheit, Geist, Wort (logos), Liebe (agape), Leben und nicht zuletzt der Gottesgedanke – verlangen danach, in ihrer genuinen christlichen Prägung erfaßt und in der Auseinandersetzung mit dem vernünftigen Denken und dessen Wahrheitsanspruch bewährt zu werden. Dabei rückt das religionsgeschichtlich Einmalige, daß im Christentum der Gottesgedanke unlösbar mit dem geschichtlichen Menschen Jesus von Nazareth verbunden ist, in das Zentrum des kritischen Gesprächs, indem die Theologie von dieser Mitte her die Wirklichkeit Gottes sowie das Verständnis des Menschen und seiner Welt zu begreifen sucht.

Intellektuelle Selbstvergewisserung und öffentliche Verantwortung des Wahrheitsanspruchs des Glaubens bildeten und bilden das Movens der Denkgeschichte des Christentums, die über zwei Jahrtausende hinweg das Selbstverständnis der abendländischen Kultur maßgeblich geprägt hat. Eine Beschäftigung mit dieser Denkgeschichte bedeutet darum immer auch, sich über die Voraussetzungen des Selbstverständnisses unserer eigenen Gegenwartskultur zu verständigen. In diesem Sinne sind die hier versammelten Beiträge nicht nur von theologie- bzw. philosophiegeschichtlichem Belang. Dies gilt freilich umso mehr und noch grundsätzlicher, wenn man bedenkt, daß die von den Denkern des Christentums verhandelten Fragen – wie der Mensch sich selbst und seine Welt begreift; ob über- haupt und, wenn ja, welche Rolle dabei der Gottesgedanke spielt – wohl zu solchen Fragen zählen, die den Menschen von Natur aus bewegen.

Die Vorträge dieses Bandes, die im Rahmen einer öffent- lichen Ringvorlesung im Wintersemester 2003 in Göttingen ge- halten wurden, nehmen die Leser mit in die spannende Denkge- schichte, die das Christentum aus sich freigesetzt hat, indem der Glaube zu jeder Zeit neu sich seiner selbst intellektuell verge- wissert und öffentlich verantwortet. Sie spannen den Bogen von Paulus über Augustin zu den großen Theologen des Mittel- alters, Thomas von Aquin und Nikolaus von Kues, bis hin zu den Reformatoren Luther und Calvin; sie gehen der Umfor- mung des Christentums unter den Bedingungen der Neuzeit bei Schleiermacher, Hegel, Kierkegaard und Troeltsch nach und rufen wirkungsvolle Theologen des 20. Jahrhunderts in Gestalt von Tillich, Rahner und Barth auf. Der Natur der Sache gemäß kommen Vertreterinnen und Vertreter aus Theologie und Phi- losophie zu Wort. So erhalten die Leserin und der Leser auch einen Eindruck davon, auf wie unterschiedliche Art und Weise Denker Denker des Christentums denkend zu erschließen ver- mögen.

Die Herausgeber danken der Kollegin und den Kollegen für ihre Beiträge. Sie bedauern es, daß Kurt Flasch seinen Vortrag über Meister Eckhart nicht für den Druck zur Verfügung ge- stellt hat, so daß dieser klassische Vertreter einer mystischen Theologie hier leider fehlen muß. Gedankt sei ferner der Aka- demie der Wissenschaften zu Göttingen für die finanzielle Un- terstützung bei der Durchführung der Ringvorlesung, den Mit- arbeitern des Verlags Mohr Siebeck für ihre sorgfältige Arbeit und Herrn stud. theol. et phil. Wolf Leithoff für die Mithilfe bei der Erstellung der Druckvorlage.

Göttingen, im September 2004

Christine Axt-Piscalar
Joachim Ringleben

Inhalt

Paulus

Reinhard Feldmeier

1. *Theologia crucis* vs. *theologia negativa* – der Kontext

„Gott hat weder Mund noch Stimme ... Auch hat er den Menschen nicht nach seinem Bild geschaffen, denn er gleicht weder
diesem [menschlichen] Bild noch einem anderen ... Durch keinen Begriff kann er erfaßt werden ... noch durch einen Namen
benannt ... Gott steht jenseits aller Empfindungen ... Er ist kein
Bestandteil unserer Wirklichkeit" – diese Salve von Negationen
feuert der Mittelplatoniker Kelsos ab gegen den Versuch des
Christentums, von der Offenbarung in Christus her ,Gott' zu
denken und von Gott zu reden (Cels 6,62–65). In polemischer
Zuspitzung zitiert der erste große Kritiker des Christentums die
communis opinio der Metaphysik der späteren Antike, vor allem
des Mittel- und Neuplatonismus: Das Wesen des Göttlichen ist
durch die Negation zur „Wirklichkeit" (οὐσία) bestimmt. Denn
Wirklichkeit heißt Sein in der Zeit, und die Zeit ist ein „nicht
dicht haltendes Gefäß des Vergehens und Werdens" (392E), wie
Plutarch seinen Lehrer Ammonios in seinem Traktat *De E apud
Delphos* sagen läßt, also Vergänglichkeit. Existenz in der Zeit ist
deshalb, so die Folgerung des Philosophen, ἐξομολόγησις ... τοῦ
μὴ ὄντος, „Eingeständnis des Nichtseins". Über dieses Nichts erhebt sich das Göttliche, weil es aller Zeitlichkeit entnommen
(κατ' οὐδένα χρόνον), weil es zeitlos (ἄχρονος) und aufgrund
dieser durch die Zeitlosigkeit begründeten Ewigkeit dann auch
ἄφθαρτος, unverderblich und unvergänglich, ist[1]. Es spricht für

---

[1] Dreimal wird von Ammonios in seiner Rede die ,Unvergänglichkeit'

die Attraktivität und Plausibilität solcher negativen Theologie,
daß sie nicht auf den paganen Bereich beschränkt bleibt, sondern
vom hellenistischen Judentum rezipiert wird, das nun seinen
Gott, den Gott der Bibel, ebenfalls *via negationis* bestimmt. So
finden sich etwa bei Philo immer wieder zwei- und dreigliedrige,
mit α-privativum gebildete Prädikatsreihen[2], wenn er nicht
gleich Gott ὁ ἄφθαρτος nennt[3].

Dies ist der Kontext, in welchem Paulus von Tarsus zu denken
und zu sagen versucht, was es heißt, *christlich* von Gott zu reden.
Der Apostel ist dabei ein Kind seiner Zeit, auch er nimmt deutlich die Vergänglichkeit der Welt wahr; wie er Röm 8,19ff ausführt, stöhnt und seufzt die ganze Schöpfung unter der Nichtigkeit, der sie unterworfen ist. Und wie in der Metaphysik ist auch
hier der Grund der Nichtigkeit die Trennung von Gott[4]. Allerdings ist die Ursache dieser Nichtigkeit nicht der ontologische
Gegensatz von zeitlosem göttlichen Sein und Existenz in der
Zeit, sondern sie gründet in einer Geschichte, nämlich in der
Feindschaft des Menschen gegen Gott (Röm 5,10), wie sie in
Adam ihren Anfang nahm. Entsprechend geschieht die Überwindung dieses Nichts nicht durch die Überwindung der Ge-
schichtlichkeit[5], sondern durch ein geschichtliches Ereignis:

---

als *differentia specifica* des Göttlichen im Gegensatz zur Welt hervorgeho-
ben. Es ist nicht ganz eindeutig, ob Plutarch hier seine eigene Überzeugung
vertritt oder ob er im Munde seines Lehrers die Position des alexandrini-
schen Mittelplatonismus referiert (vgl. aber auch *De Iside* 78,382Ef). Aufschlußreich ist in jedem Fall, daß in der Philosophie zur Zeit des Neuen
Testaments das Dasein in der Zeit derartig scharf abgewertet werden kann.

[2] *Gig* 15,1; 61,4; *Heres* 15,1; *Jos* 265,2; *Mos* 2,171, *Decal* 41,2; *Leg All* 1,51
u.ö.

[3] *Leg All* 1,51 (bis); 3,31.36; *Sac* 63.95.101; *Immut* 26; *Heres* 15,1; 118,3;
205,4; vgl. weiter *Gig* 15.45.61 und *Ebr* 110. Philo betont dabei ausdrücklich,
daß Gott selbst jenseits der Zeit steht (*Immut* 32).

[4] Vgl. die drastische Schilderung des menschlichen Lebens als „grundsätzlich von den unsterblichen Göttern weit abgewiesen und ... in diese irdische Unterwelt verbannt" bei Apuleius: De Deo Socratis I,5 (Übersetzung:
M. Baltes, in: M. Baltes [Hg.], Apuleius: Der Gott des Sokrates, SAPERE
9, Darmstadt 2004).

[5] Für Plutarch bedeutet Erlösung die radikale Trennung des Göttlichen

Markus und *Paulus*

durch den Tod des Gottessohnes, durch welchen Gott den Kosmos mit sich versöhnt hat (vgl. 2 Kor 5,14–19). Diese Botschaft, daß die Überwindung des Todes aus dem Tod Christi kommt, wird von Paulus immer wieder neu durchdacht, gerade auch im Blick auf seine Theo-Logie im eigentlichen Sinn, als denkende Verantwortung der Rede von Gott. Am deutlichsten tut dies der Apostel im 1. Korintherbrief, wo er gleich am Anfang, in Auseinandersetzung mit dem korinthischen Streben nach Weisheit, auf die Anstößigkeit dieser Unternehmung zu sprechen kommt, wenn er in 1 Kor 1,23 feststellt, daß das „Wort vom Kreuz" für die Nichtglaubenden Skandal und Torheit ist. Der eingangs zitierte Kelsos hat denn auch in seiner Schrift, die den programmatischen Titel ἀληθὴς λόγος trägt, die entsprechende Kritik auf den Begriff gebracht: Die Verehrung Gottes im Gekreuzigten bedeutet die Vernichtung des Göttlichen und die Vergöttlichung des Nichtigen[6]. In die gleiche Kerbe schlägt der Pfarrersohn und selbsternannte Antichrist Friedrich Nietzsche, wenn er dem Apostel vorwirft, daß in seinem ‚Dysangelion' der Aufstand des am Boden Kriechenden gegen alles Edle und Hohe seinen Triumph feiert. In seinem ‚Antichrist' packt er seinen Widerwillen gegen die Theologie des Apostels in die grimmige Formel: *Deus, qualem Paulus creavit, Dei negatio* – „der Gott, den Paulus sich zurecht gemacht hat, ist die Verneinung Gottes"[7]. Eben diese „Negation" als Position zu denken (in der Sprache von 1 Kor 1,25: Gottes Torheit als weiser denn die Weisheit der Men-

---

in uns von aller irdischen Verbundenheit durch den Aufstieg der Seele und deren Verwandlung in einen Daimon; wenn möglich sogar – als ἀρίστη ἐξαλλαγή, als „höchste Verwandlung" – als radikale Entweltlichung durch die unmittelbare Vereinigung mit dem transzendenten Göttlichen *DefOr* 415B vgl. *De Genio Socratis* 591Dff; *De Facie* 30; *De Iside* 78,382Ef. *Amatorius* 764F-765A bewirkt dies der Eros als göttlicher Retter und erlösender μυσταγωγός aus dieser als ‚Hades' bezeichneten Welt. Umgekehrt bejammern in den Jenseitsmythen die nicht erlösungsfähigen Seelen ihre erneute Geburt als trostlose Iteration eines nichtigen Seins *De genio Socratis* 22; *De fac* 944C.

[6] Vgl. Origenes: Cels IV,14.18.36; V,14; VII,11–14.36.45.68.
[7] F. Nietzsche: Der Antichrist 47.

schen und Gottes Schwäche als stärker denn die Stärke der Menschen), ist das kühne Unterfangen der paulinischen Theologie, welches die Denker des Christentums bis heute in Atem hält. Gerade die größten unter ihnen, die in den nachfolgenden Beiträgen vorgestellt werden, sind vom Apostel zu ihren Neuaufbrüchen inspiriert worden: Er stand ebenso Pate bei der Ausformung der augustinischen Gnadenlehre am Ausgang der Spätantike wie bei der Rechtfertigungslehre Martin Luthers am Beginn der Reformation, und die Neubegründung der Theologie nach der Katastrophe des 1.Weltkriegs erfolgte durch Karl Barths bahnbrechende Auslegung des Römerbriefs.

Es wäre vermessen, dieser Theologie auf wenigen Seiten gerecht werden zu wollen. Hier soll ein Schlaglicht auf die Art und Weise geworfen werden, wie Paulus von Gott sprach und wie er dieses Reden denkend verantwortete. Um dieses Denken auch im Vergleich mit der eingangs vorgestellten philosophischen Position plastischer hervortreten zu lassen, möchte ich dabei zeigen, wie der Apostel im 1. Korintherbrief das gleiche Thema, das auch im Zentrum der metaphysischen Rede von Gott stand, nämlich den Gegensatz zwischen irdischer Vergänglichkeit und göttlicher Unvergänglichkeit und dessen Bedeutung für das Verständnis Gottes und des Menschen, aus der Perspektive des christlichen Glaubens behandelt. Daran anschließend soll dann ein Spezifikum paulinischen Redens und Denkens reflektiert werden.

Doch so originell Paulus als Denker auch ist – er ist nicht verständlich ohne seine Herkunft aus dem antiken Judentum und seine Berufung zum Apostel Jesu Christi. Beides soll daher zunächst in seiner Bedeutung für die Theologie des Paulus skizziert werden.

2. „Hebräer von Hebräern" – Paulus als Jude

Unser Bild des Paulus ist geprägt von seiner Lebenswende, die als Bekehrung vom Saulus zum Paulus[8] geradezu sprichwörtlich wurde. Dieses Bild ist bei aller Einseitigkeit nicht falsch: Aus dem eifernden Verfolger der christlichen Gemeinden wurde in der Tat der entschiedenste Missionar des jungen Christentums, und der Apostel kann selbst seine Berufung durch Christus und die damit verbundene theologische Neuorientierung in drastischen Wendungen beschreiben – bis dahin, daß ihm das, was ihm bisher höchster Wert war, nun als σκύβαλα gilt, als Kot (Phil 3,8). Dabei darf jedoch nicht übersehen werden, daß eben dieser Paulus bei aller Entwertung der bisherigen Vorzüge zugleich den unaufhebbaren Zusammenhang des Christentums mit der jüdischen Heilsgeschichte unterstreicht. Dabei geht es nicht nur um die tiefe emotionale Bindung des Apostels an das jüdische Volk, wie er sie selbst in Röm 9,1ff bewegend bezeugt. In Röm 9–11 hält der Apostel auch an der bleibend gültigen Erwählung des Volkes Israel durch Gott fest, die auch das verstockte Israel nicht läßt, und er schärft den Heidenchristen ein, daß sie nur wilde Ölbaumzweige sind, die auf den alten Ölbaum aufgepfropft sind: „Nicht du trägst die Wurzel, sondern die Wurzel trägt dich" (Röm 11,18b). Entsprechend deutet der Apostel auch seine Christusbotschaft konsequent im Rahmen der alttestamentlichen Verheißungen[9]. Man könnte sogar provokativ fragen, ob Paulus überhaupt zu Recht den Anfang einer Reihe macht, die „Denker des Christentums" heißt. Die Einbeziehung der Heiden jedenfalls schafft noch kein Christentum als eigene ‚Religionsgemeinschaft'; was dabei entstanden ist, faßt Paulus vielmehr – auch dabei ganz in jüdisch-alttestamentlicher Tradition

---

[8] Die beiden Namen haben nichts mit der Berufung zu tun. ‚Paulos' ist, wie das im Diasporajudentum häufig war, griechisch-römisches Äquivalent zum jüdischen Namen Saul.

[9] Paulus ist, wie er nicht ohne Stolz schreibt, „Hebräer von Hebräern" (Phil 3,5), Abrahams Kind (2 Kor 11,22), genauer: Er stammt aus dem Stamm Benjamin (Phil 3,5; Röm 11,1), was wohl auch seinen Namen erklärt (Saul – nach dem einzigen israelitischen König aus dem Stamm Benjamin).

stehend – als „neue Schöpfung" auf (Gal 6,15). Dieser jüdische Hintergrund prägt das Denken des Apostels auch dort, wo er seine Rede von Gott vom Kreuz Christi her neu bestimmt; der Vater Jesu Christi ist der Gott Israels. Das beginnt schon ganz elementar damit, daß sich der paulinische Gott nicht philosophischem Nachdenken erschließt, sondern offenbart. Nicht die Zeitlosigkeit des reinen Seins ist sein Bereich, sondern eben die *Zeit*, genauer: die Geschichte, die Geschichte Israels, von der die Schriften des Alten Testaments Zeugnis geben, das Paulus mit Methoden der jüdisch-schriftgelehrten Exegese auslegt[10], und die Geschichte des Sohnes, mit dessen Sendung die *„Erfüllung der Zeit"* gekommen ist (Gal 4,4). Dieser Gott ist einzig; in schroffer Abgrenzung zu allen anderen sogenannten Göttern ist er allein Ursprung und Ziel unseres Daseins, wie Paulus in 1 Kor 8,4–6 in bewußter Anknüpfung an das Bekenntnis Israels, das *Sch^ema Israel* Dtn 6,4, ausführt. Als der souveräne Schöpfer der Welt ist er zum einen von allen Geschöpfen radikal unterschieden (Röm 1,25); andererseits ist diese Welt eben seine Schöpfung und damit nichts, was seinem Wesen ontologisch entgegengesetzt wäre; mehr noch: Als Schöpfer bleibt Gott auch mit seiner gefallenen Schöpfung verbunden und läßt sie nicht aus seiner Zuwendung; deswegen bedeutet die Erwählung der „Kinder Gottes" zugleich Hoffnung der gesamten seufzenden Kreatur (Röm 8,18ff). Die strikte Unterscheidung von Schöpfer und Geschöpf impliziert auch, daß Gott kein höherer Teil des Menschen oder im Menschen ist, wie in der zeitgenössischen Philosophie, sondern unverfügbares Gegenüber. Die Pointe solcher strikten Unterscheidung ist allerdings nicht die Entgegensetzung von seiendem Gott und nichtigem Menschen, sondern die Begegnung und Gemeinschaft beider: Als Gegenüber des Menschen ist dieser Gott der Erwählende, der sich in freier Liebe bindet, indem er Menschen zu seinem Volk, zu seiner Gemeinde macht[11]. Überhaupt ist die

---

[10] Vgl. dazu E. Lohse: Paulus. Eine Biographie, München 1996, 23–25.

[11] J. Becker: Paulus. Der Apostel der Völker, Tübingen ²1989 weist auf die zentrale Bedeutung des Erwählungsgedankens für die Theologie des Apostels hin.

zentrale Bedeutung der Affekte im Gottesbegriff, der Zorn des Richters über die Ungerechtigkeit und dessen Erbarmen und Liebe zu dieser Welt ein alttestamentliches Erbe. Damit verbunden ist das für Paulus zentrale Thema der göttlichen Gerechtigkeit als Ausdruck von Gottes Treue gerade dort, wo der Mensch dieser Zuwendung Gottes nicht entspricht. Dazu gehört auch die Frage nach der Gültigkeit seiner Tora. Der Apostel unterscheidet zwar Glaube (als die die Existenz konstituierende Gottesbeziehung[12]) und Handeln (als deren Folgen), aber er trennt sie nicht: Wenn der Glaube in der Liebe tätig wird (Gal 5,6), dann zeigt sich darin, daß bei Paulus wie im Alten Testament die Bindung an Gott und eine an dessen Willen orientierte Lebensgestaltung untrennbar zusammengehören. Diese biblischen Grundlagen werden angereichert durch frühjüdische Traditionen: Das reicht von einem radikalisierten Verständnis der Schöpfung als Schöpfung aus dem Nichts (Röm 4,17 vgl. 2 Makk 7,28) bis zur Eschatologie mit der apokalyptischen Erwartung der Auferweckung der Toten und dem kommenden Reich Gottes (1 Kor 15; 1 Thess 4,13–5,11). Eigens zu würdigen wäre die enorme Bedeutung des hellenistischen Judentums, das – angefangen von der Übersetzung der Bibel ins Griechische in der sogenannten Septuaginta – die Sprache und Denkkategorien geschaffen hat, deren sich das frühe Christentum und allen voran Paulus bedient hat, um die Christusbotschaft in den Kontext der hellenistisch-römischen Welt zu übersetzen. Selbst die paulinische Missionstätigkeit, jenes „Eifern" um die Gemeinden „mit dem Eifer Gottes" (vgl. 2 Kor 11,2) ist die Transformation des „Eifers" für die Tora[13], der den Verfolger beseelte (Phil 3,6). Bei aller noch zu würdigenden Besonderheit der paulinischen Theologie ist der Gott des Apostels, um es in Anlehnung an das *Mémorial* Blaise Pascals zu sagen,

---

[12] Vgl. Gal 2,20: „Aber nicht mehr ich lebe, sondern Christus in mir"; allgemein 2 Kor 5,17: „Wenn nun jemand in Christus ist, so ist er neue Schöpfung".

[13] Zur Bedeutung des Pinchasvorbildes vgl. M. HENGEL: Die Zeloten, Arbeiten zur Geschichte des antiken Judentums und des Urchristentums, Leiden 1976, 154–181.

nicht der Gott der Philosophen, sondern der Gott Abrahams, Isaaks und Jakobs.[14]

3. „Apostel Jesu Christi"

Zugleich ist dieser Gott der Väter der Vater Jesu Christi, des Gottessohnes, der als der Auferstandene den bisherigen Verfolger der Gemeinde zu seinem Gesandten gemacht hat. Diese Berufung ist gleichsam das stählerne Rückgrat dieses mit keinerlei Machtmitteln oder auffälligen Gaben ausgestatteten Mannes. Als Gesandter Jesu Christi entfaltet er eine schier unglaubliche Energie, die ihn von Syrien und der Arabia zunächst nach Kleinasien führt und von dort weiter nach Griechenland. Im Römerbrief erfahren wir, daß der Apostel plante, bis in die äußersten Westen der damaligen Welt, nach Spanien vorzustoßen. Wo er hinkommt, predigt er, lehrt er, gründet Gemeinden. Wenn er weiterzieht, bleibt er durch ein ganzes Netzwerk mit den Gemeinden verbunden, um ihnen bei Bedarf einen Brief zu schreiben, einen Mitarbeiter zu schicken oder gar selbst wieder hinzureisen. Dabei hat dieser von Krankheit geplagte Mann kaum vorstellbare Strapazen erduldet: Er war auf seinen Reisen wiederholt gefangen genommen worden (2 Kor 11,23) und von Räubern bedrängt worden (2 Kor 11,26), er mußte sich im Korb von der Stadtmauer abseilen lassen, um seinen Verfolgern zu entkommen (2 Kor 11, 32f), vielleicht sogar in Ephesus in der Arena mit wilden Tieren kämpfen (1 Kor 15,32), er hat fünfmal die Synagogenstrafe der 39 Stockhiebe erhalten, ist dreimal gegeißelt und einmal gesteinigt worden, hat dreimal Schiffbruch erlitten und trieb einen Tag und eine Nacht auf dem offenen Meer (2 Kor 11,24f). Und das alles sind nur die spektakuläreren Ereignisse – die ganz alltäglichen Mühen und Leiden seiner Reisen wie Hunger, Durst und Frost, Wüsten, reißende Flüsse und ständige Anfeindungen erwähnt er nur so nebenbei (2 Kor 11,26f). Bemerkenswert ist allerdings,

[14] Vgl. Pascal: Œuvres complètes. Présentation et notes de Louis Lafuma, Paris 1963, Nr. 913 (S. 618).

daß der Apostel bei all diesen Mühen und Leiden weder jammert noch sich brüstet. Vor allem im Kontext von Auseinandersetzungen (wie in 2 Kor 11) kommt er darauf zu sprechen, aber wie er dies dann tut, das verrät einiges über den Theologen Paulus. Als Beispiel sei eine kurze persönliche Notiz aus 2 Kor 1,8–10 zitiert, an der deutlich wird, wie diese Erfahrungen und sein theologisches Denken ineinander greifen:

„8. Wir wollen euch nicht in Unklarheit lassen, liebe Geschwister, über die Bedrängnis, die uns in der Asia widerfuhr, daß wir übermäßig beschwert waren, so daß es über unsere Kraft ging und wir am Leben verzweifelten. 9. Wir hatten über uns bereits das Todesurteil gesprochen. [Das aber hatte den Sinn], daß wir nicht auf uns selbst unser Vertrauen setzten, sondern auf den Gott, der die Toten auferweckt. 10. Er, der uns aus einem so mächtigen Tod gerettet hat und retten wird, in ihn haben wir unsere Hoffnung gesetzt, daß er uns auch weiterhin retten wird".

Was andere entweder verzweifeln läßt, oder – bei überstandener Not – mit Stolz erfüllt, wird für Paulus zum Ort seiner Gotteserfahrung: Gerade in Bedrängnissen, die ihn selbst am Leben schon verzweifeln ließen, erfährt er den Gott als wirksam, der nicht in seliger Unberührtheit jenseits aller irdischen Verderbnis thront, sondern als Vater Jesu Christi mitten in Leiden und Tod seine rettende Macht bewährt hat und immer wieder bewährt. Es ist die göttliche Macht, die gerade in der menschlichen Schwachheit ihre Kraft entfaltet, wie der Apostel selbst lernen mußte, lernen in einer Situation, die scheinbar die Stunde seiner bittersten Niederlage war. Denn seine inständige dreimalige Bitte an Gott, ihn von seiner quälenden Krankheit zu befreien (dem „Pfahl im Fleisch" – vielleicht Migräne[15]), wurde nicht erfüllt. Und doch wandte sich durch seine Bindung an den Gekreuzigten die Niederlage in Triumph; von seinem Herrn selbst wird dem Apostel beschieden: „Meine Macht kommt in der Schwachheit zur Vollendung" (2 Kor 12,9). Deshalb hält er seinen Gegnern, die ihm seine Schwäche zum Vorwurf machen, in seiner rhetorisch mei-

---

[15] Vgl. U. Heckel: Der Dorn im Fleisch. Die Krankheit des Paulus in 2Kor 12,7 und Gal 4,13f, ZNW 84,1993, 65–92.

sterhaften „Narrenrede" das Lob der Schwachheit entgegen, das in der provokativen Zuspitzung mündet: „Ich will mich lieber meiner Schwachheiten rühmen, damit die Macht Christi bei mir gegenwärtig wird. Deshalb bin ich zufrieden mit Schwachheiten, Beleidigungen, Notlagen, Verfolgungen und Ängsten, wegen Christus. Denn so oft ich schwach bin, bin ich mächtig" (2 Kor 12,10). Das sind keineswegs nur Phrasen, die aus der Not eine Tugend machen wollen. Diese Macht in der Schwachheit erweist sich dort Tag für Tag, wo dieser Paulus, der nichts aus sich macht und nur „Christus, den gekreuzigten" zur Geltung bringen will (Gal 3,1), nichts Geringeres tut, als durch die Macht seines von den römischen Machthabern hingerichteten Herrn dieses Imperium Romanum missionierend zu erobern: „Ich vermag alles durch den, der mich mächtig macht", so Paulus Phil 4,13.

Schön ist hier zu sehen, wie Paulus Theologie treibt: Seine Gedanken sind immer unmittelbar bezogen auf die Lebenswirklichkeit, die er aus der Perspektive des Kreuzes Christi in den Blick nimmt – und gerade so treibt er Theologie! Vielleicht nie mehr in der Geschichte des Christentums war anspruchsvollstes theologisches Denken so unmittelbar mit Lebenswirklichkeit verbunden wie hier. Nicht zufällig hat Paulus ja auch kein theologisches Werk geschrieben, sondern Briefe hinterlassen, teilweise Gelegenheitsschreiben, die als Ersatz für seine persönliche Anwesenheit dienten und in denen er immer neu versucht, aus der Ferne auf die von ihm gegründeten Gemeinden einzuwirken, ihre Fragen zu beantworten, sie in ihren Anfechtungen zu stärken, Mißstände zu beheben, die Traurigen zu trösten und den Strauchelnden neuen Halt zu geben[16]. Argumentierend und er-

---

[16] Ob es um das Eindringen fremder Lehrer geht oder um den Verzehr des Götzenopferfleisches, um die Kopfbedeckung der Frauen oder das Schicksal der Gestorbenen, ob um Unzucht oder um die Zungenrede, um die Starken und die Schwachen in der Gemeinde oder um das neue Leben, um Prostitution oder um Prophetie, um Rechtsstreitigkeiten oder um das Verhältnis zum Staat, um die Macht der Sünde oder um die Wiederkunft Christi, um die Kollektensammlung für die Armen in Jerusalem oder um den ehelichen Geschlechtsverkehr, um Gruppenbildung in den Gemeinden oder um Gottes Treue zu Israel, um einen zu ihm geflohenen Sklaven oder um die

innernd, ermahnend und ermunternd, lobend und tadelnd, bisweilen auch drohend und wüst beschimpfend oder auch hymnisch dichtend[17] – Denker des Christentums ist Paulus nicht im klassischen Sinn der *vita contemplativa,* sondern als Missionar, Lehrer, Prediger, Seelsorger, Gemeindeleiter, als ein leidenschaftlicher Mann der Praxis, der gleichwohl die Theologie nicht der Praxis anpaßt, sondern diese mit der Schärfe seiner theologischen Urteilskraft durchleuchtet. Alles wird dem Apostel zum Gegenstand seines theologischen Nachdenkens über Gott und die Welt aus der Perspektive einer *theologia crucis.* Deshalb sind diese Briefe, deren Anlässe für uns heute meist vollkommen unerheblich geworden sind, bleibend aktuell: Sie eröffnen jenseits aller Situationsgebundenheit immer wieder elementare Einsichten in das „Geheimnis Gottes" (1 Kor 2,1), Einsichten, die sich nicht zuletzt auch an dem Grundproblem der menschlichen Existenz, der Vergänglichkeit und dem Tod, bewähren. Dies zeigt sich paradigmatisch an 1 Kor 15, jenem großartigen Versuch des Paulus, das Verhältnis von menschlicher Vergänglichkeit und göttlicher Unvergänglichkeit aus der Perspektive der Kreuzestheologie neu zu durchdenken.

4. Gott und die Vergänglichkeit in 1 Kor 15

Anlaß der Ausführungen des Apostels ist die Bestreitung der Auferstehung durch Mitglieder der korinthischen Gemeinde, resultierend aus dem Problem der Vorstellbarkeit eines solchen Vorganges, dem „Wie" der Auferstehung (15,35)[18]. Paulus ver-

---

Liebe als die höchste der Geistesgaben, um die gemeinsame Feier des Herrenmahles, um christliche Freiheit, um Beschneidung oder was sonst noch in seinen Briefen steht – nahezu alles, was wir vom Apostel haben, ist auf konkrete Probleme bezogen.

[17] Vgl. das sog. Hohe Lied der Liebe 1 Kor 13 oder auch, falls von Paulus selbst gedichtet, Phil 2,6-11.

[18] Nach Chr. Wolff: Der erste Brief des Paulus an die Korinther, Theologischer Handkommentar zum Neuen Testament 7, Leipzig 1996, 402 (Neuausgabe) ist diese Frage der Hauptgrund der Auferstehungsbestreitung.

sucht, seine Botschaft argumentativ so zu begründen, daß sie den Adressaten im Horizont ihrer Vorstellungen plausibel wird. Der Text ist ein Paradebeispiel für die gedankliche Schärfe und Originalität des Paulus. Zunächst verweist er auf die gemeinsame Glaubensüberzeugung, aus der hervorgeht, daß der Glaube an die Auferstehung Jesu Christi zum unverzichtbaren Grundbestand des Glaubens gehört (15,1–11). Daraus aber folgt, so zeigt Paulus in zwei Argumentationsgängen, zwingend der Glaube an die Auferstehung aller Glaubenden (15,13–19); Jesus ist der „Erstling der Entschlafenen", wie Paulus 1 Kor 15,20 schreibt. Doch Paulus bleibt nicht bei der Gemeinde stehen: Die Überwindung des Todes durch Gottes Handeln in Christus betrifft in letzter Konsequenz die gesamte Schöpfung. Paulus schildert dies durch ein dramatisches Kampfszenario in den Versen 23–28, in dem diese Welt von den zerstörerischen Mächten zurückerobert wird, bis sich Gottes Herrschaft auch gegen den Tod als „letzten Feind" durchgesetzt hat und der Vater „alles in allem" ist.

Es geht also bei der Auferstehung letztlich um das Verhältnis des Schöpfers zu seiner Schöpfung. Entsprechend rekurriert der Apostel gerade auch in seinen Ausführungen zur christlichen Zukunftshoffnung immer wieder auf Gottes *Schöpfermacht*. Bereits in 15,22 hat er festgestellt, daß das Verhängnis der durch Adam verursachten Todesmacht dadurch aufgehoben wird, daß „in Christus alle *lebendig gemacht werden*". Die passive Formulierung ist das sog. *passivum divinum,* mit welchem in jüdischer Tradition respektvoll-indirekt das göttliche Handeln umschrieben wird. Das ist bemerkenswert in Verbindung mit dem hier verwendeten Verb ζῳοποεῖν, „lebendig machen". Dieses Verb beschreibt bereits in der LXX einige Male das Handeln Gottes[19]. Das antike Judentum formt daraus ein *Gottesprädikat*, das ge-

---

[19] Das Verb ζῳοποιεῖν gibt in der LXX einige Male das Hifil oder Piel von חיה wieder, zumeist mit Gott als Subjekt. Nur dieser kann „töten und lebendig machen" 2.[4.] Kön 5,7; vgl. auch 1. Sam (1.Reg) 2,6: ζῳογονεῖ ... ἐζῳοποίησάς με dankt der Beter Ps 70[71],20; und in Neh 9,6 bekennt das Volk beim Bußgebet vom Schöpfer des Himmels und der Erde: σὺ ζῳοποιεῖς τὰ πάντα (LXX 2 Esdr 19,6).

rade angesichts der Todeswirklichkeit die Leben schaffende Schöpfermacht hervorhebt: Gott ist מחיה מתים („Beleber der Toten") – so heißt es gleich viermal in der zweiten Benediktion des Schemone Esre, er ist der ζῳοποιῶν τοὺς νεκροὺς (JosAs 20,7), eine Wendung, die auch Paulus in Röm 4,17 übernimmt, wenn er Gott aufgrund der Auferstehung Jesu Christi als ζῳοποιῶν τοὺς νεκροὺς καὶ καλῶν τὰ μὴ ὄντα ὡς ὄντα definiert, als den, „der die Toten lebendig macht und das Nichtseiende ins Sein ruft"[20]. Dieser aus dem Nichts das Seiende schaffende und aus dem Tod das Leben hervorbringende Gott ist also die Macht, welche die Auferstehung Jesu bewirkt und eben dadurch mitten in dieser todverfallenen Wirklichkeit die Möglichkeit neuen Lebens eröffnet hat.

Von diesem archimedischen Punkt aus geht Paulus nun die Fragen an, welche die Korinther am meisten bewegen: „Wie" soll Auferstehung möglich sein und wie soll man sich das vorstellen, mit welchem Leib soll das geschehen (15,35–49)? In seiner Antwort macht der Apostel konsequent das *Leben schaffende und den Tod überwindende Handeln des Schöpfers in Christus zum Schlüssel seines Wirklichkeitsverständnisses*. Das zeigt gleich der Auftakt Vv. 36–38, in dem der Apostel die Bestreiter einer allgemeinen Auferstehung der Toten zunächst an die Natur verweist, in der ein Korn erst sterben muß, damit es *lebendig gemacht* werden kann: ζῳοποιεῖται – hier haben wir dasselbe Wort, mit dem Paulus die Auferweckung der Toten beschreibt, für das Wirken des Schöpfers beim Entstehen der Pflanze, wiederum im *passivum divinum*. Paulus verweist also bei der Frage nach dem „Wie" der Auferstehung zunächst auf die Vorgänge in der Natur, und zwar so, wie diese ähnlich auch von den Gebildeten der damaligen Zeit gesehen werden; auch Plutarch, der in der Naturwissenschaft seiner Zeit bestens bewandert ist, vertritt die Ansicht, daß die neue Pflanze aus dem verfaulenden Samenkorn hervorgeht[21].

---

[20] Auch diese Zusammenstellung hat eine frühjüdische Parallele in 2 Makk 7,28f, vgl. O. Hofius: Eine altjüdische Parallele zu Röm IV.17b; NTSt 18 (1970/71), 93f.

[21] Plutarch: Fragm XI ex comm in Hesiodum 84.

Wenn der Apostel nun allerdings sagt, daß das Korn *sterben muß*, um *lebendig gemacht* zu werden (V.36), so wird der natürliche Vorgang aus der Perspektive der Selbstoffenbarung des Schöpfers am Kreuz wahrgenommen, der gerade durch den Tod Jesu neues, verwandeltes Leben ermöglicht hat. So zeigt sich bereits in dem ganz ‚normalen‘ Vorgang des Säens und Wachsens die Schöpfermacht des aus dem Absterbenden neues Leben schaffenden Gottes. Das ist die Antwort auf das „Wie“ der Auferstehung im Blick auf ihre Möglichkeit[22]; zugleich kann am Beispiel des Samens auch die zweite Frage beantwortet werden, die nach dem Auferstehungsleib. So wie die wachsende Pflanze etwas anderes ist als das in der Erde vergehende Samenkorn und doch aus diesem stammt, so verhält es sich auch mit dem alten und neuen Leib. Das Einzelbeispiel des Samens wird dann in den Vv. 39–41 explizit auf alles Sein ausgeweitet[23], um grundsätzlich zu unterstreichen, daß das gesamte Dasein nicht aus eigenem Vermögen existiert, nicht durch verschiedene Naturmächte oder die sie repräsentierenden Gottheiten, sondern durch die sich unablässig verwirklichende und so Wirklichkeit schaffende schöpferische Potenz. In dieser Sicht wird die ganze Wirklichkeit zum Hinweis auf den Leben schaffenden Gott, weshalb Paulus nun in den Vv. 42f die Auferstehung in Analogie zu dieser schöpferischen Wirksamkeit Gottes in der Natur verständlich machen kann: „So ist es auch in der Auferstehung: Es wird gesät im Zustand der Vergänglichkeit, auferweckt im Zustand der Unvergänglichkeit. Es wird gesät im Zustand der Unehre, auferweckt im Zustand der Herrlichkeit. Es wird gesät im Zustand der Schwachheit, auferweckt im Zustand der Macht. Es wird gesät ein belebter Leib (σῶμα ψυχικόν), es wird auferweckt ein geistlicher Leib“ (σῶμα πνευματικόν)[24]. Bereits in den ersten drei Paa-

---

[22] Vgl. die ähnliche Argumentation Jesu bei der Sadduzäerfrage Mk 12,18–27, bes. Vv.24.26f wo er explizit auf die δύναμις Gottes verweist, welche die die Auferstehung bestreitenden Sadduzäer nicht in Rechnung stellten.

[23] Vgl. Chr. Burchard: 1 Kor 15,39–41, ZNW 75 (1984), 233–258, speziell 237f.

[24] Die zweite und dritte Entgegensetzung erinnern an die in 1 Kor 1,26ff

ren werden den Bestimmungen der menschlichen Existenz mit Unvergänglichkeit, Macht und Herrlichkeit drei Charakteristika der göttlichen Wirklichkeit gegenübergestellt. Aber die Pointe ist eben dies, daß Macht, Herrlichkeit und Unvergänglichkeit nun nicht mehr exklusive Wesenseigenschaften Gottes im Gegensatz zur menschlichen Nichtigkeit bezeichnen, sondern daß diese Gottesprädikate im Akt der Auferweckung *dem Menschen zugeeignet werden und so zu Wesenseigenschaften des erneuerten Menschen werden.* Zugespitzt wird diese Aussagenreihe im formal auffallenden vierten Paar[25]: Dem σῶμα ψυχικόν, der belebten Leiblichkeit des Menschen in seiner irdischen und damit vergehenden Lebendigkeit, steht der Geistleib, das σῶμα πνευματικόν gegenüber, der Mensch, der zur Sphäre des Gottesreiches gehört und deswegen dem Vergehen entnommen ist. Exegetisch begründet Paulus die Doppelung des Leibes in den Vv. 44b-49 durch eine christologische relecture von Gen 2,7, der Erschaffung des Menschen, bei der er eine Stufung annimmt und zwischen zwei Adamsgestalten unterscheidet. Der erste Adam war ψυχὴ ζῶσα (so übersetzt die LXX die נפש חיה von Gen 2,7), also nur belebtes Wesen. Dagegen wurde Christus als letzter Adam zum πνεῦμα ζῳοποιοῦν – *also zum belebenden, zum Leben schaffenden Geist des Schöpfers*[26]. Eben jener göttliche Geist, den ja die Korinther bereits erfahren haben und den sie seiner ekstatischen Wirkung wegen so sehr schätzen, wird hier als πνεῦμα ζῳοποιοῦν mit der Schöpfungskraft identifiziert, die durch Christus dem bei der Auferstehung verwandelten Leib zum Le-

---

durch die theologia crucis vorgenommene Neubewertung der Wirklichkeit, ergänzt um die für die Bestimmung des neuen Lebens zentrale Opposition von φθορά und ἀφθαρσία. Lediglich die ἀτιμία hat keine direkte Entsprechung, wohl aber ein Äquivalent in dem negierten εὐγενεῖς bzw. dem τὰ ἀγενῆ von 1,26.28.

[25] Vgl. P. v. GEMÜNDEN: Vegetationsmetaphorik im Neuen Testament: Eine Bildfelduntersuchung, Novum Testamentum et Orbis antiquus 18, Göttingen 1993, 301.

[26] Gen 2,7 LXX: πνοὴ ζωῆς. In den folgenden Versen wird nun der erste Adam als der ‚irdische' dem letzten als dem ‚himmlischen' gegenübergestellt: „Weil wir das Bild des Irdischen getragen haben, so werden wir auch das Bild des Himmlischen tragen".

bensprinzip wird, so daß vom erneuerten Menschen die Unvergänglichkeit ausgesagt werden kann.

Aufregend ist, wie Paulus hier die christliche Heilsbotschaft im Kontext der Frage von Vergänglichkeit und Unvergänglichkeit ganz neu zur Sprache bringen kann. Die sonstigen Themen des Paulus wie etwa die für Paulus so typische Lehre von Gesetz und Sünde (15,56) tauchen höchstens am Rand auf. Mit dem Rekurs auf die schöpferische Wirksamkeit Gottes macht der Apostel im griechisch geprägten Kontext seine Eschatologie von neuem plausibel. Dabei tritt gerade durch die Nähe der Thematik von Vergänglichkeit und Unvergänglichkeit zur antiken Metaphysik, wie wir sie im Eingangstext kennengelernt haben, die fundamentale Andersartigkeit der paulinischen Rede von Gott deutlich zutage. Diese zeigt sich schon auf den ersten Blick an dem bemerkenswerten Tatbestand, daß jenes Prädikat der Unvergänglichkeit, das bei Plutarch in der Rede des Ammonios den ontologischen Gegensatz des Göttlichen zur menschlichen Wirklichkeit auf den Begriff brachte, bei Paulus zum soteriologischen Prädikat wird: Das ewige Leben wird durch den lebendigmachenden Gott zur *Eigenschaft des Menschen*. Gott dagegen wird vom Apostel nicht durch Prädikate definiert. Sucht man in 1 Kor 15 *auf der Seite Gottes* nach *Äquivalenten zur Unvergänglichkeit, dann sind dies keine Eigenschaften, sondern Tätigkeiten, Gottes Wirken am Gegenüber:* ἐγείρειν *und* ζῳοποιεῖν, *Auferwecken und Lebendigmachen!* Die Implikationen dieser Tatsache sollen nun noch etwas bedacht werden.

5. Gottesprädikationen: Partizipien vs. Adjektive

Paulus hat keine Dogmatik geschrieben, sondern hat sich Lebensfragen theologisch denkend gestellt. Der Versuch, ihn zu systematisieren, bedeutet daher immer auch Abstraktion. Hier soll es dennoch versucht werden, indem die paulinische Rede von Gott gegenüber der beeindruckenden Tradition philosophischer Metaphysik profiliert wird, wie sie eingangs kurz zur Sprache kam. Dort war Gott Inbegriff des sich stets gleich bleibenden

Seins; Göttlichkeit war durch die Antithese zur Zeitlichkeit und damit zur Nichtigkeit unseres Daseins definiert. Entsprechend wird gerne von diesem Gott mit Adjektiven und Adjektivreihungen gesprochen, die mit dem sogenannten α-privativum gebildet werden, also mit Attributen, deren Sinn die Negation der irdischen Begrenzungen ist. Solche Adjektive finden sich, wie in 1 Kor 15 gesehen, auch bei Paulus, aber dort bezeichnen sie bis auf eine Ausnahme[27] gerade nicht Gott, sondern das von diesem zugeteilte Heil: Unvergänglichkeit und Ewigkeit sind beim Apostel Attribute der für die Glaubenden bestimmten Heilsgüter (wie das ewige Leben, den unvergänglichen Kranz, die ewige Behausung, die „nicht mit Händen gemacht ist", usw.)[28]. Selbst das biblische Gottesprädikat der Heiligkeit wird entweder auf den an den Glaubenden wirkenden Geist oder gleich auf diese selbst als „Heilige" bezogen. Wenn Paulus dagegen von Gott spricht, dann zumeist, wie an 1 Kor 15 gezeigt, von seinem Handeln in der Welt und an seinen Erwählten. *Durch dieses Tun erweist er sein Wesen.* Wenn der Apostel überhaupt einmal im Blick auf Gott Adjektive benutzt, dann bezeichnen diese Gottes Treue[29], seine Wahrhaftigkeit[30] und Gerechtigkeit[31], alles Attribute, die nicht Abgrenzung, sondern Beziehung zum Ausdruck bringen. Zwar kennt der Apostel auch eine attributive Rede von Gott, aber dafür verwendet er bezeichnenderweise *nicht Adjektive, sondern Partizipien.* Im Folgenden seien die interessanteren Beispiele aufgelistet, wobei die Partizipialkonstruktion mit Prädikatsnomen oder finitem Verb wiedergegeben wird:

– Gott ist der Schöpfer (Röm 1,25), als Ursprung, der das Nichts ins Sein ruft (Röm 4,17), und als Erhalter, welcher im Leben Samen und Brot darreicht (2 Kor 9,10).

---

[27] Die Entgegensetzung in Röm 1,23 stammt aus der frühjüdischen Götzenbilderpolemik (vgl. E. LOHSE: Der Brief an die Römer, EKK 4, Göttingen 2003, 85).

[28] Die Ausnahme Röm 16,26 ist textkritisch umstritten.

[29] 1 Kor 1,9; 9,5; 10,13; 2 Kor 1,18; 5,1 vgl. 1 Thess 5,24.

[30] 1 Thess 1,9: ἀληθινός; Röm 3,4: ἀληθής.

[31] Röm 3,26 vgl. Röm 3,5; 9,14.

– Gott ist der Lebendige (Röm 9,26; 2 Kor 3,3; 6,16; 1 Thess 1,9), der die Toten lebendig macht (Röm 4,17 vgl. 1 Kor 15,45) bzw. von den Toten erweckt (Röm 4,24; 7,4; 8,11 (bis); 2 Kor 1,9; 4,14; Gal 1,1).

– Er ist über allem (Röm 9,5) und unterwirft alles, selbst den Tod als „letzten Feind" (1 Kor 15,27f). Die Pointe dieser Macht ist es allerdings, daß er die Glaubenden mächtig macht (Phil 4,13), ihnen den Sieg über den Tod verleiht (1 Kor 15,57), so daß das Sterbliche vom Leben verschlungen wird (2 Kor 5,5).

– Er besitzt seinen Reichtum für alle (Röm 10,12), teilt seine Gaben mit (1 Kor 12,11) und gibt Gedeihen (1 Kor 3,6), gibt Ehre (1 Kor 12,24) und das Unterpfand des Geistes (2 Kor 1,22), aber auch den Eifer ins Herz des Mitarbeiters (2 Kor 8,16).

– Gott prüft unsere Herzen (1 Thess 2,4), erfaßt die nichtigen Gedanken der Weisen (1 Kor 3,20) und verhängt seinen Zorn (Röm 3,5).

– Zugleich aber liebt er (Röm 8,37), erbarmt sich (Röm 9,16), tröstet (2 Kor 1,4; 5,20; 7,6), macht fest (2 Kor 1,21), versiegelt (2 Kor 1,22) und vermag zu stützen (Röm 16,25).

– Er bewirkt die Geistesgaben (1 Kor 12,6), das gute Werk (Phil 1,6) und das Wollen und Vollbringen (Phil 2,13).

– Er beruft (Gal 1,6; 5,8; 1 Thess 2,12), sondert von Mutterleib aus (Gal 1,15), salbt (2 Kor 2,14) und führt im Triumphzug mit (2 Kor 1,22).

– Er schickt seinen Sohn (Röm 8,3) und macht dem Tod seines Sohnes gleichgestaltig (Phil 3,10).

– Er spricht gerecht (Röm 3,26; 4,5; 8,23), rechnet Vergehen nicht zu (2 Kor 5,13), versöhnt den Kosmos mit sich (2 Kor 5,18) und richtet das Wort von der Versöhnung auf (2 Kor 5,19).

Einer Handvoll Adjektive stehen bei Paulus allein auf Gott bezogen mehr als sechzig Partizipien gegenüber (eine Zahl, die sich noch vermehren ließe, wenn man die Aussagen über den Sohn und den Geist dazu nähme). Diese Sprachform ist theologisch aufschlußreich, denn während Adjektive das göttliche Sein qua Eigenschaften definieren, machen die Partizipien schon sprachlich klar, daß dieser *Gott seinem Wesen nach eine wirkend auf andere bezogene und diesen zugute kommende Macht ist*[32]. Von diesem Gott kann man gar nicht reden, ohne zugleich zu sagen, daß alles aus ihm und durch ihn und zu ihm hin besteht (so Röm 11,36). Zugespitzt auf die Christen wird dies noch durch zahlreiche passive Partizipien unterstrichen, die in der Form des *passivum divinum* deutlich machen, daß gläubiges Dasein durch Gottes Zuwendung konstituiert ist: Die Christen sind von Gott ausgesondert (Röm 1,1), eingesetzt (Röm 1,4), geheiligt (Röm 15,16; 1 Kor 1,2), geliebt (1 Thess 1,4), gerettet (1 Kor 1,18), befreit (Röm 6,22), versöhnt (Röm 5,10), gerechtfertigt (Röm 5,1.9), mit dem Geist begabt (Röm 5,5), mit Gnade beschenkt (Röm 12,6; 15,15; 1 Kor 1,4; 3,10), begnadet (1 Kor 2,12), reich gemacht (2 Kor 9,11), mit Erkenntnis (Röm 15,14) bzw. mit der Frucht der Gerechtigkeit erfüllt (Phil 1,11) usw. Zu verweisen ist weiter auf die Verbaladjektive, welche die Zuwendung Gottes zu den Adressaten als deren Wesen bestimmt: Sie sind κλητοί, Berufene, ἐκλεκτοί, Erwählte, ἀγαπητοί, Geliebte. Mit alledem wird so von Gott gesprochen, daß er als Ursprung und Ziel allen Seins (Röm 4,17; 1. Kor 15,28) diesem gegenübersteht, andererseits aber im Gottessohn den Glaubenden nahe kommt, näher, als diese sich selbst nahe zu kommen vermögen[33]. In der Sprache des Paulus: Die Gläubigen sind Gottes Kinder, weil sie in Gottes Geist leben und dieser Geist in ihnen bzw. weil sie in Christus sind und Christus in ihnen (vgl. Röm 8,9–11).

Auch hier bedient sich der Apostel einer Sprachform, die durch das Diasporajudentum vorgeprägt ist[34]. Er tut dies aber mit einzigartiger Konsequenz, die in seiner kreuzestheologischen Zuspitzung seiner Rede von Gott begründet ist. Denn dies

---

[32]   Das bestätigen auch die Stellen, wo auch in der paganen Welt Partizipien im Blick auf Gott begegnen, in Hymnen, welche die Weltlenkung Gottes beschreiben (vgl. das κυβερνῶν πάντα im Zeushymnus des Kleanthes)

[33]   Vgl. E. Jüngel: Gott als Geheimnis der Welt, Tübingen 1982.

[34]   Vgl. Jos As 12,1f , weiter die Reihungen von Partizipien in den Psalmen 102f LXX.

ist das Herzstück der paulinischen Theologie und das Revolutionäre seines Redens von Gott, daß gerade dadurch, daß der lebendigmachende Gott sich in der Torheit und dem Anstoß (σκάνδαλον) des Kreuzes geoffenbart hat, die Glaubenden Anteil an Gottes Heiligkeit und Gerechtigkeit, an seiner Weisheit und Erlösung erhalten (1 Kor 1,30). Dieses *beatum commercium*, diesen „seligen Wechsel", wie das die spätere Theologie genannt hat, dekliniert der Apostel immer wieder neu durch: Christus ist arm geworden, damit wir reich würden (2 Kor 8,9), Christus wurde zum Fluch, um uns vom Fluch loszukaufen (Gal 3,13), Gott hat den, der nicht die Sünde kannte, für uns zur Sünde gemacht, damit wir in ihm zur Gerechtigkeit Gottes würden (2 Kor 5,21), Christus ist gestorben, damit wir mit ihm leben (1 Thess 5,10).

Ist dieser Gott des Apostels die *negatio dei*? Paulus hätte diese als Vorwurf gemeinte Feststellung Nietzsches wohl nicht rundweg verneint. Indem der Gottessohn selbst sich seiner Existenz in göttlicher Gestalt entäußerte, wie es im Philipperhymnus heißt, hat er in der Tat eine Form der Göttlichkeit negiert, die bloßer Inbegriff von Überlegenheit und Vollkommenheit ist, gar Chiffre für den Übermenschen. Die Selbsterniedrigung und Annahme der Knechtsgestalt, von der der Philipperhymnus spricht, ist die von Gott her erfolgte Überwindung der Grenze zwischen ihm und der vergehenden, unheiligen Welt. Die *negatio dei* ist also die Gestalt göttlicher Zuwendung und damit ist sie nicht Ausdruck von Erbärmlichkeit, wie Nietzsche unterstellt, sondern von Erbarmen. So verstanden nötigt das paulinische „Wort vom Kreuz", die Selbstentäußerung des Gottessohnes als Ausdruck göttlicher Freiheit zu denken, die gerade darin göttlich ist, daß sie den versklavten Menschen befreit; als Ausdruck göttlicher Gerechtigkeit, die sich darin von menschlicher Gerechtigkeit unterscheidet, daß sie den Ungerechten wieder recht macht; als Ausdruck göttlicher Lebensmacht, die sich darin äußert, daß sie das Tote lebendig macht; als Ausdruck göttlicher Macht, die das Ohnmächtige ermächtigt; als Ausdruck göttlicher Liebe, die den gar nicht so liebenswerten real existierenden Menschen zu einer neuen Kreatur macht. Kurz: *Die paulinische Theologie denkt die von Nietzsche inkriminierte negatio dei als schöpferisch verwandelnde Liebe.* Damit hat der Apostel im Blick auf den Gottesgedanken eine Umkehrung vorgenommen, an der sich die Denker des Christentums bis heute abarbeiten, und christliche Theologie ist in vielem der Versuch, dies zu verschiedenen Zeiten und in unterschiedlichen Kontexten immer wieder neu denkend zu verantworten und verkündigend zur Geltung zu bringen.

Literaturhinweise

LOHSE, Eduard: Paulus. Eine Biographie, München 1996.
BECKER, Jürgen: Paulus. Der Apostel der Völker, Tübingen ²1989.

Augustin

Ekkehard Mühlenberg

Augustin, ein Denker des Christentums. 354 n.Chr. geboren, 430 n.Chr. gestorben, ein Römer in *Africa proconsularis*, Lehrer der Rhetorik in Karthago, Rom und Mailand, Anhänger der manichäischen Christen von 373 bis 382, 386 zur katholischen Kirche bekehrt, in Mailand 387 von dem Bischof Ambrosius getauft, 391 in der Hafenstadt Hippo Regius (= Annaba, Algerien) zum Priester gemacht, ab 396 Bischof daselbst. Er starb, als die Vandalen schon in Nordafrika vorgedrungen waren und die Stadt Hippo belagerten.

Man weiß von Augustin dem Redner, von Augustin dem Bibelausleger, von Augustin dem Pädagogen, von Augustin dem Kirchenlehrer, vor allem von Augustin dem Seelsorger – aber der Denker? Sein Denken ist Gegenstand mancher Übersicht; schließlich weiß jeder, daß Augustin in der Geschichte der Christenheit und in der Geschichte des Denkens einen unvergleichlichen Einfluß gehabt hat. Denker – was soll ich mir dabei vorstellen? Ich bin Kirchengeschichtler, und für einen Historiker ist es gefährlich zu denken; er könnte dabei die Geschichte durcheinanderbringen. Aber erinnern kann ich mich, z.B. an den Ehemann Nr. VII der alten Dame von Friedrich Dürrenmatt, der als Denker vorgestellt wird. Als die alte Dame zu Besuch kommt, befiehlt sie ihm zu denken – der Schauspieler ist doch zu bedauern: was soll er machen? – Denk, sagt die alte Dame, denk fester – noch fester! ein Glöcklein erklingt, er hatte es geschafft. Hieronymus, den älteren Zeitgenossen Augustins, haben uns Maler beim Denken dargestellt. Albrecht Dürer schuf 1514 das

Muster für den gelehrten Kirchenvater, so heilig, daß auf seinem Schreibtisch kein Buch und kein Zettel liegt, 4 Bücher außer Reichweite auf der Fensterbank aufgestapelt, im Vordergrund brummt der Löwe das Denkgeräusch (Hieronymus im Gehäuse, Kupferstich). Ich versuche, mir Augustin beim Verfertigen seiner Gedanken vorzustellen.

Wieviel Augustin mit eigener Hand geschrieben hat, ist kaum festzustellen. Sein Nachlaßverwalter Possidius berichtet, er habe ein einziges Heft in Augustins Handschrift gefunden. Augustin war eigentlich immer mit Stenographen ausgestattet, die wie ein Diktaphon funktionierten; vom Stenogramm wurden Reinschriften gemacht, die wiederum von Augustin verbessert und revidiert wurden, bevor sie als abgeschlossen galten. Schreiben und diktieren sind in Augustins Sprache synonym, diktieren überwiegt. Auch bei der Revisionsarbeit kann er sich eines Vorlesers und Stenographen bedient haben. Ja, sogar Nachschlagearbeit konnte delegiert werden, was unserem Wunsch nach Hilfskräften entspräche, die allerdings auch nachts bei Fuß stehen müßten. Alles was mehr als ein Blatt, beidseitig beschrieben, war, also seine Schriften, das ließ Augustin dann binden. Es gibt bei ihm nur Bücher, *codices*, niemals und nirgends eine Buchrolle. Allerdings hat er auch Zettel und Zettelkästen gehabt.

Wir sind überzeugt, daß ein geistig arbeitender Mensch auch Bücher zum Lesen und Durcharbeiten braucht und daß geistige Arbeit nicht nur im schriftlichen Ausstoß von Gedanken bestehen kann, sondern daß entsprechend dem Output auch der Input materiellen Charakter haben müßte. Darüber gibt Augustin selber weniger Auskunft, als wir wünschen. Bücher waren ja nicht durch eine Buchhandlung in der Nachbarschaft erhältlich, sondern wurden im Auftrage für den Eigengebrauch abgeschrieben, wo immer ein Exemplar aufgefunden wurde. Wenn z.B. Augustin nicht von seinen Werken eine in seinem Klosterbetrieb hergestellte Abschrift verschickte – was er öfters tat –, so forderte er von Korrespondenten: Schick einen Abschreiber her, ich habe hier die fehlerfreien Vorlagen. Augustin selber bittet in der erhaltenen Korrespondenz selten um die Abschrift eines Buches, das er haben möchte. Welches ist also sein Bibliotheksbestand, mit dem er arbeiten konnte? Er besaß die lateinischen Klassiker, also die Grundausstattung eines Lehrers der Rhetorik. Er besaß auch einiges von dem Universalgelehrten Varro. Dazu kommen einige philosophische Bücher aus der platonischen Schultradition wie Apuleius, Plotin und Porphyrius. Es sieht so aus, als habe er nach seiner Bekehrung (386) diese Literatur noch gelesen, nach seiner Priesterweihe (391) eigentlich nicht mehr und sie nur für seine Widerlegung des Heidentums in dem gewaltigen Werk *Der Gottesstaat* wieder benutzt (d.h. 413–426). Kirchliche Schriftsteller hatte er auch in seiner Bibliothek in Hippo gehabt, neben Ambrosius, der in Mailand für seine Bekehrung maßgeblich war, Werke von Hieronymus, Hilarius, Cyprian vollständig, Tertullian (auch Marius Victorinus, Ambrosiaster; Laktanz?) – vieles Sonstige ist nur indirekt zu erraten.

Das Wichtigste aber waren die Bücher, die die Bibel enthielt. In Hippo schaffte er die Bücher der Bibel auch mehrfach zum Zweck der Textkritik bei, da er keine Ausgabe für fehlerfrei hielt. Denn erstens beherrschte er die lateinische Sprache zu gut, als daß er das holprige Latein seiner Bibel ohne Widerspruchsmöglichkeit hätte akzeptieren wollen; und zweitens behaupteten seine manichäischen Gegner oft Textverderbnis in der von den katholischen Christen benutzten Bibel. Auch den griechischen Urtext besorgte er sich, vom Hebräischen die lateinische Neuübersetzung des Hieronymus. Denn das Bibellesen und Bibelverstehen wurde nach seiner Bekehrung schnell die Hauptbeschäftigung, soweit, wie er als Bischof oft klagte, die bischöflichen Aufgaben ihm dafür Zeit ließen, und das war meist nur abends und nachts. Die Bischofspflicht des Predigens erforderte, daß Augustin im Normalfall zweimal pro Woche zur Bibel greifen mußte; denn er hat seinen Predigttext immer gründlich vorüberlegt, bis auf viermal, wie er öffentlich zugestand.

Über seine Hilfsmittel beim Bibelstudium gibt Augustin kaum Auskunft; seinem älteren Zeitgenossen Hieronymus gesteht er, daß er hinter dessen Gelehrsamkeit weit zurückstehe und nicht dessen Literaturkenntnis habe; er sei nur ein Ausleger fürs einfache Volk, überladen mit den Tagesaufgaben eines Bischofs, aber doch immer dem Bibeltext folgend und auch die

wichtigsten lateinischen Vorgänger wie Cyprian und Ambrosius
nachschlagend (vgl. ep. 73).

Nach diesem kurzen Blick auf die Außenseite des Denkers
Augustin kommt jetzt die Innenseite dran. Warum gibt sich Augustin der Beschäftigung des Denkens hin? Es war für Augustin
nicht selbstverständlich, zu denken, sondern Denken ist erst die
Folge einer bewußten Lebensentscheidung. Erst als er entdeckte,
daß das Glück des Menschen im Erwerben der göttlichen Weisheit besteht, wandte er sich dem Denken zu. Diese Entdeckung
schrieb Augustin zeit seines Lebens der Lektüre einer Schrift Ciceros zu, dem Dialog *Hortensius*. Er datierte das Erlebnis in sein
19. Lebensjahr, das ist 373 n. Chr. Von da an war sein Lebensentwurf gezeichnet; denn die Trias Ruhm, Reichtum und Geschlechtslust war gegenüber vernünftiger Erkenntnis entwertet.
Doch Augustin führt uns vor, daß die Suche nach vernünftiger
Wahrheit, also Wahrheit, die einsehbar und nachvollziehbar ist,
– daß solche Suche mehr ist als das Erlernen von wahren Sätzen,
mehr als die Erprobung der erlernten Wahrheit in Streitgesprä-
chen, mehr ist als das Anhören von intellektuell erbaulichen Predigten, mehr als das Lesen von neuplatonischen Abhandlungen
und anregenden Gesprächen über die neuplatonische Philosophie. Nein, wenn Denken glücklich macht und beglückt, weil
Denken der Erwerb der göttlichen Weisheit, des höchsten Gutes,
ist, dann muß es mehr sein als Freizeitbeschäftigung; es muß für
Augustin das ganze Leben bestimmen, es mußte für ihn zur Lebensform werden. So hatte es die Philosophie seit Platon und vor
allem seit Aristoteles auch erkannt: Denken konnte nur total sein
und müßte die Seele allein und ausschließlich beschäftigen; Denken erforderte die Lebenswahl für das kontemplative Leben, erforderte die Muße der totalen Hingabe an diese Tätigkeit. In
Übereinstimmung mit der philosophischen Tradition sagte es
Augustin so: „Die jungen Menschen, die danach streben, die
göttliche Wahrheit durch ihre Vernunft zu schauen, müssen so
leben, daß sie sich enthalten: der sinnlichen Liebe, der Verlok-
kungen für Kehle und Magen, einer übertriebenen Pflege und
Eleganz der äußeren Erscheinung, nutzloser Beschäftigung mit
Spielen und Erschlaffung infolge von Schläfrigkeit und Faulheit,

der Schmeichelei, der Eifersucht und des Neides, des Strebens nach Ehre und Macht, selbst des bescheidenen Wunsches nach Lob. Sie müssen einsehen, daß Liebe zum Geld der sicherste Verlust all ihrer Hoffnung ist" (De ordine II 8, 25). Die Liste ist noch viel länger; vielleicht prüfen Sie einmal für sich, ob Sie die Zulassungsbedingungen zum Denken erfüllen. Augustin faßte die Ausschlußbedingungen im Hinblick auf sich selber in die Unwerttrias: Ruhm, Reichtum, Geschlechtslust. Augustin entschloß sich zur Absage an die Unwerte der diesseitigen Welt; er bekehrte sich (386), er bekannte sich durch die Taufe zur katholischen Kirche (Ostern 387) – im Trend der Zeit, aber in seiner Radikalität auch Trend setzend. Er sagte, es sei ein Entschluß mit Gottes Hilfe gewesen, zehn Jahre später nannte er es ein Widerfahrnis der unausdenkbaren Gnade Gottes.

Nach seiner Bekehrung begegnen wir dem Denker Augustin. Was läßt sich beobachten? Nach der Bekehrung ist Augustin frei zum Leben im Denken. Von außen betrachtet wird man konstatieren, daß er seinen Schritt, außer Reichtum auch noch Frauen und Karriere aufzugeben, rechtfertigt. Aber er rechtfertigt auch, warum er als zur katholischen Kirche zugehörig sich der Suche nach Weisheit widmet. Wem gegenüber mußte er das bei sich selber klären? Augustin sagt, daß er selber die zweifelnden Fragen hatte, die er im Gespräch mit Freunden in Cassiciacum beantwortete. Es waren in seiner Sicht die intellektuellen Reste des Heidentums in ihm selber, die geklärt und aufgelöst werden sollten. Denn sobald die Vernunft zu arbeiten begann, wurde sie skeptisch gegenüber den Überzeugungen der Menge und dem Lebensarrangement der Menge und wartete mit unzähligen Fragen auf, um jeden Schuldogmatismus abzulehnen. Die Vernunft hielt Distanz zur Verbindlichkeit einer bestimmten Wahrheit; das kennzeichnete die akademische Linie im Platonismus, das wahrte den Abstand zur Masse der Menschen, das schützte auch vor endgültigen Lebensentscheidungen. Nachdem Augustin durch die Lektüre von Ciceros *Hortensius* in Liebe zur Suche nach der göttlichen Weisheit entbrannt war, hatte er sich auf die manichäischen Christen eingelassen; denn die versprachen: Wahrheit, vernünftige Wahrheit; deren Kerngemeinde schien die moralische Kraft dieser Vernunftwahrheit vorzuleben. Augustin engagierte sich, drückte sich aber vor der Naturalaskese und blieb im Status eines „Hörers" (*auditor*) im Unterschied zu den „Erwählten" (*electi*). Widersprüche und Irrtümer in den Lehren der manichäischen Christen nahm er deutlich wahr; nach neun Jahren entzog er sich ihrem Einfluß. Mit seiner Bekehrung zu derjenigen Kirche, der die Manichäer populistische Dummheit vorwarfen, ging er eine endgültige Lebensverbindlichkeit ein. Konnte er denkend nachvollziehen, worauf er sich faktisch eingelassen hatte?

Ein Dreifaches ist hier im Denken zu klären:

A. Der Mensch kann die Wahrheit erreichen.
B. Der eingeschlagene Weg zur Wahrheitsfindung ist richtig.
C. Die glaubende Wahrheitsannahme geht der Vernunfteinsicht voraus.

Augustin versucht allerdings, mit nur zwei Größen zu argumentieren, nämlich Vernunft auf der einen Seite, Autorität auf der anderen Seite. *Ratio* und *auctoritas* nennt er. Reduziert man auf Denken und Glauben, so gerät aus dem Blick, daß diese beiden Größen auch noch vermittelt werden müssen.

A. *Der Mensch kann die Wahrheit finden*. Das wird rational gegen den skeptischen Strang der Vernunft aufgewiesen, d.h. in Auseinandersetzung mit Cicero. Allerdings geht Augustin über die formale Argumentation hinaus, indem er auch *materialiter* annimmt, daß der Platoniker Plotin die Wahrheit gefunden habe, nämlich die wahre Philosophie der intelligiblen Welt. Der Bischof Augustin formulierte in seinen *Bekenntnisse*n: Plotins Philosophie ließ das Vaterland, die Heimat, die wir suchen, in unserem Geist aufblitzen.

B. *Der eingeschlagene Weg zur Wahrheitsfindung ist richtig.* Hier argumentiert er doppelt. Einerseits weiß er weitgehend aus Ciceros *Hortensius*, welches die moralischen Vorbedingungen für das Denken sind. Das war insofern rational, als sie sich aus der philosophischen Psychologie ergaben – und der theologischen Ethik der alten Christen zur weitgehenden Übereinstimmung mit der philosophischen Ethik verhalfen. Andererseits rekurriert Augustin auf den auch in der späteren stoischen Philosophie erörterten Topos, wie ein schlechter Mensch dazu zu bringen sei, das Gute anzustreben. Augustin nennt *auctoritas* und verweist gelegentlich auf die beeindruckende Gestalt des Mailänder Bischofs Ambrosius. In vergleichbarer Weise konnte auch der Stoiker Seneca von Autorität sprechen.

Aber darüber hinaus und ganz dick markiert: die göttliche Autorität. Sie wird mit Christus gleichgesetzt. Damit verweist Augustin auf die Hinwendung Gottes zu den Menschen in der Menschwerdung des Gottessohnes, auf den Jesus, der dem Teufel widersteht, auf Christi Passion und seinen stellvertretenden Kreuzestod, auf Christi Auferstehung. Dieser Christus hat durch seine Worte wie durch sein Lebensgeschick Vorschriften gegeben, die den Weg zur Wahrheit zeigen. In dem menschgewordenen Gottessohn besitzen die Lebensanweisungen *auctoritas*, d.h. vorrationale Überzeugungskraft.

Göttliche Autorität, die Christus selber ist, ist für Augustin auch der Apostel Paulus. Ich kann nicht genauer angeben, was Augustin anfänglich bei Paulus gefunden hatte (natürlich die Anweisung zur sexuellen Entsagung Röm 13, 13f.; vgl. Conf. VIII 12, 29). Schon vor Augustin war die Pauluslektüre in Plotin lesenden Kreisen ein heißer Tipp für Klärungen. Leider wissen wir kaum Genaueres anzugeben; die zeitgenössische Gesprächssituation müßte geklärt werden. Gewiß ist nur, daß Themen wie die Ursachen für die Versklavung durch die Sinnenlüste und Freiheit durch Christus, durch den Glauben, dazugehörten.

Die göttliche Autorität ist schließlich die Bibel, die heiligen Schriften. Was noch fehlt, ist eine einsichtige Begründung dafür, daß Augustin sich für die katholische Kirche entschieden hat. Bischof Ambrosius habe ich schon genannt. Dazu kommt, daß er bei Ambrosius und einigen Mailänder Christen die neuplatonische Philosophie aufgehoben fand, so daß er sagen konnte: „Was aber den Weg betrifft, den die ... Vernunft verfolgen muß, ... vertraue ich, ihn fürs erste bei den Platonikern, deren Philosophie

mit unserer heiligen Lehre nicht im Widerspruch steht, finden zu
können" (C. acad. III 20, 43). D.h. in der katholischen Kirche hat
die platonische Rationalität einen Ort, der hier mit Religion verbunden ist. Der zitierte Satz gilt für den Denker Augustin insgesamt, auch wenn er die Bibelauslegung seinem Denken zugrunde
legte und nur einmal nach seiner Bekehrung angibt, eine neuplatonische Schrift wieder intensiv gelesen zu haben – allerdings zu
ihrer Widerlegung (Porphyrius, De regressu animae; vgl. De civitate dei X).

C. *Die glaubende Wahrheitsannahme geht der Vernunfteinsicht
voraus.* Augustin versuchte, einsichtig zu machen, daß das Glauben der Vernunftseinsicht vorausgeht. Dazu brachte er mehrere
Argumente vor. Es gehört dazu, daß er in seinem Bekehrungs-
entschluß der göttlichen *auctoritas* gefolgt war, bevor er die
Wahrheitserkenntnis der Vernunft erreicht hatte. Es gehört
dazu, daß das Lernen einer Ordnung folgt, die das Vertrauen auf
den Lehrer voraussetzt, bevor sich die Einsicht einstellt. Und es
gehört dazu, daß die Kirche die katholische Kirche ist, weil sie
sowohl auf der ganzen Welt verbreitet ist, als auch die ihr zuge-
hörigen Christen die Mehrheit der Bevölkerung sind; er wußte
natürlich, daß die katholischen Christen bis auf wenige nur glauben und nicht vernünftig wissen – aber was macht's? Mutter
Monnica war ja kein schlechtes Vorbild für die Einfältigen. Im
Jahre 404 konnte Augustin predigen: Ihr Christen, geht nicht zu
den tierischen Volksbelustigungen ins Amphitheater! Ihr wißt
wohl, daß ihr das nicht solltet. Dann werden auch die Heiden
wegbleiben, wenn auch nicht aus Liebe zur Wahrheit, sondern
weil es ihnen peinlich ist, so wenige zu sein (Sermo Dolbeau 26,
9). Weiterhin gehört dazu, daß die göttliche *auctoritas* in der Bibel historische Fakten enthält und daß gegenüber Fakten nur das
Glauben, das Vertrauen auf die Überlieferung, gilt. Deswegen
der bekannte Satz: „Ich selber glaubte dem Evangelium nicht,
wenn mich nicht die Autorität der katholischen Kirche dazu bewegte" (C. epist. fund. 5). So argumentiert er einmal: Du mußt
deine Eltern ehren. Das anerkannten Christen wie Heiden. Woher weißt du, daß du das Kind dieser Eltern bist? Dein Vater

weiß es? Deine Mutter? – ja, und die muß sich auf die Hebamme verlassen. Also, wenn du nichts glaubst, kannst du überhaupt nicht recht handeln (De utilitate credendi 12, 26).

Schließlich gehört dazu das erst später formulierte Argument: Glaube als Unterwerfung unter die göttliche Autorität und implizit unter die kirchliche Autorität ist der grundlegende Akt der Demut (in der mittelalterlichen Kirchenlehre als Argument für die Suprematie des Papsttums verwendet). Der Vernunft, auf sich gestellt, wohnt der sündige Hochmut inne, und deswegen können die Platoniker das Vaterland zwar aufblitzen lassen, wissen aber nicht den Weg zur Teilhabe an der Ewigkeit zu weisen. Literarisch formuliert: Sie kennen den Weg, das beglückende Vaterland zu sichten, aber nicht den Weg, der dort wohnen läßt (Conf. VII 20, 26). Demut ist der Glaube an den Mittler Christus, an den Gott, der sich selber erniedrigte. Daraus folgen Buße und Gebet. So konnte Augustin den Heiden predigen: Verhaltet euch nicht wie die Raben. Die krächzen: Cras, cras, und morgen wieder cras, cras; dann, morgen, sagen sie, will ich mich bekehren. Seid wie die Tauben, die seufzen wegen ihrer Sünden und sie vor Gott ausbreiten (Sermo Dolbeau 25, 27). Aber wie sollen Buße und Gebet das Denken bestimmen? Einfacher gefragt: Gibt es ein demütiges Denken? Augustin scheint ein Denken in Demut zu fordern – was ist das? Aus Augustin lassen sich mehrere Antworten entnehmen; entsprechend divergent ist die Tradition, die für mehr als tausend Jahre aus Augustin schöpfte und in der nichts gedacht wurde, was sich nicht mit seiner Autorität decken ließ. Ich bezweifle, daß sich Augustins Antworten additiv oder integrativ systematisieren lassen.

Demütiges Denken – was ist das?

Die *einfachste* Antwort, die sich bei Augustin allenthalben findet: Der Glaube reinigt die Seele, damit der Geist denken kann. Das wäre *praeparatio* in Schulderkenntnis und Gebet aus Erkenntnis der eigenen Hilflosigkeit und Unwürdigkeit, dazu die asketische Lebensform. Dann aber kann das Denken einsetzen, ein an den Neuplatonismus sich anlehnender Verstand.

Eine *zweite* Antwort gibt Augustin für sich und für die Kirche auf der Generalsynode der katholischen Bischöfe Nordafrikas, die 393 in Hippo Regius tagte. Er trägt vor, daß der Glaube im überkommenen Glaubensbekenntnis normativ enthalten ist, auszulegen in Übereinstimmung mit der Tradition der Kirche. Welches die kanonischen Schriften sind, legt die Generalsynode fest. *Auctoritas* ist also doppelt: das Symbolum und die Bibel. Augustin praktiziert diese Doppelnorm in seinem Denken. Die Bibel ist der Text, den Gott durch Propheten, Evangelisten und Apostel geredet hat. Als Augustin 391 in Hippo zum Priester gemacht worden war, bat er seinen Bischof um Bildungsurlaub zum Studium der Bibel. Er studierte die Bibel, und zwar teils indem er Fragen zum Textverständnis, die er sich selber stellte, löste, teils indem er die Fragen, die ihm die Brüder in der klösterlichen Wohngemeinschaft stellten, beantwortete. Die Antworten wurden auf Zettel geschrieben, kurz darauf auch in Bücher übersichtlich übertragen. Über den Schöpfungsbericht zerbrach er sich den Kopf. Er studierte die Bergpredigt so systematisch, daß ein Kommentar, Vers für Vers, entstand. Der Galaterbrief des Paulus wurde zum Kommentar. Mit dem Römerbrief wurde er nicht fertig; der Kommentar zu den ersten sieben Versen füllte schon einen Buchband. Von Paulus wollte er wissen, wo die freie Entscheidung des Menschen anzusetzen ist; seine Antwort ging dahin, daß die Werke des Menschen nicht das reine Produkt seiner Entscheidung seien, sondern daß die Entscheidung zum Glauben des Menschen freie Tat sei und daß Gott sie voraussehe und seine Gnade als Lohn gebe. Aber dieses Konzept verdarb ihm der Paulustext, den er auf eine Anfrage aus Mailand nach seiner Bischofsweihe noch einmal studierte. Er kämpfte, aber, wie er sagt, die Gnade siegte. Die freie Entscheidung des Menschen war sein Grundargument gegen die Manichäer; der Paulustext zwang ihn, auch die Glaubensentscheidung der göttlichen Gnade zuzuschreiben, d. h. der göttlichen Vorherbestimmung, so daß er am Ende seines Lebens sagte, er habe die Gnade Gottes schon vor dem Streit mit Pelagius in der Prädestination verankert. –

Die Bindung an den Bibeltext ist absolut, aber zur Auslegung bedarf es einer Bildung in den Sprachen, nicht nur Griechisch und Hebräisch, sondern auch in der eigenen lateinischen Sprache. Das Lernprogramm zur Bibelauslegung gehört zu den ersten Büchern nach seiner Bischofsweihe (*De doctrina christiana*).

Die andere *auctoritas* und Norm, das Glaubensbekenntnis, diente als kritische Grenze in dem Riesenwerk *De trinitate*, an dem er mehr als ein Dutzend Jahre schaffte.

Denn, das ist die *dritte* Antwort, der Glaube fragt, der Geist findet. Da, wie Augustin sagt, der Glaubende auch der Güter, die er glaubt, teilhaftig werden will, gehören Hoffnung und Liebe zum Glauben. Und da Augustin in Übereinstimmung mit Neuplatonismus und Bibel überzeugt war, daß das ersehnte Glück in der seligen Schau erreicht werde, ist das Schauen im Denken des Geistes die Annäherung an das Schauen „von Angesicht zu Angesicht" nach diesem irdischen Leben. Am Anfang seines Weges als katholischer Christ hatte Augustin gesagt: Das Glück erreiche ich, wenn ich mich selbst und Gott erkenne. Also, Selbsterkenntnis und Gotteserkenntnis. Augustin sei realistisch gewesen, so ist gesagt worden, also habe er mit der Selbsterkenntnis angefangen (*Soliloquia* etc.). Als er später über die Trinität (*De trinitate*) schrieb, hatte er den fundamentalen Einfall, daß der Mensch in seinem geistigen Sein Spuren Gottes in sich aufweisen müsse, da der Mensch nach dem Bilde Gottes geschaffen ist. Infolgedessen beobachtet, analysiert und beschreibt Augustin den Geist und das Bewußtsein des Menschen. Die Vorgabe für sein Denken war das, was das kirchliche Bekenntnis über Gott sagt, aber nicht über Gott schlechthin, wie bei Plotin, sondern für Augustin ist es der trinitarische Gott. Diese Vorgabe war fruchtbar, weil sie eine dreifältige Einheit des Bewußtseins suchen ließ; die Vorgabe war limitierend, weil sie den Abstand zu der lebendigen Einheit Gottes wachhielt. Augustin wußte von der Inadäquatheit seiner Gotteserkenntnis. Er wußte auch, daß er in seinem Denken Fehler gemacht haben könnte. Deswegen schließt er mit der Bitte um Verzeihung, gerichtet an Gott und an seine Leser. Nie jedoch zweifelt er daran, daß er die Glaubensvorgabe festgehalten hat.

Wir sind damit bei der *vierten* Antwort auf die Frage, was demütiges Denken ist. Augustin war stets bereit, sich selber korrigieren zu lassen. Oft verschickt er seine Bücher mit der dringenden Bitte um Verbesserung. Aber auch sich selber korrigierte er ständig. In den *Bekenntnissen* schrieb er einen Lebenslauf, der bis zur Bekehrung eine ständige Korrektur ist, die er von Gott erfuhr. Da er über alle Bildungsangebote der spätantiken Tradition hinausgeführt wurde zur katholischen Kirche – so stellte er es dar –, brauchte die nachfolgende Christenheit lange, bis sie sich nicht mehr mit der kirchlichen Bildung begnügte und erneut und frisch zu dem griff, was Augustin für ungenügend erklärt hatte, aber natürlich im Gedächtnis parat hatte. Am Ende seines Lebens las er alle seine Bücher durch und verbesserte, was in seinen Augen gefehlt war; sein Biograph Possidius paraphrasiert: was von der kirchlichen Norm abwich (Vita cap. 18). Er sprach von 232 Bänden, die er zur Kategorie der Bücher zählte. Seine Briefe und Predigten auch noch zu emendieren, d.h. zu korrigieren, schaffte er nicht mehr (vgl. ep. 224). – An dieser Stelle wäre schließlich noch hinzuzufügen, daß Augustin dachte, alles Denken in diesem Leben bliebe vorläufig.

Wann immer der Bischof Augustin Zeit erübrigen konnte, stürzte er sich in die intellektuelle Mühe des Denkens. Denn, so formulierte er, die Liebe zur Wahrheit verlangt die Muße für das Denken, damit dem Leben Freude und Heiterkeit erhalten bleiben (vgl. civ. d. XIX 19; ep. 193,13). Umgekehrt eignet der Liebe zum Nächsten die Verpflichtung, die vielen Fragen der Brüder und Korrespondenten zu beantworten. Das konnte Augustin zur Last werden, vor allem, wenn er sich gedrängt sah, für die Kirche das katholische Glaubensgut zu lehren. Denn die „Achse des Bösen" war unablässig tätig; Augustin empfand das irdische Leben als Kampfschauplatz, Friede werde erst in der Ewigkeit gewährt. Zu überwinden waren die manichäischen Häretiker, die schismatischen Donatisten, die Heiden, die Pelagianer – dazu die Arianer, die Juden, die Priszillianer, die Apollinaristen. In seiner Bischofszeit hat er aus innerem Antrieb, für sich und nicht von außen gedrängt, nur verfaßt die *Bekenntnisse* und *Retractationes*, *De doctrina christiana*, *De trinitate* und *De Genesi ad litteram*, vielleicht auch *De civitate dei,* abgesehen von den Predigten über Johannes und über die Psalmen. Was er geschrieben hatte, überließ er der Kirche, und sein Sachverwalter Possidius publizierte einen Katalog; dieser Katalog war nach Streitfragen geordnet, enthielt allerdings auch eine große Abteilung, die allen bildungshungrigen Christen nützlich sei. Aus Augustins Schrifttum schöpften Generationen, ja Jahrhunderte ihre theologische Bildung. Sie suchten nach Grundlagen und Begründungen, sie fanden sie für die verschiedensten Fragen, von der Rechtfertigung für Kreuzzüge und der „Logik des Schreckens" (Kurt Flasch) bis zur Gnadenlehre des reformatorischen Evangeliums – und doch wird mit Recht von Augustinismus gesprochen.

Augustin starb 430, fast 76 Jahre alt; er starb, als die Stadt Hippo schon von den siegreichen Vandalen belagert wurde. Henry Chadwick hat geschrieben: „Seine letzten, von ihm überlieferten Worte auf seinem Sterbebett in Hippo, während draußen die Stadt von den Vandalen belagert wurde, waren ein Plotinzitat" (S. 31). Daß es sein letztes Wort gewesen sei, ist sicher so nicht ganz zutreffend. Denn Augustin hatte sich die Bußpsalmen in Abschrift an die Wand heften lassen. So konnte er sie meditieren, aber auch lesen, und antikes Lesen ist immer sprechendes Lesen.

Literaturhinweise

Zu Textausgaben und Übersetzungen vgl.:

– Lexikon der antiken christlichen Literatur. Hrsg. v. S. Döpp, Freiburg [3]2002.
– Augustinus-Lexikon. Hrsg. v. C. Mayer, Basel 1986 ff.

BROWN, PETER: Augustinus von Hippo. Eine Biographie, München [3]2000.

CHADWICK, HENRY: Augustin (übersetzt von Marianne Mühlenberg), Göttingen 1987.

MÜHLENBERG, EKKEHARD: Artikel Augustin, in: Religion in Geschichte und Gegenwart, vierte Auflage, Bd. I (1998), Spalte 959–967.

–, Augustin – die schöpferische Grundlage der Tradition, in: Handbuch der Dogmen- und Theologiegeschichte, Bd. 1: Die Lehrentwicklungen im Rahmen der Katholizität. Hrsg. v. Carl Andresen, 2., überarbeitete und ergänzte Aufl. Göttingen 1999, 406–463.

VAN DER MEER, FRITS: Augustin der Seelsorger. Leben und Wirken eines Kirchenvaters, Köln [2]1958.

Anmerkung: Das Plotinzitat (Enn. I 4,7) steht ohne Namenangabe bei Possidius, Vita Augustini 28,11.

Thomas von Aquin

Notger Slenczka

1. Harmonie und Differenzerfahrung

Wer eine der gotischen Kathedralen betritt, die zu Lebzeiten des
Thomas von Aquin gebaut wurden, der steht in einem Kosmos
aus Stein.[1] Ein Kosmos, errichtet zumeist auf 12 Säulen, ein Kosmos aus Säulen und Pilastern, Statuen und Gewölben, Seiten-
schiffen und Fensterrosetten. Keine Einzelheit ist überflüssig,
kein Detail bedeutungslos, alles fügt sich in genau errechneten
Maßen zu einer Einheit, einer Ordnung zusammen, die alle einzelnen Momente trägt und regiert. Eine harmonische Einheit.

1.1. Geordneter Kosmos. Die theologischen Werke, in denen die
Scholastiker in dieser Zeit das Ganze der Welterkenntnis und
Gotteserkenntnis zusammenfaßten, insbesondere das Wunder-
werk der *Theologischen Summe* des Thomas, sind mit diesen Ka-
thedralen verglichen worden[2] – und das zunächst mit Recht:
Denn auch hier hat man es damit zu tun, daß die Vielfalt theolo-
gischer und philosophischer Lehrstücke, im Grunde das gesamte
Wissen der damaligen Zeit unter einem einheitlichen Gedanken

---

[1] Georges DUBY: Die Zeit der Kathedralen, Frankfurt am Main ⁵1999.
[2] Vgl. nur die berühmte Arbeit Gothic Architecture and Scholasticism
(1958) von E. PANOFSKY – dt.: PANOFSKY, Erwin: Gotische Architektur und
Scholastik, Köln 1989. Rez. und Darstellung der Diskussion: BECKERMANN,
Wolfgang; PANOFSKY, Erwin: Gotische Architektur und Scholastik, in: Coci-
lium medii aevi. Zeitschrift für Geschichte, Kunst und Kultur des Mittelalters und der Frühen Neuzeit, Heft 1, Göttingen 1999, S. 1000–1013.

zusammengefaßt wird; ein einheitlicher Gedanke, der sich in der *Theologischen Summe* des Thomas immer weiter verzweigt und verästelt bis in die letzte Quaestio und den letzten Artikel hinein;[3] keine von ihnen ist zufällig oder überflüssig, sondern sie haben alle ihren Ort im Kosmos des Werkes, in der Darstellung des Ganzen der Wirklichkeit als Ort des Menschen, der in einer Bewegung begriffen ist, die ausgeht von Gott und zurückkehrt zu Gott. Eine großartige, atemberaubende Harmonie, in der sich so recht das auszudrücken scheint, was zuweilen als das Wesen des Mittelalters ausgegeben wird: das Bewußtsein, daß die Wirklichkeit als Einheit verständlich wird von der Wirklichkeit des Gottes her, den die heilige römische Kirche verkündigt. Die Gnade, die harmonisch die Vielfalt der Natur in sich aufnimmt, auf ein einheitliches Ziel ausrichtet und vollendet – das erscheint als Zentrum der Theologie des Thomas. Das Bewußtsein der harmonischen Einheit aller Wirklichkeit als Niederschlag der mittelalterlichen Weltsicht.

1.2. Die disputatio als Baustein des Kosmos. Als erster Blick auf die Sache mag das gerade noch hingehen – aber wenn man näher hinsieht und in der „Summa Theologiae – Zusammenfassung der Theologie" blättert, die zweifellos das Hauptwerk des Thomas darstellt, und wenn man dabei nicht auf das große Ganze, sondern auf das Detail sieht, dann ändert sich das Bild. Zusammengehalten von der Einheit eines in sich gegliederten Grundgedankens fügt sich in der Tat quaestio an quaestio, wie eine gotische Kathedrale aus Steinen zusammengefügt ist; quaestiones, Fragen, Themen, in deren Behandlung sich der Gedankengang vorwärtsbewegt. Und eigentlich sind die Quaestionen Fragen*komplexe*, denn jede dieser Fragen gliedert sich noch einmal in Artikel, in denen die verschiedenen Aspekte des jeweiligen Themas entfaltet werden; so zerfällt die zweite Frage – Von Gott, ob er sei? – in drei Artikel: Ob das Dasein Gottes überhaupt eines Be-

---

[3] Die Architektur der Summen des Thomas kann man sich am besten im Aufriß der Marietti-Ausgabe vor Augen führen: STEPH, Clemens: Tabulae schematicae, Rom 1943.

weises bedarf (oder nicht selbstevident und keines Beweises bedürftig ist[4]); ob das Dasein Gottes beweisbar ist (oder ob ein Beweis nicht etwa unmöglich ist[5]); und wie das Dasein Gottes be-
wiesen werden kann – hier folgen die berühmten fünf kosmologischen Gottesbeweise[6]. Und jeder dieser Artikel, dieser Unter-
fragen, in deren Abfolge die Quaestiones der *Summe* beantwortet werden, weist einen identischen Aufbau auf: beginnt mit einer Frage – beispielsweise: Von Gott: ob er sei. Setzt dann ein mit
„videtur quod non ... – es scheint, daß nicht [Gott ist]"; und
Thomas bietet in diesem Teil des Artikels zunächst eine Reihe
von Argumenten dafür, daß Gott nicht ist[7]. Oder im entsprechenden Artikel über die Zweinaturenlehre bietet er Argumente
dafür, daß es ganz unangemessen ist, daß Gott in Christus
Mensch wird[8]. Oder im entsprechenden Artikel in der Euchari-
stielehre Argumente dafür, daß in der Eucharistie Christi Leib
nicht präsent ist, sondern nur bezeichnet wird[9]. In diesem Teil
der Artikel kommt also jeweils der Widerspruch gegen die kirchliche Lehre ausführlich und mit seinen stärksten Argumenten zu
Wort.

Es folgt in jedem Artikel ein „sed contra ... – aber dagegen
[spricht]": Hier meldet sich nun die christliche Tradition – zu-

---

[4] Ich zitiere im Folgenden in der üblichen Weise die Texte der *Theologischen Summe* durch Angabe des Buches in römischer Ziffer (I–II und II–II
sind dabei der erste und zweite Unterteil des zweiten Teils des Werkes); es
folgt dann die Angabe der quaestio (eingeleitet durch „q"), des articulus
(eingeleitet durch „a") und des Verweises auf den Teil des articulus (zumeist
„resp" für „responsio"; an wenigen Stellen auch „obj" für „obiectio – Geg-
nereinwand" oder ad 1 (etc.): Entkräftung der Argumente, die der Gegner
vorbringt, am Ende des Artikels). Zum Aufbau der Artikel vgl. im folgenden. Auf die Texte der *Summa contra Gentiles* verweise ich in der ebenfalls
üblichen Form durch die Angabe des Buches in römischer Ziffer und die
dann folgende Nennung des Kapitels. Voran steht ein Hinweis auf das Werk:
STh für Summa theologiae und ScG für Summa contra Gentiles, hier also:
STh I q 2 a 1.
[5] STh I q 2 a 2.
[6] STh I q 2 a 3 resp.
[7] STh, I q 2 a 3 obj 1–2.
[8] STh, III q 1 a 1 obj 1–4.
[9] STh III q 75 a 1 obj 1–4.

meist sehr knapp, ein Kirchenväterzitat, sehr häufig der Heilige Augustin, seltener ein Schriftzitat, sehr selten Philosophen: der Heide Aristoteles oder der Christ Boethius; und diese Autorität wird gegen die eingangs referierte Position ins Feld geführt. Jeder einzelne Artikel führt also in ein Streitgespräch ein – der Widerspruch der Gegner der christlichen Tradition und diese Tradition selbst. Und *dann*, nach der Vorstellung der streitenden Positionen, nimmt Thomas von Aquin sein Amt als Magister wahr und entscheidet in der „responsio – Antwort" mit einer Begründung der von der christlichen Tradition vertretenen Position den Streit: „Respondeo dicendum – ich antworte, daß man sagen muß …"; und dann folgt eine lange Begründung dafür, daß tatsächlich Gott existiert, wie die Autorität der Kirche das lehrt[10]; oder daß es passend und angemessen ist, daß Gott Mensch wurde[11]. Oder daß Christus unter Brot und Wein realpräsent ist[12]. Und so fort. Und abschließend werden dann noch die Argumente, die die Gegner der christlichen Tradition für ihre Position ins Feld führten, Punkt für Punkt widerlegt.

Jeder einzelne der vielen hundert Artikel ist so aufgebaut. Aufgebaut nach dem Muster einer Disputation, die im Lehrbetrieb der mittelalterlichen Universität ständig und regelmäßig betrieben wurde. Und das sind Streitgespräche, die nicht etwa den christlichen Glauben einerseits mit erfundenen Pappkameraden andererseits ins Gespräch bringen, sondern die referierten Gegenpositionen wurden in der zeitgenössischen Theologie und Philosophie tatsächlich vertreten. Die Bausteine des großartigen Kosmos der *Theologischen Summe* sind also Streitgespräche, Auseinandersetzungen um den christlichen Glauben. Das geistige Riesengebäude der *Theologischen Summe*, die Integration alles Wissens und aller Wirklichkeit in die von der Kirche gelehrte Wahrheit ist damit nicht einfach Widerspiegelung eines selbstverständlichen mittelalterlichen Bewußtseins der problemfreien Einheit aller Wirklichkeit, sondern dieses Riesengebäude spie-

---

[10] STh I q 2 a 3 resp.
[11] STh III q 1 a 1 resp.
[12] STh III q 75 a 1 resp.

gelt in seinen Bausteinen eine von tiefen Gegensätzen zerrissene Wissenschaft und eine von Streitigkeiten, von geistigen und auch ganz handgreiflich militärischen Auseinandersetzungen zerrüttete Gesellschaft wider. Die Einheit aller Wirklichkeit ist nicht das, was Thomas und seine Zeitgenossen einfach vorfinden und voraussetzen können; was sie kennen, ist vielmehr der Gegensatz. Die Disharmonie. Der Streit. Das Mittelalter insgesamt und auch das sogenannte Hochmittelalter ist alles andere als eine Einheitskultur. Eher müßte man sagen, daß das Wesen und die Grundsignatur des Hochmittelalters die Erfahrung des Streites, der Auseinandersetzung ist. Die Einheit, die Harmonie ist eine Aufgabe, eine Sehnsucht sicherlich; jedenfalls aber ist die Harmonie das Ziel und nicht die Voraussetzung der wissenschaftlichen Arbeit.

2. Ein Leben in Spannungen

Davon ist auch das Leben des Thomas geprägt.[13] Nicht nur die Zeit, sondern schon der Ort der Geburt des Thomas verweist auf die große Auseinandersetzung zwischen dem Papsttum und dem Stauferkaiser Friedrich II.. Thomas wird 1225 auf Schloß Roccasecca in der Grafschaft Aquino geboren als Sohn eines Ritters aus der Familie der Grafen von Aquino, geboren genau an der Grenze zwischen dem Kirchenstaat und dem Königreich beider Sizilien, das damals Friedrich II. regierte. Nicht zuletzt um den Einfluß auf das in der Nähe gelegene Kloster Montecassino stritten die beiden Weltmächte. In dies Kloster wird Thomas im Alter von knapp 6 Jahren als Oblate aufgenommen und erhält dort seine erste Schulbildung.

In anderer Weise bestimmt dieser Gegensatz von Kaiser und Papst das Leben des Thomas weiter, als er zur Fortsetzung seines

---

[13] Zu den biographischen Informationen im folgenden Text verweise ich auf einige der gängigsten Thomas-Biographien oder Darstellungen seiner Theologie: PESCH, Otto Hermann: Thomas von Aquin. Grenze und Größe mittelalterlicher Theologie, Mainz 1988; WEISHEIPL, James: Thomas von Aquin, Graz u.a. 1980.

Studiums an die Universität von Neapel geht. Die Universität von Neapel ist eine Gründung des Kaisers, eine Konkurrenzinstitution zu den päpstlichen Rechtsakademien, beispielsweise zur Rechtsschule in Bologna; gegründet wurde diese Universität auch mit dem Ziel, kaisertreue und rechtskundige Beamte für die Auseinandersetzung mit dem Papsttum auszubilden. Thomas schreibt sich an dieser *kaiserlichen* Institution ein – tritt dann aber wenig später gegen den entschiedenen Protest seiner Familie dem Dominikanerorden bei. Er gehört damit zu einem Orden, der dem *Papst* direkt unterstellt war; und zu einem Orden auch, der in ganz besonderer Weise in die Gegensätze und Auseinandersetzungen der damaligen Zeit hineingestellt war. Die ursprüngliche Bestimmung dieses Ordens war die Auseinandersetzung mit den Katharern und Waldensern. Ordensziel ist die wissenschaftliche Ausbildung von Theologen, die zur Predigt und zur Seelsorge in den rasch wachsenden Städten und insbesondere zur geistigen Auseinandersetzung mit den die Kirche bedrohenden Häresien aus dem Umfeld der Armutsbewegung fähig sind; ein Orden nicht zuletzt, dem schon damals die Aufgabe der Inquisition, der Überführung von Ketzern und der Widerlegung ihrer Lehren, anvertraut war. Nicht nur der Gegensatz von Kirche und Kaiser, sondern eben auch der Gegensatz zwischen der kirchlichen Institution und der vielfältigen Kritik der charismatischen Armutsbewegung bestimmt damit das Leben des Thomas.

Der Universität in Neapel hatte der Kaiser allerdings noch eine weitere Funktion zugedacht, nämlich das Studium der aus dem arabischen Raum vermittelten Schriften des Aristoteles, insbesondere seiner Naturphilosophie, und die Auseinandersetzung mit der hochstehenden arabisch-islamischen Aristoteleskommentierung. Thomas hatte hier die Gelegenheit, mit den metaphysischen, naturphilosophischen, psychologischen und ethischen Schriften des Aristoteles bekannt zu werden zu einer Zeit, als die öffentliche Kommentierung des Aristoteles im akademischen Unterricht, etwa an der Universität in Paris, untersagt war. Damit tritt Thomas in zwei weitere Auseinandersetzungen der damaligen Zeit ein: in die geistige Auseinandersetzung zwischen dem Christentum und dem Islam einerseits, und in die damit zusammenhängende innerchristliche Auseinandersetzung um die Rezeption des Aristoteles.

Es ist diese Auseinandersetzung um das Recht der Aristoteles rezeption in der Theologie, die das weitere Leben des Thomas in vielfältiger Weise bestimmt: 1248 wird er von seinem Orden nach Köln geschickt zu Albertus Magnus, dem ersten großen Kommentator praktisch aller Schriften des Aristoteles, der beauftragt ist, dort in Köln eines der studia generalia des Dominikanerordens einzurichten. Thomas wird, wenn man so will, Assistent bei Albertus Magnus. Er ist übrigens offensichtlich damals noch nicht auf den ersten Blick als die intellektuelle Kapazität erkennbar, als der er sich später erwies. Als „stummen Ochsen" haben ihn offenbar seine Confratres tituliert – der Titel bezieht sich einerseits auf seine Größe und seine Leibesfülle. Thomas muß groß und breitgebaut gewesen sein, und insbesondere in seinen späteren Jahren war er ungeheuer dick. Und zweitens scheint er eben bis zum Stumpfsinn schweigsam gewesen zu sein. Nur Albertus Magnus, so wird überliefert, habe die Anlagen seines Assistenten erkannt und gesagt: „Wir nennen ihn den stummen Ochsen, aber das Brüllen seiner Lehre wird in der ganzen Welt widerhallen."[14]

1252 wird der junge Baccalaureus nach Paris auf einen der dem Dominikanerorden zustehenden Lehrstühle an der Theologischen Fakultät gesandt und nimmt dort, am Ort des Streites um Aristoteles, die Aufgaben wahr, die einem akademischen Lehrer damals oblagen: Er hält Vorlesungen über das Sentenzenwerk des Petrus Lombardus und über biblische Bücher, und er hält Disputationen ab.

Sie sehen auch bei diesem Blick auf das *Leben* des Thomas: Kein Kontext der Harmonie. Keine selbstverständliche Einheit des Abendlandes, sondern ein von tiefen geistigen und gesellschaftlichen Gegensätzen zerklüftetes Zeitalter, in das Thomas hineingeboren ist; und damit wird auch ganz konkret greifbar,

---

[14] TORREL, Jean-Pierre: Magister Thomas. Leben und Werk des Thomas von Aquin, Freiburg 1995, 48.

daß die großartige einheitliche Architektonik seines Denkens nicht der Ausdruck eines Bewußtseins der selbstverständlichen Einheit aller Wirklichkeit ist, sondern Dokument einer Teilnahme und Abarbeitung an den Auseinandersetzungen seiner Zeit. Erst dem Streit und dem Zusammenprall der Positionen gewinnt Thomas die Einheit und Harmonie ab.

3. Intellektuelle Streitkultur – *die Summa contra Gentiles*

Ich will also zunächst einmal versuchen, Ihnen einen Eindruck von dem Geist der Auseinandersetzung und des Streites zu vermitteln, von der hochstehenden intellektuellen Streitkultur, die dieses Zeitalter mindestens so sehr prägte wie die Institutionen des Kreuzzuges und der Inquisition, die unser durchschnittliches Bild des „finsteren" Mittelalters und der mittelalterlichen Kirche bestimmen.

3.1. Der Zweck des Werkes. Wir greifen dafür zur sogenannten „Summa contra Gentiles – das Kompendium gegen die Heiden", das in den Manuskripten den Titel trägt „Liber de veritate christiana contra errores infidelium – das Buch über die christliche Wahrheit gegen die Irrtümer der Ungläubigen". Es handelt sich um eine Gesamtdarstellung der christlichen Theologie. Thomas hat sie, so eine freilich umstrittene Überlieferung, auf Bitten des katalanischen Dominikaners Raimund de Peñaforte verfaßt. Raimund betrachtete den neuentstandenen Predigerorden als das Instrument, die Präsenz des Islam in Europa, insbesondere in Spanien auf dem Wege der geistigen Auseinandersetzung und der Mission zu beenden, nachdem Hunderte von Jahren der kriegerischen Auseinandersetzung keinen Erfolg erbracht hatten. Die *Summa contra gentiles* sollte als ein Lehrbuch für die Argumentation gegenüber dem Islam dienen, darüber hinaus aber auch, so weist die Einleitung aus, als ein Apologeticum gegen alle denkbaren Abweichungen von der Wahrheit, die im Schoße der Kirche gelehrt wird.

3.2. Die Vernunft und der Glaube. In den einleitenden Kapiteln begründet Thomas die eigentümliche Anlage des Werkes, und zwar mit einer Reflexion über die Grundlagen des Argumentierens[15]: Es sei in einer geistigen Auseinandersetzung, so sagt er sinngemäß, unverzichtbar, von Voraussetzungen aus zu argumentieren, die der Gegner teilt. Es sei einfach nicht sinnvoll, sich beispielsweise im Disput mit dem Judentum auf die Autorität des Neuen Testamentes und der Kirchenväter zu berufen – denn diese Autorität erkennt der Gesprächspartner nicht an. Und ebenso sei es nicht sinnvoll, sich im Gespräch mit einem Moslem oder anderen Heiden auf die Schrift insgesamt zu berufen – denn diese werde von den Heiden nicht anerkannt. Ein Disput bedarf gemeinsamer Grundlagen und Wahrheitskriterien, denn, so könnte man sagen: Ein Disput hat die Aufgabe, den Gegner zu überzeugen und zu gewinnen.

Wie ist dann aber ein Disput über die Grenzen zweier Religionen hinweg möglich, die keine gemeinsamen heiligen Schriften oder Überlieferungen haben? Thomas weist darauf hin, daß auch den Heiden einerseits und den Christen andererseits eine Instanz verbindet, die eine dann auch theologische Auseinandersetzung ermöglicht – und das ist die Vernunft, an der beide als Menschen Anteil haben; die Vernunft, und die durch sie erschlossene Wahrheit[16]. So sei nun im Blick auf die Verteidigung der christlichen Wahrheit zu unterscheiden[17]: Einerseits gibt es Wahrheiten des Glaubens, die auch der Vernunft zugänglich seien und über die ein Disput mit den Heiden auf der Basis der Vernunft möglich sei und die zu entscheiden seien – das sind die Aussagen des Glaubens über Gottes Wesen – das finden wir in Buch I der *Summa contra Gentiles;* das sind zweitens die Aussagen über die Schöpfung und darin besonders die Anthropologie – Buch II der *Summa contra Gentiles;* es sind drittens die Aussagen über die Bestimmung des Menschen zur Einheit mit Gott

---

[15] ScG I cap 2 und 3.
[16] ScG I cap 2.
[17] ScG I cap 3.

und die Aussagen über den Weg des Menschen zu Gott – das bietet Buch III, im Grunde eine Ethik.

Über alle diese Inhalte kann man sich mit den Gegnern des christlichen Glaubens verständigen. Diese Aussagen, die alle in den Kontext des christlichen Glaubens gehören, sind zugleich Einsichten der menschlichen Vernunft, sind durch die Vernunft rekonstruierbar und beweisbar. Beweisbar bis zu dem Punkt, mit dem das dritte Buch endet: Daß der Mensch aus eigener Kraft den in Buch III vorgezeichneten Weg zu Gott nicht gehen kann, sondern dafür der Vergebung und der Gnade bedarf, die ihn mit Glaube, Liebe und Hoffnung ausstattet[18] – ich komme darauf unter 6. zurück.

Daneben stehen Aussagen des christlichen Glaubens, die nicht der Vernunft entspringen, sondern sie übersteigen – die Aussagen über die Dreiheit der Personen in Gott; die Aussagen über die Person und das Heilswerk Christi, in dem die Gnade erworben, und über die Sakramente, in denen die Gnade ausgeteilt wird – die Gnade nämlich, durch die die Menschen fähig werden, die in Buch III beschriebene Bestimmung des Menschen auch zu erreichen; und schließlich gehören auch die Aussagen über die Auferstehung, das Gericht und das Ewige Leben zu demjenigen Wissen, das die Vernunft nicht aus sich selbst hat, sondern durch die Offenbarung Gottes mitgeteilt bekommt. Die Darstellung dieser Lehrinhalte von der Trinität bis zum Ewigen Leben bietet Buch IV der *Summe gegen die Heiden*; und hier, in diesen eigentlichen Streitpunkten mit dem Islam, gewinnt die Auseinandersetzung eine andere Gestalt: Hier ist keine Ableitung der christlichen Wahrheit aus der Vernunft möglich – aber es kann doch gezeigt werden, daß die auf die Vernunft gestützten Einwände der Heiden gegen diese Aussagen gegenstandslos sind[19]. Die kirchliche Trinitätslehre, die Christologie, die Sakramentenlehre und die Lehre vom Gericht sind nicht, wie die Heiden behaupten, unvernünftig im Sinne von vernunftwidrig. Sie stehen vielmehr im Verhältnis der Harmonie zur Instanz der Vernunft; sie

---

[18] ScG III cap 147–163: De gratia.
[19] ScG I cap 3.

entspringen gewiß nicht der Vernunft, aber sie widersprechen ihr auch nicht, sondern übersteigen sie, indem sie sie vollenden. Das ist einer der vielen Aspekte, den die thomasische Grundregel hat, daß die Gnade der Natur und der Vernunft nicht widerspricht, sie nicht aufhebt, sondern sie integriert und vollendet: gratia non tollit sed perficit naturam.

3.3. Die Vernunft im Dienst des Glaubens und die Grenzen der Vernunft. Das bedeutet aber auch: Die Einwände eines Gegners auf der Basis der Vernunft können widerlegt werden – das ist ein rein negatives Verfahren; und, so schreibt Thomas ausdrücklich, dem Gegner diese Wahrheiten nun auch positiv gewiß zu machen, sie ihm anzudemonstrieren, das übersteigt die Möglichkeiten des Menschen und die Möglichkeiten theologischer Argumentation[20]. Gewißheit hinsichtlich der kirchlichen Wahrheit herzustellen, ist nicht Aufgabe theologischer Argumentation. Die Theologie kann den Anstoß der Vernunft an der Wahrheit als Schein erweisen. Aber die Aufgabe, den Gegner zu überzeugen, weist über das Argumentieren der wissenschaftlichen Theologie hinaus auf das Werk der Gnade Gottes. Und auch dies ist ein Anwendungsfall für die Regel, daß die Gnade die Vernunft – die vernünftige Argumentation – nicht überflüssig macht, wohl aber vollendet. Die Gnade tut etwas, was die rationale theologische Argumentation nicht kann.[21] Ich unterstreiche das noch einmal ausdrücklich, weil wir darauf später wieder stoßen werden: Thomas ist sich zutiefst dessen bewußt, daß die wissenschaftliche Theologie nicht dasselbe ist wie die religiöse Gewißheit. Religiöse Gewißheit entspringt nicht der Belehrung, ist etwas, was keine theologische Argumentation herstellen kann, sondern was in jeder Theologie als etwas Anderes, Fremdes, als Werk der Gnade vorausgesetzt ist.

---

[20] Vgl. STh I q 1 a 8 ad 2.
[21] STh I cap 6.

3.4. Der Respekt vor dem Gegner. Aber nun zurück zum Geist der Auseinandersetzung, der hier erkennbar ist: Es ist ein eigentümlicher Respekt vor dem Gegner im Streit und vor seinen Voraussetzungen, der diesen Umgang mit dem Widerspruch prägt. Das Ziel ist nicht, den Gegner zum Schweigen zu bringen, sondern ihn zu überzeugen, das heißt: ihm zu zeigen, daß die recht verstandene christliche Wahrheit dem lebendigen Wahrheitskriterium im Gesprächspartner, der Vernunft, nicht widerspricht, sondern daß die Anlage des Menschen auf Wahrheit hin, die Thomas als ratio (Vernunft) oder intellectus (Einsichtsfähigkeit) bezeichnet, sich im Konsens, in einer Harmonie mit der übernatürlichen Wahrheit der Kirche befindet. Und die Streitkultur des Mittelalters ist geprägt von dieser These, daß es diese Vernunft, die allen Menschen gemeinsame Ausrichtung auf die Wahrheit gibt, ein von allen geteiltes und allen zugängliches inneres Kriterium, das es überhaupt erst möglich macht, sich so über die Wahrheit zu streiten, daß man nicht beim Konstatieren endgültiger Gegensätzen stehenbleibt, die nur noch mit Gewalt überbrückbar wären. Und diese Vernunft und die ihr zugänglichen Einsichten, die eine Streitkultur überhaupt erst ermöglichen, hat für Thomas und viele seiner Zeitgenossen gleichsam einen Namen und eine Gestalt – die der aristotelischen Philosophie. Sie bringt die Wahrheit und die Prinzipien zur Sprache, die allen Menschen einleuchtet über die Grenzen aller Differenzen hinweg. Darin liegt die Bedeutung des Aristoteles in der mittelalterlichen Theologie und Philosophie.

4. Aristotelesrezeption

An dieser *Summe gegen die Heiden* schrieb Thomas über mehrere Jahre hinweg, und zwar – damit wieder ein paar Hinweise auf die Biographie – begann er mit der Arbeit 1259, in dem Jahr, in dem er Paris wieder verließ. Er beendet die Arbeit an dem Werk irgendwann in der ersten Hälfte der 60er Jahre. Thomas ist in dieser Zeit zunächst als Lektor im Dominikanerkonvent in Orvieto nördlich von Rom tätig. Das war damals kein Kaff, sondern der Ort, den der damalige Papst Urban IV. zu seiner Residenz gewählt hatte und an dem die Geistesgrößen des damaligen Europa sich die Klinke in die Hand gaben – beispielsweise auch der Aristotelesübersetzer Wilhelm von Moerbeke, dem Thomas dort begegnet sein könnte.

4.1. Der Streit um Aristoteles. Nach einem Zwischenspiel von vier Jahren in Rom – Thomas war dort wieder als Wissenschaftsorganisator tätig und hatte ein Ordensstudium in Rom aufzubauen – finden wir Thomas dann 1268 wieder in Paris – hier nun ausdrücklich mit dem Auftrag, in die Auseinandersetzungen um den Aristotelismus an der dortigen Universität einzugreifen. Er steht dort in einer Auseinandersetzung mit zwei Fronten: Auf der einen Seite die theologischen Gegner einer Aristotelesrezeption – darunter der große Franziskanertheologe Bonaventura. Diese theologischen Gegner einer Aristotelesrezeption begründeten ihren Widerstand mit dem Hinweis auf die Irrtümer, die durch die Beschäftigung mit Aristoteles transportiert würden: Denn Aristoteles, so die Franziskanertheologen, lehrt die Ewigkeit der Welt; die Vorbestimmung aller menschlichen Entscheidungen durch die Gestirne; und die Einheit des rationalen Seelenteils in allen Menschen. Nun ist es in der Tat so, daß alle diese Lehren einen Anhalt an bestimmten Texten des Aristoteles haben – und sie werden darüber hinaus in der Tat von einigen Professoren der Artistenfakultät in Paris vertreten. Und das ist nun die andere Front, in der Thomas in seiner zweiten Pariser Zeit steht: der Streit mit dem radikalen Aristotelismus der Artistenfakultät um die richtige Auslegung der aristotelischen Texte. Diese Auseinandersetzung ist lebensnotwendig: Es geht letztlich darum, ob die Formulierung der alle verbindenden Vernunft bei Aristoteles tatsächlich eindeutig ist oder ob sie vielfältige, auch gegen die christliche Glaubenswahrheit gerichtete Interpretationen zuläßt. Es geht also darum, ob die Vernunft – Aristoteles – tatsächlich eindeutig in Harmonie mit den Einsichten des christlichen Glaubens steht.

4.2. Die Auseinandersetzung mit dem radikalen Aristotelismus.
Ich halte Sie daher noch wenige Sätze lang bei dieser im einzelnen sehr komplizierten Auseinandersetzung fest. Der Streit mit dem Averroismus, der sich in Paris in den 60er Jahren des 13. Jhs. abspielt, kreist insbesondere um die Lehre von der Seele, die dem islamischen Kommentator Ibn Rushd bzw. – das ist die latinisierte Form des Namens – Averroes zugeschrieben wird. Grundsätzlich und für alle streitenden Parteien gilt, daß der Begriff „Seele" viele Phänomene in sich schließt: Es hat mit der Seele zu tun, daß ein Körper sich bewegt, verdaut, sieht, wächst; und es hat mit der Seele zu tun, daß ein Mensch verstehbar ist und versteht, daß er erkennt, vernünftig plant, moralisch handelt oder wenigstens handeln kann. Die Seele ist offenbar Prinzip eines beweglichen Körpers und seiner Funktionen – wenn sie fehlt, ist der Körper leblos; und die Seele ist Prinzip des Denkens und des freien Handelns.

Die Averroisten vertraten nun auf der Basis einer bestimmten Interpretation der Seelenlehre des Aristoteles die These, daß die Seele als aktives Prinzip des Körpers einerseits und als der höchste Seelenteil, der für das Erkennen zuständig ist, andererseits, nicht eines seien. Die Seele als aktives Prinzip des Körpers ist individuell, gehört zu einem Körper. Der höchste Seelenteil aber ist nicht individuell, sondern gegen den einzelnen Menschen, an dem er sich findet, selbständig; es handle sich um einen allen gemeinsamen Geist, der, ohne seine Einheit mit sich selbst zu verlieren, in allen Menschen präsent sei und nach dem Ende der Individuen, die an ihm teilhaben, wieder zur Einheit mit sich zusammengeht.

Thomas nimmt in mehreren Schriften diese Auseinandersetzung auf – etwa in der Schrift *Über die Einheit des Verstandes gegen die Averroisten,* dort benennt er in einem extrem kurzen ersten Abschnitt von 8 Zeilen die theologisch ruinösen Folgen der Position: Wenn der höchste Seelenteil tatsächlich einer wäre in allen Menschen und nicht geprägt sei von dem konkreten Leben, in dem dieser Seelenteil erscheint, dann habe das zur Folge, daß dieser Geistseele die Verantwortung für die individuellen Taten und Unterlassungen eines konkreten Lebens nicht zurechenbar sei; daß somit ein individuelles Gericht und entsprechender Lohn und Strafe nicht denkbar sei. Das gegenwärtige Leben verliert seine ewige Bedeutung vor dem Urteil Gottes, weil der unsterblichen Geistseele das konkrete Leben eines Individuums nicht zurechenbar ist. Diese Geistseele ist nämlich eine in allen konkreten Leben und mit keinem letztlich identisch.

Das ist eine knappe Bemerkung, acht Zeilen – und dann fährt Thomas fort, daß es ihm darauf ankomme, nicht nur diesen auf der Hand liegenden Widerspruch gegen Grundlagen des christlichen Glaubens auszuweisen, sondern zu zeigen, daß diese averroistische Position den Prinzipien der Philosophie widerspricht. Er zeigt dann in einer minutiösen Aristotelesinterpretation, daß die Position der Averroisten mit dem Text des Aristoteles unvereinbar ist. Dies ist eben wieder das Grundanliegen des Thomas: Einen Streit nicht so zu führen, daß es zum letztlich ruinösen Zusammenprall des Unvereinbaren kommt – hier der christliche Glaube, dort die in Aristoteles sich manifestierende Vernunft; sondern sein Anliegen ist es, die Auseinandersetzung auf dem Boden der Vernunft und der Aristotelesinterpretation als Streit um das rechte Verständnis und um die Eindeutigkeit der Vernunft zu führen und so zu zeigen, daß der recht verstandene Aristoteles, die recht verstandene Vernunft, der Wahrheit des Glaubens nicht widerspricht. Glaube ist nicht Vernunft, und die Einsichten des Glaubens entspringen auch nicht (alle) der Vernunft – aber die Vernunft, die natürliche Anlage des Menschen, reimt sich immer mit dem Glauben.

4.3. Der Zweck der Aristoteleskommentare. Von hier aus erschließt sich eben auch ein weiterer großer Teil des Thomasischen Werkes, nämlich seine Kommentare zu den Schriften des Aristoteles: Minutiöse Kommentierungen fast aller damals gerade neuentdeckten Schriften des Aristoteles. Und man erfaßt auch, wenn man sich die Aristoteleskommentierung genauer ansieht, daß Thomas mitnichten die Position des Aristoteles gegen den Strich liest oder gewaltsam der kirchlichen Lehre anpaßt. Vielmehr notiert er im Verlauf der Kommentierung ungerührt und ausdrücklich Lehrmeinungen, die der kirchlichen Lehre widersprechen – so etwa in der Kommentierung von Buch XII der *Metaphysik* die Behauptung des Aristoteles, daß die Bewegung und damit auch die Zeit ewig sei – das ist die exegetische Grundlage der von den Pariser Averroisten vertretenen Lehre von der Ewigkeit der Welt. Thomas räumt ein, daß Aristoteles genau das vertrete, und hält dann fest: „Man muß aber wissen, daß Aristoteles hier die entsprechenden Argumentationen aus dem achten Buch der Physik voraussetzt – aber das sind keine Beweise, sondern Wahrscheinlichkeitsaussagen. Schlüssig sind sie nur als Beweise gegen die Position der alten Naturphilosophie über den Anfang der Bewegung, die er widerlegen will."[22] Thomas hebt also darauf ab, daß Aristoteles der eigenen Intention nach gar nicht im strengen Sinne Beweise für seine Position vorführt; und er weist darauf hin, daß Aristoteles Argumente vorbringt, die in eine bestimmte Richtung zielen und dort auch ihr Recht haben, die aber als Argument gegen die christliche Schöpfungslehre nichts austragen. Solche knappen Bemerkungen erschließen die Motivation für diese in der zweiten Pariser Zeit entstandenen Aristoteleskommentare: Thomas will gegen den radikalen Aristotelismus der Artistenfakultät und gegen die innerkirchlichen Kritiker einer Aristotelesrezeption zeigen, daß der genau gelesene und auf die eigene Intention hin ausgelegte Aristoteles sich mit dem christlichen Glauben vereinbaren läßt.

4.4. Arbeitsweise. Schon in der Zeit in Rom ist die literarische Produktivität des Thomas ungeheuerlich – aber in den sechs Jahren des zweiten Aufenthalts in Paris sprengt sie alles Vorstellbare: Thomas schreibt Kommentare zu 10 Schriften des Aristoteles – vielhundertseitige Werke zumeist, allein der genannte Metaphysikkommentar umfaßt in der modernen Marietti-Druckausgabe 616 Seiten; er verfaßt die Quaestionen des dritten Teils der *Theologischen Summe*, in der Marietti-Ausgabe ca. 500 Seiten; er schreibt die großen Kommentare zum Matthäus- und zum Johannesevangelium, dazu mehrere umfängliche Quaestionenrei-

---

[22] Thomas von Aquin: In XII libros Metaphysicorum Aristotelis, Torino 1971, XII, 5 (2498).

hen und 14 kleinere Schriften, die ebenfalls sehr deutlich über dem Umfang heutiger Aufsätze liegen und kleine Monographien darstellen. Jemand hat es ausgerechnet: In den vier Jahren in Paris entstehen 4061 Seiten der Marietti-Ausgabe. Die Arbeitsweise, die zu diesem stupenden Ergebnis führte, ist mindestens ebenso ungewöhnlich wie das Ergebnis selbst: Thomas reduzierte die für den Schlaf und die Mahlzeiten vorgesehenen Zeiten auf ein Minimum und arbeitete bis spät in die Nacht. Er verfügte über mehrere Sekretäre, denen er gleichzeitig, von einem zum nächsten gehend, jeweils unterschiedliche Werke diktierte. Sein Gedächtnis und seine Fähigkeit zum Erfassen und Merken gelesener Texte muß schlicht beneidenswert gewesen sein – allerdings schlug sich nach dem Bericht seiner Biographen diese ungeheure Arbeitsleistung auch in einer zunehmenden Zerstreutheit nieder und in der Neigung, im Gespräch oder in der Begegnung mit anderen Menschen plötzlich in Absencen zu verfallen und den eigenen Gedanken nachzuhängen. Das war, so die Biographen übereinstimmend, nur dadurch zu beheben, daß man ihn kräftig und ruckartig an seinem Ordenshabit zog und so in die Gegenwart zurücknötigte.

5. Die *Theologische Summe*

In dieser Zeit entsteht, wie gesagt, die *Theologische Summe*. Ich habe eingangs schon gesagt, daß in ihr eine Unzahl von Artikeln zu einem großen Gedankengang geordnet sind. Ein Anfängerlehrbuch, wie Thomas einleitend schreibt[23], ein Anfängerlehrbuch, das eben das bietet, was ein Anfänger braucht: einen systematischen Leitfaden, der ihm einen Überblick gibt und ihm zeigt, wie alle Stoffe der Theologie in einem geordneten Zusammenhang stehen. Ein Anfängerlehrbuch, das in heutigen Druckausgaben mehr als 2500 engbedruckte Seiten umfaßt.

---

[23] STh prooemium.

5.1. Zweck und Aufbau des Werkes. Die Bestimmung des Gegenstandes der Theologie[24] ist der Ausgangspunkt zur Bestimmung des Aufbaus der *Summe.* Der Gegenstand der Theologie, so Thomas, ist Gott. Das ist nun aber nicht so zu verstehen, daß die Theologie es mit Gott und sonst nichts zu tun hat, sondern „Gott" ist der Gesichtspunkt, unter dem diese Wissenschaft alles Seiende betrachtet. Sie hat es mit dem Seienden zu tun, sofern es entweder Gott ist, oder mit Gott zu tun hat – so zu tun hat, daß es auf ihn als auf den Ursprung und das Ziel bezogen ist. Das bedeutet dann eben, daß es die Theologie mit schlechterdings allem Seienden zu tun hat, denn alles Seiende ist entweder auf Gott als auf seinen Ursprung und sein Ziel bezogen, oder aber es ist selbst Gott. Von dieser Gegenstandsbestimmung her strukturiert sich der Grundgedanke der *Summe,* die alle Teile und alle Abschnitte und Quaestiones und Artikel zusammenhält[25]: Die drei Teile der *Summe* beschreiben eine weite Bewegung: Der erste Teil handelt von Gott und vom Ausgang aller Wirklichkeit von Gott: Gott und das Seiende, das von Gott als Ursprung ausgeht – Gotteslehre und Schöpfungslehre. Der zweite Teil handelt von der Rückkehr aller Kreatur, insbesondere der mit Verstand und Wille ausgestatteten, zu Gott: Die Wirklichkeit, soweit sie auf Gott als finis bezogen ist – die Ethik. Und der dritte schließlich handelt von Christus als dem Weg, auf dem sich die Rückkehrbewegung des Menschen zu Gott nun auch tatsächlich vollzieht – denn der Mensch ist zwar auf die Rückkehr zu Gott hin angelegt, ist aber aus seinen natürlichen Vermögen heraus unfähig, dieses übernatürliche Ziel auch wirklich zu erreichen.

5.2. Charakter des Werkes. Wer die *Summe* liest, der sieht aber nun eben nicht zunächst die große Bewegung, in die sich alle einzelnen Disputationen einordnen, sondern die Vielzahl der Streitfragen, aus denen sie aufgebaut ist. Den Leser erwartet dabei ein sehr technischer Stil, eine hochdifferenzierte Begrifflichkeit, präzise, aber voraussetzungsreiche Distinktionen, nach denen

---

[24] STh I q 1 a 7 resp.
[25] STh I q 2 prooemium.

sich jeder Sachverhalt gliedern läßt – Form und Materie; actus und potentia; das Schema der vier Ursachen und so fort. Gewiß zuweilen zwischenhinein erläuternde Beispiele, die aber nichts daran ändern, daß ein ungeübter und mit dem Vokabular und der Argumentation nicht vertrauter Leser in der Fülle der scholastischen Distinktionen und dem technischen Vokabular den Überblick und vermutlich die Lust am Lesen verliert. Sie werden mir, wenn Sie das nun wissen, dankbar sein, wenn ich mich im folgenden nicht in Details verliere, sondern in einem freien Nachvollzug den großen Bogen eines Grundgedankens des Thomas skizziere. Ich formuliere mit eigenen Worten den Gedanken nach, um Ihnen einen Eindruck davon zu verschaffen, welcher faszinierende und das menschliche Leben erhellende Gedanke sich dem erschließt, der sich von der Schwierigkeit der Texte nicht abschrecken läßt.

5.3. Der erste Teil: Gotteslehre und Schöpfung. Ich übergehe dabei den ganzen ersten Teil der *Summe.* Von dieser Abhandlung über Gott und den Ausgang der Kreaturen von Gott erfahren Sie hier nichts. Sie erfahren nichts davon, daß dieser erste Teil in STh q 2 mit den berühmten fünf Wegen, den kosmologischen Gottesbeweisen einsetzt, die den Beweis führen, daß die bewegte Wirklichkeit, von der wir umgeben sind, in ihrer Bewegtheit ein Hinweis ist auf einen Ursprung und ein Ziel dieser Bewegung. Sie erfahren nichts davon, daß und inwiefern diese Gottesbeweise die Basis für einen metaphysischen Gottesbegriff sind. Sie erfahren nichts davon, wie Thomas in STh q 3–11 diesen Gottesbegriff in der Lehre vom Wesen Gottes entfaltet, auch nichts von der Begründung einer theologischen Sprachlehre – die vieldiskutierte Analogielehre in STh q 12 und STh q 13 hat hier ihren Ort. Sie hören von mir nicht, wie Thomas diese letztlich dem Aristoteles geschuldete Lehre vom Wesen Gottes ab STh q 27 mit der kirchlichen Rede von Gott und mit der Trinitätslehre verbindet. Ich enthalte Ihnen auch die Darstellung vor, wie Thomas in der Entfaltung dieser Trinitätslehre immer näher an die Kreatur herangeht, wie er in STh q 43 die Behandlung der trinitarischen Personen mit der Sendung des Geistes nach außen beendet und dann in STh q 44 neu mit der Schöpfungslehre einsetzt. Ich rede nicht von dem großen und zentralen Problem des Verhältnisses von Schöpfung und Gott, zeige Ihnen nicht, wie Thomas gezwungen ist, sich unter der Hand beständig gegen die pantheistischen Konsequenzen seiner eigenen Gotteslehre abzugrenzen. Ich verschweige Ihnen den Aufbau der Schöpfungslehre, in der Thomas – das ist ziemlich traditionell – zunächst den Bereich der rein geistigen Wesen, der Engel, und ihr Verhältnis zu Gott beschreibt; wie er dann die Erschaffung der rein materiellen Welt anschließt, um dann weiterzugehen zum Menschen als dem Wesen, in dem die beiden Grundprinzipien des Kosmos: Materie und Geist, eine spannungsvolle Einheit eingehen. Über all das schweige ich.

6. Die Frage nach der Erfüllung und dem Sinn des menschlichen Lebens: Teil II der *Summa Theologiae*

6.1. Der Mensch und sein Streben. Nein, nicht der erste Teil; ich wende mich vielmehr dem zweiten Teil der *Summe* zu und versuche einen Nachvollzug des Grundgedankens. Thomas stellt hier, der Ethik des Aristoteles ebenso wie Augustins Anthropologie folgend, die Frage nach dem finis ultimus, dem letzten Ziel des Menschen[26]. Denn das ist deutlich: Der Mensch als ein Wesen, das Verstand und Wille und die Fähigkeit der Selbstbestimmung hat, zielt immer auf etwas ab, will vieles, hat kurz-, mittel- und langfristige Ziele. Der Mensch ist ein appetitus, ein Strebewesen. Er ruht nicht in sich. Er will immer etwas. Oder anders: Ihm fehlt etwas. Ein Mängelwesen.

Die vielfältigen Ziele des Menschen sind einander unter- und übergeordnet: Wir steigen in den ICE nicht um des ICE oder des Einsteigens willen, sondern um eines weiteren Ziels willen: weil wir nach Göttingen fahren wollen, um dort einen Vortrag zu halten. Den Vortrag halten wir, um einer Verpflichtung zu genügen,

---

[26] STh I–II q 1–8.

die wir eingegangen sind. Und die Verpflichtung sind wir eingegangen – ja, warum eigentlich? – um wieder einmal in Göttingen
zu sein; und das ist dann möglicherweise ein Ziel, das ich nicht
als Mittel für einen weiteren Zweck wähle, sondern das ich um
seiner selbst willen will. Meistens aber haben wir es mit Zielen zu
tun, die selbst wieder Mittel sind. Jedes Ziel, das wir wählen, läßt
die Frage zu: Wozu willst du das? und ordnet sich als Mittel einem weiteren Ziel unter, das wir eigentlich verfolgen.

6.2. Das letzte Ziel: Die beatitudo als Ruhe der Erfüllung. Damit
setzt aber die Beobachtung, daß unser Handeln und Leben ziel-
orientiert ist, eine Frage aus sich heraus: Wonach streben wir
letztlich? Was ist eigentlich das endgültige, das nicht mehr über-
holbare Ziel unseres Lebens, das wir durch alle unsere kurz- und
mittelfristigen Ziele hindurch anstreben?
Thomas beantwortet diese Frage wie Aristoteles, wie Augustin und wie viele Positionen aus dem Bereich des Neuplatonismus: Das Ziel ist die beatitudo – die Seligkeit[27]. Darunter ist nun
nicht gleich die Seligkeit des Paradieses zu verstehen. Thomas er-
läutert die beatitudo so, daß er sagt, daß die Seligkeit in der per-
fectio, in der Vollkommenheit des Menschen besteht – aber auch
das ist irreführend. Die Vollkommenheit ist dabei nämlich nicht
irgendein moralischer Zustand, sondern Vollkommenheit ist der
Zustand, in dem wir nicht mehr weiterstreben, sondern alles haben[28]. Der Zustand, in dem der appetitus, die Suche des Strebe-
wesens Mensch, befriedigt ist. Die Vollkommenheit, die Seligkeit
ist der Zustand, über den hinaus nichts mehr zu erstreben ist. Die
beatitudo ist die Ruhe der Erfüllung.
Also: In dem Streben, in der Suche, die den Lebensvollzug des
Menschen prägt, ist eine Ruhe, eine Erfüllung vorgezeichnet.
Was der Mensch in allen Zielen, die er sich setzt, letztlich sucht,
ist die beatitudo als Ruhe der Erfüllung. Fraglich ist nur, worin
der Mensch diese Ruhe findet, die er ganz offensichtlich in sich

---

[27] STh I–II q 2 und 3.
[28] STh I–II q 2 a 8 resp.

selbst nicht hat[29]. Zumeist, so Thomas, sucht der Mensch die Ruhe der Erfüllung in Gegenständen, Gütern, die diese Ruhe nicht bieten können, weil sie zu wünschen übrig lassen. Thomas geht die möglichen Gegenstände durch, zeigt, worin der Mensch Erfüllung sucht, aber nicht die Ruhe der Erfüllung findet, weil der Augenblick der Erfüllung vergeht und sich wieder ein neues Bedürfnis meldet, weitertreibt und nicht zur Ruhe kommen läßt: Der Reichtum, die Ehre, die Gesundheit, der Besitz, die Erkenntnis – sie alle sind Gegenstand menschlichen Strebens, vermitteln aber keine Ruhe.[30] Das Streben ist viel größer und unersättlicher als die Erfüllung, die endliche Gegebenheiten bieten können. Das Streben, der appetitus des Menschen ist unendlich, grenzenlos, nichts kann es erfüllen – es sei denn ein Gut, in dem nichts mehr fehlt, ein Gut, das alle Güter einschließt und das dem Werden und Vergehen nicht unterworfen ist. In der Unendlichkeit des Strebens ist das vorgezeichnet, was das Streben erfüllen könnte: ein unendliches Gut[31]. Das Strebewesen Mensch findet die Ruhe der Erfüllung nur in der Wirklichkeit, die der recht verstandene Begriff Gott bezeichnet: Der Inbegriff des Guten; das Gutsein selbst. Der Mensch als ruheloses Strebewesen ist eine Frage nach einem unendlichen Gut.

6.3. Tugend als Ausrichtung auf den Grund der Erfüllung. Der gesamte zweite Teil der *Summe,* der im Grunde genommen zunächst eine Handlungstheorie und dann eine materiale Ethik bietet, stellt dar, in welcher Weise der Mensch auf das unendliche Gut bezogen ist, in dem er die Ruhe der Erfüllung findet; bezogen ist er auf dieses Gut, indem er einen Weg beschreitet, der um den Begriff der Tugend gruppiert ist. Tugend – ein für unser Verständnis etwas moralinsauer belasteter Begriff – beschreibt aber letztlich etwas ganz Einfaches: eine Grundausrichtung des menschlichen Willens, eine Neigung zur Ausführung bestimmter Vollzüge. Beispiel: Wer gerecht ist, der hat die Tugend der

---

[29] STh I–II q 2 a 7 resp.
[30] Vgl. STh I–II q 2 und 3.
[31] STh I–II q 2 a 8.

Gerechtigkeit. Als gerecht bezeichnen wir jemanden, der durchschnittlicherweise dazu tendiert, so zu handeln, daß Gerechtigkeit – Ausgleich der Interessen – hergestellt wird. Gerechtigkeit ist die Tendenz, in dieser Weise gerecht zu handeln. Diese Tendenz kann einerseits anerzogen werden – ich werde gerecht, wie ich lerne, ein Instrument zu spielen: indem ich unter Anleitung immer neu einübe, in bestimmten Situationen gerecht zu handeln. Zur Tugend kann man erzogen werden.

Diese Tugendlehre gehört nun aber in den weiteren Zusammenhang der Frage, wie der Mensch zu dem Gut gelangt, das sein unendliches Streben zur erfüllten Ruhe bringt. Und es ist deutlich: Mit dieser Tugend, zu der man erzogen werden kann, ist man eben noch nicht ausdrücklich auf die Wirklichkeit, auf das Gut (bonum) ausgerichtet, in dem der menschliche appetitus, das Streben des Menschen, Erfüllung findet. Die philosophischen Tugenden der Weisheit, der Gerechtigkeit, der Besonnenheit und der Tapferkeit sind orientiert am bonum commune, an dem Wohlergehen einer Gemeinschaft. Die philosophischen Tugenden erhalten von daher Maß und Ziel. Aber das bonum commune ist ein endliches Gut, ist nicht das Gut, das Ruhe bietet.

Für die Ausrichtung auf das Gut, das die Ruhe der Erfüllung bietet, bedarf es der Gnade[32]. Gnade: eine übernatürliche, von Gott selbst eingegossene Gabe[33], die in der Seele die theologischen Tugenden des Glaubens, der Hoffnung und eben insbesondere der Liebe weckt und sie so auf Gott ausrichtet.[34]

6.4. Die Tugenden und die Liebe.

Glaube, Hoffnung und insbesondere die Liebe sind dabei nach Thomas als Ausrichtung des Menschen auf Gott zu verstehen: Die Liebe ist nicht gleich die Nächstenliebe. Vielmehr richtet sie den Menschen aus auf das Ziel, in dem er die Ruhe der Erfüllung findet: auf Gott. Die Liebe bindet den Menschen an Gott. In der Liebe rührt der Mensch an

---

[32] STh I–II q 5 a 5 resp.
[33] STh I–II q 110 a 3 resp.
[34] Zum folgenden vgl. bes. STh I–II q 65 und STh q 66 und die Ausführungen zu den Einzeltugenden in II–II.

Gott. Die Liebe ist dabei, wie ja auch Paulus schreibt, die höchste unter den theologischen und den philosophischen Tugenden, steht höher als der Glaube und die Hoffnung, gegen die Thomas sie folgendermaßen abgrenzt: Liebe ist nicht Erkennen. Gewiß, Liebe setzt ein Wissen um einen Gegenstand der Liebe voraus, auf den sie bezogen ist, und das ist für Thomas der Glaube; aber das reine Wissen oder die reine Gewißheit ist nicht Liebe. Wissen und Erkennen – das ist die philosophische Gotteserkenntnis beispielsweise des Aristoteles. Und das ist der Glaube. Aber diese Tugenden der Weisheit und des Glaubens sind nur wertvoll, nur eine Tugend, wenn sie durch die Liebe moderiert sind, wenn sie sich mit einer bestimmten willentlichen Lebensbewegung auf den erkannten Gegenstand hin verbinden.

Andererseits – Zuordnung der Liebe zur Hoffnung: Von Liebe sprechen wir nicht dann, wenn jemand etwas oder jemanden anderen schätzt, weil er sich etwas von ihm oder ihr verspricht – Genuß, Förderung, Steigerung des eigenen Selbst. So lieben wir auch das Geld, den Alkohol oder zuweilen den Finanzminister. Lieben heißt dann: Brauchen. Abhängig sein. Aber Liebe im eigentlichen Sinne ist am geliebten Gegenstand nicht als Mittel zum Zweck interessiert. Das schwingt vielmehr in der theologischen Tugend der Hoffnung mit: etwas für sich erwarten – und darum ist Hoffnung nur dann eine Tugend, wenn sie durch die Liebe formiert und bestimmt ist und somit interesselos ist.

Liebe ist nicht Erkennen, sondern eine Lebensbewegung auf einen (gewiß auch erkannten) Gegenstand hin; und es ist eine Lebensbewegung, in der es in keiner Weise mehr um den Menschen, sondern nur noch um den Gegenstand geht. Liebe ist selbstinteressefrei. Dies Verständnis von Liebe könnte man am ehesten mit dem Phänomen der Bewunderung vergleichen oder der schreckensfreien Faszination, in der ein Mensch ganz und unreflektiert aufgeht im anderen und in ihm alles hat und findet, ohne überhaupt zu erfassen, daß er im anderen zur Ruhe der Erfüllung kommt. In der Liebe rührt der Mensch an das, was ihm die Ruhe der Erfüllung gibt, oder anders: Die Liebe – das selbstinteressefreie Hängen am anderen um des anderen willen, aus bloßer Faszination durch den anderen – ist der Ausdruck dafür,

daß der Mensch das gefunden hat, worin er die Ruhe der Erfüllung findet. Die Ruhe der Erfüllung ist in der Liebe unter irdischen Bedingungen nicht realisiert, sondern antizipiert; die Liebe steht unter einem eschatologischen Vorbehalt. Aber diese Liebe setzt ein Leben aus sich heraus, das ganz auf dieses höchste
Gut ausgerichtet ist: Alle sonstigen Güter und Ziele dieses Lebens ordnen sich auf dieses eine Gut hin – der Mensch wird ein
Wesen, das um Gottes willen die vorläufigen Güter erstrebt und
verwirklicht: das bonum commune als Wohlergehen des Ge-
meinwesens, das bonum als Wohlergehen des Nächsten, das bonum als Wohlergehen des eigenen Lebens. In einem solchen auf
das höchste Gut, auf Gott, bezogenen Leben setzt die Liebe als
Verbindung mit dem höchsten Gut, Gott, alle Tugenden aus sich
heraus und ordnet sie in der rechten Weise, so daß der durch die
Liebe auf Gott ausgerichtete Mensch, so Thomas, auch der
Mensch ist, der das Gericht nach den Werken besteht und dann,
nach dem Gericht, an der Ruhe der Erfüllung, der seligen Schau
Gottes als des höchsten Gutes, teilhat[35].

7. Wissenschaft und Leben

Diese Ausrichtung des Menschen auf Gott und das dadurch bestimmte Leben kann man nicht wählen; es ist als Leistung des
Menschen nicht denkbar[36]. Ich kann mich nicht zur Liebe in
diesem Sinne bestimmen, und zu ihr kann auch theologische
Lehre oder die Lektüre der *Theologischen Summe* nicht bestimmen. Denn im Christentum geht es nicht um Erkenntnis, sondern um diese Lebensbewegung, einen Vollzug. Zu dieser Le-
bensausrichtung wird der Mensch durch die göttliche Gnade
bestimmt, die ihm durch die Sakramente zuteil wird. Nur so, so
Thomas, wird der Mensch in die Lebensbewegung und die Lebenshaltung eingeführt, die die Theologie nur von außen und
hinweisend beschreibt. Hier verweist die Theologie auf Vollzü-

---

[35] STh I–II q 5 a 7 resp.
[36] STh I–II q 5 a 5 resp.

ge, die außerhalb von ihr liegen, auf ein Original, ein Verhältnis zwischen Gott und Mensch, dem jede Theologie dient, das sie beschreibt, und auf das sie hinweist – das aber durch Erkenntnis nicht ersetzbar ist.

Thomas selbst hört im Jahr vor seinem Tod, 1273, ganz plötzlich, von einem Tag auf den anderen, mit der Arbeit am Riesenwerk der *Summe* auf; der Text bricht mitten in der Lehre von der Buße ab. Schüler haben die restlichen Teile unter Verwendung seines *Sentenzenkommentars* ergänzt. Vielleicht ein Schlaganfall – wiewohl er etwas später noch kleinere Texte schreibt. Er selbst und seine Biographen führen den Abbruch der Arbeit auf eine innere Bewegung während der Messe am Morgen des 6. Dezember 1273 zurück. Sein Schüler und Sekretär Reginald von Piperno fragte ihn, als die ungewöhnliche Schreibverweigerung über längere Zeit anhielt: „Vater, warum habt Ihr ein so großes Werk beiseite gelegt, das Ihr zum Lob Gottes und zur Erleuchtung der Welt anfinget?" Und Thomas antwortet: „Reginald, ich kann nicht mehr." Und, nach näheren Erklärungen gefragt und zur Weiterarbeit gedrängt, antwortet er schließlich: „Reginald, ich kann nicht, weil alles, was ich geschrieben habe, mir wie Stroh erscheint im Vergleich zu dem, was ich gesehen habe."

Wie immer man das deutet und bewertet – eine mystische Schau? ein Indiz für einen Schlaganfall? – es ist jedenfalls ein Hinweis darauf, daß Thomas selbst sich dessen bewußt war, daß auch die höchste Anstrengung des Begriffs das Original nicht einfangen kann: Die Wirklichkeit Gottes und den Lebensvollzug, der auf Gott hin orientiert ist.

Literaturhinweise

Textausgabe

THOMAS VON AQUIN: Opera omnia. Hrsg. v. Roberto Busa, Stuttgart – Bad Cannstadt 1980ff.

Einführende Literatur

CHENU, Marie-Dominique: Der Plan der Summe. In: Klaus Bernath (Hrsg.): Thomas von Aquin. Bd. I: Chronologie und Werkanalyse, Darmstadt 1978 (= Wege der Forschung 188), 173–195.

HEINZMANN, Richard: Thomas von Aquin. Eine Einführung in sein Denken mit ausgewählten lateinisch-deutschen Texten, Stuttgart 1994.

SCHÖNBERGER, Rolf: Thomas von Aquin zur Einführung, Hamburg 1998.

Weiterführende Literatur

CHENU, Marie-Dominique: Das Werk des heiligen Thomas von Aquin. Übersetzt v. Otto Hermann Pesch, Salzburg 1960.

Nikolaus von Kues

Jens Halfwassen

I.

Der Titel dieses Sammelbandes – *Denker des Christentums* –
bringt zwei Begriffe zusammen, die man seit der nominalistischen
Trennung von Vernunft und Glauben auseinanderzuhalten pflegt:
das *Denken*, dessen Begriff in Europa durch die griechische Philosophie – und hier zumal durch Parmenides, Platon und Aristoteles – ein für allemal geprägt wurde, und den *christlichen Glauben*.
Für ein seiner Geschichte bewußtes Denken gehören beide durchaus zusammen. Historisch geht diese Zusammengehörigkeit von
philosophischem Denken und christlichem Glauben auf die
christlichen Platoniker der Spätantike zurück, die seit Clemens
von Alexandria und Origenes die Einheit von wahrer Religion
und wahrer Philosophie programmatisch vertraten. *Wahre Religion* meint dabei den biblischen Monotheismus, *wahre Philosophie* die im antiken Platonismus ausgebildete Metaphysik des Einen und des Geistes. Von welthistorischer Bedeutung war dabei,
daß die christlichen Denker der Spätantike diese Einheit durchaus
von Seiten der Philosophie aus faßten. Die christliche Offenbarung setzt sich damit nicht an die Stelle der philosophischen Vernunft und ihrer Prinzipienmetaphysik, sondern begreift diese als
das notwendige Hermeneutikum, dessen der Glaube bedarf, um
zu verstehen, was die Rede von Gott eigentlich meint. Dieser spätantiken Verbindung von Glauben und Denken, Christentum und
Platonismus, verdankt die christliche Theologie ihre Entstehung
und ihre zentralen, allen großen Kirchen gemeinsamen Dogmen.

Erst ein Jahrtausend später, in der Hochscholastik des 13. Jahrhunderts, bildeten sich die uns heute geläufige Trennung von Philosophie und Theologie und der moderne Begriff von Theologie als Glaubenswissenschaft heraus. Maßgeblich betrieben wurde das von Thomas von Aquin und einigen anderen Vordenkern der Bettelorden, die damals zugleich die Volksfrömmigkeit prägten und die neu entstandenen Universitäten dominierten. Für sie war ein doppeltes Interesse leitend: Als Soldaten des Papstes wollten sie ein nicht von der Vernunft, sondern von der Autorität der Kirche bestimmtes Wissen von Gott; zugleich verlangten die Universitäten ein von kirchlicher Bevormundung freies Wissen, wie man es in den Texten der Griechen und ihrer arabischen Kommentatoren fand, deren Überlegenheit nicht zu bestreiten war. Beides ließ sich vereinbaren, wenn man das Wissen von der Welt und das Wissen von ihrem göttlichen Grund trennte und nur das erste zur Sache der Vernunft, das zweite aber zur Sache des Glaubens erklärte.

Im 13. Jahrhundert und danach fand diese Trennung aber keineswegs allgemeine Zustimmung. Zahlreiche bedeutende Denker lehnten sie ab, darunter Meister Eckhart und Nikolaus von Kues. Beide hielten am antiken Selbstverständnis der Philosophie fest, demgemäß Philosophie gerade auf das Begreifen des göttlichen Grundes der Welt ausgeht, und beide wollten eine Philosophie, die die zentralen Gehalte der christlichen Religion – die Begründung der Welt durch den Einen Gott, die Drei-Einigkeit Gottes und seine Menschwerdung – nicht nur glaubt, sondern aus dem spekulativen Tiefblick der Vernunft denkend einsieht. Eckhart wurde 1328 als Ketzer verurteilt, Cusanus wurde 120 Jahre später Kardinal und wäre beinahe Papst geworden. Theologie war für sie beide im antiken Sinne vernunftgeleitete, philosophische Theorie des Absoluten, des göttlichen Einen, und seiner Erscheinung in der Welt, vor allem in der Vernunft des Menschen. Nikolaus von Kues war neben Marsilio Ficino und Pico della Mirandola einer der letzten, die vor der Reformation eine *Philosophie des Christentums* entwarfen, die sich nicht auf den subjektiven Glaubensvollzug, sondern auf die spekulative Vernunft stützt.

Nikolaus' Denken hat während seines ereignisreichen Lebens, das ihn von einem Winzerdorf an der Mosel ins Italien der Frührenaissance führte, mehrere Wandlungen durchgemacht. Ich möchte es hier vorstellen anhand eines Textes, der entwicklungsgeschichtlich seine letzte Stufe repräsentiert: *De apice theoriae*, zu deutsch: *Vom Gipfel der Betrachtung*. Es handelt sich um die letzte Schrift des Cusanus, in der der Kardinal auf seine eigene Denkentwicklung zurückblickt und seine denkende Suche nach dem Absoluten resümiert. Nikolaus erhebt dabei schon durch den Titel den Anspruch, eine letzte und höchste Einsicht mitzuteilen, die nicht mehr überboten werden kann. Dieser Text schließt die Entwicklung eines Denkens ab, das sich selbst ausdrücklich als Alternative versteht zu den scholastischen Auslegungen des Christentums im Thomismus wie im Nominalismus, an die bekanntlich die nachreformatorischen Konfessionstheologien dann angeknüpft haben.

Entstanden ist die Schrift *Vom Gipfel der Betrachtung* in den Ostertagen des Jahres 1464 in Rom; Cusanus regierte damals als *Vicarius urbi* in Abwesenheit des Papstes die ewige Stadt. Äußerlich war er damit auf dem Gipfel seiner Karriere, die den Sohn eines Moselschiffers zum Stellvertreter des Papstes aufsteigen ließ. Vier Monate später, am 11. August 1464, ist er in Todi in Umbrien gestorben, auf dem Weg zum Hafen von Ancona, von wo eine päpstliche Flotte zur Befreiung Konstantinopels von den Türken auslaufen sollte – das Unternehmen scheiterte kläglich, der Papst, Nikolaus' enger Freund Pius II., starb nur drei Tage nach seinem Kardinal.

Ich nähere mich dem „Gipfel der Betrachtung" nun in *drei* Schritten. *Erstens* frage ich nach dem Begriff von Philosophie, der bei Nikolaus sichtbar wird. *Zweitens* entwickle ich die Theorie des Absoluten, die im Zentrum der Schrift steht. *Drittens* zeige ich, daß diese Theorie des Absoluten zugleich eine Theorie des Geistes ist. Die Frage, inwiefern diese Theorie eine Philosophie des Christentums ist, steht am Schluß.

II.

Die Schrift *Vom Gipfel der Betrachtung* ist ein Dialog zwischen dem Kardinal und seinem Sekretär Peter Wimmer aus Erkelenz. Wie die Dialoge Platons schildert sie ein Gespräch unter Ungleichen: Peter von Erkelenz dient dem Kardinal als Stichwortgeber für seine Gedankenentwicklung, der Fragen stellen und den zurückgelegten Weg des Gedankens zusammenfassen darf. Wie die begabten jungen Gesprächspartner des Sokrates in den Dialogen Platons wird er schrittweise zur Einsicht geführt, und wie sie vermag er auf den letzten Schritten dieses Weges nicht mehr recht zu folgen. Von einem Dialog Platons unterscheidet sich dieser des Kardinals aus Kues freilich dadurch, daß er die letzte Einsicht mitteilt, zu der das Denken des Cusanus gelangt war. Dagegen hatte Platon das Letzte und Höchste in keiner seiner Schriften, sondern nur in mündlicher Lehre mitteilen wollen.[1] Darin, was dieses Letzte und Höchste ist, stimmen Platon und Nikolaus von Kues aber grundsätzlich überein. Es ist der absolute Grund, der alles Sein und alles Denken erst ermöglicht und der selber eines ermöglichenden Grundes weder bedarf noch fähig ist.[2] Als *absoluter* Grund transzendiert er das Sein wie das Denken, er ist selbst „jenseits des Seins" (ἐπέκεινα τῆς οὐσίας), wie Platon gesagt hatte.[3] Platon hatte diesen absolut transzendenten Grund „das Eine selbst" (αὐτὸ τὸ ἕν) genannt[4], Cusanus nennt ihn in unserer Schrift „das Können selbst" (*posse ipsum*).

---

[1] Vgl. PLATON: 7. Brief. In: DERS.: Werke in 8 Bänden. Griechisch-deutsch. Hrsg. v. Gunther EIGLER. Darmstadt 1970, hier: Bd. V: Phaidros. Parmenides. Epistolai. 341 C ff.

[2] Vgl. PLATON: Politeia. In: DERS.: Werke in 8 Bänden. Griechisch-deutsch. Hrsg. v. Gunther EIGLER. Darmstadt 1970, hier: Bd. IV: Politeia, 508 E – 509 C, 510 B, 511 B, 533 B ff.

[3] PLATON, Politeia 509 B.

[4] Vgl. z.B. die Platon-Referate bei ARISTOTELES: Metaphysica cc. Werner Jaeger, Oxford 1957, 1091 b 13–15; ferner in der Eudemischen Ethik: ARISTOTELES: Ethica eudemica, ed. R. R. Walzer et J. M. Mingay. Oxford 1992, 1218 a 17–33; sowie SPEUSIPP bei PROKLOS: Commentarius in Platonis Parmenidem, VII 40, 1–10. In: Procli Commentarius in Parmenidem. Pars ultima adhuc inedita interprete Guillelmo de Moerbeka. Hrsg. von Ray-

Das Thema des Gesprächs zwischen Nikolaus und Peter ist also das absolute Prinzip. Aufschlußreich für die Philosophie des Cusanus ist die Art, wie dieses Thema am Beginn des Gesprächs eingeführt wird. Peter findet seinen Kardinal in tiefe Kontemplation versunken und fragt ihn, was er denn suche: *quid quaeris*? Darauf antwortet Nikolaus: „Das sagst du ganz richtig"[5]. Auf die Frage, was gesucht werde, lautet die Antwort: eben das. Die natürlich beabsichtigte Verblüffung löst sich dadurch, daß das, *was* gesucht wird, eben das *Was* (*quid*) selber ist, die *Washeit* (*quiditas*) als das letzte und eigentlichste Wesen aller Dinge[6]. Dieses Wesen aller Dinge ist ihr allumfassender Grund, der alles und jedes zu dem macht, was es jeweils ist[7]. Der Grund und das Wesen aller Dinge ist aber nicht etwas, nach dem man suchen und fragen kann wie nach diesem oder jenem in der Welt – wie dem Wesen des Menschen oder der gerechten Ordnung des Staates. Es ist vielmehr dasjenige, was in allem Fragen und Suchen selber immer schon vorausgesetzt wird, weil es auch das Fragen als solches allererst ermöglicht. Die Frage nach dem Absoluten ist darum die Frage nach dem, was in der Frage selber schon vorausgesetzt ist, weil es das Fragenkönnen selbst ermöglicht. Sie ist die Frage nach der Bedingung des Fragenkönnens, die jede Frage schon voraussetzt[8].

Insofern jedes Fragen immer danach fragt, was das Gefragte ist, ist eben das Was das in allem Fragen Vorausgesetzte, die Bedingung des Fragens und zugleich das in allen Fragen eigentlich Gefragte und Gemeinte. Damit wissen wir freilich noch nicht, was das Was selbst oder die Washeit denn ist. Wir wissen nur, daß sie nicht das Was dieses oder jenes Bestimmten sein kann. Das Was selbst ist dasjenige, was das Wesen oder die Bestimmtheit al-

---

mond Klibansky und Charlotte Labowsky. Plato Latinus III, London 1953.

[5] NICOLAI DE CUSA: De apice theoriae. In: DERS.: Opera omnia, Bd. XII: De venatione sapientiae, De apice theoriae, ediderunt commentariisque illustraverunt Raymundus Klibansky et Iohannes Gerhardus Senger, Hamburgi 1982, 115–136, hier: nr. 1–2.

[6] NICOLAI DE CUSA: De apice, nr. 2.

[7] Vgl. NICOLAI DE CUSA: De apice, nr. 4–7.

[8] Vgl. NICOLAI DE CUSA: De apice, nr. 13.

les Bestimmten überhaupt ermöglicht[9]. Cusanus erklärt uns, es sei schon immer und von allen Denkenden gesucht, aber niemals gefunden worden, auch wenn alle es von Ferne gesichtet hätten[10]. Denn es ist kein bestimmtes Etwas (*aliquid*), das gefunden und begriffen werden kann, sondern der Grund aller Bestimmtheit, der eben als Grund alle Bestimmtheit übersteigt. Er liegt all unserem Fragen und Suchen gleichsam im Rücken. Wir wenden uns ihm zu, wenn wir die Blickrichtung unseres Suchens umkehren und nach dem fragen, was im Suchen und Fragen selbst vorausgesetzt wird. Aus dieser Umkehr der Blickrichtung gewinnt Cusanus auch seine Antwort: Die Bedingung allen Fragens ist das Fragenkönnen und das Fragenkönnen wiederum setzt das Können selbst voraus[11]. Darum ist das Können selbst, *posse ipsum*, die gesuchte Washeit, der Ur-Grund (*primum principium*) aller Dinge[12].

Diese Weise, in der Cusanus sein Thema einführt, zeigt uns seinen Begriff von Philosophie und damit zugleich die Tradition, in der er denkt. Der Kardinal fragt nicht etwa: was ist Gott? und prüft dann verschiedene Gottesbegriffe. Er fragt nicht einmal direkt nach dem Urgrund des Seins, sondern er fragt nach dem, was im Fragen selber vorausgesetzt und insofern selber fraglos und zweifelsfrei gewiß ist.[13] Philosophie ist für Nikolaus die denkende Untersuchung der Voraussetzungen unseres Denkens. Sie sucht nach dem, was in all unserem Denken so vorausgesetzt wird, daß wir nicht umhin können, es vorauszusetzen, und zwar so, daß dieses unabdingbar Vorausgesetzte selber nichts anderes mehr voraussetzt.[14] Das unabdingbar und unhintergehbar Vor-

---

[9] Vgl. Nicolai de Cusa: De apice, nr. 4.

[10] Vgl. Nicolai de Cusa: De apice, nr. 3.

[11] Nicolai de Cusa: De apice, nr. 13, Z. 5 ff.

[12] Nicolai de Cusa: De apice, nr. 4, Z. 10–15; vgl. 6–7.

[13] Vgl. Nicolai de Cusa: De apice, nr. 13, Z. 5–17: Nam cum posse ipsum omnis quaestio de potest praesupponat, nulla dubitatio moveri de ipso potest … Et ita posse ipsum omnem quae potest fieri dubitationem antecedere constat. Nihil igitur certius eo, quando dubium non potest nisi praesupponere ipsum.

[14] Vgl. Nicolai de Cusa: De apice, nr. 6, Z. 14–23: Praesupponit enim omnis potens posse ipsum adeo necessarium, quod penitus nihil esse possit

ausgesetzte ist also das selber Voraussetzungslose, das Un-Be-
dingte und Absolute, das wir nicht wegdenken können, weil wir
ohne es überhaupt nicht denken können[15]. Philosophie ist so
verstanden die Suche nach dem voraussetzungslos Absoluten,
dem *Anhypotheton* (ἀνυπόθετον), wie der griechische Ausdruck
dafür lautet. Dieser Begriff von Philosophie stammt von Platon[16].

Nikolaus übernimmt von Platon aber nicht nur die Bestimmung der Philosophie als Suche nach dem *Anhypotheton*, sondern auch die spezifische *Methode* und die spezifische *Vollzugsform* dieser Suche. Die Methode, mit der das Absolute gesucht
werden muß, ist die Untersuchung der Voraussetzungen unseres
Denkens und Fragens. Voraussetzung heißt griechisch *hypothe-
sis* (ὑπόθεσις) – was mit unserem modernen Begriff von Hypo-
these allerdings nichts zu tun hat –, Philosophie ist also Hypothesis-Forschung [17]. Das setzt jene eigentümliche Umwendung
der Blickrichtung voraus[18], mit der Nikolaus seinen Gesprächspartner verblüfft: Die Abwendung des Denkens von seinem unmittelbaren Weltbezug und seine Zuwendung zu sich selbst ist
der Abschied von der Naivität unserer Befangenheit in der Welt.

Das Absolute ist kein Seiendes in der Welt, kein Ding, das sich
wie ein Gegenstand intendieren und begreifen läßt; wir finden es
nicht als ein Anderes außer uns, sondern wir finden es nur in uns
selbst, als den Grund unseres Denkens. Die Vollzugsform, in der
wir uns dem voraussetzungslosen Urgrund nähern, ist das Hinausgehen über alle Inhalte, die das Denken in seiner Zuwendung
zu sich selbst in sich findet, die aber nicht absolut sind und von
denen das Denken darum absehen kann – also das Hinausgehen

---

eo non praesuppositio … sic nec prius nec fortius nec solidius nec substan-
tialius nec gloriosius, et ita de cunctis. Carens autem ipso posse nec potest
esse nec bonum nec aliquid quodcumque esse potest. NICOLAI, De apice,
nr. 19, Z. 1: Nihil potest esse prius ipso posse.

[15] NICOLAI DE CUSA: De apice, nr. 13.

[16] Vgl. vor allem PLATON: Politeia 511 B ff.

[17] Vgl. PLATON: Politeia 511 B ff, 533 B ff; vgl. auch PLATON: Phaidon. In:
DERS.: Werke in 8 Bänden. Griechisch-deutsch. Hrsg. v. Gunther EIGLER.
Bd. III: Phaidon. Symposion. Kratylos. Darmstadt 1970, 99 E ff., 101 D f.

[18] PLATON: Phaidon 99 DE; PLATON, Politeia 518 CD.

des Denkens über *alle* bestimmten Inhalte; denn das Denken vermag von jeder Bestimmtheit abzusehen.[19]

Wir nähern uns dem Absoluten also durch *Negation*, durch die Wegnahme aller Inhalte und Bestimmungen. Der traditionelle Name dafür ist *negative Theologie*. Platon sprach vom Übersteigen oder Transzendieren, *ekbainein* (ἐκβαίνειν), aller Voraussetzungen, wodurch das *Anhypotheton* berührt wird.[20] Cusanus spricht von einem Sehen des Geistes, das sich über alles Begreifen zum Sehen des Unbegreiflichen erhebt.[21] Das Absolute ist der Grund aller Inhalte unseres Begreifens, der sie alle erst ermöglicht und genau darum selbst kein begreifbarer Inhalt sein kann. Philosophie ist so die Suche nach dem Absoluten im Transzendieren aller besonderen Inhalte, die das Denken in der Zuwendung zu sich selbst in sich findet, der Überstieg des Denkens in sich selbst über sich selbst.

III.

Folgen wir Nikolaus nun in der Entfaltung seiner Theorie des absoluten Könnens. Cusanus präsentiert uns seine Einsicht, die absolute Voraussetzung des Denkens und aller seiner Inhalte sei das Können selbst, nicht so, als ob die Philosophie damit neu anfinge. Seine Könnensmetaphysik artikuliert zugleich ein explizites geschichtliches Selbstverständnis. Sie bezieht sich bewußt auf Platon, auf seine Methode der Hypothesis-Forschung und seine Einsicht in die Transzendenz des absoluten Grundes.[22] Pseudo-Dionysius Areopagita, die Bibel der negativen Theologie, wird

---

[19] Vgl. PLATON: Parmenides. In: DERS.: Werke in 8 Bänden. Griechisch-deutsch. Hrsg. v. Gunther EIGLER. Bd.V: Phaidros. Parmenides. Epistolai. Darmstadt 1970, 137 C – 142 A; PLATON, Politeia 534 BC.

[20] PLATON: Politeia 511 A 5 f mit B 6 f.

[21] NICOLAI DE CUSA: De apice, nr. 10. Z. 20 – nr. 11, Z. 3: Posse igitur videre mentis excellit posse comprehendere. Unde simplex visio mentis non est visio comprehensiva, sed de comprehensiva se elevat ad videndum incomprehensibile.

[22] NICOLAI DE CUSA: De apice, nr. 6, Z. 14 ff; nr. 9–10.

als entscheidende Quelle der Inspiration genannt.[23] Nikolaus zitiert auch Aristoteles, der gesagt hatte, das Wesen – die *ousia* (οὐσία) – sei das von allen Denkern immer schon Gesuchte, und es bleibe auch immer ein Gesuchtes.[24]

Diesen berühmten Satz, mit dem Aristoteles seine Analyse des Wesens beginnt, interpretiert Nikolaus freilich als das Eingeständnis des Scheiterns der Aristotelischen Substanzontologie, die das Wesen der Dinge in ihrer definierbaren Bestimmtheit gegenständlich begreifen wollte. Aristoteles kam so zu vielen verschiedenen Wesenheiten, die jeweils in den Dingen selbst gegenwärtig sind – das Wesen des Menschen ist eben ein anderes als das Wesen des Ochsen oder der Giraffe. Dagegen geht es Nikolaus um das Eine Wesen aller Dinge, das als absoluter Grund alles übersteigt[25]; für ihn hat darum Aristoteles nicht gefunden, was er eigentlich suchte, die ursprunghafte Washeit selbst. Gleichwohl hatte er sie im Blick, wenn er nach dem Wesen fragte.[26]

Das Absolute, das Können selbst, haben alle Denkenden immer im Blick, weil es die Voraussetzung ihres Denkenkönnens ist.[27] Aber kein früherer Denker hat wirklich verstanden, wie dasjenige vom Denken gesehen werden kann, das als Prinzip des Denkens alles Sehenkönnen des Geistes zugleich ermöglicht und übersteigt.[28] Wer dies begreift, der begreift das Unbegreifliche in seiner Unbegreiflichkeit. Genau das zu leisten, beansprucht die Theorie des absoluten Könnens. Darum ist sie der Gipfel der *Theoria*, des Sehens des Geistes. Und mit diesem Gipfel beansprucht Nikolaus, alle früheren Denker zu überbieten.

Er gibt in diesem Zusammenhang einen aufschlußreichen Rückblick auf seine eigene Denkentwicklung. Seit langem habe er eingesehen, daß man das Absolute jenseits aller Erkenntnis-

---

[23] Nicolai de Cusa: De apice, nr. 8, Z. 6 ff.
[24] Nicolai de Cusa: De apice, nr. 3, Z. 4 f; Aristoteles, Metaphysik 1028 b 2–4.
[25] Nicolai de Cusa: De apice, nr. 4, Z. 1–8.
[26] Vgl. auch die Aristoteles-Kritik in Nicolai de Cusa: De beryllo. In: Opera Omnia, Bd. XI,1, cap. 29.
[27] Vgl. Nicolai de Cusa: De apice, nr. 11, Z. 12 ff.
[28] Vgl. Nicolai de Cusa: De apice, nr. 10, Z. 11–18.

kraft vor aller Verschiedenheit und Gegensätzlichkeit suchen müsse.[29] Was einen Gegensatz hat und von anderem verschieden ist, kann nicht der Grund von allem sein; es ist immer nur ein bestimmtes Seiendes, das durch seine Verschiedenheit von seinem Gegenteil begrenzt ist. Alles begreifende Erkennen bewegt sich in diesem Verhältnis der Gegensätze; wir begreifen etwas nämlich dadurch, daß wir es von seinem Gegenteil abheben und unterscheiden. Das Absolute aber ist das Eine, das alles begründet, auch das Entgegengesetzte, und alle Gegensätze zur umfassenden Einheit eines Ganzen, des *Universums* zusammenschließt; es muß darum im Hinausgehen über alle Gegensätze gesucht werden; wenn sich ihm irgendetwas entgegensetzen läßt, ist es nicht das Absolute. Dies ist die Grundlage des Cusanischen Denkens, wie sie die Lehre von der *coincidentia oppositorum*, dem Ineinsfall der Gegensätze, formuliert.[30] Cusanus akzentuiert die Koinzidenzlehre hier so, daß es zuletzt nicht um die Einheit der Gegensätze, sondern um die Transzendenz über alle Gegensätze geht; das Absolute ist nicht das Eine *und* das Andere, sondern *über beide hinaus.*[31]

Nikolaus betont damit die negative Theologie. Aber er relativiert sie zugleich durch seine Deutung seiner eigenen Denkentwicklung. Er schreibt, früher habe er die Wahrheit eher im Dunkel des Unbegreiflichen gesucht. Dann aber habe er verstanden, daß sie sich zeigt, und zwar nicht in diesem oder jenem, sondern in allem; wer das begreift, der findet die Wahrheit leicht und kann sie gar nicht verfehlen.[32] Nikolaus verweist auf sein Buch über den *Laien*, in dem er geschrieben hatte, daß die Wahrheit in den Straßen ruft,[33] und er betont die Leichtigkeit der Wahrheit: „Ganz sicher zeigt sie sich von überall her als leicht zu finden."[34] Der Denkweg des Cusanus führt also von der Unbegreiflichkeit

---

[29] Nicolai de Cusa: De apice, nr. 4, Z. 1 ff.

[30] Vgl. Nicolai de Cusa: De docta ignorantia. In: Opera Omnia, Bd. I, cap. 2–6.

[31] Vgl. in genau diesem Sinne auch schon Nicolai de Cusa: De coniecturis. In: Opera Omnia, Bd. III, I cap. 5, bes. nr. 21.

[32] Nicolai de Cusa: De apice, nr. 5, Z. 13–18.

[33] Nicolai de Cusa: Idiota de sapientia. In: Opera Omnia, Bd. V, I, nr. 3.

des Absoluten zu dessen Sichzeigen in allem, was ist. Dies ist nicht unsere, sondern Nikolaus' eigene Beschreibung seiner Denkentwicklung.

Was sich uns zeigt, in der ganzen bunten Vielfalt der Welt wie in der Kraft unseres eigenen Geistes, der diese bunte Vielfalt denkend umfaßt und vereinigt, ist nicht ein Schleier, der das Absolute, den Grund von allem, verhüllt und verbirgt, sondern was sich uns zeigt, ist eben die Macht oder das Können des absoluten Grundes selbst. Wäre es anders, wäre die Welt nicht das Sichzeigen, sondern die Verhüllung des Absoluten, dann wäre das Absolute ohnmächtig, und dann wäre es auch nicht der Grund von allem. Alles, was ist, und alles, was wir denken können, ist nur und kann nur gedacht werden durch die Macht des Einen. Denn wir können nur denken, indem wir das, was wir denken, immer schon als Einheit denken. Jede Bestimmung unseres Denkens und jeder Inhalt der Welt setzt das Eine schon voraus. Zugleich ist jede Denkbestimmung und jeder Weltinhalt das, was er jeweils ist, nur dadurch, daß er das Eine ins Viele entfaltet. Alle Denkbestimmungen und alle Weltinhalte sind also nichts anderes als Entfaltungen des absoluten Einen. Wenn wir das einsehen, dann sehen wir in allen Denkbestimmungen und allen Weltinhalten nur noch das sie alle ermöglichende Eine[35]; wir sehen, wie das Eine sich in allem zeigt und dabei durch alle Inhalte der Welt und des Denkens hindurchwandert, so daß wir in allem, auch in allen Gegensätzen, nur noch das Eine sehen.

Diese Einsicht in das Sichzeigen des göttlichen Einen hatte Cusanus in seinen Schriften seit 1450 immer deutlicher herausgearbeitet, angefangen von den drei Dialogen *Über den Laien.* *Vom Gipfel der Betrachtung* schließt diese Denkentwicklung ab, weil er das Sichzeigen des Absoluten durch einen Gedanken von

---

[34] NICOLAI DE CUSA: De apice, nr. 5, Z. 17 f.
[35] Vgl. z.B. schon NICOLAI DE CUSA: De coniecturis II cap. 1, nr. 71: Omnia autem participatione unius id sunt quod sunt. Ipsum vero, cuius participatio est omnium pariter et singulorum esse, in omnibus et in quolibet suo quidem modo resplendet. Quapropter non habes alia consideratione opus, nisi ut in diversitate rerum a te indagandarum identitatem inquiras aut in alteritate unitatem.

höchster Einfachheit einsichtig macht. Dies ist der Gedanke des *Könnens.* Wenn alles, was ist und gedacht werden kann, das Eine voraussetzt, das alles erst ermöglicht, dann ist das alles ermöglichende Eine das reine oder absolute Können. Denn Können bedeutet keine passive, bloße Möglichkeit, sondern die tätige Kraft oder Macht, die etwas ermöglicht. Zugleich ist Können reines Sichzeigen; es zeigt sich nämlich in dem, was es kann; zeigte es sich nicht, so wäre es kein Können, sondern Unvermögen, Ohnmacht. Die Macht des Könnens zeigt sich in allem, und zwar als das eigentliche Wesen von allem.

Cusanus bestreitet nicht, daß das Wesen des Menschen etwas anderes ist als das Wesen des Ochsen. Aber er zeigt uns, daß sie gerade in ihrer Verschiedenheit etwas voraussetzen, das nicht mehr verschieden ist. Menschsein ist etwas anderes als Ochsesein, aber beide sind nur möglich, weil sie jeweils *einheitliche* Bestimmungen sind. Diese Einheit, die sie in ihrer Verschiedenheit erst ermöglicht, ist ihr Können. Und dieses Können selber ist nicht verschieden im Menschen und im Ochsen. Weil das Können als die ermöglichende Einheit den Menschen zum Menschen und den Ochsen zum Ochsen macht, ist es das eigentliche Wesen von beiden, das sich im Menschen wie im Ochsen zeigt; es zeigt sich in ihnen in verschiedener Weise, ist aber selbst nicht verschieden.

So betrachtet haben die verschiedenen Dinge keine verschiedenen Wesenheiten, sondern in allen zeigt sich dasselbe einheitliche Wesen, nämlich das Können als die alles ermöglichende Einheit.[36] Das Können des einen ist nicht verschieden von dem Können des anderen, weil beide Können sind. Das reine Können, das Können allen Könnens, der absolute Einheitsgrund, der alle Inhalte ermöglicht, ist dann das Können selbst.[37] Es zeigt sich in allem und ist darum ganz leicht zu finden. Es ist für Cusanus die einfachste und zutreffendste Bezeichnung des Absoluten, eben weil nichts einfacher und zutreffender sein kann als das Können selbst, das alles Können ermöglicht.[38]

---

[36] NICOLAI DE CUSA: De apice, nr. 14, Z. 19–29.
[37] NICOLAI DE CUSA: De apice, nr. 6–7; MEMORIALE I–II.
[38] NICOLAI DE CUSA: De apice, nr. 5, 1–9.

Die Könnensmetaphysik schließt den Cusanischen Denkweg von der Unbegreiflichkeit des Absoluten zu dessen Sichzeigen ab. Sie zeigt zugleich, daß wir Nikolaus mißverstehen, wenn wir meinen, daß das Sichzeigen des Absoluten seine Unbegreiflichkeit aufhebt. Das absolute Eine, das Können selbst, zeigt sich in allem, was wir begreifen können; aber es wird dadurch nicht selbst begreifbar, es macht sich nicht zu einem bestimmten Inhalt, den wir begreifen könnten, sondern bleibt selbst unbegreiflich.[39] Es zeigt sich in allem, was ist, aber es wird dadurch kein Seiendes, sondern bleibt jenseits der Alternative von Sein und Nichtsein das Überseiende.[40] Die Einsicht in die Transzendenz des Absoluten über alles Begreifen bleibt darum die Grundlage der Cusanischen Philosophie. Sie ist der Ausgangspunkt seines Denkens, der durch dessen weitere Entwicklung nicht dementiert wird. Nikolaus macht das deutlich, indem er das absolute Können mit dem Licht vergleicht[41] und dabei Platons berühmtes Sonnengleichnis[42] aufnimmt.

Licht ist reines Sichzeigen: Es macht alles Sichtbare sichtbar; das Sichtbarmachen ist das Wesen des Lichts. Alles Sichtbare ist durch das Licht sichtbar, weil das, was wir sehen, die Farben, eigentlich Licht ist, und zwar gebrochenes, eingeschränktes Licht. Insofern ermöglicht das Licht nicht nur Sehen und Sichtbarkeit, sondern in allem Sichtbaren sehen wir eigentlich immer nur das Licht, das sich in ihm zeigt. Gleichwohl sehen wir das Licht selbst niemals wie einen sichtbaren Gegenstand; das reine Licht

---

[39] Vgl. NICOLAI DE CUSA: De apice nr. 19, Z. 2–9: Sic nihil ipso posse potest esse melius, potentius, perfectius, simplicius, clarius, notius, verius, sufficientius, fortius, stabilius, facilius, et ita consequenter. Et quia posse ipsum omne posse cum addito antecedit, non potest nec esse nec nominari nec sentiri nec imaginari nec intelligi. Omnia enim talia id, quod per posse ipsum significatur, praecedit.

[40] NICOLAI DE CUSA: De apice, nr. 8, Z. 1–3: Hinc posse ipsum est omnium quiditas et hypostasis, in cuius potestate tam ea quae sunt quam quae non sunt necessario continentur. Vgl. NICOLAI, De apice, nr. 13, Z. 9 f: Qui enim quaereret an posse ipsum sit, statim, dum advertit, videt quaestionem impertinentem.

[41] NICOLAI DE CUSA: De apice, nr. 8–11.

[42] PLATON: Politeia 506 E – 509 C.

bleibt in allem Gesehenen selbst unsichtbar. Es zeigt sich, aber dabei zeigt es gerade seine Unsichtbarkeit. Es ermöglicht Sichtbarkeit nämlich genau durch seine eigene Unsichtbarkeit. Würde es selbst sichtbar, wäre es nicht mehr das Licht selbst, sondern nur noch eine bestimmte Farbe. Also sehen wir in allem Sichtbaren zwar nichts als das Licht, aber wir sehen es nicht so, wie wir etwas Sichtbares sehen, sondern wir sehen es nur dadurch, daß wir durch alles Sichtbare gleichsam hindurchsehen auf das unsichtbare Licht, das es sichtbar macht; es zeigt sich am Sichtbaren so, daß das Sichtbare durchsichtig ist auf seinen unsichtbaren Grund.[43] Anders als durch diese Durchsichtigkeit des Sichtbaren auf das Unsichtbare können wir das Licht nicht sehen.

Ebenso schaut unser Geist das Können selbst, das unbegreifliche Absolute, in seiner Unbegreiflichkeit, wenn wir einsehen, daß das absolute Können in allem erscheint, was ist und von uns begriffen wird, aber so, daß keine dieser Erscheinungen das absolute Können selbst ist, weil Es selbst alle seine Erscheinungen transzendiert. Wenn wir das einsehen, dann zeigt sich uns die Welt als das Erscheinen des Absoluten, das in ihr so erscheint, daß die Erscheinung durchsichtig ist auf die Transzendenz ihres nicht-erscheinenden Grundes, der gerade dadurch, daß er selbst nicht erscheint, die Vielheit der Erscheinungen ermöglicht.[44] Wer das begreift, der begreift das Unbegreifliche auf nicht-begreifende Weise. Und das zu begreifen ist der Gipfel der Theorie, es einzusehen ist die Vollendung des intellektuellen Sehens.[45]

IV.

Wieso ist diese Theorie des Könnens zugleich eine Theorie des Geistes? Das griechische Wort *Theoria* (θεωρία) bedeutet Sehen, und zwar das Sehen des Geistes, *visio mentis*. Der Gipfel der Theoria ist dasjenige Sehen, durch das der Geist seinen unsicht-

---

[43] Nicolai de Cusa: De apice, nr. 8, bes. Z. 16–27.

[44] Nicolai de Cusa: De apice, nr. 10.

[45] Nicolai de Cusa: De apice, nr. 11.

baren Grund sieht. Mit seiner Formulierung vom *apex theoriae*
nimmt Cusanus eine neuplatonische Konzeption auf, die in der
mittelalterlichen Mystik eine zentrale Rolle gespielt hatte. Proklos hatte den Einheitsgrund in unserem Denken, in den das
Denken alle Vielheit seiner Inhalte zurücknimmt, um sich selbst
zu übersteigen, „das Eine in uns" genannt und ihn auch als „Gipfel der Seele" (ἀκρότατον τῆς ψυχῆς) und „Blüte des Geistes"
(ἄνθος νοῦ) bezeichnet.[46] In der mittelalterlichen Mystik wurde
apex mentis, Gipfel des Geistes, zum festen Terminus für das
Geistesvermögen, mit dem wir Gott schauen und uns mit der reinen Gottheit vereinigen.[47] Cusanus geht es in seiner Könnensmetaphysik aber nicht um eine Theorie der Mystik[48], sondern
um eine Theorie des Geistes, der *mens*, und ihres Sehens. Er hatte
seit langem, spätestens seit seiner Schrift *Über die Mußmaßun-
gen* von 1442, eingesehen, daß wir eine Philosophie des Absoluten nur so entwickeln können, daß sie zugleich eine Philosophie
des Geistes ist. Das ist die Konsequenz aus der Platonischen Bestimmung von Philosophie als Zuwendung des Denkens zu seinen eigenen Voraussetzungen. Die Metaphysik des Könnens ist
darum zugleich eine Metaphysik der *mens*; sie begreift die *mens*
als das Sichzeigen des absoluten Könnens in seiner Unbegreiflichkeit.

Das Sehen des Geistes ist sein Begreifen. Begreifen können
wir entweder diskursiv, schlußfolgernd und argumentierend, indem wir von einem Gedanken übergehen zum anderen; dabei
zerlegen wir das, was wir begreifen wollen, in seine Aspekte, die

---

[46] Vgl. Werner BEIERWALTES: Proklos. Grundzüge seiner Metaphysik,
Frankfurt am Main ²1979, 367–382 mit Belegen. Zur Herkunft des Gedankens von Plotin und Porphyrios vgl. John RIST: Mystik und Transzendenz
im späteren Neuplatonismus. In: Clemens ZINTZEN (Hrsg.): Die Philosophie des Neuplatonismus, Darmstadt 1977, 373–390.

[47] Vgl. dazu Endre VON IVÁNKA: Plato Christianus, Einsiedeln 1964, 315–
338.

[48] Eine solche entwickelt er freilich in NICOLAI DE CUSA: De visione dei.
In: DERS.: Opera omnia, Bd. VI. Vgl. dazu Werner BEIERWALTES: Visio facia-
lis – Sehen ins Angesicht. Zur Coincidenz des endlichen und unendlichen
Blicks bei Cusanus, München 1988 (= Sitzungsbericht der Bayerischen Akademie der Wissenschaften, philosophisch-historische Klasse).

wir nacheinander durchlaufen. Begreifen können wir aber auch intuitiv, indem wir das Begriffene auf einmal, mit einem einzigen Schlag als Ganzes einsehen. *Einsicht* meint genau dieses In-Eins-Sehen des Ganzen, das lateinisch *intellectus* und griechisch *nous* (νοῦς) heißt. Erst dieses intuitive In-Eins-Sehen ist wirklich ein *Sehen* des Geistes, weil Sehen immer intuitiv ist; erst dies ist *Theoria* im antiken Sinne: anschauendes Denken. Nun ist begreifendes Sehen immer ein Einsehen von etwas, das sich unserem Geist präsentiert und gesehen wird. Begreifen ist immer gegenständlich; es ist niemals ohne Begriffenes. Von diesem begreifenden Sehen von Gegenständen unterscheidet Cusanus ein nicht-begreifendes, ungegenständliches Sehen des Geistes, das alles begreifende Sehen selber erst ermöglicht.[49]

Alles begreifende Sehen von etwas setzt nämlich das Sehen-Können (*posse videre*) voraus, das ein Sich-Richten aufs Sehen ist, ein bloßes Sichten (*a remotis videre*) oder Vor-blicken (*praevidere*), aber noch kein Gesehen-Haben von etwas wie das begreifende Sehen. Dieses ursprüngliche Sehenkönnen ermöglicht allererst das begreifende, gegenständliche Sehen, ist aber selber noch kein Begreifen, sondern ungegenständlich. Es ist wie das Sehen des Lichts, ein einfaches Inneesein der Helle, noch bevor wir etwas Bestimmtes artikuliert sehen. Dieses Inneesein der Helle ist uns beim artikulierten Sehen horizonthaft immer mit-gegenwärtig, aber wir achten gewöhnlich nicht darauf, weil unsere Aufmerksamkeit auf das gegenständlich Gesehene konzentriert ist. Wie das Inneesein der Helle, das alles Sehen von etwas erst ermöglicht, ist das Sehenkönnen des Geistes ungegenständlich, es ist also kein Sichrichten auf etwas, auf einen bestimmten Gegenstand, sondern gerade als unbestimmtes Sichrichten reine Intention auf das Absolute, das Können selbst, das als Ungegenständliches und Überseiendes alles bestimmte Seiende, auf das man sich gegenständlich richten kann, erst ermöglicht. Das ursprüngliche Sehenkönnen des Geistes, die allem aktuellen Sehen vorausgehende reine Sehintention, ist darum ein nicht-begreifendes Sehen des Absoluten; weil es nicht von einem

---

[49] NICOLAI DE CUSA: De apice, nr. 10, Z. 15 – nr. 11, Z. 7.

gesehenen Gegenstand bestimmt und begrenzt wird, ist es unbestimmt und unendlich (*interminatum*) wie das absolute Können selbst.[50]

Der Geist sieht das absolute Können selbst in seiner Unendlichkeit und Unbegreiflichkeit, wenn er sein artikuliertes, begreifendes Sehen zurücknimmt ins unendliche reine Sehenkönnen. Am reinen Sehenkönnen geht ihm auf, daß das Können selbst alles Sehenkönnen übersteigt, weil es auch das Sehenkönnen erst ermöglicht, von diesem also schon vorausgesetzt wird. In seiner Transzendenz wird das Absolute nur so gesehen, daß es nicht gesehen wird;[51] darum bestimmt und begrenzt es die Sehintention auch nicht wie ein gesehenes Etwas, sondern läßt sie unendlich sein; dies ist der höchste Akt des Sehens, in ihm erfüllt sich die auf das Absolute gerichtete Intention des Geistes (*mentis desiderium*) in einem Sehen, das ein nicht-gegenständliches Sehen dessen ist, was alles Sehen übersteigt.[52] Dieses nicht-begreifende Sehen des Absoluten ist aber kein mystisches Erlebnis, sondern es vollzieht sich zugleich am begreifenden Sehen des Seienden, so wie uns das Sehen des Lichts aufgeht am Sehen des Sichtbaren. Die Voraussetzung dafür ist, daß der Geist seine Aufmerksamkeit von dem gegenständlich Gesehenen und Begriffenen abwendet und sie auf sich selbst und die Voraussetzung seines Sehens und Begreifens konzentriert. Dann begreift er, daß er in allem nur das reine Können sieht, das in allem Seienden so erscheint, daß die Erscheinung zugleich durchsichtig ist auf die Transzendenz des überseienden Könnens selbst, so wie das Licht in allem Sichtbaren unsichtbar erscheint, so daß das Gesehene durchsichtig wird auf seinen unsichtbaren Grund.

Das absolute Können erscheint in allem, also auch im Geist. Im Sehenkönnen des Geistes zeigt sich das Können selbst aber

---

[50] NICOLAI DE CUSA: De apice, nr. 11, Z. 8–23.

[51] NICOLAI DE CUSA: De apice, nr. 10, Z. 11–18: Sed in se posse ipsum supra omnem potentiam cognitivam, medio tamen intelligibilis posse, videtur verius, quando videtur excellere omnem vim capacitatis intelligibilis posse ... Quando igitur mens in posse suo videt posse ipsum ob suam excellentiam capi non posse, tunc visu supra suam capacitatem videt.

[52] NICOLAI DE CUSA: De apice, nr. 11, Z. 8–11 mit 23–26.

auf ganz besondere und einzigartige Weise (*maxime se manifestat*). Im unbestimmten und unendlichen Sehenkönnen manifestiert sich das absolute Können in seiner Übergegenständlichkeit, Unendlichkeit und Unbegreiflichkeit.[53] In allen anderen Erscheinungen zeigt sich zwar auch das reine Können, aber in keinem Weltinhalt erscheint es so, daß es zugleich seine Unbegreiflichkeit, seine Transzendenz über alles Erscheinen manifestiert. Allein im Können des Geistes manifestiert sich das Können selbst in seiner Unendlichkeit. Weil alle Weltinhalte endlich sind, erscheint das absolute Können in ihnen nur so, daß es durch sie hindurchgeht, ohne in einem von ihnen zu bleiben. Im Können des Geistes dagegen, der alle Weltinhalte begreift und zugleich von ihnen allen absehen kann und genau darum selber kein bestimmter Weltinhalt ist, erscheint das absolute Können auf unvergängliche und bleibende Weise.[54] Der Geist sieht in seinem Sehenkönnen das Können selbst als seinen Grund; darum bleibt das absolute Können in ihm und wandert nicht durch ihn hindurch wie durch alle Weltinhalte.

Das Erscheinen des Absoluten in der Welt ist sein Erscheinen *für den Geist*, der in den Erscheinungen das Sichzeigen des Absoluten sieht. Der Geist ist darum der Zweck der gesamten Weltveranstaltung: „So besteht alles um des Geistes willen, der Geist aber, um das Können selbst zu sehen."[55] Der Zweck der Welt ist das Erscheinen des Absoluten für den Geist, und zwar in der Selbsterkenntnis des Geistes.[56] Der Geist sieht in sich selbst die Welt als das Erscheinen des Absoluten. Dazu bedarf es der Umwendung des Blicks, weg vom naiven, unmittelbaren Weltbezug, der in den Dingen nur die Dinge sieht, hin zu sich selbst und seinem Grund. Durch diese Blickwendung sieht der Geist in seinem Können das Können selbst. Zugleich sieht er, daß er nicht selbst das absolute Können ist, denn er ist nicht allmächtig, und damit sieht er sich selbst als das *Bild* (*imago*) des absoluten Kön-

---

[53] NICOLAI DE CUSA: De apice, nr. 11, Z. 8–11.
[54] NICOLAI DE CUSA: De apice, nr. 23.
[55] NICOLAI DE CUSA: De apice, nr. 22, Z. 6–8.
[56] Vgl. NICOLAI DE CUSA: De apice, nr. 24, Z. 2: Videt igitur mens se.

nens, in dem dieses so erscheint, daß es zugleich die Welt als sein eigenes Erscheinen (*apparitio*) weiß.[57] Als Bild des absoluten Könnens ist der Geist keine Erscheinung neben anderen Erscheinungen, sondern er ist ein Erscheinen, das sich als Erscheinen selbst weiß. Genau darum ist es unvergänglich. Denn das Erscheinen und Sichzeigen ist das Wesen des Könnens selbst, zu dem darum sein Bild, der Geist, *für den* das Können erscheint, wesentlich dazugehört. So ist die Metaphysik des Könnens als solche eine Metaphysik der *mens*.

V.

In *De apice theoriae* fehlen auf den ersten Blick zwei Themen, die für Cusanus' Programm einer Philosophie des Christentums zentral sind und die er in anderen Schriften ausführlich behandelt: Die Theorie der *Trinität* und die Theorie der *Inkarnation*. Beide fehlen allerdings nur auf den ersten Blick; in Wirklichkeit sind sie präsent, auch wenn Nikolaus es bei zwei knappen Hinweisen beläßt.

Zur *Trinität* verweist Nikolaus auf Augustinus' Analyse der dreifaltig-einigen Struktur des Geistes, in dessen Selbstvollzug sich Einsehen, Erinnern und Wollen (*intellectus, memoria, voluntas*) wechselseitig so durchdringen, daß keines dieser Momente ohne die beiden anderen sein kann.[58] In allen Akten unseres Geistes sehen wir etwas ein, das wir nicht von außen, sondern aus der Innerlichkeit unseres Geistes selbst, die Augustin Erinnerung nennt, holen, denn wir wissen nur, was in unserem Bewußtsein ist, was uns also innerlich ist; und dieses aus unserem Bewußtseinsinneren in die Aufmerksamkeit gehobene Gewußte wissen wir so, daß wir es zugleich bejahen, also wollen; – das ist die dreifaltige Einheit von Wissen, Erinnern und Wollen, die den Geist ausmacht. Der Geist ist aber das Bild des absoluten Könnens, in dem dieses so erscheint, daß es sich in seiner Unendlich-

---

[57] NICOLAI DE CUSA: De apice, nr. 24.
[58] NICOLAI DE CUSA: De apice, nr. 25, Z. 29–32.

keit manifestiert. Darum ist das Können selbst, das in der Drei-Einheit des Geistes erscheint, der Dreifaltige und Eine Gott.[59]

Zur *Inkarnation* fällt der Hinweis noch knapper aus. Wir erfahren nur, die vollkommenste Erscheinung des absoluten Könnens sei Christus, der uns zur Anschauung des Könnens selbst führe, die uns erfüllt und beseligt.[60] Vorher hatte uns Nikolaus aber doch ausführlich dargelegt, der Geist sei als das Bild des absoluten Könnens dessen vollkommenste Erscheinung; in ihm würde das Können selbst auf ungegenständliche Weise gesehen und so die Intention des Geistes erfüllt. Doch besteht hier gar kein Widerspruch. Christus ist der Mensch gewordene Gott. Die Menschwerdung Gottes aber begreift der Kardinal mit dem verurteilten Ketzer Eckhart als die Geistwerdung des Absoluten, denn das Wesen des Menschen ist der Geist. Geist aber ist für Eckhart wie für Cusanus das Erscheinen des unbestimmbaren und überseienden absoluten Einen, das im Geist Sein annimmt. Die Menschwerdung Gottes vollzieht sich nicht einmalig zur Zeit des Kaisers Augustus, sondern immer und in jedem einzelnen Menschen. Christus ist das Wesen jedes Menschen, insofern er als Geist Bild des absoluten Könnens ist. Die Inkarnationsphilosophie von *De apice theoriae* ist darum die könnenstheoretische Deutung der *mens*; sie fehlt also nicht in der letzten Schrift des Cusanus, sondern bildet ihre eigentliche Pointe.

Diese in der Deutung des Geistes enthaltene Philosophie des Christentums verbindet den *Gipfel der Betrachtung* nun aber nicht nur mit Meister Eckhart, sondern auch mit dem Gipfel der neuzeitlichen Metaphysik, mit Hegel. Auch er denkt den Geist als die Selbstoffenbarung des Absoluten und begreift genau dies als die vernünftige Einsicht in die Wahrheit der christlichen Offenbarung.

---

[59] NICOLAI DE CUSA: De apice, nr. 28, Z. 1.
[60] NICOLAI DE CUSA: De apice, nr. 28, Z. 5–9.

Literaturhinweise

Textausgabe

NICOLAI DE CUSA: *Opera omnia*, vol. XII: *De venatione sapientiae, De apice theoriae*, ediderunt commentariisque illustraverunt Raymundus Klibansky et Iohannes Gerhardus Senger, Hamburgi 1982, p. 115–136 (Historisch-kritische Ausgabe, nach deren Abschnitten und Zeilen zitiert wird).

NIKOLAUS VON KUES: *Die höchste Stufe der Betrachtung*. Auf der Grundlage des Textes der kritischen Edition übersetzt und mit Einleitung, Kommentar und Anmerkungen herausgegeben von Hans Gerhard Senger. Lateinisch-deutsch Hamburg 1986 (Ausführlich kommentierte zweisprachige Ausgabe; der Kommentar bietet die ausführlichste vorliegende Analyse der Schrift).

Zu Platons Bestimmung der Philosophie

HALFWASSEN, JENS: Der Aufstieg des Einen. Untersuchungen zu Platon und Plotin, Stuttgart 1992.

KRÄMER, Hans Joachim: Arete bei Platon und Aristoteles. Zum Wesen und zur Geschichte der Platonischen Ontologie, Heidelberg 1959 (= Abhandlung der Heidelberger Akademie der Wissenschaften, philosophisch-historische Klasse).

Zur Philosophie des Cusanus und zu ‚De apice theoriae'

BEIERWALTES, Werner: Identität und Differenz, Frankfurt am Main 1980, inbes. S. 105 – 175.

–, Platonismus im Christentum, Frankfurt am Main ²2001, insbes. S. 130 – 171.

BRÜNTRUP, Alfons: Können und Sein. Der Zusammenhang der Spätschriften des Nikolaus von Kues, München und Salzburg 1972.

FLASCH, Kurt: Die Metaphysik des Einen bei Nikolaus von Kues, Leiden 1973.

–, Nicolaus Cusanus, München 2001.

–, Nikolaus von Kues. Geschichte einer Entwicklung, Frankfurt am Main ²2001.

STALLMACH, Josef: Sein und Können selbst bei Nikolaus von Kues. In: Kurt Flasch (Hrsg.): Parusia. Festschrift für Johannes Hirschberger, Frankfurt am Main 1965, S. 407– 421.

Zur Biographie des Cusanus

FLASCH, KURT: Nikolaus von Kues in seiner Zeit, Stuttgart 2004.
MEUTHEN, Erich: Die letzten Jahre des Nikolaus von Kues, Köln und Opladen 1958.
–, Nikolaus von Kues 1401 – 1464. Skizze einer Biographie, Münster [5]1982.

Zur Entwicklung der mittelalterlichen Philosophie

FLASCH, Kurt: Das philosophische Denken im Mittelalter, Stuttgart [2]2000.

Luther

Joachim Ringleben

Luther ist als Denker des Christentums ein Theologe des biblischen Christentums; ein platonischer Philosoph des Christentums ist er nicht. Eine einfache Synthese von Theologie und Philosophie ist hier nicht zu erwarten, allerdings sind sie für ihn
auch nicht nur unvereinbar.

Luther dachte von der Bibel her, und als Bibeltheologe wurde
er zu einem radikalen Neudenker alles Christlichen. Von einem
sprachfreien Denken hielt er nichts, und von der Sprache der Bibel ließ er sich im Denken leiten, weil eben diese Sprache unserem Nachdenken über Gott immer schon vorgegeben ist und
weil die biblische Sprache selber zu denken gibt. Das Denken
soll der Sprache nachdenken, die als Wort des lebendigen Gottes
erfahren wird – das ist etwas ganz anderes als formaler Biblizis-
mus oder Buchstabengehorsam.

Zugleich war Luther mit einer unerhörten Ausschließlichkeit
Denker des Glaubens und erarbeitete ein Glaubensdenken unter
Berufung auf die Schrift, das es so bisher im Christentum noch
nicht gegeben hatte; an diesem – der unlösbaren Korrelation von
Schriftwort und persönlichem Glauben – sollte die eine römische
Weltkirche zerbrechen. Ein theologischer Denker des Glaubens,
„denn die zwey gehören zuhauffe, glaube und Gott"[1]. Damit ist
zunächst gemeint, daß wir alles, was wir *über* Gott sagen, *vor*

---

[1] Martin LUTHER: D. Martin Luthers Werke, Kritische Gesamtausgabe
(Weimar 1883ff.) im Folgenden zitiert als WA, hier: Bd. 30 I, 133, 7: „Denn
die zwey gehören zuhauffe, glaube und Gott".

Gott sagen – oder wir reden gar nicht von Gott, sondern bleiben mit unseren Gedanken allein. Nur weil und indem Gott sich vorgängig zu uns verhält, können wir uns zu ihm verhalten: darum gehören sie untrennbar „zuhauf".

Weil für Luther „das Leben ohne das Wort ungewiß und dunkel"[2] ist, ist er Bibeltheologe und Glaubensdenker. Als Denker des Christentums will er Denker des Lebenswichtigen sein, will er als Theologe die Wahrheit denken, in der die beirrten Gewissen Halt und Gewißheit finden können. Für ihn als Denker darf die Theologie sich *nicht* hüten, erbaulich zu werden, sondern sie muß erbaulich sein, gleichwohl aber den Anspruch des Denkens nicht aufgeben, sogar eines strengen Denkens.

Für Luther gab es eine deutliche Mitte der Theologie, ein zentrales Thema, von dem aus alles andere sein Gewicht erhält; dies spezifische Thema ist „der Mensch, der der Sünde angeklagt wird und verloren ist, und Gott, der den sündigen Menschen rechtfertigt und erlöst"[3]. Die bekannten großen Motivkomplexe der lutherischen Theologie ließen sich von hier aus entfalten: Rechtfertigung, Christologie, Abendmahlslehre, die Theologie des Wortes, die Erfahrung der Anfechtung u.v.ä. mehr. Das kann heute abend natürlich nicht getan werden. Vielmehr will ich versuchen, an vier ausgewählten Themen einen Eindruck davon zu geben, was Luther hier auch *als Denker* auf die Waagschale zu werfen hat. Es wird sich dabei zeigen, daß Luther als radikaler Denker des christlichen Glaubens ein Denker von Gegensätzen war. In seiner „extremen Theologie"[4] denkt er jeden Gegensatz radikal zu Ende und faßt ihn in eine paradoxe Einheit: so den Gegensatz von Gott und Mensch, Himmel und Erde, Zeit und Ewigkeit, Christus und Sünder; sodann den Menschen im Gegensatz zwischen versklavtem Willen und überschwenglicher Freiheit eines Christenmenschen, den Menschen zwischen Gott und Satan, ja schließlich und zutiefst den Gegensatz zwischen

---

[2] WA 18, 655, 10: „Vita enim sine verbo incerta est et obscura."

[3] WA 40 II, 328, 17f.: „Nam Theologiae proprium subiectum est homo peccati reus ac perditus et Deus iustificans ac salvator hominis peccatoris".

[4] Jörg BAUR: Extreme Theologie. In: Ders.: Luther und seine klassischen Erben. Theologische Aufsätze und Forschungen, Tübingen 1993, 3–12.

Gott und Gott. Goethes Motto: Nemo contra deum nisi deus ipse[5] – das ist wohl nirgends so abgründig aufgefaßt worden, wie in Luthers Gedanken vom Gegensatz zwischen Gott und Gott: dem „verborgenen Gott" und dem Gott der Offenbarung in Christus, der Gegensatz zwischen dem Zornesgott des Gesetzes und dem Gott des Evangeliums, zwischen Gott gegen uns und Gott für uns.

1. Gott unter dem Gegensatz

In Luthers Denken erlebt die Theologie des Apostels Paulus eine Aktualisierung, wie nie zuvor in der Christentumsgeschichte – Augustin nicht ausgenommen. In unserem 20. Jahrhundert war ein schwächerer Nachhall davon der Neueinsatz der Dialektischen Theologie in Karl Barths Auslegung des Römerbriefs.

Erinnern wir uns der machtvollen Antithesen, mit der der Apostel im 1. Korintherbrief Gottes Weisheit in der Torheit des Wortes vom Kreuz predigt: „Hat nicht Gott die Weisheit der Welt zur Torheit gemacht? … die Torheit Gottes ist weiser, als die Menschen sind, und die Schwachheit Gottes ist stärker, als die Menschen sind … was töricht ist vor der Welt, das hat Gott erwählt, damit er die Weisen zuschanden mache, und was schwach ist vor der Welt, das hat Gott erwählt, damit er zuschanden mache, was stark ist; und das Geringe vor der Welt und das Verachtete hat Gott erwählt, das, was nichts ist, damit er zunichte mache, was etwas ist …" (1. Kor 1, 20. 25 u. 27f.). Paulus redet hier in kühnster Weise von dem Gott, der mit Christi Kreuz alles revolutioniert hat und alle Gegensätze auf den Kopf stellt. Zusammenfassend sagt er: „Wir reden von der Weisheit Gottes, die im Geheimnis verborgen ist"[6].

Ich habe diese großen Sätze des Apostels hier angeführt, um zeigen zu können, wie Luther im Anschluß daran Gottes Wirken

---

[5] Johann Wolfgang von GOETHE: Aus meinem Leben. Dichtung und Wahrheit, Vierter Teil.

[6] „Dei sapientiam in mysterio, quae abscondita est" (1 Kor 2, 7 nach der Fassung der Vulgata).

unter dem Gegensatz grundsätzlich zu denken unternimmt. Sein Anknüpfungspunkt ist das Stichwort: absconditus, verborgen. Schon recht früh (1515/16) heißt es bei ihm: „Denn unser Gut ist verborgen und zwar so tief, daß es unter seinem Gegenteil verborgen ist. So ist unser Leben verborgen unter dem Tod, die Liebe zu uns unter dem Haß, die Herrlichkeit unter der Schmach, das Heil unter dem Verderben, ... der Himmel unter der Hölle, die Weisheit unter der Torheit, die Gerechtigkeit unter der Sünde, die Kraft unter der Schwachheit"[7].

Warum dies Verborgensein unter dem Gegenteil (sub contrario absconditum)? An anderer Stelle gibt Luther zunächst eine logische Antwort: „Es wird aber etwas nicht tiefer verborgen als unter dem Gegensatz zu allem Vorhandenen (obiectu), zu den Sinnen, zur Erfahrung"[8]. Alles was sozusagen einfach versteckt wird, bleibt es selbst und ist durch etwas Anderes verborgen, hinter dem es sich versteckt. Was aber unter seinem eigenen Gegenteil verborgen ist, das ist am tiefsten verborgen, weil es gar nicht mehr unmittelbar als es selbst kenntlich ist. Es ist versteckt unter dem Anderen seiner selbst. Was nur als sein eigenes Gegenteil da ist, kann nicht direkt erfaßt oder erkannt werden.

An diese logische Erklärung schließt Luther eine doppelte theologische an. Die eine begründet die Verborgenheit mit Gott selber: Gott handelt sub contrario, „damit der Glaube einen Ort hat bei Gott, der eine negative Wesenheit ist, und Güte und Weisheit und Gerechtigkeit, und den man nicht besitzen oder berühren kann, es sei denn durch Verneinung aller unserer Positivitäten"[9]. Damit Gott Gott bleibt, für uns unverfügbar, kann er bei

---

[7] WA 56, 392, 28–32: „Bonum enim nostrum absconditum est et ita profunde, Ut sub contrario absconditum sit. Sic Vita nostra sub morte, dilectio nostri sub odio nostri, gloria sub ignominia, salus sub perditione, ..., celum sub inferno, Sapientia sub stultitia, Iustitia sub peccato, virtus sub infirmitate".

[8] WA 18, 633, 8f.: „Non autem remotius absconduntur, quam sub contrario obiectu, sensu, experientia".

[9] WA 56, 392, 33– 393, 3: „Ut fides locum habeat in Deo, Qui Est Negativa Essentia et bonitas et Sapientia et Iustitia Nec potest possideri aut attingi nisi negatis omnibus affirmativis nostris".

uns nur unter dem Anschein des Gegenteils gegenwärtig sein. Gottes Wesen wird eine „negativa essentia" genannt, weil seine Gottheit sich unendlich entzieht: Er kann also nur nahe sein, indem er zugleich fern ist, erfahrbar, indem er sich immer auch entzieht usw. Die positive Fülle seines Gottseins kann bei uns sich nur negativ auswirken: in der Verneinung aller unserer Selbstmächtigkeit, unserer Stärke und des Positiven, was wir meinen vorweisen zu können. So nimmt Luther hier die Rede des Apostels Paulus auf, daß Gott alle Weisheit und Stärke der Welt zuschanden werden läßt und zunichte macht, was (vor ihm) etwas zu sein behauptet (1 Kor 1, 27f.).

Aber für Luther gibt es noch einen zweiten Grund für die Verborgenheit, und er ist theologisch besonders wichtig. Unter Berufung auf Hebr 11, 1 (die einzige Definition des Glaubens im Neuen Testament) sagt er: „Weil der Glaube sich auf etwas richtet, das man nicht sieht"[10]. Diese Unsichtbarkeit ist nicht die platonische der ewigen Ideen, sondern die Unsichtbarkeit dessen, was unter seinem Gegenteil verborgen ist. Es geht weiter: „Damit der Glaube einen Ort habe, muß alles, was geglaubt wird, verborgen sein"[11]. Der Glaube ist damit als Glaube gegen den Augenschein, gegen das sichtbar Vorhandene, gegen Sinn und Erfahrung bestimmt. Und mehr noch: Gottes Handeln sub contrario zielt auf nichts anderes, als solchen Glauben bei uns zu ermöglichen. Hören Sie Luthers ungeheuerliche Aussagen über die Logik göttlichen Handelns: „So, wenn Gott lebendig macht, tut er es durch Töten, wenn er gerecht macht, tut er es, indem er zu Schuldigen macht. Wenn er in den Himmel führt, tut er es durch Bringen in die Hölle [zit. 1 Sam 2, 6]"[12].

Indem er so mit uns verfährt, verbirgt Gott sich selber unter seinem Gegenteil. Er wird zu einem Deus absconditus, unkenntlich für alles unmittelbare Fühlen, Wünschen und Vorstellen des

---

[10] WA 18, 633, 7: „quod fides est rerum non apparentium".

[11] WA 18, 633, 7f.: „Ut ergo fidei locus sit, opus est, ut omnia quae creduntur, abscondantur".

[12] WA 18, 633, 9–11: „Sic Deus dum vivificat, facit illud occidendo; dum iustificat, facit illud reos faciendo; dum in coelum vehit, facit id ad infernum ducendo" (vgl. auch WA 5, 108, 24–27 und WA 19, 154, 22ff.).

Menschen, ein Gott, der es uns unglaublich schwer macht, ein Gott, der unsern Glauben will: „So verbirgt er seine ewige Güte und Barmherzigkeit unter ewigem Zorn, seine Gerechtigkeit unter Ungerechtigkeit. Dies ist der höchste Grad des Glaubens zu glauben, jener sei gütig, der so wenige selig macht und so viele verdammt; zu glauben, der sei gerecht, der uns durch seinen Willen notwendig verdammenswert macht …"[13]. Gott scheint dabei, so scheut sich Luther nicht zu sagen, teuflische Züge anzunehmen: „als habe er Vergnügen an den Folterqualen der Elenden und als sei er eher des Hasses als der Liebe wert"[14]. Realitätsferne kann man diesen Aussagen des Glaubensdenkers Luther nicht vorwerfen. Angesichts dieses unfaßbaren Gottes ist die Vernunft (ratio) überfordert einzusehen, „wie dieser Gott barmherzig und gerecht sein könne, der so großen Zorn und große Ungerechtigkeit zeigt"[15].

Man sieht, wie wenig Glauben für Luther ein naives Fürwahrhalten ist oder ein harmloses Zutrauen zu dem „lieben Gott". Glaube, das ist das Schwerste, nämlich gegen den verborgenen Gott an den Gott sich zu klammern, der nur in Christus seine Liebe offenbart – in Christus, d.h. aber wieder am Kreuz verborgen. Gottes „negative Wesenheit" ist ein unüberbietbarer Ort, um den christlichen Glauben einzuüben: „locus exercendae fidei". Glaube ist ein Sichklammern an das, wie Luther einmal sagt, „tieffe heymliche Ja unter und uber dem Neyn"[16] – gegen alle äußere Evidenz.

---

[13] WA 18, 633, 14–17: „Sic aeternam suam clementiam et misericordiam abscondit sub aeterna ira, Iustitiam sub iniquitate. Hic est fidei summus gradus, credere illum esse clementem, qui tam paucos salvat, tam multos damnat, credere iustum, qui sua voluntate nos necessario damnabiles facit …".

[14] WA 18, 633, 17–19: „ut videatur … delectari cruciatibus miserorum et odio potius quam amore dignus." Vgl. Luthers Eingeständnis: „Ego ipse non semel offensus sum usque ad profundum et abyssum desperationis, ut optarem nunquam esse me creatum hominem …" (WA 18, 719, 9–11).

[15] WA 18, 633, 19f.: „quomodo is Deus sit misericors et iustus, qui tantam iram et iniquitatem ostendit".

[16] WA 17 II, 203, 32.

Es ist nicht übertrieben, wenn Luther diese harten Aussagen mit einer Formulierung beschließt, die sein tiefstes Verständnis vom Christlichen enthält: Dies sei nicht anders, als daß, wenn Gott tötet, „der Glaube an das Leben im Tode eingeübt wird"[17]. Wahrlich, „extreme Theologie": Die Tiefe des Trostes bemißt sich an der ungemilderten Härte der Anfechtung, der er standhält. Soviel zum Glauben sub contrario.

2. Christus – Einheit der Gegensätze

Wollte Paulus „nichts wissen als allein Jesus Christus den Gekreuzigten" (1 Kor 2,2), so gilt für Luther: „Das KREUZ allein ist unsere Theologie"[18]. Dann gilt für die Glaubenden: „Unser Leben ist verborgen mit Christus in Gott"[19]. Das besagt: Für Luther ist die Tradition der „negativen Theologie" in der theologia crucis aufgehoben.

Das Kreuz als Ort des Heils zu denken, impliziert nun aber, im gekreuzigten Christus die extremsten Gegensätze zusammenzubringen. Das soll uns als zweiter Gesichtspunkt beschäftigen. Im Blick auf Christus heißt es bei Luther: „In dieser Person laufen die beiden äußersten Gegensätze zusammen"[20], und gemeint ist: zu einer lebendigen Einheit. Das wird dann sogleich soteriologisch, d.h. den Heilstod für die Sünder betreffend, konkretisiert. Um den Menschen zu schonen, hat Gott zu seinem Sohn gesagt: „Du sollst Petrus sein, jener Verleugner, Paulus, jener Verfolger, lästerlich und gewalttätig, jener Ehebrecher David, jener Sünder, der den Apfel aß im Paradies, jener Schächer am Kreuz; in Summa: du sollst aller Menschen Person sein, der die Sünden aller Menschen begangen hat, ... damit du sie erlöst und für sie Genugtuung leistest"[21]. Gott nimmt alle Sünder in

---

[17] WA 18, 633, 23: „fides vitae in morte exercetur".
[18] WA 5, 176, 32f.: „CRUX sola est nostra Theologia".
[19] WA 56, 393, 5f.: „vita nostra abscondita est cum Christo in Deo" (Kol 3, 3).
[20] WA 40 I, 438, 32f.: „in hac persona duo extreme contraria concurrant".
[21] WA 40 I, 437, 23–27: „Tu sis Petrus ille negator, Paulus ille persecutor,

Christus zusammen und sieht, umgekehrt, uns alle in Christi Gerechtigkeit ohne Sünde. Dazu war nötig, daß der Unschuldige, der ohne jede Sünde war, *für uns* sein würde „der größte Räuber von allen, der Mörder, der Ehebrecher, der Dieb, der Schandtäter und Lästerer, größer als je einer in der Welt war"[22].

Wenn aber Gott uns mit Christus zusammen sieht, schöpferisch in eins schaut, dann sind wir, während Christus unseren Platz als Sünder einnimmt, am Ort seiner unerschöpflichen Gerechtigkeit. So wechseln die Gegensätze in Christus: „Hier erhebt sich nun der fröhliche Wechsel und Streit. Dieweil Christus ist Gott und Mensch, ... und seine Frommheit (iustitia) unüberwindlich, ewig und allmächtig ist, so er denn der gläubigen Seele Sünde ... sich selbst zu eigen macht ... als hätte er sie getan, so müssen die Sünden in ihm verschlungen und ersäuft werden ...Ist nun das nicht eine fröhliche Wirtschaft, da der reiche, edle, fromme Bräutigam Christus das arme, verachtete, böse Hürlein zur Ehe nimmt und sie entledigt von allem Übel, zieret mit allen Gütern?"[23].

Genau dies geschieht im Glauben, da „die Seele mit Christo wie eine Braut mit ihrem Bräutigam" vereinigt wird, so „daß Christus und die Seele *ein* Leib werden"[24]. Da Christus die Gegensätze an sich zum radikalen Austrag bringt, sind sie im Glauben an ihn auch für uns Menschen versöhnt: „Der Glaube versöhnt das Entgegengesetzte"[25].

Voraussetzung dieses Heils im Austausch der Extreme ist aber zuerst und zuletzt, daß Gott selber sich seiner Gottheit entäußert, indem er zugleich Mensch wird. In der Menschwerdung des ewigen Gottes kommt zusammen, was wie Himmel und Erde, wie Zeit und Ewigkeit entgegengesetzt scheint, nämlich

---

blasphemus et violentus, David ille adulter, peccator ille qui comedit pomum in Paradiso, Latro ille in Cruce, In Summa, tu sis omnium hominum persona qui feceris omnium hominum peccata ... ut solvas et pro eis satisfacias".

[22] WA 40 I, 433, 26–28: „omnium maximus latro, homicida, adulter, fur, sacrilegus, blasphemus etc., quo nullus maior unquam in mundo fuerit".

[23] WA 7, 25, 34–26,7 (modernisiertes Deutsch).

[24] WA 7, 25, 28–30 (modernisiertes Deutsch).

[25] WA 43, 219, 28: „Fides ... conciliat contraria".

der Schöpfer und sein Geschöpf: „Wir vereinigen den Schöpfer und das Geschöpf in der Einheit der [bzw. dieser] Person" (nämlich Christi)[26]. Von der Person dieses Menschen muß also gesagt werden: „Christus est creator"[27]. Der Schöpfer hat sich selber zum Geschöpf gemacht.

Dies ist die Neubestimmung Gottes für alle Ewigkeit: der Deus corporeus[28]; und sie wird in alle Ewigkeit nicht rückgängig gemacht: „Nein geselle, wo du mir Gott hinsetzest, da mustu mir die menscheit mit hin setzen, Sie lassen sich nicht sondern und von einander trennen, Es ist eine person worden und scheidet die menscheit nicht so von sich, wie meister Hans seinen rock aus zeucht und von sich legt, wenn er schlaffen gehet"[29]. Deutlicher kann man wohl nicht machen, daß Gottes Menschwerdung nicht eine vorübergehende Verwandlung wie in alten Göttermythen ist, sondern eine endgültige Vereinigung der göttlichen und der menschlichen Natur in einer Person: Gott *ist* dieser Mensch, und dieser Mensch, das *ist* Gott. Das Universalste und das Individuellste sind eins.

Weil der erhöhte Christus eines ist mit Gottes allmächtiger „Rechten", darum glauben die Christen, daß im Himmel ein Mensch regiert: Jesus Christus. Der starre Gegensatz von Zeit und Ewigkeit scheint nicht mehr zu gelten.

Gottes Menschennähe wird von Luther daher immer wieder drastisch betont. Deus corporeus, d.h. den Gott anzubeten, dem Maria den Brei kocht[30]. Auch insofern gilt es, Gott sub contrario zu suchen und zu finden: Nicht Gott in seiner unzugänglichen, verzehrenden Majestät, in deren Feuer jeder Mensch nur vergehen kann[31], sondern den Gott der unendlichen Selbstentäußerung und Kondeszendenz: „Die christliche Religion ... beginnt nicht vom Höchsten, wie alle anderen Religionen, sondern von

---

[26] WA 39 II, 120, 14: „Nos coniungimus creatorem et creaturam in unitate personae".
[27] WA 39 II, 121, 17.
[28] WA Tischreden, Bd. 1, 467, 32 (Nr. 925).
[29] WA 26, 333, 6–10.
[30] Vgl. WA 50, 587, 14.
[31] Vgl. WA 40 I, 77, 20–22.

ganz unten ... Darum ... flüchte dich zur Krippe und zum Schoß
der Mutter, und halte dich an jenes Kind und Söhnchen der Jung-
frau und betrachte ihn geboren werdend, saugend, wachsend,
sich unter den Menschen bewegend, lehrend, sterbend, auferste-
hend, erhöht über alle Himmel, der die Macht hat über alles"[32].

3. Gottes lebendiges Sein – allüberall und nirgendwo

Ich will nun an einem weiteren Thema Luther als Denker vorstellen: an seinem Begriff von der Allgegenwart Gottes. Auch er
hat die widersprüchliche Spannung schon in dem Ausdruck
„All-Gegenwart" begriffen und gerade sie zum Ansatzpunkt einer dialektischen Bestimmung des göttlichen Seins gemacht.

Gegen eine räumliche Vorstellung von Gott[33] bietet Luther
zunächst das traditionelle Verständnis von Allgegenwart auf:
ubique et nusquam (zugleich „überall und nirgends"), nämlich
daß Gott und er allein „zugleich gantz und gar an allen orten ist
und alle orte fullet, und doch von keinem ort abgemessen und
begriffen wird"[34]. Es bleibt aber nicht bei dieser konstatierten
Paradoxie. Die erneute Abgrenzung gegen eine plump räumliche
Vorstellung führt Luther zu weiteren konkreten Aussagen: Es
sind „grobe tölpel gedancken", „als sey Gott ein großes, weites
wesen, das die welt fullet und durch aus raget, gleich als wenn ein
strosack vol stro stecket und oben und unden dennoch ausra-
get"[35]. Gleichzeitig aber wird die Immanenz des Schöpfers in allen Geschöpfen bis an die Grenze des Pantheismus stark betont:
„Wir ... sagen: Das Gott nicht ein solch ausgereckt, lang, breit,

---

[32] WA 40 I, 79, 25–80, 11f.: „Christianam religionem quae incipit non a
summo, ut omnes aliae religiones, sed ab imo ... tum ... rapias te in praesepe
et gremium matris et apprehendas istum infantem et filiolum virginis spec-
tesque eum nascentem, suggentem, crescentem, conversantem inter homi-
nes, docentem, morientem, resurgentem, sublatum supra omnes coelos, po-
testatem habentem supra omnia".
[33] „Denn Gott ist nicht ein leiblicher raum odder stet"(WA 26, 335, 36f.).
[34] WA 26, 329, 9f.
[35] WA 26, 339, 27–29.

dick, hoch, tieff wesen sey, sondern ein ubernatürlich uner-
forschlich wesen, das zu gleich ynn eym iglichen körnlin gantz
und gar und dennoch ynn allen und uber allen und ausser allen
Creaturn sey ... denn ein leib ist der Gottheit viel, viel zu weit,
und kondten viel tausent Gottheit drynnen sein, Widderumb
auch viel, viel zu enge, das nicht eine Gottheit drynnen sein
kan"[36]. Und nun folgt eine Bestimmung, die an die Cusanische
coincidentia oppositorum, an Gott als die Einheit des Maximum
und des Minimum erinnert: „Nichts ist so klein, Gott ist noch
kleiner, Nichts ist so gros, Gott ist noch grösser, Nichts ist so
kurtz, Gott ist noch kürtzer, Nichts ist so lang, Gott ist noch len-
ger ... und so fort an; Ists ein unaussprechlich wesen uber und
ausser allem, das man nennen odder dencken kan"[37]. Bezeich-
nend ist hier, daß Luther nicht einfach Größtes und Kleinstes in
Gott zusammenfallen läßt – sozusagen zu einer statischen Indifferenz oder bloß negativen Einheit –, sondern daß er Gottes Sein
als das immer noch größere bzw. immer noch kleinere – sozusagen dynamisch unendlich – faßt: als dasjenige, quo maius bzw.
quo minus cogitari nequit[38]. Er will Gottes allgegenwärtiges Sein
als ein Sein denken, das im äußersten Unterschied von sich selber
doch immer mit sich eins ist und bleibt bzw. die unendliche
Macht ist, sich im Gegensatz zu sich selber mit sich selber zu einigen, d.h. in immer größerer Entzweiung von sich immer mehr
mit sich eins zu *werden*: „dum se multiplicat, maxime idem ma-
net et fit", heißt es einmal bei Luther[39].

Luther identifiziert diese lebendige Allgegenwart mit der biblischen Rede von Gottes allmächtiger „Rechter": „Die schrifft
aber leret uns, das Gotts rechte hand nicht sey ein sonderlicher
ort, da ein leib solle odder müge sein, als auff eym gülden stuel,

---

[36] WA 26, 339, 33–39.

[37] WA 26, 339, 39 – 340, 2.

[38] Die Tradition dieses Topos ist hier nicht nachzuzeichnen. Vgl. aber die
Grabschrift des Ignatius v. Loyola, die als Motto vor Hölderlins „Hyperion"
steht: „Non coerceri maximo, contineri minimo, divinum est" (Friedrich
HÖLDERLIN: Hyperion. In: Ders.: Sämtliche Werke (kl. Stuttg. Ausg.)
Bd. III, Stuttgart 1958, 4; erläutert 346f.).

[39] WA 1, 27, 18.

Sondern sey die almechtige gewalt Gotts, welche zu gleich nir-
gent sein kan und doch an allen orten sein mus ... Die Göttliche
gewalt aber mag und kan nicht also beschlossen und abgemessen
sein, Denn sie ist unbegreifflich und unmeslich, ausser und uber
alles, das da ist und sein kan. Widderumb mus sie an allen orten
wesentlich und gegenwertig sein, auch ynn dem geringesten
bawmblatt"[40]. Die allgegenwärtige Allmacht oder allmächtige
Allgegenwart Gottes ist also raumdurchdringend und raum-
überschreitend zugleich. Der Schöpfer ist jedem Geschöpf zuin-
nerst gegenwärtig und unterscheidet sich – gleichsam aktiv oder
dynamisch – unendlich davon; so muß er „ynn einer iglichen
creatur ynn yhrem allerynnwendigsten, auswendigsten umb und
umb, durch und durch, unden und oben, forn und hinden selbs
da sein, das nichts gegenwertigers noch ynnerlichers sein kan
ynn allen creaturen denn Gott selbs mit seiner gewallt ..."[41]. Als
totus intra ist der lebendige Gott zugleich totus extra: „Das Gott
sey wesentlich gegenwertig an allen enden ynn und durch alle
creatur ynn alle yhren stucken und orten, das also die wellt Gottes vol ist und er sie alle fullet; Aber doch nicht von yhr beschlossen odder umbfangen ist, sonder auch zu gleich ausser und uber
alle creatur ist ..."[42].

Von hier aus – ich sage das im Vorübergehen – wird für Luther
die Inkarnation, Gottes Menschwerdung denkbar. Noch der
junge Hegel hat sich dabei für das Verständnis von Allgegenwart
auf Luther berufen: „Das in der Unermeßlichkeit des Raums unendliche Wesen ist zugleich im bestimmten Raume, etwa wie in
dem: Den aller Himmel Himmel nicht umschloß, Der liegt nun
in Mariä Schoß"[43]; Hegel zitiert hier Luthers Weihnachtschoral
„Gelobet seist du, Jesu Christ"[44].

---

[40]   WA 23, 133, 19–29.

[41]   WA 23, 135, 3–6.

[42]   WA 23, 135, 35–137, 2.

[43]   Georg Friedrich Wilhelm HEGEL: Werke in zwanzig Bänden. Hrsg. v.
Eva Moldenhauer, Frankfurt am Main 1969ff., Bd. I, 424.

[44]   Martin LUTHER: Gelobet seist du, Jesus Christ. In: Evangelisches Gesangbuch. Ausgabe für die Evangelisch-Lutherischen Kirchen in Nieder-
sachsen und für die Bremische Evangelische Kirche, Hannover 1994, 23,2.

Die dargestellten Aussagen über die göttliche Allgegenwart bringen es mit sich, daß auch der Begriff von Gott selber entsprechend gefaßt werden muß, nämlich als lebendiger Austausch der Extreme und dialektische Einheit von Gegensätzen. Ich zitiere dazu Luther von 1519/20, und wir meinen, Nikolaus von Cues zu hören: „Es ist doch Gott wahrhaft Alles in Allem, der Gleiche und Selbe, zugleich aber höchst ungleich und höchst verschieden. Er ist es nämlich selber, der in der Vielfalt einfach, in der Einfachheit vielfältig, in der Ungleichheit gleich und in der Gleichheit ungleich [d.h. wohl: jeweils mit sich!] ist, in der Erhabenheit niedrig, in der Höhe ganz tief, im Innersten der äußerste (oder: äußerlichste, extremus) und umgekehrt"[45]. Dies wäre etwa Luthers Begriff vom Selbstsein Gottes in seinen eigenen Gegensätzen.

Es ist unübersehbar, daß unter solchen Bedingungen Luther Gott nicht mehr als einen an sich zu denkenden „Grund des Seins" im Sinne der Platoniker verstehen konnte. Vielmehr wollte er ihn als die allmächtige und unbegreiflich nahe, treibende Macht in aller Wirklichkeit auffassen: als den „inquietus ... actor"[46], der alles Seiende in der Dynamik seines eigenen göttlichen Seins mit sich reißt[47].

Doch zurück zum Gedanken der Allgegenwart selbst. Weil Luther kein ruhendes Sein Gottes *in* den Dingen kennt, muß er das In-Sein überhaupt dynamisieren: „Der glaube vernympt, das ,ynn' gleich so viel ynn dieser Sachen gilt als: uber, ausser, unter, durch und widder herdurch und allenthalben"[48]. Dazu stellt er

---

[45] WA 5, 170, 2–6: „est iam deus vere omnia in omnibus, aequus et idem, simul tamen inaequalissimus et diversissimus. Ipse est enim, qui in multitudine simplex, in simplicitate multiplex, in inaequalitate aequalis, in aequalitate inaequalis, in sublimitate infimus, in excelsis profundus, in intimis extremus et e diverso". Vgl. Nikolaus von Kues: De docta ignorantia. In: Nicolai de Cusa: In: Opera Omnia. Ediderunt commentariisque illustraverunt Raymundus Klibansky et Ioannes Gerhardus Senger, Hamburgi 1982, I, 23.

[46] WA 18, 711, 1.

[47] Vgl. WA 18, 711, 1 u. 709, 23f. u. 30f.

[48] WA 26, 341, 17–19.

auch Gedanken über die grundsätzlichen Weisen an, wie überhaupt etwas „in" etwas anderem sein kann[49].

So stark Luther in diesen Zusammenhängen betont, wie sehr über alles Vorstellen und natürliche Verstehen dieser Gedanke der Allgegenwart ist; für einfach widervernünftig hält er ihn durchaus nicht. Dieser Gottesbegriff steht nur im Widerspruch zu einer eindimensionalen Vernunft. Die virtus und maiestas der Materie, um die es hier geht, überschreitet die schulgerechten syllogistischen Formen der Logik, sie ist aber „nicht eigentlich *gegen*, sondern außerhalb, innerhalb, über, unter, diesseits und jenseits aller dialektischen Wahrheit"[50]. Die Vernunft selber muß sozusagen beweglicher werden, um dieser Sache angemessen zu bleiben. Auch bei den Spitzenaussagen der Abendmahlslehre wendet sich Luther stets nur gegen die „spitze Logica"[51] oder eine „unzeitige Logica"[52], die sich nicht von der lebendigen Sprache, vom Sprachgebrauch, von Rhetorik und Grammatik belehren läßt, sondern ihre formalen Axiome der Sprache voraussetzt. Läßt man sich von der Sprache, d.h. für Luther: der Sprache der Bibel, zum Denken veranlassen, zeigt sich, daß selbst der Satz, daß im Abendmahl zweierlei eins sein kann, nämlich Leib und Blut Christi mit den Elementen Brot und Wein, nicht widervernünftig ist: „Es ist nicht widder die schrifft, Ja es ist auch nicht widder vernunfft noch widder die rechte Logica"[53]. Auch bei der Exposition des Begriffs göttlicher Allgegenwart argumentiert Luther nicht nur aus der Schrift, sondern gibt – von ihr zum Denken angeregt – auch vernünftige Argumente. Er sagt dazu ausdrücklich: „Ich rede itzt nicht aus der schrifft, Es gilt denckens"[54].

---

[49] Vgl. WA 26, 327–330
[50] WA 39 II, 4, 34f.: „… non quidem contra, sed extra, intra, supra, infra, citra, ultra omnem veritatem dialecticam" (Th. 21); vgl. WA 26, 341, 18f. (o. bei Anm. 48).
[51] WA 26, 439, 30.
[52] WA 26, 443, 8f.
[53] WA 26, 440, 15–17.
[54] WA 26, 337, 14.

Wer nur aufmerksam und nachdenklich die Wirklichkeit wahrnimmt, der findet, so meint Luther, Wunder in der Natur, die denen des Glaubens nicht nachstehen und die wir nur übersehen, weil wir durch Gewöhnung an sie abgestumpft sind und uns dadurch nicht zum Denken herausfordern lassen. So z. B. an folgender Stelle: „Denn wenn ich solt und kunde die Creaturen ausmessen und mit worten ausstreichen, solltestu eben so grosse, ja noch grossere wunder darinne sehen als ynn diesem Sacrament [sc. im Abendmahl]. Nym fur dich die seele, wilchs ein einige creatur ist und ist doch ynn gantzen leib zu gleich, auch ynn der kleinisten zehe, das wenn ich das kleiniste gelid am leibe mit einer nadel steche, so treffe ich die gantze seele, das der gantze mensch zappelt. Kann nu eine seele zugleich ynn allen geliedern sein, wilchs ich nicht weis wie es zugehet, Solt denn Christus das nicht vermügen, das er zu gleich an allen orten ym Sacrament were?"[55]. In diesem scheinbar einfachen Phänomen liegen echte philosophische Probleme; so hat noch Kant ganz ähnlich wie hier Luther von der Allgegenwart der Seele im Leib gehandelt[56]. Das Problem, auf das Luther aufmerksam macht, ist das einer übergreifenden Allgemeinheit, die doch in jedem Besonderen ganz mit sich eins ist. Luther gibt das weitere Beispiel: „Item meine seele kan zugleich dencken, reden, ym reden sehen, horen, fulen und ynn des auch die speise (ver)dawen …"[57]. Auch hier ist eine übergreifende Einheit zu denken, die zugleich nur in den Besonderungen da ist.

Ähnlich macht Luther auch die göttliche Allgegenwart an spezifisch analogen Phänomenen der menschlichen Wahrnehmung plausibel, die immer sinnlich und geistig zugleich sind. Ein erstes Beispiel ist der Weitblick beim menschlichen Sehen: „Sihe unsere leibliche augen und gesichte an; wenn wir die augen auff-

---

[55] WA 19, 487, 14–21.

[56] Immanuel KANT: Träume eines Geistersehers (1776). Erster Teil, erstes Hauptstück; in: Kants Werke, Akademie- Ausgabe, Bd. 2, 324f. Vgl. schon Aurelius AUGUSTINUS: De trinitate. In: Sancti Aurelii Augustini Hipponensis episcopi opera omnia VI, 6. (= Patrologia cursus completus. Series latina. Hrsg. v. Jacques Paul MIGNE 42, 929),

[57] WA 19, 487, 22f.

thun, so ist unser gesichte ynn eym augenblick uber funff odder sechs meyle wegs und zu gleich an allen orten … und ist doch nur ein gesichte, ein auge. Kan das ein leiblich gesichte thun, Meinstu nicht, das Gottes gewalt könne auch eine weise finden …"[58]. Diese raumübergreifende Allgemeinheit des Blickes[59] gibt etwas zu denken, was physikalisch, mit Hilfe der Optik überhaupt nicht zu erklären ist, nämlich: wie unser menschlicher Blick beim räumlich entfernten Anderen sein kann und doch zugleich bei sich und derselbe. Gerne verweist Luther auch auf etwas, was alle jetzt erleben, auf das Phänomen der Stimme, die eine ist und doch unzerteilt bei den vielen Hörern ankommt: „und ist zu gleich ynn einem augenblick ein einige stym ym munde des predigers und [in] allen oren des volcks, als were sein mund und yhr ohren on alles mittel *ein* ort, da die stymme were"[60]. Luther denkt hier die Dialektik, daß die Stimme, das Sprechen, eine Mitte ist, die als eine für alle Hörer und doch zugleich für jeden besonders da ist. In den gesprochenen Worten ist der Redende ebenso bei sich wie bei den Anderen, und diese sind, indem sie hörend bei ihm sind, zugleich vernehmend – vernünftig bei sich selbst.

Erinnern solche Gedanken Luthers zur Veranschaulichung der Allgegenwart in menschlichen Erfahrungen, die zu denken geben, stark an Nikolaus von Cusa, so gibt er schließlich ein weiteres Beispiel, das nun tatsächlich bei dem Cusaner nachzuweisen ist – als Erläuterung der göttlichen Allwissenheit[61]. Luther redet wie Nikolaus von einer Bildsäule, einer menschengestaltigen Holz- oder Steinplastik, die von allen gesehen werden kann und deren Augen scheinbar auch auf alle blicken: „Ich wil noch eine gleichnis setzen: Wenn eine seule auff dem platz stehet, wenn tausent … augen drumb her weren und sie ansehen, so fas-

[58] WA 26, 330, 12–16.

[59] Vgl. auch WA 26, 335, 40f. Eine philosophische Exposition dieses Phänomens könnte beispielsweise bei Herder ansetzen: „Das Gesicht wirft uns große Strecken weit aus uns hinaus". Johann Gottfried von HERDER: Abhandlung über den Ursprung der Sprache. In: Sämmtliche Werke. Hrsg. v. Bernhard Suphan, Bd. V, Berlin 1891, 1 – 148, hier 64.

[60] WA 26, 337, 39–338, 2.

set doch ein iglich auge die selbigen seulen gantz ynn sein gesichte und keins hindert das ander. Und ist auch die seule gantz ynn eins iglichen gesichte und fur eim iglichen auge, als werens alle ein auge und ein gesichte … solcher gleichnis kund man viel mehr an zeigen, sonderlich aus der Mathematica. Aber weil wirs gewonet sind, so achts niemand fur wunder"[62].

Die Achtsamkeit auf die Phänomene leitet Luthers theologisches Denken dazu an, in alltäglicher Erfahrung in Analogie zur Allgegenwart auf Sachverhalte aufmerksam zu werden, die sich nur dialektisch beschreiben lassen. Genau das aber ist eine Artikulationshilfe für das theologische Denken, wenn es, wie wir gehört haben, Gott unter dem Gegensatz, wenn es Christus als zugleich Gott und Mensch oder wenn es die göttliche Allgegenwart als lebendiges Zugleich des Entgegengesetzten denken will. Luther war ein Denker des Christentums, indem er ein Denker des Widerspruchs und des Gegensatzes war.

4. Das Wort – Mittelpunkt und allumfassende Sphäre.

Mehrfach wurde hier von dem „dynamischen" Begriff göttlicher Allgegenwart geredet. Ich meinte das im Sinne der neutestamentlichen δύναμις θεοῦ, der lebendigen Macht Gottes. Um diese Gedankenzusammenhänge wenigsten andeutungsweise abzurunden, sind zum Schluß noch zwei Fragen kurz aufzunehmen:
1. Wo erschließt sich die Allgegenwart konkret dem Menschen?
2. Welche Dynamik (δύναμις) hat das Wort des allmächtigen Gottes?

4.1. Die Aussagen über Gottes Allgegenwart betrafen deren lebendiges Überall- und Nirgends-Sein. Aber für Luther ist nun die Frage entscheidend wichtig: Wo begegnet sie uns denn – ist sie doch sozusagen überall zugegen, aber auch nirgends konkret

---

[61] Nikolaus von Kues: De visione Dei. Hrsg. v. Adelheid Dorothea Riemann, Hamburg 2000 (= Opera omnia Bd. VI), Praefatio.

[62] WA 26, 415, 35 – 416, 24.

greifbar? Er führt aus: „Ob er [Christus bzw. Gott] gleich allenthalben da ist, lesst er sich nicht so greiffen und tappen … Darumb, das ein anders ist, wenn Gott da ist [d.h. überhaupt], und wenn er *dir* da ist. Denn aber ist er dir da, wenn er sein wort dazu thut und bindet sich damit an und spricht: Hie soltu mich finden. Wenn du nu das wort hast, so kanstu yhn gewislich greiffen und haben"[63]. Mag Gott also wirklich allüberall gegenwärtig sein, das bleibt uns verborgen, solange er sich nicht uns persönlich zuwendet, und das tut er im Wort, das von ihm redet und in dem er uns direkt anspricht; im sprachlichen Wort geschieht es, daß die Allmacht sich „binde(t) … dir zu gut und bescheide(t) dich an einen ort"[64]. Entscheidend ist also, daß die Allgegenwart auch wirklich erfahrbar wird, und das geschieht im Wort, das uns anredet: „Da findestu sie gewis, sonst soltu wol alle Creatur durch und durch lauffen, hie tappen und da tappen und dennoch nymmer mehr nicht finden, ob sie gleich da ist warhafftig, Denn sie ist *dir* nicht da"[65]. Die unfaßbare Wirklichkeit Gottes erschließt sich im Wort, in dem er sich uns sprachlich vernehmbar macht.

4.2. Von hier aus tun wir einen zweiten, den letzten Schritt. Die Allgegenwart ist wie nirgendwo und doch überall, sie ist wie ein Nichts und das Alles. Genau diese Spannung kennzeichnet für Luther nun auch das Wort als Wort Gottes: Es ist wie ein verschwindender Punkt (etwa in Gestalt einer menschlichen Stimme) und hat doch eine gewaltige Dynamik in sich. Luther übersetzt die interne Gegensätzlichkeit der Allgegenwart in eine eschatologische Bewegungsrichtung.

Er geht davon aus, daß in diesem Leben der Glaube nur schwach und angefochten ist, denn er stützt sich gegen alle Welterfahrung „allein auf das Hören und den Laut der Stimme des verheißenden Christus"[66]. Genau darin ist aber Gott – unter dem Ge-

---

[63] WA 23, 151, 10–16.

[64] WA 23, 151, 19f.

[65] WA 23, 151, 21–24 (Kursivierung J.R.).

[66] WA 40 I, 596, 19f.: „quae solo auditu et sono vocis promittentis Christi nititur". Vgl. ähnlich: „Magna itaque res est esse Christianum et vitam suam

gensatz – mit seiner ganzen Macht verborgen: „Welchs die Größe und Herrlichkeit aber dieser Gabe ist, kann der menschliche Geist in diesem Leben überhaupt nicht erfassen"[67]. Denn wir haben diesen unendlichen Schatz nur in irdenen Gefäßen (2 Kor 4, 7) – einen Schatz, der diese Gefäße wegen seiner darin wirksamen, überschwenglichen eschatologischen Triebkraft tendenziell sprengt.

Das Entscheidende und Endgültige ist im Wort konzentriert wie in einem bloßen Punkt da; als Stätte von Gottes Leben ist es aber so wie das Senfkorn: „kleiner als alle Samenkörner" und *zugleich* „größer als alle Gewächse überhaupt" (Mk 4, 31f.). Das Wort ist hier als „verbum centrale" zugleich das Kleinste *und* das Größte. Es ist für uns nur eingeschlossen in die „Engen" unserer Erfahrung da, in sich selber aber unendlich: „Daher ist diese Sache im Verhältnis zu unserem Menschensinn ein [bloßer] Mittelpunkt, in sich selber aber die größte und unendliche Sphäre"[68]. Luther nimmt hier *worttheologisch* die alte mathematisch-mystische Formel für Gott und seine Allgegenwart auf: „Deus est sphaera infinita, cuius centrum est ubique, circumferentiam nusquam". Er wendet sie aber vom Wort her eschatologisch: „Wir sehen jetzt schon den Mittelpunkt, einst werden wir auch die Peripherie sehen"[69]. Das Wort göttlicher Verheißung läßt uns so an der Dynamik göttlicher Allgegenwart teilhaben, daß es uns in die Bewegung vom „Zentrum" zur (unendlichen) „Peripherie" stellt, also in die Bewegung zwischen Proton und Eschaton,

---

habere absconditam non in loco aliquo … nec in corde suo …, sed in ipso invisibili deo, scilicet inter res mundi vivere et pasci eo, quod nusquam apparet nisi modico verbi indicio soloque auditu" (WA 57 (III), 215, 1–5; zu deutsch: „Deshalb ist es eine große Sache, ein Christ zu sein und sein Leben verborgen zu haben: nicht in irgendeinem Ort und nicht im eigenen Herzen, sondern in dem unsichtbaren Gott selber, d.h. unter den Dingen der Welt leben und [doch] davon zehren, was niemals erscheint, es sei denn im schwachen Anzeichen des Worts und im Hören allein").

[67] WA 40 I, 596, 16–18: „Quanta autem magnitudo et gloria huius doni sit, humana mens ne quidem concipere potest in hac vita".

[68] WA 40 I, 596, 20f.: „Ideo quoad sensum nostrum res ista centrum, in se autem maxima et infinita sphera est".

[69] WA, 40 I, 596, 26f.: „Videmus igitur iam centrum, olim videbimus etiam circumferentiam".

Zeit und Ewigkeit. Daß wir im Wort Gottes schon jetzt das Zentrum finden, d.h. im Hören und Glauben, das ist nur der Anfang der kommenden Ewigkeit. Ist uns hier nur der Glaube an das Wort, nicht aber das Schauen möglich (2 Kor 5, 7), so richtet sich die Hoffnung dieses Glaubens doch darauf, daß wir einst auch zu der unendlichen Peripherie Zugang erlangen werden, d.h. daß wir im Eschaton teilhaben werden an der Fülle und am Vollkommenen selber. Das schwache menschliche Wort von Gott ist nur der Vorschein und Vorklang einer unausdenklichen Vollendung in Gottes Leben. Der Glaube ist der Weg durch diese Gegensätze hindurch: vom Hören zum endgültigen Schauen. Luther war als Denker des göttlichen Wortes auch Denker des Eschaton und in beidem Denker der größten Gegensätze.

Literaturhinweise

Textausgabe

LUTHER, Martin: D. Martin Luthers Werke. Kritische Gesamtausgabe, Weimar 1883ff.

Einführende Literatur

BAUR, Jörg: Extreme Theologie. In: Ders.: Luther und seine klassischen Erben. Theologische Aufsätze und Forschungen, Tübingen 1993, 3–12.
BAYER, Oswald: Martin Luthers Theologie. Eine Vergegenwärtigung, Tübingen [2]2004.
LOHSE, Bernhard: Martin Luther: Eine Einführung in sein Leben und seine Werke, München [3] 1997.

Calvin

Jan Rohls

In seinem letzten Werk mit dem bezeichnenden Titel „Zwei Reformationen" konstatiert der jüngst verstorbene Reformationshistoriker Heiko Oberman ein Verschwinden, ein Verblassen des historischen Calvin in den letzten Jahrzehnten. Ganz anders sei es noch vor hundert Jahren um den Genfer Reformator und die Anerkennung seiner Bedeutung bestellt gewesen. Damals „mußte jede seriöse Geschichte Europas ein Kapitel über Calvin und den Calvinismus enthalten"[1]. Man habe den Akzent oft auf den heldenhaften calvinistischen Widerstand gegen den Papst und die Könige von Frankreich und Spanien gelegt sowie auf den Siegeszug des Calvinismus von den nördlichen Niederlanden bis Schottland, von Heidelberg bis Harvard. Und es habe als Binsenwahrheit gegolten, daß das Genf Calvins das organische Zentrum dieses Calvinismus gewesen sei. Das ist fraglos die Sicht der Dinge, die in dem 1917 enthüllten internationalen Reformationsdenkmal der Rhonestadt ihren pathetischen Ausdruck gefunden hat. Im oberen Teil der Denkmalwand steht in großen Antiqua-Lettern der Wahlspruch der Genfer Reformation: „Post Tenebras Lux", zu deutsch: „Nach den Schatten Licht". In der Mitte befinden sich als Hochreliefs die Genfer Reformatoren Guillaume Farel, Jean Calvin und Théodore de Bèze sowie der schottische Reformator John Knox, der mehrere Jahre in Genf verbrachte. Die Zentralgruppe wird flankiert von Standbildern der politischen Förderer des Calvinismus: dem Großen

---

[1] Heiko OBERMAN: Zwei Reformationen. Luther und Calvin – Alte und Neue Welt, Berlin 2003, 145.

Kurfürsten von Brandenburg, dem holländischen Statthalter Wilhelm I. von Nassau-Oranien, Gaspard de Coligny, seines Zeichens Admiral von Frankreich und Haupt der französischen Protestanten, Stephan Bocskay, dem ungarischen Fürsten von Siebenbürgen, dem englischen Staatsmann und Heerführer Oliver Cromwell, Lord-Protektor von England, Schottland und Irland, sowie Roger Williams, dem Vorkämpfer der Gewissensfreiheit in Nordamerika. Ergänzt werden die Standbilder durch Flachreliefs mit den wichtigsten Szenen aus der Geschichte des Calvinismus. Ich nenne nur einige Beispiele: Die Generalstände stimmen 1581 im Haag der Unabhängigkeit der Niederlande von Spanien zu; Heinrich IV. erläßt 1598 das Toleranzedikt von Nantes; 1620 unterzeichnen die Pilgerväter den Mayflower-Pakt zur gerechten Kolonisation Nordamerikas, der Große Kurfürst nimmt 1685 die hugenottischen Glaubensflüchtlinge auf; und 1689 unterbreiten das englische Parlament und das Oberhaus Wilhelm von Oranien und Mary Stuart die Bill of Rights.

Natürlich fehlt auch eine Darstellung der Einführung der Reformation in Genf im Jahre 1534 nicht. Aber insgesamt ist erstaunlich, wie sehr sich die Reliefs auf einen bestimmten Aspekt konzentrieren, und zwar auf das Thema Widerstand und Toleranz. Das Genf Calvins wird als Ausgangspunkt des neuzeitlichen Toleranzgedankens und des mit ihm verbundenen modernen Staates gefeiert, so daß man es geradezu als folgerichtig ansehen kann, daß die Rhonestadt 1920 Sitz des Völkerbundes wurde. Liest man hingegen Stefan Zweigs historischen Roman „Castellio gegen Calvin" mit dem Untertitel „Ein Gewissen gegen die Gewalt", so bekommt man ein ganz anderes Bild von Calvins Genf. In der Einleitung heißt es: „Dank einer großartigen organisatorischen Technik ist es Calvin gelungen, eine ganze Stadt, einen ganzen Staat mit tausenden bisher freien Bürgern in eine starre Gehorsamsmaschinerie zu verwandeln, jede Selbständigkeit auszurotten, jede Denkfreiheit zugunsten seiner alleinigen Lehre zu beschlagnahmen."[2] Gegen diese fanatische Diktatur

---

[2] Stefan ZWEIG: Castellio gegen Calvin oder Ein Gewissen gegen die Gewalt, Frankfurt am Main [12]2001, 10.

habe sich Sebastian Castellio, der einstige Freund Calvins und Leiter des Genfer Collège, im Namen des freien Gewissens und der Menschenrechte erhoben. In Castellio und Calvin stünden sich Toleranz und Intoleranz, Gewissen und Gewalt gegenüber.

Zweig schrieb sein Buch 1936, und nicht ohne Anklang an die braune Revolution drei Jahre zuvor trägt das erste Kapitel die Überschrift „Die Machtergreifung Calvins". Vom Totalitarismus Calvins ist die Rede und von seinem Wunsch, die demokratische Genfer Republik in eine theokratische Diktatur umzuwandeln, dem ersten Versuch der völligen Gleichschaltung eines ganzen Volkes.[3] Calvin, das ist für Stefan Zweig der Diktator des Protestantismus, der mit der Hinrichtung Servets den ersten religiösen Mord der Reformation begeht.[4] „Alle Diktaturen beginnen mit einer Idee," so Zweig. „Aber jede Idee gewinnt erst Form und Farbe an dem Menschen, der sie verwirklicht. Unausbleiblich muß die Lehre Calvins als geistige Schöpfung ihrem Schöpfer physiognomisch ähnlich werden, und man braucht nur in sein Antlitz zu blicken, um vorauszuwissen, daß sie härter, moroser und unfreudiger sein wird als je vordem eine Exegese des Christentums."[5] Calvins Gesicht sei wie eine Karstlandschaft, deren stummer Verschlossenheit nur Gott, aber nichts Menschliches gegenwärtig ist, das Antlitz eines gütelosen Asketen, eines von seinem eigenen Geist verbrannten Ekstatikers, des unfreudigsten aller Menschen. Wollte man ihn gemalt denken, so am ehesten von Zubaran in der spanisch-fanatischen Art, dunkel in dunkel, gekleidet in mitleidloses Schwarz. Wer war dieser von Stefan Zweig in so düstere Farben getauchte Calvin?

---

[3] ZWEIG: Castellio gegen Calvin, 30. 44.
[4] ZWEIG: Castellio gegen Calvin, 121.136.
[5] ZWEIG: Castellio gegen Calvin, 46f.

1. Kirchenzucht und Ämterlehre

Am 10. Juli 1509 in Noyon in der Picardie geboren, war Calvin
ursprünglich für die geistliche Laufbahn vorgesehen[6]. Doch erhielt er, wohl aufgrund eines Konflikts des Vaters mit der Kirche,
eine juristische Ausbildung in Orléans und Bourges, bevor er
1531/32 am späteren Collège de France in Paris seine humanistischen Studien aufnahm. Der Wandel von einem juristisch gebildeten Reformhumanisten zu einem Anhänger der Reformation
erfolgte wohl erst nach längerem Zögern, und als er im Zusammenhang der sogenannten Plakataffäre – man hatte ketzerische
Plakate sogar im königlichen Schlafgemach angebracht – zur
Flucht genötigt wurde, begab er sich zunächst nach Basel. Hier
veröffentlichte er 1536 sein theologisches Hauptwerk, die *Chri-
stianae religionis Institutio*, zunächst ein Katechismus der evangelischen Lehre in enger Anlehnung an Luthers Stoffeinteilung.
Das Werk war versehen mit einem Widmungsschreiben an Franz
I. von Frankreich, in dem Calvin die französischen Protestanten
vom Vorwurf der Illoyalität freisprach. In Basel machte er die
Bekanntschaft mit den lokalen Reformatoren, auch lernte er Farel, Viret und Bullinger kennen. Als er sich nach einer Reise an
den Hof der reformatorisch gesinnten Herzogin von Ferrara,
Renée de France, und einem kurzen Abstecher nach Noyon nach
Straßburg begeben wollte, mußte er, bedingt durch Kriegswir-
ren, den Umweg über Genf wählen. Hier hatte kurz zuvor Guillaume Farel mit Hilfe Berns die Reformation eingeführt, und
von ihm wurde Calvin zur Mitarbeit aufgefordert.

Calvin, der sich widerstrebend fügte, verfaßte gemeinsam mit
Farel einen Katechismus und ein Glaubensbekenntnis, stieß aber
vor allem mit seiner Kirchenordnung und Plänen einer selbstän-
digen Kirchenzucht, also einer in den Händen nicht des Magistrats, sondern der Kirche liegenden Disziplinargewalt, auf den
entschiedenen Widerstand sowohl Berns als auch des Genfer
Rats. Das führte schließlich 1538 zur Verbannung Farels und

---

[6] Vgl. zur Biographie und Theologie Calvins François WENDEL: Calvin.
Ursprung und Entwicklung seiner Theologie, München 1968.

Calvins, der daraufhin das Predigtamt der französischen Flüchtlingsgemeinde in Straßburg übernahm. Hier begann er auch mit der Publikation seiner Bibelkommentare, eine Frucht seiner Lehrtätigkeit an der Schule Johannes Sturms. Durch seinen Kontakt mit Martin Bucer nahm er an den Religionsgesprächen von Hagenau, Worms und Regensburg teil und lernte dort unter anderem Melanchthon kennen. Als sich schließlich die kirchliche Lage in Genf immer ungünstiger entwickelte und Jakob Sadolet, der Bischof von Carpentras, die Genfer zur Rückkehr zum alten Glauben einlud, erteilte Calvin diesem Ansinnen eine so klare Absage, daß der Genfer Rat ihn in die Rhonestadt zurückrief. Bereits 1539 war in Straßburg die *Institutio* in zweiter, erweiterter Auflage erschienen, und im Jahr der Rückkehr Calvins nach Genf wurde seine französische Übersetzung publiziert, die nicht nur ein theologischer Bestseller, sondern auch eine sprachliche Meisterleistung war. 1543 kam eine neue lateinische, zwei Jahre später eine neue französische Übertragung auf den Markt. Es folgten noch zwei weitere lateinische Ausgaben, 1551 und 1559, jeweils gefolgt von französischen Übersetzungen. Die *Institutio* wurde zur theologischen Summe des Calvinismus.

Als Calvin 1541 nach Genf zurückkehrte, war er fest entschlossen, der Genfer Kirche eine Verfassung zu geben, die seinen eigenen theologischen Überzeugungen entsprach. Allerdings war er dazu auf den Rat der Stadt angewiesen, der weder auf seine eigenen Rechte noch auf bestimmte kirchliche Gebräuche verzichten wollte, die sich aus der politischen Verbindung mit dem benachbarten Bern ergaben. Calvin orientierte sich in seinen Verfassungsentwürfen an Bucers und Oekolampads Vorschlägen zur Kirchenordnung in Straßburg und Basel. Das zeigt sich an seiner Lehre von den vier Ämtern der Kirche sowie an der Bedeutung, die er der Kirchenzucht und dem Amt der Ältesten beimaß, die er mit der Kirchenzucht betraute. Allerdings stieß Calvin mit seinen Vorstellungen zur Kirchenzucht wie bereits Oekolampad in Basel auf den Widerstand des städtischen Rats, der eine Beschneidung seiner eigenen Rechte durch selbständige kirchliche Instanzen befürchtete. Daß die Wahl der Pfarrer zunächst durch das Pfarrkollegium ohne seine Beteiligung stattfinden sollte, erschien dem Rat ebenso unannehmbar wie er die Einrichtung einer kirchlichen Gerichtsbarkeit als Angriff auf das weltliche Privileg der Rechtsprechung empfand. Gerade darin, daß Calvin dem Konsistorium, einem kirchlichen Gremium, das sich aus Pastoren und Ältesten zusammensetzte, das Recht übertrug, Zuchtmaßnahmen gegen Gemeindeglieder zu verhängen, die der offiziellen kirchlichen Lehre und Sitte widersprachen, erblickte der Magistrat einen Eingriff in seine eigene Gerichtsbarkeit. Das Konsistorium sollte das Recht haben, Gemeindeglieder nicht nur vorzuladen und zu ermahnen, sondern auch öffentlich zu exkommunizieren. Ja, das Recht zur öffentlichen Exkommunikation, zum großen Bann und Ausschluß aus der Kirche, war für Calvin geradezu das Herzstück der kirchlichen Jurisdiktion, und insbesondere an diesem Recht entzündete sich ein lang anhaltender Streit zwischen dem Genfer Reformator und dem städtischen Magistrat, der erst 1555 mit dem Sieg Calvins endete[7].

Calvin selbst hat seine Gegner im Rat als Libertinisten diffamiert, wo es ihnen doch ausschließlich um die Wahrung der erst kürzlich errungenen städtischen Freiheiten ging. Der Anführer dieser städtischen Freiheitspartei war der ursprünglich auf Calvins Seite stehende Amy Perrin, und die Perrinisten befürchteten, daß Genf durch den Zustrom französischer und italienischer Flüchtlinge überfremdet und von einer durch sie bestimmten kirchlichen Organisation beherrscht werden könnte. Die Gegner Calvins waren alles andere als moralisch freizügig. Sie waren nur daran interessiert, daß – wie etwa im Zürich Zwinglis und Bullingers – die Aufsicht über die Verordnungen gegen solche Vergehen wie Trunksucht, Kartenspiel, Luxus und Gotteslästerung, modern gesprochen: die Sozialdisziplinierung nicht beim Konsistorium, sondern beim Bürgermeister und den Räten lag. In der Kirchenzucht, wie Calvins „Ordonnances Ecclésiastiques" sie vorsah, erblickten sie nichts anderes als eine Rückkehr des Papsttums, des kanonischen Rechts im biblischen Gewand. Denn als Begründung für die Kirchenzucht berief sich

---

[7] Vgl. Williams NAPHY: Calvin and the consolidation of the Genevan Reformation, Manchester/ New York 1994.

Calvin auf Mt 18, 15–18, wo es über die Binde- und Lösegewalt der Jünger heißt: „Sündigt aber dein Bruder an dir, so geh hin und weise ihn zurecht zwischen dir und ihm allein ... Hört er nicht auf dich, so nimm noch einen oder zwei zu dir, damit jede Sache durch den Mund von zwei oder drei Zeugen bestätigt werde. Hört er auf die nicht, so sage es der Gemeinde", wobei Calvin unter der Gemeinde das Konsistorium verstand. Das Konsistorium, auch Senat genannt, war für ihn also die biblisch legitimierte Kirchenzuchtsbehörde. Hört der Beschuldigte aber auch nicht auf das Konsistorium, „so sei er für dich wie ein Heide oder Zöllner", also wie einer, der nicht zur Gemeinde gehört, sondern von ihr ausgeschlossen ist.

Daß die Kompetenzen der kirchlichen und der weltlichen Gerichtsbarkeit sich nur schwerlich genau voneinander abgrenzen ließen, machen zahlreiche Bestimmungen und Abänderungen deutlich, die die Genfer Kirchenordnung nach ihrer Einführung 1541 erfahren hat. Zwar heißt es von der Kirchenzucht: „Und all das soll so gehandhabt werden, daß die Pfarrer keine bürgerliche Rechtssprechung üben und nur das geistliche Schwert des Wortes gebrauchen ...; und daß durch dieses Konsistorium weder der obersten Rechtsgewalt der Ratsherren noch der gewöhnlichen Gerichtsbarkeit im geringsten Abbruch getan werde". Und wenn eine Strafe nötig sein sollte, „so sollen die Pfarrer zusammen mit dem Konsistorium ... alles dem Rat vortragen, der auf ihren Bericht hin Anordnungen treffen und das Urteil ... fällen wird". Danach hätte das Konsistorium im Falle der Exkommunikation nur das Vorschlagsrecht, wogegen die Exkommunikation selbst vom Rat vollzogen würde. Aber Calvin wollte etwas anderes, nämlich die Exkommunikation durch die Kirchenzuchtsbehörde, und er erreichte sein Ziel erst, nachdem 1555 die Perrinisten im Rat ausgeschaltet und durch seine Anhänger ersetzt worden waren. Jetzt war er soweit, daß er seine Vision von der Wiederherstellung der Ehre Gottes in Kirche und Politik durchsetzen konnte.

Calvin wollte aber nicht nur die Sozialdisziplinierung, er wollte auch die Schulen und Wohlfahrtseinrichtungen wie Armen- und Krankenpflege der städtischen Zuständigkeit entziehen und sie der kirchlichen Aufsicht unterstellen. Das ist die Absicht, die sich hinter seiner Lehre von den vier Ämtern verbirgt. In der Genfer Kirchenordnung heißt es: Es gibt „vier Klassen und Arten von Aufträgen, die unser Herr für die Leitung seiner Kirche gestiftet hat, nämlich die Pastoren, dann die Doktoren ..., hierauf die Ältesten, viertens die Diakonen. Daher, wenn wir die Kirche wohl geordnet und unversehrt erhalten wollen, müssen wir uns an die folgende Form der Leitung halten"[8]. Wie seine Konzeption der geistlichen Gerichtsbarkeit ist auch Calvins Ämterlehre langsam gewachsen, ohne daß er sich jemals doktrinär auf die vier Ämter versteift hätte. Allerdings hielt er sie für biblisch gut begründet (Röm 12, 1. Kor 12, Eph 4) und in der Alten Kirche erprobt. Faktisch übernahm er sie von Bucer. Wie die Kirchenzucht ein Basler so sind die vier Ämter ein Straßburger Import. Calvin unternahm keinen Versuch, die Ämter aus dem bei ihm ohnehin nicht zentralen Gedanken des allgemeinen Priestertums abzuleiten. Sie galten ihm vielmehr als göttliche Einrichtung, so wie die Kirchenzucht für ihn ein göttliches Recht war. Nicht nur die in den Händen der Pfarrer liegende öffentliche Wortverkündigung und Sakramentsverwaltung sowie die den Ältesten anvertraute Kirchenzucht, sondern auch den Schulunterricht und die Armenversorgung und Krankenpflege betrachtete er somit als kirchliche Aufgaben, für die Gott bestimmte Ämter eingesetzt hatte, das Amt des Lehrers und das des Diakonen. Die Vierämterstruktur rechnete Calvin allerdings ebensowenig zu den wesentlichen Kennzeichen der sichtbaren Kirche wie die Kirchenzucht. Sondern mit der *Confessio Augustana* war er davon überzeugt, daß die Kirche erkennbar ist an der rechten Evangeliumsverkündigung und Sakramentsverwaltung, wenngleich die äußere Disziplin zur Verbesserung der Kirche führe. Man wird sich auch davor hüten müssen, in Calvins Ämterlehre und Kirchenverfassung demokratische Ansätze zu entdecken. Es handelt sich bei den Genfer Ältesten nicht um gewählte Repräsentanten der Gemeinde, sondern sie sind Inha-

---

[8] Paul Jacobs (Hrsg.): Reformierte Bekenntnisschriften und Kirchenordnungen in deutscher Übersetzung, Neukirchen 1949, 72.

ber eines Amtes, das ebenso von Gott gestiftet ist wie das Amt des Pfarrers.

Nach einer Vorlage Calvins bildete die dem Bekenntnis der französischen Hugenotten, der *Confessio Gallicana*, beigegebene Kirchenordnung von 1559 die Genfer Kirchenverfassung fort zu einer Synodalordnung. Wie die Leitung der Kirche in Genf in den Händen eines Kollegiums unterschiedlicher Amtsträger lag, so lag sie in der reformierten Kirche Frankreichs bei den Provinzial- und Nationalsynoden, in die Amtsträger der jeweils untergeordneten lokalen oder regionalen Gremien gesandt wurden. Doch auch diese Synodalordnung hat nichts mit demokratischer Repräsentation zu tun, sondern stellt ein Modell dar, das sich dort als erfolgreich erwies, wo die reformierte Kirche keine Unterstützung der weltlichen Obrigkeit fand und darauf angewiesen war, sich selbst zu organisieren und zu leiten. Zudem war für Calvin die Synodalordnung keineswegs die einzig mögliche Verfassung der Kirche. Denn dem polnischen König gestand er bei der Einführung der Reformation die Leitung der Kirche durch Bischöfe zu. Die presbyterial-synodale Kirchenverfassung zu einer Ordnung göttlichen Rechts zu erklären und die Episkopalverfassung als unbiblisch zu verwerfen, das war vielmehr ein Schritt, der seinem Nachfolger Théodore de Bèze und den Puritanern vorbehalten blieb.

2. Wort und Sakrament

Daß Calvin ein hohes Interesse an der Struktur und Verfassung der sichtbaren Kirche hatte, dürfte inzwischen deutlich geworden sein. Dieses Interesse erklärt auch sein Insistieren auf der Kirchenzucht als eines Instruments der fortwährenden Selbstpurifizierung der Kirche. Eine solche Selbstreinigung ist aber erforderlich, wenn die Kirche dem entsprechen soll, woran man die wahre Kirche erkennen kann, der reinen Verkündigung des Wortes Gottes und der rechten Verwaltung der Sakramente. Denn: „Überall, wo wir sehen, daß Gottes Wort rein gepredigt und gehört wird und die Sakramente nach der Einsetzung Christi verwaltet werden, da ist ohne jeden Zweifel Kirche."[9] An diesen beiden Merkmalen ist die Kirche als Leib Christi für Calvin wie schon für das *Augsburger Bekenntnis* erkennbar. Daraus ergibt sich aber für Calvin die Pflicht der Kirche, die Lehre und Lebensführung ihrer Glieder zu überprüfen. Zumal weil die Kirche ihrem Wesen nach Abendmahlsgemeinschaft ist und das Abendmahl die engste Vereinigung der Gläubigen mit Christus bedeutet, muß darauf geachtet werden, daß ihre Mitglieder den wahren Glauben besitzen und ihn auch in der Liebe betätigen.

Dieses Interesse an der sichtbaren Kirche – ein Interesse, das er mit Bucer teilte – bedeutet natürlich nicht, daß Calvin die von allen Reformatoren vollzogene augustinische Unterscheidung von sichtbarer und unsichtbarer Kirche nicht kennt. Die unsichtbare Kirche ist die Schar der Erwählten aller Zeiten, die eine heilige, allgemeine Kirche, die nur geglaubt werden kann und keine empirische Realität ist. Wo die Bibel von der Kirche spricht, meint sie aber nicht nur diese unsichtbare Kirche, sondern oft bezeichnet sie als Kirche auch „die gesamte, über verschiedene Gebiete der Welt verstreute Schar der Menschen, die in gemeinsamem Bekenntnis Gott und Jesus Christus verehrt, die als Zeugnis ihres Glaubens die Taufe hat, durch ihre Teilnahme am Abendmahl ihre Einheit in der Lehre und Liebe bezeugt, einhellig dem Worte Gottes zustimmt, dessen Predigt sie gemäß dem Gebot Jesu Christi aufrechterhalten will. In dieser Kirche sind mit den Guten viele Heuchler vermischt, die von Jesus Christus nichts als den Namen und den Anschein haben."[10] Gerade weil sie ein corpus permixtum ist, lehnte es Calvin wie Augustin ab, die wahre sichtbare Kirche an der Heiligkeit ihrer Glieder erkennbar sein zu lassen, sondern griff auf die beiden Merkmale der reinen Wortverkündigung und rechten Sakramentsverwaltung zurück.

Rein ist die Wortverkündigung und recht ist die Sakramentsverwaltung dann, wenn sie schriftgemäß sind. Selbstverständlich

---

[9] Johannes Calvin: Unterricht in der christlichen Religion. Übers. v. Otto Weber. 2. Aufl., Neukirchen 1963, IV, 1, 9.

[10] Calvin: Institutio IV, 1, 7.

war Calvin – wie dies für alle klassischen Reformatoren, ob in Wittenberg, Straßburg oder Zürich, gilt – ein an der humanistischen Rhetorik geschulter Schrifttheologe. Die exklusive Stellung, die Altes und Neues Testament als Heilige Schrift bei ihm genossen, erklärt sich nicht zuletzt aus der Frontstellung gegenüber dem Trienter Konzil, in dem die sich neu formierende römische Kirche ihr Schriftverständnis dogmatisch fixiert hatte. Nicht nur hatte das Konzil neben die kanonischen Schriften die gleichfalls auf ein Diktat des Heiligen Geistes zurückgehende, also inspirierte mündliche Tradition gestellt. Sondern es hatte auch allein dem kirchlichen Lehramt das Urteil über den wahren Sinn und die Erklärung der Bibel zugebilligt. Calvin sah dadurch sowohl die Suffizienz der Bibel, ihre Geltung als alleinige, weil hinreichende Quelle der Erkenntnis des Heils, als auch ihre Klarheit gefährdet. Die Autorität der Schrift beruhte für ihn auf ihrer Inspiriertheit, darauf, daß die Apostel gleichsam die Notare oder Sekretäre des Heiligen Geistes waren[11].

Die biblischen Schriften, und zwar *alle* kanonischen Schriften, sind somit Wort Gottes, weil der Geist Gottes ihren Verfassern das, was sie geschrieben haben, eingegeben hat. Zwar vertrat Calvin noch nicht wie seine Nachfolger die Meinung, daß auch die einzelnen Wörter und Buchstaben inspiriert seien. Wohl aber war er davon überzeugt, daß der Inhalt aller Schriften des Alten und Neuen Testaments ihren Autoren eingegeben sei. Die philologische Kritik der Humanisten, die Zweifel an der Echtheit einzelner biblischer Schriften geltend gemacht hatte, war Calvin ebenso fremd wie die theologische Kritik, die Luther an Schriften wie dem Jakobus- oder dem Hebräerbrief übte. Als Castellio Zweifel an der Inspiriertheit des Hohenliedes vortrug, das er nicht als allegorische geistliche Dichtung, sondern als profanes Liebeslied verstand, vermochte Calvin darin nur einen Angriff auf die Autorität des Wortes Gottes zu erblicken. Aufs Ganze gesehen ist jedoch das Besondere der Schriftlehre Calvins nicht die These, daß die biblischen Schriften auf göttlicher Inspiration beruhen, sondern die, daß auch ihre idealen Leser inspiriert

---

[11] CALVIN: Institutio IV, 8, 9.

seien. Denn es sei derselbe Heilige Geist, der die Verfasser der Schriften inspiriert hat, der ihre Leser davon überzeugt, daß sie inspiriert und somit Gottes Wort sind.[12] Alle anderen Argumente für die Autorität der Schrift – ihr hohes Alter, ihr trefflicher Stil, ihr eindrücklicher Inhalt, ihre in Erfüllung gegangenen Weissagungen sowie die herausragenden Wunder, von denen sie berichtet –, all das stellte Calvin zurück hinter dem inneren Zeugnis des Heiligen Geistes, der Inspiration des Lesers.

Für Calvin war – wie gesagt – der ganze Kanon inspiriert und folglich Wort Gottes. Zwar hatte auch für ihn die Schrift einen zentralen Inhalt, nämlich Jesus Christus und das in ihm offenbare Heil. Aber da ihm alle biblischen Schriften gleichermaßen als inspiriert galten, fand er diesen Inhalt auch gleichermaßen in allen Schriften des Kanons, im Alten nicht weniger als im Neuen Testament. Der Unterschied zwischen Altem und Neuem Testament lag nicht im Inhalt, sondern in ihrer Stellung in der Heils- und Offenbarungsgeschichte Gottes. Was das Alte Testament noch für die Zukunft verheißt, das Heil in Jesus Christus, das ist im Neuen Testament eingelöste Gegenwart.[13] Das Gesetz des Mose hat so die Aufgabe, die Juden auf das Evangelium Christi hinzuweisen. Zwar unterschlug Calvin keineswegs die Differenz zwischen den Testamenten. Das Alte Testament stellt die Wahrheit nur in andeutenden *Bildern* dar. Der Bund Gottes bleibt auf ein einziges Volk, nämlich Israel, *beschränkt*. Die Juden genossen nicht die *volle* Freiheit, da sie der Knechtschaft des Zeremonialgesetzes unterworfen blieben. Und schließlich unterscheidet sich die *Form* des Gesetzes von der des Evangeliums.[14] Aber sachlich vermochte Calvin keine Kluft zwischen Gesetz und Evangelium, Altem und Neuem Bund zu erblicken. Auch der Alte Bund Gottes mit Israel war für ihn Gnadenbund, der von den Juden wohl gebrochen, doch mit dem Kommen Christi erneuert wurde. Da Calvin das Israel gegebene Gesetz als eine Besiegelung dieses Bundes verstand, entdeckte er in ihm eine ver-

---

[12] CALVIN: Institutio I, 7, 4.
[13] CALVIN: Institutio II, 10, 4.
[14] CALVIN: Institutio II, 11, 4ff.

borgene Ausrichtung auf Christus. „Das Gesetz ist nicht dazu gegeben, das Volk des Alten Bundes bei sich selbst festzuhalten, sondern um die Hoffnung auf das Heil in Christus bis zu seinem Kommen zu bewahren."[15] In diesem Sinne fungiert es als Zuchtmeister, das die Juden zu Christus führen sollte.

Doch es besaß nicht nur diese heilsgeschichtliche Funktion für Israel, sondern obgleich das Zeremonialgesetz ebenso wie das politische Gesetz mit dem Kommen Christi seine Geltung verloren hat, besitzt das vor allem im Dekalog enthaltene Moralgesetz, das letztlich identisch ist mit dem jedem Gewissen eingeschriebenen Naturgesetz, nach wie vor eine mehrfache Bedeutung. Dabei übernahm Calvin von Melanchthon und Bucer die Vorstellung einer dreifachen Funktion des Gesetzes. Es hat erstens eine pädagogische Bedeutung als Sündenspiegel, in dem wir erkennen, was Gottes Wille ist, den wir aufgrund unserer Sünde nicht erfüllen. Es hat zweitens eine politische Bedeutung, insofern es die Gottlosen an der Ausführung böser Handlungen hindert. Und es hat schließlich drittens eine Bedeutung auch für die Gläubigen; und dies ist für Calvin die wichtigste Bedeutung. Zwar ist den Gläubigen das Gesetz ins Herz geschrieben, so daß sie Gottes Willen nicht nur erfüllen können, sondern ihn auch gerne erfüllen möchten. Aber zugleich ist auch der Gläubige nicht völlig von der Sünde, der geistliche Mensch nicht von der Last des Fleisches befreit, so daß er durch die Betrachtung des Moralgesetzes ständig zum Gehorsam gegen Gott getrieben wird[16]. Wohl hat Christus uns vom Fluch des Gesetzes befreit, von dem Gewissenszwang und der Verurteilung, die im Alten Bund mit ihm verbunden waren. Doch auch im Neuen Bund bleibt das Gesetz als der unveränderte Wille Gottes in Geltung. Denn Christus ist ja nicht gekommen, um das Gesetz aufzulösen, sondern um seine Übertretungen wiedergutzumachen. „Also bleibt die Gesetzeslehre durch Jesus Christus unverletzt, denn sie soll uns durch Belehrung, Ermahnung, Tadel und Strafe zu jedem guten Werk geschickt machen."[17]. Das heißt natürlich

---

[15] CALVIN: Institutio II, 7.
[16] CALVIN: Institutio II, 7, 12.
[17] CALVIN: Institutio II, 7, 14.

nicht, daß Calvin der Meinung gewesen wäre, der Sünder könne durch das Gesetz vor Gott gerecht werden. Sondern gerecht werden wir durch die Gnade Gottes in Christus. Aber der gerechtfertigte Sünder bleibt gleichwohl dem Willen Gottes unterstellt, wie er im Gesetz erkennbar ist.

Das bedeutet natürlich auch, daß die Wortverkündigung des Pfarrers, der als Diener am Worte Gottes definiert wird, ihren Schwerpunkt nicht in der Gesetzespredigt, sondern in der Verkündigung des Evangeliums, also der göttlichen Gnade hat. Durch die Predigt des Evangeliums und das Wirken des Heiligen Geistes entsteht im Hörer der Glaube[18]. Bereits bei der Wortverkündigung, die rein nur dann ist, wenn sie Botschaft von der Rechtfertigung des Sünders aus Gnade ist, betonte Calvin so das Wirken des Heiligen Geistes. Und diese pneumatologische Akzentuierung der Gnadenvermittlung tritt bei ihm noch deutlicher zutage in der Lehre von den Sakramenten, die „ein weiteres Hilfsmittel darstellen, das der Predigt des Evangeliums verwandt und ihr ähnlich ist, um den Glauben damit zu erhalten und zu stärken"[19]. Die Sakramente sind der Wortverkündigung nachgeordnet; sie sind ein Appendix zur Predigt und haben ergänzenden Charakter. In seiner Definition der Sakramente knüpfte Calvin an Augustin an: Die Sakramente sind ein sichtbares Zeichen der unsichtbaren Gnade. Zwar war ihm auch die Definition des Sakraments als eines Bekenntnisaktes der Gläubigen geläufig, doch spielte sie bei ihm nur eine untergeordnete Rolle. In erster Linie ist das Sakrament nämlich „ein äußeres Zeichen, durch das Gott in unserem Gewissen die Verheißung seines Wohlwollens gegen uns versiegelt, um die Schwachheit unsers Glaubens zu stärken"[20]. Es bekräftigt also die göttliche Verheißung, ergänzt das Wort und stärkt den unvollkommenen Glauben.

Von den Sakramenten der römischen Kirche behielt Calvin nur die Taufe und das Abendmahl als schriftgemäß und auf der Einsetzung Christi beruhend bei. Und es war das Verständnis

---

[18] Calvin: Institutio III, 2, 33.
[19] Calvin: Institutio IV, 14, 1.
[20] Calvin: Institutio IV, 14, 1.

nicht der Taufe, sondern des Abendmahls, das zwischen Calvin und den Anhängern Luthers strittig war, ein Dissens, der mit zur Ausbildung getrennter lutherischer und reformierter Konfessionskirchen beigetragen hat. Dabei lag Calvin mit seinem Abendmahlsverständnis zunächst wesentlich näher beim jungen Luther und bei Bucer als bei Zwingli. Denn er faßte das Abendmahl ja entsprechend seiner eigenen Definition des Sakraments nicht nur als ein Bekenntniszeichen der Gemeinde, sondern als ein Zeichen der Gnade Gottes. Es handelt sich um „das geistliche Mahl, in dem Jesus Christus uns bezeugt, daß er das lebendigmachende Brot ist, mit dem unsere Seelen zur seligen Unsterblichkeit ernährt und gespeist werden"[21]. Im Gegensatz zu Zwingli lag Calvin alles daran, daß uns im Abendmahl unter den Zeichen von Brot und Wein Leib und Blut Christi gegeben und wir so der Substanz Christi teilhaftig werden[22]. Mit Brot und Wein werden uns im Abendmahl Leib und Blut Christi dargeboten, und Calvin scheute sich nicht, auf den umstrittenen Substanzbegriff zurückzugreifen, um zu unterstreichen, daß die Gläubigen keineswegs nur die Zeichen, sondern auch wirklich die bezeichnete Sache, nämlich den für uns gestorbenen und nunmehr erhöhten Christus, seinen Leib und sein Blut zu sich nehmen[23].

Das klingt zwar lutherisch, ist aber gleichwohl weit entfernt von der Abendmahlsauffassung des reifen Luther. Zwar bestritt Calvin nicht, daß uns im Abendmahl mit Brot und Wein die Substanz Christi gegeben wird, aber diese Substanz war keine natürliche, stoffliche, sondern eine geistliche Substanz, die unsere Seelen ernährt. Dementsprechend ist auch der Verzehr dieser Substanz oder – was dasselbe ist – von Leib und Blut Christi ein geistliches Essen und Trinken, während man mit dem Mund nur Brot und Wein zu sich nimmt. Letztlich heißt das alles nichts anderes, als daß die Gläubigen im Abendmahl teilbekommen an der lebendigmachenden Kraft des erhöhten Christus. Und zwar

---

[21] Calvin: Institutio IV, 17, 1.
[22] Calvin: Institutio IV, 17, 11.
[23] Calvin: Institutio IV, 17, 10.

nur die Gläubigen, da es sich um eine geistige Speisung der Seele handelt, die durch den Heiligen Geist bewirkt wird. Daß er im Abendmahl Anteil an der Substanz, und das heißt an der heilsamen Kraft Christi erlangt, setzt also auf Seiten des Empfängers den Glauben voraus. Es läßt sich allerdings nicht leugnen, daß Calvins Abendmahlslehre eigentümlich changiert zwischen Realismus und Symbolismus, und es ist durchaus verständlich, daß Lutheraner wie der Hamburger Superintendent Joachim Westphal besonders hellhörig wurden, als Calvin mit Zwinglis Nachfolger Bullinger 1549 den *Consensus Tigurinus*, die Einigung zwischen Genf und Zürich in der Abendmahlsfrage, unterzeichnete. Denn obwohl Calvin auf der Einfügung eines Artikels über die geistliche Nießung des Fleisches Christi bestand, spiegelt der Zürcher Konsens doch eher die Abendmahlstheologie Bullingers und damit auch Zwinglis. Mochte der *Consensus Tigurinus* auch eine kompromißhafte Einigung zwischen Zürich und Genf in der Abendmahlsfrage zuwege gebracht haben, so bildete er doch andererseits den Ausgangspunkt des sogenannten zweiten Abendmahlsstreits, in dem Lutheraner und Reformierte sich nicht nur in der Abendmahlslehre, sondern auch in der Christologie auseinanderlebten.

3. Christologie und Trinitätslehre

Calvins Abendmahlslehre impliziert ein ganz bestimmtes Verständnis der Person Christi. Denn bei aller Nähe zu gewissen Aspekten der Abendmahlslehre Luthers, unterscheidet sie sich doch von Anfang an von ihr durch ihre Ablehnung der Realpräsenz von Leib und Blut Christi in oder mit Brot und Wein. Calvin deutete das „ist" in den Einsetzungsworten stets wie Zwingli symbolisch. Brot und Wein bedeuten, aber sie sind nicht Leib und Blut Christi. Wären nämlich Brot und Wein tatsächlich Leib und Blut Christi, so müßten Leib und Blut, müßte also die menschliche Natur Christi überall dort sein, wo das Abendmahl begangen wird. Tatsächlich hatte Luther die reale Gegenwart von Leib und Blut Christi im Abendmahl mit der steilen These

begründet, daß die menschliche Natur Christi überall sei. Vorausgesetzt war dabei immer das christologische Dogma von
Chalcedon, wonach Christus als der menschgewordene Sohn
Gottes eine Person in zwei Naturen ist, nämlich in der göttlichen
und der menschlichen Natur, die beide weder voneinander ge-
trennt noch miteinander vermischt werden dürfen. Außer Frage
stand auch, daß die göttliche Natur Christi alle Majestätseigen-
schaften Gottes, Eigenschaften wie Allmacht, Allwissenheit,
Ewigkeit und eben auch Allgegenwart oder Ubiquität besitzt.
Luther vertrat allerdings die Meinung, daß die beiden Naturen
Christi so eng miteinander verbunden seien, daß die menschliche
Natur Christi an diesen Majestätseigenschaften der göttlichen
Natur teilhabe. Dies erlaubte es ihm, von der Allgegenwart des
Leibes und Blutes Christi zu sprechen und damit den Möglich-
keitsgrund dafür anzugeben, daß Leib und Blut Christi gleichzeitig in vielen Abendmahlsfeiern mit Brot und Wein wirklich
gegenwärtig sind. Ebenso erhielt er durch diese Interpretation
des christologischen Dogmas die Möglichkeit, das „ist" der Einsetzungsworte wörtlich zu verstehen.

Calvin hingegen gelangte zu seiner symbolischen Deutung
der Einsetzungsworte, weil er eine Christologie, wie sie Luther
verfocht, als Aufhebung der menschlichen Natur Christi, damit
aber der Menschwerdung des Sohnes Gottes betrachtete. „Einige
gehen in ihrem Eifer so weit", heißt es bei ihm, „daß sie sich nicht
zu behaupten schämen, auf Grund der Einigung der zwei Naturen sei überall, wo die Gottheit Christi ist, auch sein Fleisch, das
nicht von ihr getrennt werden könne. Als ob diese Einigung eine
Verschmelzung sei, die ich weiß nicht was für eine Mischung her-
stellt, die weder Gott noch Mensch ist."[24] Der lutherischen Lehre von der Allgegenwart des Leibes Christi warf Calvin somit einen Verstoß gegen das Verbot von Chalcedon vor, beide Naturen
zu vermischen. Zwar wollte er sie nicht trennen, was ja gleichfalls als verboten galt, wohl aber sollte jede Natur die ihr eigentümlichen Eigenschaften behalten; und zu den wesentlichen Eigenschaften der menschlichen Natur Christi rechnete Calvin die

---

[24] Calvin: Institutio IV, 17, 30.

räumliche Begrenztheit des Körpers. Wenn der Sohn Gottes wirklich Mensch geworden ist, dann muß er auch einen menschlichen Körper besessen haben, der nicht überall zugleich sein kann. Gegen die lutherischen Ubiquisten schrieb Calvin: „Von welcher Art ist nun unser Körper? Ist er nicht so, daß er seine eigene bestimmte Abmessung hat, daß er räumlich umschlossen ist, daß er berührt und gesehen werden kann? Und warum, fragen sie, sollte Gott nicht bewirken, daß ein und derselbe Körper zahlreiche verschiedene Orte einnimmt, daß er nicht an einem bestimmten Ort umschlossen wird, daß er weder Maß noch Gestalt besitzt? Oh, du törichter Mensch! Was forderst du von Gottes Allmacht, sie möge bewirken, daß ein Körper zugleich Körper und Nicht-Körper sei?"[25]

Das war nun in der Tat dieselbe Argumentation, die bereits Zwingli gegen Luther vorgebracht hatte, und wie Zwingli schloß auch Calvin aus der Himmelfahrt Christi, daß der Leib des erhöhten Christus im Abendmahl nicht wirklich präsent sein könne. Die Himmelfahrt bedeutet für den Genfer nicht anders als für den Zürcher Reformator, daß der Leib Christi sich jetzt wirklich in einem räumlich vorgestellten Himmel befindet[26]. Gerade wegen seiner räumlichen Abwesenheit hat der johanneische Christus ja für die Zeit nach seiner Auferstehung oder Himmelfahrt seinen Geist verheißen. Die Himmelfahrt wurde von Calvin genauso wie von Zwingli als eine räumliche Bewegung von der Erde in den obersten Himmel gedeutet; und in der so verstandenen Himmelfahrt Christi sah er die Hoffnung begründet, daß auch wir schließlich in den Himmel gelangen.

Wenn die Menschwerdung Gottes bedeutet, daß der Sohn Gottes einen räumlich begrenzten Körper annimmt und auch sonst wie jeder Mensch durch Endlichkeit charakterisiert ist, während er seiner göttlichen Natur nach unverändert allgegenwärtig und unendlich bleibt, dann schließt dies ein, daß die göttliche Natur nicht nur im Menschen Christus, sondern auch außerhalb seiner ist. Die lutherischen Gegner der calvinistischen

---

[25] CALVIN: Institutio IV, 17, 24.
[26] CALVIN: Institutio IV, 17, 26.

Theologie haben später dieses spezielle Theologumenon, obgleich es sich um scholastisches Gemeingut handelt, als Extra
Calvinisticum bezeichnet[27]. Theodor Beza, Calvins Nachfolger
in Genf, brachte es auf die Formel: „finitum non capax infiniti",
„das Endliche vermag das Unendliche nicht zu fassen"[28]. Wenn
man sich fragt, warum denn Gott Mensch wurde, so erhält man
von Calvin die seit Anselm von Canterbury für die abendländi-
sche Theologie klassische Antwort: Er wurde Mensch, um den
Menschen von der Sünde zu erlösen, jener Sünde, die allen Menschen seit Adams Fall eignet. Daher ist der menschgewordene
Sohn Gottes unser Mittler, derjenige, der zwischen einem wegen
unserer Sünde zornigen, aber uns gleichwohl gnädig gesonnenen
Gott und der sündigen Menschheit vermittelt.

Es ist die klassische Satisfaktionslehre, die Calvin zum Kern-
stück seiner eigenen Versöhnungslehre machte. Der Mensch
muß die Schuld, die er mit der Sünde auf sich lud, bezahlen, um
von der Sündenschuld und der Sündenstrafe, die auf ihm liegt,
der ewigen Verdammnis oder dem ewigen Tod, erlöst zu werden.
Als Sünder konnte er dies aber nicht, so daß Gott Mensch werden mußte, um in der Gestalt eines sündlosen Menschen, der
Christus ist, dieses Werk zu vollbringen. Oder wie es bei Calvin
heißt: „Da erschien unser Herr Jesus, zog Adams Gestalt an und
nahm seinen Namen an, um an seiner Statt seinem Vater zu gehorchen und dem gerechten Urteil Gottes seinen Leib als Genugtuung darzubieten und die Strafe zu leiden, die wir verdient
haben, und zwar in dem Fleisch, in dem die Sünde begangen
worden ist. Kurz, da Gott den Tod nicht erleiden und der
Mensch ihn nicht überwinden konnte, vereinigte er die menschliche Natur mit der seinigen; er unterwarf die Schwachheit der
menschlichen Natur dem Tod und reinigte uns von unsern Mis-
setaten, und so errang er kraft der göttlichen Natur für uns den
Sieg, indem er für uns den Kampf mit dem Tode führte."[29] Die
Gerechtigkeit Gottes erforderte es also, daß sich sein gnädiger

---

[27] Edward David WILLIS: Calvin's Catholic Christology. The Function
of the so called extra Calvinisticum in Calvin's Theology, Leiden 1966, 21f.

[28] Théodore BÈZE: Tractatus Theologici Omnes, Bd. 3. Genf 1582, 126.

[29] CALVIN: Institutio II, 12, 3.

Erlösungsratschluß nur realisieren ließ, indem er selbst Mensch wurde und als sündloser Mensch die uns, der sündigen Menschheit, zugedachte Strafe auf sich nahm und so an unserer Stelle den ewigen Tod ertrug. Gott mußte also Mensch werden, um uns zu erlösen. Calvin erblickte darin das priesterliche Amt Christi. Denn Christus, der menschgewordene Sohn Gottes, opferte auf diese Weise freiwillig, aus Gehorsam gegenüber Gottes Willen, sein eigenes Leben. Damit erbrachte er ein Verdienst.

An eben diesem Punkt entzündete sich aber schon bald eine Kontroverse zwischen Calvin und radikalen Kritikern des Satisfaktionsdogmas. Es war der italienische Humanist Lelio Sozzini, der 1555 die berechtigte Frage stellte, weshalb Gott, wenn er denn aus lauter Gnade und Barmherzigkeit die Erlösung der Menschheit beschließe, dazu noch des Verdienstes oder Opfers Christi bedürfe. Widerspricht es nicht dem freien Willen Gottes, gnädig zu sein, wenn er dazu auf eine verdienstliche Leistung Christi angewiesen ist? Entweder – so die Argumentation Sozzinis – entscheidet sich Gott aus freien Stücken, die sündige Menschheit zu erretten, oder er läßt sich dazu durch das Verdienst Christi bestimmen, so daß sein Entschluß gar nicht frei ist. Calvin hat diese Alternative nicht gelten lassen, sondern stattdessen einen Gedanken vorgetragen, der sich auch schon bei Duns Scotus findet. Danach leistet Christus mit seinem Opfertod kein verdienstliches Werk, das Gott dazu bewegen könnte, dem Menschen die Sünde zu vergeben und ihm die Strafe zu erlassen. Vielmehr hängt es wiederum ganz von Gottes freiem Willen ab, daß er den Tod Christi als hinreichende Satisfaktionsleistung akzeptiert. „Jesus Christus konnte nur nach Gottes Wohlgefallen Verdienst erwerben; denn er war dazu bestimmt, durch sein Opfer Gottes Zorn zu stillen und unsere Übertretungen durch seinen Gehorsam auszulöschen.“[30] Letztlich hängt also die Versöhnung von Gott und Mensch am souveränen Willen Gottes.

Das priesterliche Amt ist nicht das einzige Amt Christi, sondern Calvin entwickelte – darin wegweisend für die altprotestantische Orthodoxie – eine Lehre von den drei Ämtern Christi.

---

[30] Calvin: Institutio II, 17, 1.

Christus ist auch Prophet, da alle Weisheit in seiner Verkündigung enthalten ist, und er ist König, insofern er die Gläubigen in seiner Kirche beschützt und zum ewigen Leben führt und die Gottlosen richtet[31]. Aber das ändert nichts daran, daß das wichtigste Amt Christi das des Priesters ist, der sich selbst als Sühnopfer darbringt. Dazu ist er nur in der Lage als menschgewordener Sohn Gottes. Denn darum wurde ja Gott Mensch, um das Werk der Versöhnung zu vollbringen. Natürlich ist dabei nicht nur das christlogische Dogma von Chalcedon vorausgesetzt, sondern ebenso das trinitarische Dogma von Nicäa. Calvins Versöhnungslehre setzt die Zweinaturenchristologie von Chalcedon voraus und diese ihrerseits die nicänische Trinitätslehre. Allerdings dürfte die Lehre von der Dreieinigkeit zu jenen dogmatischen Topoi gehören, bei deren Bearbeitung Calvin ein Minimum an Originalität aufbietet. Daß der Sohn vom Vater und der Heilige Geist von beiden unterschieden ist, drei Personen oder Subsistenzen mit unterschiedlichen Eigentümlichkeiten, die gleichwohl ein einziges göttliches Wesen, eine einzige Essenz bilden, das war die traditionelle Lehre im Westen seit Augustin, und Calvin stimmte hier bis in den Wortlaut hinein mit Petrus Lombardus überein.[32]

Das war nicht von Anfang an der Fall gewesen; vielmehr hatte er sich bei seinem ersten Aufenthalt den Vorwurf von Petrus Caroli, Pfarrer in Lausanne, gefallen lassen müssen, daß er letztlich Arianer sei. Seit dieser Zeit legte Calvin ein hohes Interesse an den Tag, seine Rechtgläubigkeit in der Trinitätslehre unter Beweis zu stellen. Dies dürfte auch seine unerbittliche Haltung im Streit um den spanischen Theologen und Mediziner Michel Servet psychologisch verständlich machen. Servet, seit 1540 in Vienne als Arzt des dortigen Erzbischofs tätig, war bereits zu Beginn der dreißiger Jahre mit zwei Schriften – *De trinitatis erroribus* und *Dialogi de trinitate* – an die Öffentlichkeit getreten, in denen er die nicänische Trinitätslehre einer Kritik unterzogen hatte. Sie erschien ihm als ein Ergebnis der in der Kirche zur Herrschaft

---

[31] Calvin: Institutio II, 15, 2ff.
[32] Calvin: Institutio I, 13, 17.

gelangten griechischen Philosophie, die die Einheit Gottes zerstört und das Christentum dem Spott des Judentums und Islams
aussetzt. An die Stelle des einen Gottes werden drei Götzen gesetzt. So die Kritik Servets, die er auch auf die kirchliche Zweinaturenchristologie ausdehnte. Bereits mit diesen frühen Schriften,
die er im elsässischen Hagenau drucken ließ, stieß Servet auf die
scharfe Kritik des Magistrats von Straßburg, wo er sich damals
aufhielt. Allerdings hielt ihn die Kritik nicht davon ab, seine Gedanken über die Wiederherstellung des ursprünglichen, reinen
Christentums zu Papier zu bringen und Teile seines im Entstehen begriffenen Werkes Calvin zur Begutachtung zukommen zu
lassen. Nach wie vor hielt er trotz der starken Anleihen, die er
nunmehr beim neuplatonischen Logosgedanken machte, an der
Auffassung fest, daß Sohn Gottes nur der Mensch Jesus, nicht
aber die vom Vater gezeugte ewige Person der Trinität sei. Und
ebenso lehnte er die darauf aufbauende Lehre ab, daß Christus
über eine göttliche und eine menschliche Natur verfüge.

Wie kaum anders zu erwarten, bezichtigte Calvin den Spanier
der Ketzerei, was Servet aber nicht hinderte, sein Werk anonym
in Vienne drucken zu lassen. 1553 erschien somit die *Restitutio
Christianismi*, und es war Calvin, der gemeinsam mit Genfer
Freunden das Geheimnis der Verfasserschaft des Werkes lüftete
und so den Prozeß gegen Servet in Vienne ins Rollen brachte.
Zwar konnte sich Servet durch Flucht entziehen, doch beging er
die Torheit, auf seinem Weg nach Italien in Genf Station zu machen. Am 13. August 1555 ließ Calvin ihn dort festnehmen und
Anklage wegen Ketzerei und Gotteslästerung gegen ihn erheben.
Der Magistrat stimmte dem zu und wollte wie Calvin an Servet
das Todesurteil vollstreckt sehen, jene Strafe, die auf Ketzerei
und Gotteslästerung nun einmal stand. Calvin hat die Hinrichtung von Ketzern durch das weltliche Schwert als Pflicht der
christlichen Obrigkeit ausdrücklich verteidigt.[33] Nicht nur vom
Genfer Magistrat eingeforderte Gutachten der Kantone Basel,

---

[33] CALVIN: Defensio orthodoxae fidei de sacra trinitate contra prodigio-
sos Errores Michaelis Serveti Hispani. In: DERS.: Opera quae supersunt omnia, Bd. 8, Braunschweig 1870 (= Corpus Reformatorum Bd. 36), 457ff.

Bern, Schaffhausen und Zürich, selbst Melanchthon unterstützte die Haltung der Genfer und insbesondere Calvins. In einem an ihn adressierten Brief schrieb er: „Ich habe die Schrift gelesen, in der du die abscheulichen Lästerungen Servets widerlegt hast, und ich danke Gottes Sohn dafür, der Zeuge deines Kampfes war. Auch dir schuldet die Kirche Dank bis in alle Zukunft. Ich bin mit deinem Urteil völlig einverstanden. Ich versichere dir auch, daß euer Magistrat richtig gehandelt hat, wenn er diesen Lästerer aufgrund eines rechtmäßigen Urteils hinrichten ließ."[34] Die Leugnung des Trinitätsdogmas von Nicäa machte in den Augen nicht nur Calvins Servet zu einem Ketzer. Zwar trat Calvin für eine mildere Todesstrafe ein als der Magistrat, was aber diesen nicht daran hinderte, Servet am 16. Oktober 1555 zum üblichen Feuertod zu verurteilen und noch am nächsten Tag das Urteil zu vollstrecken.

Servet blieb nicht der einzige Antitrinitarier, den Calvin in Genf bekämpfte. Drei Jahre nach Servets Tod wurde dem Italiener Giovanni Gentile der Prozeß gemacht, der zwar nicht mit Servet übereinstimmte, wohl aber wie er das kritisierte, was er den „neuen Gott Trinität" nannte, den er in Calvins Gotteslehre entdeckte. Gentile konnte sich durch Widerruf der Verurteilung in Genf entziehen, wurde jedoch schließlich in Bern wegen seiner antitrinitarischen Haltung enthauptet. Es war jedoch die Hinrichtung Servets, die Sebastian Castellio, den auf Calvins Initiative hin 1545 aus Genf vertriebenen ehemaligen Schulrektor der Rhonestadt, im nicht so fernen Basel zur Niederschrift seines Traktats *De haereticis, an sint persequendi* veranlaßte. Es handelt sich um ein Plädoyer gegen die Verfolgung von Häretikern, zumal die Streitigkeiten unter Christen ohnehin nur nichttheilsnotwendige Fragen – etwa die Trinität, Christologie, Prädestination und Willensfreiheit betreffend – zum Gegenstand hätten, und das Etikett „Häretiker" von den streitenden Parteien nur zur Verleumdung der Gegner benützt werde. Christen könnten auch bei verschiedenen Lehrmeinungen ohne gegenseitige Verdammung friedlich miteinander leben, zumal es nicht Sache der Ob-

---

[34] CALVIN: Opera 15, 268.

rigkeit, sondern allein Gottes sei, über falsche und wahre Lehre zu urteilen.[35]

Mit Castellio erhob sich die Stimme eines Humanisten, der sich vehement dem engen Konfessionalismus, wie er sich nunmehr ausbildete, entgegenstellte. Angesichts der Tatsache, daß sich theologische Gegner für ihre widerstreitenden Lehrmeinungen auf die Bibel beriefen, empfahl er die durch die Sünde nicht tangierte Vernunft als Maßstab bei der Auslegung der Schrift und der Prüfung des Dogmas. Bei Castellio deutete sich so ein die konfessionellen Grenzen überschreitendes vernünftiges Christentum an, das eine stark ethische Prägung trägt. Entscheidend ist danach die auch von Christus als Heilsweg gelehrte Beachtung der göttlichen Gebote, durch die der Mensch dank göttlicher Hilfe gerecht wird. Damit verwarf Castellio nicht nur die reformatorische Lehre von der Unfreiheit des Willens, der Satisfaktion Christi, der Rechtfertigung allein aus Glauben durch Anrechnung der fremden Gerechtigkeit Christi, sondern auch, was in besonderem Maße Genf treffen mußte, die unbedingte Prädestination und den Heilspartikularismus.

4. Gnade und Vorherbestimmung

Die vier Bücher der *Institutio* in ihrer Letztausgabe handeln erstens von der Erkenntnis Gottes als Schöpfer und Herrn der Welt; zweitens von der Erkenntnis Gottes als des Erlösers in Christus, wie sie erst von den Vätern unter dem Gesetz und dann von uns im Evangelium erkannt worden ist; drittens davon, auf welche Art wir der Gnade Gottes teilhaftig werden, was für Früchte uns daraus erwachsen und was für Wirkungen sich daraus ergeben; und viertens schließlich von den äußeren Mitteln, mit denen uns Gott zu der Gemeinschaft mit Christus einlädt und in ihr erhält. Die *Institutio* beginnt mit dem Satz: „All unsere Weisheit ... umfaßt im Grund eigentlich zweierlei: Die Erkennt-

---

[35] Sebastianus CASTELLIO: De Haereticis, an sint persequendi. Nachdruck Genf 1954, 20ff.

nis Gottes und unsere Selbsterkenntnis."[36] Zwar finden sich bei Calvin breite Ausführungen über eine natürliche Gotteserkenntnis, einen allgemeinen Keim der Religion, durch den Gott sich unmittelbar zu erkennen gibt, so wie er sich mittelbar durch die Schöpfung erkennen lässt.[37] Aber wie der Keim der Religion ist auch die natürliche Gotteserkenntnis durch die Sünde beeinträchtigt, und zudem nützt uns die Erkenntnis Gottes als des Schöpfers nach dem Sündenfall nichts mehr.[38]

Für Calvin galt es nicht anders als für Luther als ausgemacht, daß alle Menschen durch Adams Fall in ihren Anlagen, mit denen der Schöpfer sie ausgestattet hat, völlig korrumpiert sind. Zwar hat Gott den Menschen als sein Ebenbild erschaffen, aber gerade die Gottebenbildlichkeit ist durch den Sündenfall zerstört. Wohl hatte Adam die Freiheit, sich zum Guten wie zum Bösen hin zu bewegen. Aber daß er, motiviert durch Stolz und Hochmut, sich für den Ungehorsam gegenüber dem guten Willen des Schöpfers entschied, hatte nicht nur den Verlust seiner ursprünglichen Gerechtigkeit zur Folge, sondern mehr, nämlich den beständigen Antrieb zum Bösen. Wie Luther lehrte auch Calvin, „daß der Mensch jetzt des freien Willens beraubt und elender Knechtschaft unterworfen ist"[39]. Er kann – das war nur eine Übernahme der pessimistischen Anthropologie Augustins – aus sich heraus nichts Gutes mehr wollen. Das bedeutet nicht, daß er für seine bösen Handlungen nicht mehr verantwortlich wäre. Denn schließlich wird er zu ihnen nicht *gezwungen*, sondern er *will* böse handeln. „Wir müssen folgende Unterscheidung beachten:", erklärte Calvin, „der durch den Fall verdorbene Mensch sündigt mit Willen und nicht gegen seinen Willen oder durch Zwang; er sündigt, sage ich, aus höchst eigener Neigung und nicht aus Zwang oder Gewalt"[40].

Der Verlust der ursprünglichen Gerechtigkeit und des freien Willens zum Guten, also alles dessen, was den Menschen zum

---

[36] CALVIN: Institutio I, 1, 1.
[37] CALVIN: Institutio I, 3, 1.
[38] CALVIN: Institutio II, 6, 1.
[39] CALVIN: Institutio II, 2, 12.
[40] CALVIN: Institutio II, 3, 5.

Ebenbild Gottes machte, hat seinen Grund in dem Fall des ersten
Menschen, Adams. Weshalb aber hat die ganze Menschheit teil
an diesem Verlust, der doch eigentlich nur Adam betreffen dürfte, da nur er die Schuld am Sündenfall trägt? Calvin griff hier auf
die gleichfalls von Augustin ausgebildete Lehre von der Erbsünde zurück. Aber die Erbsünde verstand er anders als Zwingli
nicht als eine Erbkrankheit, die sich von Adam auf alle seine
Nachkommen übertragen hat. Vielmehr besteht die Erbsünde
darin, daß Gott alle Menschen als Erben Adams oder – anders
ausgedrückt – in Adam ansieht. Adam verkörpert gleichsam die
ganze Menschheit, so daß alle Menschen in Adam gesündigt haben, daher auch schuldig sind und die Folgen der Sünde Adams
tragen müssen[41].

Eine starke Sündenlehre zieht eine starke Gnadenlehre nach
sich, so wie umgekehrt eine starke Gnadenlehre nur Sinn macht
unter der Voraussetzung einer starken Sündenlehre. Das ist beim
späten Augustin nicht anders als bei Luther, und das ist auch bei
Calvin so. Mit dem Wittenberger Reformator teilte Calvin nicht
allein die Überzeugung, daß der sündige Mensch vor Gott nur gerecht wird durch den Glauben an den Versöhnungstod Christi.
Die Rechtfertigung des Sünders aus Glauben galt ihm geradezu
als „der Hauptartikel des christlichen Glaubens"[42]. Und wie Luther und Melanchthon faßte er die Rechtfertigung forensisch, als
einen göttlichen Rechtsakt, und imputativ, als Anrechnung der
fremden Gerechtigkeit Christi, die im Glauben ergriffen wird.
Wenn wir glauben, daß Christus an unserer Stelle und für uns
gerecht gewesen ist, dann rechnet uns Gott die Gerechtigkeit
Christi an. Die Gerechtigkeit ist also in Christus und nicht in uns.
Nicht *sind* wir gerecht, sondern wir werden durch Zurechnung
für gerecht *gehalten*. Ohne daß wir qualitätsmäßig gerecht wären
– wir sind ja Sünder –, spricht Gott uns gleichwohl gerecht. Damit wandte sich Calvin ähnlich wie Melanchthon vehement gegen
die Rechtfertigungslehre des ehemaligen Nürnberger Reforma-
tors Osiander, der als Königsberger Theologieprofessor die

---

[41] CALVIN: Institutio II, 1, 7.
[42] CALVIN: Institutio III, 11, 1.

Rechtfertigung als eine Qualitätsänderung des Menschen verstanden hatte. Danach wird aus dem sündigen ein gerechter Mensch, weil Christus, der Sohn Gottes, mit seiner göttlichen Gerechtigkeit in uns einzieht und uns auf diese Weise wirklich gerecht macht.

Das heißt nicht, daß Calvin am Gerechtwerden, an seiner Umwandlung vom alten zum neuen Menschen, kurzum an seiner Wiedergeburt und Heiligung kein Interesse gezeigt hätte. Das Gegenteil ist der Fall. Die Heiligung ist jener Prozeß, der einsetzt, wenn wir durch den Heiligen Geist zu einem neuen Leben wiedergeboren werden, und der erst abgeschlossen ist, wenn das Ebenbild Gottes in uns wiederhergestellt ist. Das ist aber ein Ziel, das nicht in diesem Leben, sondern erst im Jenseits erreicht wird. Wohl war Calvin davon überzeugt, daß es einen beständigen Fortschritt in der Umwandlung des Menschen, im Absterben des alten Menschen, also in der Umkehr oder Buße gibt. Aber trotz aller Fortschritte bleiben wir hier auf Erden immer Sünder, sind auch unsere besten Werke noch von Sünde befleckt, so daß nicht nur wir selbst, sondern auch unsere Werke stets auf die Rechtfertigung durch Gott angewiesen bleiben.[43] Wie wir selbst werden auch unsere Werke von Gott für gerecht gehalten. Gerade weil wir aber auch als Gerechtfertigte und trotz aller Fortschritte in der Heiligung Sünder bleiben, verliert das Gesetz auch für die Lebensgestaltung des Gerechtfertigten nichts von seinem verpflichtenden Charakter. Diese Konzentration auf die Heiligung und das Gesetz als Norm des christlichen Lebens verlieh dem Calvinismus letztlich seinen zielgerichteten aktivistischen Charakter und seinen puritanischen Legalismus. Denn trotz der Charakterisierung der Rechtfertigung als Hauptartikel erhielt der Calvinismus durch die vom Luthertum sich abhebende Behandlung der Heiligung und des Gesetzes ein eigenes konfessionelles Gepräge.

Weder die Lehre von der Heiligung noch die vom Gesetz bildete aber jemals einen konfessionellen Gegensatz zwischen Calvinismus und Luthertum. Zu einem solchen kam es im Kontext

---

der Gnadenlehre erst in Bezug auf die Prädestination. Allerdings darf man die Bedeutung und Stellung der Prädestinationslehre bei Calvin nicht mit ihrer Bedeutung und Stellung im Calvinismus verwechseln. Schon bei Calvins Nachfolger Beza rückte die Prädestinationslehre an den Anfang des dogmatischen Systems und wurde Teil der Gotteslehre. In einem Brief vom 29. Juni 1555 fragte er Calvin, wie sich der offenbarte Heilswille Gottes in Christus mit Gottes vor Grundlegung der Welt gefaßtem Entschluß vereinbaren lasse, Gefäße des Zorns zur ewigen Verdammnis und Gefäße der Barmherzigkeit zur ewigen Herrlichkeit zu bereiten.[44] Wie läßt sich – mit anderen Worten – Eph 1, 4 mit Röm 9, 11–23 in Einklang bringen? Die Antwort Calvins auf diese Anfrage seines Nachfolgers ist nicht erhalten. Es ist aber ebenso deutlich, daß Beza den göttlichen Entschluß, einige zu erwählen und andere zu verdammen, an die Spitze seines Systems stellte, wie es deutlich ist, daß dies bei Calvin gerade nicht der Fall ist. Zunächst machte Calvin überhaupt keinen Unterschied zwischen Providenz und Prädestination, Vorsehung und Vorherbestimmung. Dann aber faßte er die Prädestination als eine besondere Art der göttlichen Vorsehung. Denn Vorsehung oder Providenz bedeutet erstens das allgemeine Wirken Gottes durch die natürlichen Gesetze, denen er die Geschöpfe unterworfen hat; zweitens die besondere Vorsehung, durch die Gott sein Werk unter den Menschen vorantreibt; und drittens schließlich diejenige Vorsehung, durch die er seine Gläubigen durch den Heiligen Geist leitet. Diese dritte Form der Vorsehung identifizierte Calvin mit der Prädestination.

Mit der Lehre von der Vorsehung wandte er sich gegen zwei in seinen Augen verfehlte Auffassungen von Gott, nämlich zum einen gegen die Auffassung der Epikuräer, daß Gott zwar die Welt geordnet, sich dann aber von ihr zurückgezogen habe, so daß der Zufall herrscht. Zum andern aber gegen die stoische Gleichsetzung Gottes mit dem blinden Schicksal. Gegenüber beiden Auffassungen insistierte Calvin darauf, daß es nichts gibt, das Gott

---

[44] Fernand Aubert; Hypolyte Aubert u.a.: (Hrsg.): Correspondences de Bèze, Bd. I, Genf 1960, 170f.

nicht will und tut; vielmehr lenkt seine Vorsehung alles. „Und zwar erhält Gott die Welt nicht nur dadurch, daß er die Weltmaschine und alle ihre Teile allgemein in Bewegung hält, sondern indem er jedes einzelne Geschöpf … trägt, nährt und umsorgt."[45] Der göttlichen Vorsehung ist nicht einmal der Teufel entnommen. Auch er kann nicht aktiv werden, ohne zugleich Werkzeug Gottes zu sein.[46] Doch dadurch, daß selbst die bösen Handlungen der Menschen Gott als Mittel dienen, seine Vorsehung zu realisieren, wird die Verantwortlichkeit der Akteure ebensowenig aufgehoben wie dadurch, daß der Satan die Menschen zu ihren bösen Taten anstiftet. Das läßt sich am klassischen Beispiel des Verrats Jesu veranschaulichen. „In der Tat wäre es beim Verrat des Judas genauso falsch, Gott irgendeine Schuld zuzuschreiben, weil er doch selbst wollte, daß sein Sohn dem Tode ausgeliefert würde und er ja auch tatsächlich ausgeliefert worden ist – wie es falsch wäre, Judas den Lobpreis für unsere Erlösung und unser Heil zukommen zu lassen, wiewohl er Diener und Werkzeug dazu war."[47]

Während die Prädestinationslehre zunächst im Rahmen der Vorsehungslehre behandelt wurde, trennte Calvin sie schließlich von ihr, um sie der Gnadenlehre zuzuordnen. Tatsächlich ist die Lehre von der Vorherbestimmung ja eine logische Konsequenz der Lehre von der Rechtfertigung allein aus Gnade. Sie allein vermag zu erklären, weshalb nur einige und nicht alle durch das Hören des Wortes zum Glauben gelangen. Wie die radikalen Nachfolger Augustins lehrte Calvin eine doppelte Vorherbestimmung, ein ewiges Dekret Gottes, durch das er bestimmt hat, was er aus jedem Menschen machen will. Vor ihrer Erschaffung hat er danach die einen zum ewigen Leben, die anderen hingegen zur ewigen Verdammnis verordnet. Und dies nicht etwa, weil er voraussah, wie sie sich verhalten würden, sondern seine Vorherbestimmung vollzieht sich ganz unabhängig von seinem Vorherwissen.[48] Ihren Grund hat sie allein im göttlichen Willen, der von

---

[45] CALVIN: Institutio I, 16, 1.
[46] CALVIN: Institutio I, 18, 1.
[47] CALVIN: Institutio I, 18, 4.
[48] CALVIN: Institutio III, 21, 5.

nichts anderem abhängig ist. Das bedeutet aber, daß die Gnade, die auf der Vorherbestimmung beruht, unwiderstehlich ist, der Mensch sich also nicht gegen seine vorherbestimmte Rechtfertigung und Heiligung wehren kann. „Die Gnade wird uns nicht nur von Gott angeboten, damit wir verworfen oder angenommen werden, … sondern diese Gnade selber macht unsre Herzen geneigt, ihrem Antrieb zu folgen, und sie erzeugt sowohl die Entscheidung als auch den Willen dazu"[49].

Daher war es auch nur konsequent, wenn Calvin die Berufung und Rechtfertigung ebenso wie die Heiligung, die wir im Glauben erkennen, als Anzeichen auffaßte, an denen wir unsere Erwählung erkennen können.[50] Das ist der berühmte Syllogismus practicus, wie ihn vor allem Beza ausformulieren sollte, der Rückschluß vom Glauben und seinen Früchten auf die ewige Erwählung[51]. Die Gnade, die den Erwählten zuteil wird, ist aber nicht nur unwiderstehlich, sie ist auch unverlierbar[52]. Das bedeutet, daß die Begnadigung des Erwählten trotz allen gegenteiligen Anscheins immer zum Ziel, nämlich zum ewigen Leben führt. Da Calvin nicht nur die ewige Erwählung, sondern gleichermaßen die ewige Verwerfung kannte, also eine doppelte Prädestination lehrte, konnte er das ewige Dekret, die einen zu erwählen und die anderen zu verwerfen, auch als das bezeichnen, was es tatsächlich ist: ein decretum horribile, ein schreckliches Dekret. Auch wenn Adam, der erste Mensch, durch seine eigene Schuld fällt, tut er es doch, weil Gott es vorherbestimmt hat, einige gefallene Menschen zu erretten und zum ewigen Leben zu führen.[53]

---

[49] CALVIN: Institutio II, 3, 13.
[50] CALVIN: Institutio III, 21, 7; vgl. Institutio III, 14, 18.
[51] BEZA: Tractatus Theologici Omnes, Bd. 1, 171.
[52] CALVIN: Institutio II, 3, 11.
[53] CALVIN: Institutio III, 23, 8.

5. Schluß

Noch vor der Affäre um Servet und die Trinitätslehre gab es einen Streit um die Lehre von der doppelten Prädestination, die
von Jérôme Bolsec mit dem Einwand kritisiert wurde, sie mache
Gott zum Urheber der Sünde, so daß letztlich Gott die Schuld an
der Verdammung der Bösen treffe. Zwar setzte sich Calvin in
diesem Streit durch, und der Magistrat verurteilte Bolsec zu ewiger Verbannung. Doch mit seiner Calvinbiographie stellte der
Verbannte das Arsenal bereit, aus dem die Kritiker Calvins fortan ihre Waffen bezogen. Als er sie 1577 veröffentlichte, war Calvin bereits dreizehn Jahre tot. Er starb am 27. Mai 1564, nachdem
er fünf Jahre zuvor noch die Genfer Akademie als vorbildhafte
sowie in ganz Europa einflußreiche Bildungsinstitution und
Ausbildungsstätte für Theologen hatte gründen können. Er hatte Genf zu einem protestantischen Rom gemacht, von dem aus
seine Ideen ihren Siegeszug nach Frankreich, Schottland, England, Deutschland, Ungarn und in die Niederlande antraten.
Man hat im Calvinismus Ansätze zur Demokratie erblicken wollen, und Max Weber meinte einen Zusammenhang herstellen zu
können zwischen dem calvinistischen Erwählungsglauben und
dem Geist des Kapitalismus. Das Genfer Reformationsdenkmal
legt sogar die Assoziation nahe, als sei das Genf Calvins der Ge-
burtsort neuzeitlicher Toleranz. Das ist natürlich weit gefehlt,
aber Stefan Zweig hat nicht unrecht, wenn er sein Buch „Castellio gegen Calvin" mit einem Kapitel schließt, das die Überschrift
trägt „Die Pole berühren einander" und von der Dialektik der
Geschichte handelt. Dort heißt es: „So ist in sonderbarster Verwandlung gerade aus dem System des Calvinismus, das besonders grimmig die individuelle Freiheit beschränken wollte, die
Idee der politischen Freiheit entstanden; Holland und Crom-
wells England und die Vereinigten Staaten, seine ersten Wir-
kungsfelder, geben den liberalen, den demokratischen Staatside-
en am willigsten Raum."[54] Und „gerade jene Länder, die am
stärksten von der Intoleranz durchdrungen werden sollten, sind

---

[54] ZWEIG: Castellio gegen Calvin, 223.

überraschenderweise die ersten Freistätten der Toleranz in Europa geworden. Gerade, wo Calvins Religion Gesetz, wird auch Castellios Idee Realität. Nach ebendemselben Genf, wo dereinst Calvin noch Servet um einer Meinungsverschiedenheit in theologicis willen verbrannte, flüchtet der ‚Feind Gottes‘, der lebendige Antichrist seiner Zeit, Voltaire. Aber siehe: freundlich besuchen ihn Calvins Nachfolger im Amte, die Prediger ebenseiner Kirchen, um mit dem Gottverächter humanstens zu philosophieren."[55]

---

[55] ZWEIG: Castellio gegen Calvin, 223.

Literaturhinweise

Textausgabe

CALVIN, Johannes: Unterricht in der christlichen Religion. Übersetzt von Otto Weber, Neukirchen ²1963.

–, Opera quae supersunt omnia. Hrsg. von W. Baum/ E. Cuntz/ E. Reuss, Braunschweig 1863–1900, 59 Bde (= Corpus Reformatorum Bde 29–87).

Einführende Literatur

JACOBS, Paul (Hrsg.): Reformierte Bekenntnisschriften und Kirchenordnungen in deutscher Übersetzung, Neukirchen 1994.

OBERMAN, Heiko: Zwei Reformationen. Luther und Calvin – Alte und Neue Welt, Berlin 2003.

WENDEL, François: Calvin. Ursprung und Entwicklung seiner Theologie, München 1968.

ZWEIG, Stefan: Castellio gegen Calvin oder Ein Gewissen gegen die Gewalt, Frankfurt am Main ¹²2001.

Schleiermacher

Christine Axt-Piscalar

1. Neubegründung der Theologie

„Ich kann nicht glauben, daß der wahrer ewiger Gott war, der sich selbst nur den Menschensohn nannte; ich kann nicht glauben, daß sein Tod eine stellvertretende Versöhnung war, weil er es selbst nie ausdrücklich gesagt hat, und weil ich nicht glauben kann, daß sie nötig gewesen, denn Gott könne die Menschen, die Er offenbar nicht zur Vollkommenheit, sondern nur zum Streben nach derselben geschaffen hat, unmöglich darum ewig strafen wollen, weil sie nicht vollkommen geworden sind."[1]

So schreibt der Kandidat der Theologie in der Herrnhuter Bildungsanstalt in Barby – Friedrich Daniel Ernst Schleiermacher – seinem Vater, einem reformierten Feldprediger, „mit zitternder Hand und unter Tränen" im Jahre 1787; – derselbe Schleiermacher, der späterhin als Kirchenvater des 19. Jahrhunderts (und auch des 20. Jahrhunderts) gerühmt wird; der die evangelische Theologie unter den Bedingungen der Neuzeit neu entfaltet und sie durch seine theologischen Hauptwerke in maßgeblicher Weise beeinflußt hat; der in fast allen theologischen Disziplinen Vorlesungen hielt – außer im Alten Testament –, zunächst für kurze Zeit in Halle und dann an der Berliner Fakultät – der Kö-

---

[1] Schleiermacher im Brief an den Vater vom 21. Januar 1787 (= Kritische Gesamtausgabe V/1, Nr. 53, S. 50, 27–33), zitiert in: Friedrich Wilhelm KANTZENBACH: Friedrich Daniel Ernst Schleiermacher mit Selbstzeugnissen und Bilddokumenten dargestellt (Rowohlt-Monographien Bd. 126), Hamburg 1989 (1. Aufl. 1967), 23.

nig wollte Schleiermacher als „vorzüglichen Kanzelredner" und einen für die Union engagierten Theologen an Preußen binden –; der als Mitglied der philosophischen Klasse der Königlichen Akademie der Wissenschaften auch an der Philosophischen Fakultät lehren konnte und dies auch tat neben den Großdenkern des Deutschen Idealismus, vorerst neben Johann Gottlieb Fichte und sodann neben Georg Friedrich Wilhelm Hegel; dem wir eine noch heute maßgebliche Übersetzung aller platonischen Dialoge verdanken; der neben seiner akademischen Tätigkeit über dreißig Jahre hinweg das Predigtamt an der Berliner Dreifaltigkeitskirche versah; der sich zudem politisch engagierte – er stand im Dienst der Patriotenpartei und nahm an der preußischen Erhebung teil –; der sich auch in die Kirchenpolitik einschaltete, sich wirksam für die preußische Union der evangelischen Kirchen einsetzte und im sogenannten Agendenstreit eine scharfe Auseinandersetzung mit dem preußischen König führte über dessen Recht auf Einflußnahme in rein innerkirchliche Angelegenheiten; und der über alledem nicht vergaß, das „gesellige Betragen" zu pflegen.

Blickt man auf das Werk Schleiermachers – es umfaßt in der Werkausgabe aus dem 19. Jahrhundert 10 Bände Predigten, 11 Bände zur Theologie, 9 Bände zur Philosophie – und auf seine Wirkung auf die neuere Geistes-, nicht nur Theologiegeschichte, dann wird nachvollziehbar, daß nicht wenige dasjenige von Schleiermacher sagten, was er selber in einer Akademierede auf Friedrich den Großen „Über den Begriff des großen Mannes" ausführte: „Nicht eine Schule stiftet er, sondern ein Zeitalter"[2].

Noch aber sind wir nicht bei dem überragenden Denker des Christentums angelangt, sondern stehen bei dem Schleiermacher, der als herrenhuterscher Kandidat der Theologie seine Zweifel an den Grundauffassungen des christlichen Glaubens zu verstehen gibt. Das heißt: Wir stehen im ausgehenden 18. Jahrhundert. Die historische Kritik der Bibel hat das Buch der Bücher zu einem to-

---

[2] Sämmtliche Werke. Dritte Abteilung (= Zur Philosophie), Berlin 1835, Bd. III (= Reden und Abhandlungen, der Königlichen Akademie der Wissenschaften vorgetragen), 83.

tum historicum erklärt und damit das Schriftprinzip in eine tiefe
Krise geführt. Die Erbsündenlehre wird als paulinische und augustinische Schwarzmalerei zurückgewiesen: Sie untergräbt das Zutrauen in das gute Vermögen der menschlichen Natur. Die kirchliche Christologie des stellvertretenden Sühnetodes wird vom
sittlichen Bewußtsein verworfen: Es lehnt eine Stellvertretung in
Angelegenheiten der Moral als widersinnig ab, und es entlarvt die
Gerechtigkeit eines Gottes, der das ganze Menschengeschlecht
wegen der Sünde Adams als verdorben ansieht und das Opfer eines Unschuldigen für die Sünde fordert, als eine barbarische Vorstellung. Es fordert nach der 30-jährigen Selbstzerfleischung des
Christentums die Eindämmung desjenigen Konfliktpotentials,
das aus seiner Konfessionalisierung erwächst, und plädiert für ein
allen zumutbares, nämlich vernünftiges Maß an Religion als Basis
einer friedfertigen politischen Vergemeinschaftung. Kurzum, die
Grundfesten der Selbstauslegung des Christentums wanken:
Schrift, Anthropologie, Christologie, Gotteslehre und die konfes-
sionelle Prägung.

Darüber hinaus fordert Immanuel Kant den Ausgang des
Menschen aus seiner selbst verschuldeten Unmündigkeit und
ruft zum Gebrauch der Vernunft auf, die nur noch das als wahr
gelten läßt, was sich vor ihrem Forum als wahr erweist. Der
Durchbruch der neuen Zeit, der sich darin ausdrückt, daß die
Vernunft sich zur alleinigen Richterin in Fragen der Wahrheit
aufschwingt, zielte zuvörderst auf den als autoritär und als
Fremdbestimmung kritisierten Anspruch von Theologie und
Kirche.

Dies ist das geistige Klima, in welchem Schleiermacher dann
als akademischer Lehrer die Aufgabe ergreift, das Wesen des
Christentums zu entfalten. Er versucht dies nicht, indem er allem
zum Trotz nach wie vor dasjenige zum Prinzip der Theologie erklärt, was im Zuge der neuen Zeit einer grundlegenden Kritik
verfiel. Das heißt: Ihm gilt der *unmittelbare* Zugriff auf die Heilige Schrift zur Begründung theologischer Aussagen als ebenso
ungangbar wie die strikte Orientierung an der dogmatischen
Lehre der Kirche, deren klassischem Aufbau und traditionellem
Bestand an einzelnen Lehrstücken. Schleiermacher geht in die

Offensive. Er anerkennt das Grundprinzip der Neuzeit, daß dasjenige, was als wahr gelten können soll, sich dem Subjekt als
wahr erweisen muß; daß mithin das Subjekt der Ort der Bewahr-
heitung der es überzeugenden Inhalte ist. Ja mehr noch: Schleiermacher sieht dieses Grundprinzip in enger Verbindung zu dem
Eigentümlichen der protestantischen Frömmigkeit. Denn der
Protestant glaubt nicht auf bloße Autorität hin. Ihm erschließt
sich die christliche Wahrheit im persönlichen Glauben als innere
Gewißheit. Der persönliche Glaube ist derjenige Vollzug, in welchem sich die christliche Wahrheit dem Subjekt als Wahrheit vergewissert.

Damit hat Schleiermacher den Punkt gefunden, von dem aus
er die christliche Lehre zu entfalten sucht. Sein theologisches
Hauptwerk heißt nun bewußt nicht „Dogmatik". Es trägt den
Titel „Der christliche Glaube"; und der vollständige Titel formuliert „nach den Grundsätzen der evangelischen Kirche im Zu-
sammenhange dargestellt."[3] Das „christlich fromme Selbstbewußtsein", wie es dann in der Terminologie Schleiermachers
heißt – gemeint ist die religiöse Grunderfahrung, der Glaube –,
ist für ihn dasjenige, welches die Regel abgibt, „wonach die einen
Sätze aufgenommen und die andern ausgeschlossen" werden,
und welches sodann auch das „Prinzip ihrer Anordnung und
Verbindung" bildet.[4] Denn wie der vollständige Titel der *Glaubenslehre* anzeigt, soll die christliche Lehre „im Zusammenhan-
ge" dargestellt sein, verlangt also nach einer nachvollziehbaren
Systematizität in der Behandlung ihres gesamten Stoffs, so daß
klar wird, wie das eine mit dem anderen zusammenhängt, und
vor allem, welches das Prinzip für die Gewinnung der Aussagen
der christlichen Lehre ist.

---

[3] Die erste Auflage ist 1821/22, die zweite 1830/31 erschienen. Die zweite Auflage wird im folgenden als *Glaubenslehre* zitiert nach der von Martin
Redeker besorgten Ausgabe, 2 Bde, 7. Aufl. Berlin 1960 (u. ö), und zwar
nach Paragraph, Absatz und Seitenzahl, sowie in Klammern gesetzt nach der
von H. Fischer u.a. herausgegeben Kritischen Gesamtausgabe (= KGA), darin Teilbände 1 und 2 des Bandes 13 der ersten Abteilung, Berlin/New York
2003.
[4] *Glaubenslehre* § 20, Leitsatz, 125 (= KGA 13/1, 150).

Als dieses Prinzip soll nach Schleiermacher die religiöse Grunderfahrung dienen, und deshalb heißt es definitorisch: „Christliche Glaubenssätze sind Auffassungen der christlich frommen Gemütszustände in der Rede dargestellt".[5] Man mag sich an dieser Stelle nicht sogleich durch die Formulierungen Schleiermachers irritieren bzw. stören lassen. „Christlich fromme Gemütszustände", „christlich frommes Selbstbewußtsein", „das fromme Gefühl", „die Frömmigkeit" – Schleiermacher gebraucht eine andere Begrifflichkeit, als diejenige, die wir gewohnt sind, wenn wir in der Sprache des Lutherischen oder des Heidelberger Katechismus vom christlichen Glauben sprechen.

Wir wollen Schleiermacher an dieser Stelle zunächst einmal zugestehen, daß er die fromme Grunderfahrung und also das, was wir Glauben zu nennen gewohnt sind, im Blick hat und beschreiben will. Deshalb ist auch sogleich hinzuzufügen, daß Schleiermacher die Bedeutung der Schrift und der Bekenntnisschriften sowie diejenige der kirchlichen Lehre nicht rundweg über Bord wirft. Dies wäre ein Mißverständnis seines Theologietreibens. Dem widerspricht die Durchführung seiner *Glaubenslehre*, in der er die aus dem christlich frommen Selbstbewußtsein gewonnenen Glaubenssätze durchaus an den Lehrsätzen der Kirche überprüft und an den Aussagen der Heiligen Schrift bewährt.[6] Schleiermacher ist jedoch der Überzeugung, daß ein *unmittelbarer* Rückgriff auf Schrift und Bekenntnis zur Begründung kirchlicher Lehrsätze unter neuzeitlichen Bedingungen nicht mehr möglich ist.

Noch ein Letztes müssen wir anfügen: Schleiermacher will die *Glaubenslehre* nach den Grundsätzen der *evangelischen* Kirche entfalten. Er zielt auf die Beschreibung der evangelischen Frömmigkeit und will diese nicht nach ihrer konfessionellen Unter-

---

[5] *Glaubenslehre* § 15, Leitsatz, 105 (=KGA 13/1, 127).
[6] Vgl. *Glaubenslehre* § 27, Leitsatz, 148 (= KGA 13/1, 175): „Alle Sätze, welche auf einen Ort in einem Inbegriff evangelischer Lehre Anspruch machen, müssen sich bewähren teils durch Berufung auf evangelische Bekenntnisschriften und in Ermangelung derer auf die Neutestamentischen Schriften, teils durch Darlegung ihrer Zusammengehörigkeit mit andern schon anerkannten Lehrsätzen."

schiedenheit in lutherische und reformierte Glaubensweise entfalten. Schleiermacher will eine *Glaubenslehre* geschrieben haben, die als Basis und Ausdruck der Union der evangelischen Konfessionen gelten kann. Sie ist die erste wirkmächtige dieser Art in der protestantischen Theologiegeschichte.

2. Worauf zielt Schleiermachers Argumentation im Ganzen?

Wir werden zunächst drei Gesichtspunkte herauszustellen haben. Zum einen: Schleiermacher will die Religion als etwas aufweisen, was zum Wesen des Menschen gehört und was als etwas Selbständiges und Eigentümliches im Zusammenhang der Vermögen des menschlichen Geistes zu gelten hat. Wenn wir vorausblicken auf die Entwicklung der Kritik der Religion in Gestalt von Sigmund Freud und Friedrich Nietzsche sowie des säkularen Atheismus, welche die Religion als abzuarbeitende Entfremdung des Menschen von sich selbst kritisieren, dann ahnen wir, warum sich ein nicht unerheblicher Teil der neuprotestantischen Theologen an Schleiermachers Programm, das die Selbständigkeit der Religion und ihre Notwendigkeit für das Menschsein des Menschen begründen will, orientiert hat und noch orientiert. Wie anders als jene religionskritische Posaune des jüngsten Gerichts über die Religion klingt das Ergebnis von Schleiermachers Analyse unseres Selbstbewußtseins: Wir können „alle Gottlosigkeit des Selbstbewußtseins ... nur für Wahn und Schein erklären".[7] Schleiermacher argumentiert in der Überzeugung, daß die Religion als ein anthropologisches Fundamentale erwiesen werden kann; daß der Mensch mithin von Natur aus religiös ist. Dies ist für ihn ein entscheidender Grund dafür, weshalb Vernunft und Religion nicht gänzlich auseinanderliegen können.

Zum andern: Schleiermacher versucht das Spezifische der christlichen Religion im Verbund der geschichtlichen Religionen

---

[7] *Glaubenslehre* § 33, 2, 176 (= KGA 13/1, 207).

zu bestimmen und will dabei die christliche als die höchste Form von Religion behaupten. Auch diese Perspektive eines religionsgeschichtlichen Vergleichs der Religionen, insbesondere der hochentwickelten Religionen – das sind für Schleiermacher die monotheistischen – sowie der Versuch, das Christentum im religionsgeschichtlichen Vergleich als die höchste bzw. als die absolute Religion zu beschreiben, ist eine Fragestellung, die Schleiermacher der Theologie mit auf den Weg gegeben hat. Schon in den folgenden Vorträgen zu Hegel und Troeltsch werden wir dazu etwas hören; und in der zeitgenössischen Diskussion hat die Bedeutung des interreligiösen Dialogs sowie die Aufgabe einer Theologie der Religionen evidentermaßen ein besonderes Gewicht erlangt.

Schließlich und insbesondere will Schleiermacher das Wesen der christlichen Frömmigkeit beschreiben, weil diese, wie wir oben ausgeführt haben, den Ausgangspunkt bildet, von dem her Schleiermacher alle Aussagen der christlichen Lehre zu gewinnen sucht. Die christliche Frömmigkeit unterscheidet sich von allen anderen monotheistischen Glaubensweisen „wesentlich dadurch, daß alles in derselben bezogen wird auf die durch Jesum von Nazareth vollbrachte Erlösung"[8]. Bei dieser Wesensformel für die christliche Religion liegt die Betonung zunächst auf dem *alles*. Denn auch in anderen Religionen geht es in irgendeiner Weise um Erlösung. In der christlichen Religion ist der Erlösungsgedanke jedoch nicht nur beiherspielendes Moment des Ganzen, sondern das schlechthin Zentrale: A*lles* in derselben wird bezogen auf die in Jesus von Nazareth vollbrachte Erlösung.

Ferner drückt sich in der Wesensformel der christlichen Frömmigkeit die konstitutive Beziehung des frommen Selbstbewußtseins auf die Person Jesu von Nazareth aus, und zwar auf ihn als historische Person. Von dieser historischen Person wird weiterhin die vollbrachte Erlösung ausgesagt, und zwar, wie Schleiermacher präzisiert die „vollständig" vollbrachte Erlösung, so daß es zwar eine Erlösung durch Jesus gibt, aber keine

---

[8] *Glaubenslehre* § 11, Leitsatz, 74 (= KGA 13/1, 93).

Erlösung von ihm geben kann. Durch diese Wesensformel kann Schleiermacher die konstitutive Zusammengehörigkeit von Erlösungsbewußtsein des einzelnen und Erlöser beschreiben. Das eine ist nicht ohne den anderen, und dieser ist nicht ohne das eine. Nicht nur wird deutlich, daß und inwiefern sich das Erlösungsbewußtsein auf Jesus von Nazareth und die in ihm vollbrachte Erlösung bezieht. Es wird zugleich deutlich, daß die eigentümliche Bedeutung Jesu von Nazareth in seiner Erlösertätigkeit liegt und darin, wie sie sich als von Jesus dem Christus gewirkt im Erlösungsbewußtsein des einzelnen und der Gemeinde manifestiert. Seine Würde als Erlöser ist darin begründet, daß er das Erlösungsbewußtsein in der Gemeinde und im einzelnen bewirkt. In den Worten Schleiermachers: „Die Beziehung auf die Erlösung ist nur deshalb in jedem christlichen frommen Bewußtsein, weil der Anfänger der christlichen Gemeinschaft der Erlöser ist; und Jesus ist nur auf die Weise Stifter einer frommen Gemeinschaft, als die Glieder derselben sich der Erlösung durch ihn bewußt werden"[9]. Deshalb kann es strikte heißen, „daß nur durch Jesum und also nur im Christentum die Erlösung der Mittelpunkt der Frömmigkeit geworden"[10] sei.

Mit dieser Bestimmung sind weiterreichende Aussagen verbunden, die wir zunächst noch zurückstellen wollen. Bevor wir das Erlösungsbewußtsein des Christen und die Bedeutung des Erlösers und damit das Zentrum der christlichen Religion näher beleuchten, gehen wir noch einmal zurück und fragen mit Schleiermacher nach dem Wesen der Religion als solcher, von welcher gelten soll, daß sie zum Wesen des Menschen gehört. Damit blicken wir auf den apologetischen Charakter von Schleiermachers *Glaubenslehre*.

---

[9] *Glaubenslehre* § 11, 3, 79 (= KGA 13/1, 98).
[10] *Glaubenslehre* § 11, 4, 80 (= KGA 13/1, 99).

3. Was ist das Wesen der Religion?

Wie läßt sich diese eigentümliche Anlage in der Natur des Menschen näher beschreiben? Schleiermacher zielt in allen seinen Überlegungen zur Religion auf die Selbständigkeit der Religion. Um deren Selbständigkeit zu begründen, grenzt er sie von Denken und Wollen ab. Religion ist nicht primär ein Vollzug des Denkens und auch nicht primär ein Vollzug des Handelns. Sie ist weder Metaphysik noch Moral. Denn kein Mensch, so insistiert Schleiermacher, ist durch Denken zur Religion als einer eigenen Lebensform gebracht worden. Religion läßt sich nicht andemonstrieren. Niemand wird durch Argumente und mithin auch nicht durch theologische Lehre in dasjenige eingestellt, was Frömmigkeit als Lebensform bedeutet. Das heißt nun für Schleiermacher wiederum nicht, daß Religion unvernünftig ist. Das kann sie schon deshalb nicht sein, weil sie zum Menschsein des Menschen gehört. Schleiermacher ist auch nicht der Meinung, daß auf Charakter und Inhalt des religiösen Vollzugs nicht reflektiert werden kann, sonst wäre sein eigenes Unternehmen in der *Glaubenslehre* widersinnig. Sosehr wir uns auf unseren religiösen Vollzug als solchen reflektierend beziehen können und sollen, so wenig ist er durch Reflexion herzustellen und sowenig geht er in Reflexion auf. Schon gar nicht aber läßt sich behaupten, daß „die Philosophie sich über den Glauben stellt und diesen als einen (bloßen, C.A.) Durchgangszustand betrachtet" – als Durchgangspunkt nämlich auf dem Weg zum eigentlichen Erfassen des Absoluten im philosophischen Begreifen; wie das Hegels Anspruch bildet, der die Aufhebung der Religion in den philosophischen Begriff fordert; und wie das im Grunde wohl jeder zunfttreue Philosoph behauptet, wenn er sich überhaupt noch mit Fragen der Religion und Metaphysik beschäftigt.

Diesen Anspruch des Denkens, eine höhere und geeignetere Form der Erfassung des Absoluten zu sein als es die Religion ist, weist Schleiermacher zurück. Religion ist dem Denken gegenüber etwas Eigentümliches und Selbständiges. Ihre Aufhebung ins Denken kann – mit Gründen, wie wir noch genauer sehen werden – nicht verlangt werden.

Dasselbe gilt nun hinsichtlich des Verhältnisses der Religion zur Moral. Zwar kann und soll aus dem frommen Vollzug eine Selbsttätigkeit des Menschen entspringen. Gerade Schleiermacher betont die enge Zusammengehörigkeit von *Glaubenslehre* und christlicher Sittenlehre, von Glaube und Heiligung des christenmenschlichen Lebens. Der Glaube kann und soll sich in selbsttätigen Vollzügen äußern, er soll ethisch werden, Kultur bilden und Welt gestalten. In ihrem *Kern* aber ist Religion etwas vom Handeln Unterschiedenes, etwas Eigentümliches; und ihre primäre Funktion kann schon gar nicht darin liegen, die Moral im Menschen befördern zu sollen. Schleiermacher kritisiert damit die gemeine Auffassung, die Religion zur Durchsetzung ethischer Wertebildung gebrauchen zu wollen; und er kritisiert die reflektierte Form eines solchen Versuchs, wie es Kant und seine Adepten propagieren. Kant verortet die Religion im Zusammenhang der Moral, indem die vernunftgereinigte Religion das, was praktische Vernunft allein durch sich selber als allgemeinverbindlichen handlungsleitenden Grundsatz erkennt, befördern soll; und zwar vorwiegend bei denen, die den ihnen prinzipiell möglichen Aufschwung zur praktischen Vernunft schuldig bleiben, aus Gründen der Selbstliebe und der Faulheit. Das wiederum sind die meisten, und also ist Religion Sache fürs Volk und nicht für die Denker. Schleiermacher weist auch diese Auffassung entschieden zurück. Religion ist im Kern etwas anderes als Denken und im Kern etwas anderes als Handeln, wenngleich sie in beides überführt werden kann und soll. Was aber ist Religion?

4. Religion als Gefühl schlechthinniger Abhängigkeit

In der *Glaubenslehre* bestimmt Schleiermacher die Frömmigkeit als schlechthinniges Abhängigkeitsgefühl. So formuliert es der berühmte und über zwei Jahrhunderte immer wieder analysierte §4 derselben: „Das sich selbst gleiche Wesen der Frömmigkeit, ist dieses, daß wir uns unserer selbst als schlechthin abhängig, oder, was dasselbe sagen will, als in Beziehung mit Gott bewußt sind."[11] Das schlechthinnige Abhängigkeitsgefühl ist ein unseren Selbstvollzug immer schon latent begleitendes Gefühl. Es ist, wie Schleiermacher sagt, „mitgesetzt" in unserem Selbstvollzug. Wer zu einiger Selbstbeobachtung fähig sei, der könne die Zustimmung zu dieser seiner Beschreibung nicht verweigern, insistiert Schleiermacher. Ich gebe Ihnen diese Zumutung weiter und versuche Sie in Schleiermachers Argumentation mitzunehmen und also zur Selbstbeobachtung anzuleiten.

Wir sind solche, die Iche sind in einer Welt und die ihr Leben in der Wechselwirkung mit der Welt vollziehen. Keiner von uns ist ein Ich nur für sich, sondern er ist dieses Ich in und durch die Beziehung auf andere und anderes. Aufgrund dieser Wechselwirkung und mithin durch den Einfluß dessen, was die Welt ist, sprich durch andere und anderes, werden wir jeweils unterschiedlich affiziert, und zwar dem Inhalt und dem Grade nach. Unterschiedliches affiziert uns und in unterschiedlicher Stärke. Die Einwirkung von anderem und anderen auf uns und von uns auf anderes und andere prägt unser „jeweiliges Sosein", wie Schleiermacher sagt. Dadurch sind wir konkrete Individuen, diese je besonderen Iche, und durchlaufen im Verlauf unseres Lebens Veränderungen an unserem Selbst. *Zugleich* aber wissen wir uns in und durch diese Veränderungen hindurch als mit uns Identische. Ich war gestern begeistert von einem architektonischen Bau, bin heute angespannt wegen der zu haltenden Ringvorlesung und morgen enttäuscht, wenn der ersehnte Brief nicht ankommt. Ich erfahre mich in unterschiedlichen Zuständen meiner selbst und weiß mich darin zugleich mit mir identisch.

Diese Erfahrung, daß ich ein Ich in einer Welt und nie nur für mich bin, spiegelt sich in dem Wissen, das ich von mir selbst habe. Darin erfahre ich mich nun weder als schlechthinnig frei, weil ich durch anderes bestimmt werde; noch auch erfahre ich mich als schlechthinnig abhängig. Denn, so Schleiermacher, auf alles in der Welt kann ich eine Gegenwirkung ausüben, und sei es auch eine noch so geringe. Ich erfahre und weiß mich mithin als ein in der Welt seiendes Wesen als relativ frei und relativ abhängig.

---

[11] *Glaubenslehre* § 4, Leitsatz, 23 (= KGA 13/1, 32).

Worin manifestiert sich dann aber das *schlechthinnige* Abhängigkeitsgefühl, auf das Schleiermachers Argumentation doch hinaus will und welches die Basis aller Frömmigkeit, aller Religion, bildet? Nun, Schleiermacher bezieht es darauf, daß wir so, wie wir sind und uns vollziehen und uns darin selbst wissen, nicht durch uns selbst sind. In der Sprache Schleiermachers: „Allein ... das unsere gesamte Selbsttätigkeit, also auch, weil diese niemals null ist, unser ganzes Dasein begleitende, schlechthinnige Freiheit verneinende Selbstbewußtsein ist schon an und für sich ein Bewußtsein schlechthinniger Abhängigkeit; denn es ist das Bewußtsein, daß unsere ganze Selbsttätigkeit von anderswo her ist".[12]

Dieses „von anderswo her" kann nicht die Welt sein, weil wir im Verhältnis zur Welt kein *schlechthinniges* Abhängigkeitsgefühl haben. In seiner Bestimmtheit schlechthinnig zu sein, verweist das Abhängigkeitsgefühl daher auf Gott als sein Woher. Deshalb besagt das Sich-schlechthinnig-abhängig-Fühlen dasselbe, wie wenn wir uns in Beziehung zu Gott bewußt sind. Schleiermacher kann darum folgern: „Gott sei uns gegeben im Gefühl auf eine ursprüngliche Weise".[13] Das Gefühl der schlechthinnigen Abhängigkeit sei eine „ursprüngliche() Offenbarung Gottes an den Menschen";[14] es ist also immer schon mitgesetzt in unserem Selbstvollzug, wenn es auch als solches nicht bewußt und explizit gemacht ist.

Wir haben mithin in unserem Selbstverhältnis ein Wissen um uns selbst in unserer Beziehung zur Welt und eine darin mitgesetzte Gottesahndung, und das Gefühl ist im Unterschied zu Denken und Wollen dasjenige Vermögen, in welchem uns Gott gegeben ist; wir müssen pointierter sagen, wie Gott uns *allein* gegeben sein kann auf *ursprüngliche* Weise. Sich-schlechthinnig-abhängig-Erfahren hat nach Schleiermacher seinen spezifischen Ort im Gefühl, weil allein das Gefühl im Unterschied zu Denken und Handeln durch gänzliche Passivität bestimmt ist.

---

[12] *Glaubenslehre* § 4, 3, 28 (= KGA 13/1, 38).
[13] *Glaubenslehre* § 4, 4, 30 (= KGA 13/1, 40).
[14] *Glaubenslehre* § 4, 4, 30 (= KGA 13/1, 40).

Eine solch gänzliche Passivität aber ist erforderlich, um die Abhängigkeit als eine schlechthinnige zu gewärtigen. Denn sie ist eine schlechthinnige ja gerade dadurch, daß keine Gegenwirkung in ihr statthat.

Das schließt eine aufnehmende Empfänglichkeit auf Seiten des Menschen nicht aus. Wir sind keine Steine und keine Baumstumpfe. Mit einer selbsttätigen *Gegen*wirkung allerdings wäre ein Freiheitsgefühl gegeben, was die Schlechthinnigkeit des Abhängigkeitsgefühls unterliefe. Deshalb ist das Gefühl in seiner Passivität der Raum der Erfahrung schlechthinniger Abhängigkeit und damit die eigene Provinz der Religion. Es ist nach allem, was wir ausgeführt haben, nicht ein Gefühl unter anderen Gefühlen. Es ist vielmehr ein Grundgefühl, das mit dem Selbstvollzug unseres Lebens immer schon mitgesetzt ist und diesen latent begleitet.

Dies wiederum sind nicht nur fromme Äußerungen über ein frommes Gefühl. Damit erhebt Schleiermacher den entscheidenden Anspruch für die Religion – und verweist die Philosophie in die zweite Reihe. Weil die Erfahrung der Wirklichkeit Gottes eine solche sein muß, in welcher der Mensch der Empfangende, der Passive ist, deshalb ist die Religion, weil und indem sie Gefühl ist, diejenige Form der Erfahrung, in welcher Gott sich auf ursprüngliche Weise offenbart. In der Religion ist Gott auf ursprüngliche Weise gegenwärtig – und nicht im Denken. Dies ist der Anspruch, den Schleiermacher als Denker der Religion für diese geltend macht.

Nachdem wir die Passivität des Abhängigkeitsgefühls so stark betont haben, ist es wichtig festzuhalten: Es gibt das schlechthinnige Abhängigkeitsgefühl nur zusammen mit und am endlichen Freiheitsvollzug. Dies ist in aller Strenge zu betonen. Nicht allein, um Hegels schwäbisch bissige Polemik zurückzuweisen. Hegel fand Schleiermachers Bestimmung der Frömmigkeit als schlechthinniges Abhängigkeitsgefühl nur dazu tauglich, den Hund als den besten Christen auszugeben: denn dieser fühlt sich schlechthinnig abhängig vom Knochen. Das ist herbe Polemik unter den Giganten der Berliner Denkerszene. Hegel polemisierte natürlich wider besseres Wissen. Schleiermacher betont ausdrücklich:

„Ohne alles Freiheitsgefühl … wäre ein schlechthinniges Abhängigkeitsgefühl nicht möglich."[15] Sprich, das schlechthinnige Abhängigkeitsgefühl ist dasjenige an und in unserem *Freiheits*vollzug, was auf sein Gesetztsein, auf seinen Verdanktheitscharakter, auf das Geschöpfsein des Subjekts verweist.

Indes: Auch damit haben wir noch nicht vollständig dasjenige erfaßt, worauf Schleiermachers Argumentation letztlich aus ist. Denn Schleiermacher will sagen, daß durch die Erlösung das schlechthinnige Abhängigkeitsgefühl erst wirklich *in Kraft gesetzt* wird, daß allererst im Erlösungsbewußtsein die wahre Freiheit des endlichen Subjekts konstituiert wird. Nur wenn wir Schleiermachers Erlösungslehre in diesem Sinne, und das heißt als Konstitutionstheorie wahrer Freiheit verstehen, ist der eigentliche Zielpunkt seiner Argumentation im Blick. Schleiermacher will zeigen, daß und wie im Erlösungsbewußtsein die Freiheit des Christenmenschen allererst konstituiert, mithin wahre Freiheit begründet wird, welche immer nur eine solche sein kann, die im Vollzug ihrer selbst *zugleich* ihrer Geschöpflichkeit bzw. ihrer Verdanktheit inne ist. Indem wir Schleiermacher so verstehen, behaupten wir ihn als einen Theoretiker der Freiheit eines Christenmenschen.

Das, was wir im schlechthinnigen Abhängigkeitsgefühl über unser Selbstsein gewärtigen, das gilt nun nicht nur von uns, sondern von allem Endlichen als solchem. Das fromme Gefühl beinhaltet ein „allgemeines Endlichkeitsbewußtsein"[16]. Es weiß nicht nur *sich*, sondern *alles*, was ist, als schlechthinnig abhängig von Gott. Insofern sind im frommen Gefühl Selbst-, Welt- und Gottesbewußtsein beieinander. Das ist wiederum die Basis dafür, daß Schleiermacher diese Dreiheit des Selbst- Welt und Gottesbezugs aufgreift und aus dem frommen Gefühl nicht nur Aussagen über das Subjekt, sondern auch solche über die Welt und solche über Gott, nämlich göttliche Eigenschaften, ableitet. Dieses Strukturprinzip legt Schleiermacher seiner *Glaubenslehre* in Gänze zugrunde. Denn wir erinnern uns, er will die christliche

---

[15] *Glaubenslehre* § 4, 3, 28 (= KGA 13/1, 38).
[16] *Glaubenslehre* § 8, 2, 53 (= KGA, 13/1, 67).

Lehre im systematischen Zusammenhang, und zwar so darstellen, wie sie sich aus dem frommen Selbstbewußtsein ergibt.

Wir stehen mit Schleiermacher an der Stelle, wo sich das fromme Selbstbewußtsein als schlechthinnig abhängig erfährt und ebenso die Welt als Ganze als schlechthinnig abhängig weiß. Daraus ergeben sich entsprechende Aussagen über Gott, insofern uns Gott im Gefühl gegeben ist auf ursprüngliche Weise. Insofern ich mich und mit mir alles als schlechthinnig abhängig weiß, ist Gott als die in allem, was ist, schöpferisch gegenwärtige und erhaltende Macht zu verstehen. Im Zentrum der aus dem schlechthinnigen Abhängigkeitsgefühl abgeleiteten Aussagen über Gott stehen mithin seine Allgegenwart und Allmacht, wobei die Ewigkeit Gottes die Allgegenwartsaussage, die Allwissenheit die Allmachtsaussage näher ergänzt.

Wir halten kurz inne und vergegenwärtigen uns dasjenige, was Schleiermacher hier zu entfalten sucht. Wenn wir es in die Sprache des Katechismus übertragen, dann lautet es: „Ich glaube, daß mich Gott geschaffen hat samt allen Kreaturen". Nicht wenige von uns werden nun wohl bei sich denken: Warum redet Schleiermacher so kompliziert, wenn es doch auch einfach klingen kann. Nun: Schleiermacher versucht dasjenige, was Religion und Glaube ist, unter neuzeitlichen Bedingungen auszusagen und es vernünftig plausibel zu machen, und das bedeutet: es zu entfalten im Blick auf das sich wissende Selbstverhältnis des einzelnen in seiner Welt.

5. Sünde und Erlösung des Menschen

Seiner Bestimmtheit gemäß soll das schlechthinnige Abhängigkeitsgefühl den endlichen Freiheitsvollzug *durchgängig*, also in jedem Moment bestimmen. Wir sollen in unserem gesamten Selbstvollzug uns *stetig* als schlechthinnig abhängig von Gott wissen und vollziehen, d.h. wir sollen Geschöpfe sein und Gott dadurch die Ehre geben. Wir halten fest: Darin liegt unsere Bestimmung als Geschöpf. Denn nur solcherart entspricht die endliche Freiheit ihrem Charakter, endliche Freiheit zu sein; nur solcherart entspricht das Geschöpf seinem Geschöpfsein und damit seinem eigentlichen Wesen. Deshalb gehört das schlechthinnige Abhängigkeitsgefühl irgendwie immer mit zum Selbstvollzug des Menschen, „west" es latent immer an, weil es mit unserer Endlichkeit mitgesetzt ist. Es kann somit niemals gänzlich Null sein.

Wir halten noch einmal fest: Darin liegt die Bestimmung des Geschöpfs. Und hören zugleich mit, daß wir von einem Selbstvollzug herkommen und uns in einem Selbstvollzug befinden, der immer schon diesen Charakter unseres Geschöpfseins negiert hat, der nicht und schon gar nicht durchgängig durch das schlechthinnige Abhängigkeitsgefühl bestimmt war und ist, und der darum immer schon hinter dem zurückgeblieben ist, was er im Gegenüber zum Schöpfer sein soll. Dies ist der Zustand der Sünde, und damit kommen wir zur religiösen Grunderfahrung, wie sie durch den Gegensatz von Sünde und Gnade bestimmt ist.

Das Spezifische des christlichen Glaubens, so haben wir bereits gehört, ist das Erlösungsbewußtsein, das auf die Person Jesu Christi bezogen wird. Schleiermacher analysiert zunächst nur diejenigen Aussagen, die in diesem Grundsatz enthalten sind. Der christliche Glaube erfährt seine Bezogenheit auf Jesus Christus als Erlösung. Erlösung heißt eine Loslösung aus einem Zustand der Gebundenheit in einen Zustand der Ungebundenheit. Dies wiederum erfährt der Christenmensch nur in und durch die Bezogenheit auf Jesus Christus. Aus diesem Grundsatz ergeben sich sogleich weitere Folgerungen nach zwei Seiten hin: Wenn dasjenige, was im Glauben an Jesus Christus erfahren wird, als Erlösung erfahren wird, dann setzt dies einen Zustand der Gebundenheit voraus, aus welchem wir in den Zustand der Ungebundenheit geführt werden. Mithin verweist dies auf die Lehre von der Sünde, insofern die Sünde die Hemmung des Gottesbewußtseins und die Gnade die durch Jesus Christus in uns konstituierte Beförderung des Gottesbewußtseins in seine Kräftigkeit anzeigt. Dies wiederum paßt aufs genaueste zur Analyse des schlechthinnigen Abhängigkeitsgefühls.

Denn für dieses hatten wir herausgearbeitet, daß es niemals gänzlich null sein kann, weil es zum Wesen der menschlichen

Natur gehört; es ist aber durch unser sinnliches Selbstbewußtsein in den Zustand der bloßen Latenz zurückgedrängt. Darin
manifestiert sich die Sünde. Denn sie ist diejenige Bestimmtheit
unseres Lebensvollzugs, in dem wir durch unsere von uns selbst
anfangende Selbsttätigkeit immer schon das Gottesbewußtsein
zurückgedrängt haben. *Haben* müssen wir betonen. Aus diesem
Immer-schon-zurückgedrängt-Haben resultiert eine Zähigkeit
und Widerständigkeit unseres Selbstvollzugs im Sich-selber-
Wollen, der eine gänzliche Unfähigkeit zum Guten darstellt.
Diese gänzliche Unfähigkeit ist durch uns selbst heraufgeführt
und wird durch uns selbst dauernd potenziert, nämlich durch
unseren sich selber wollenden Selbstvollzug. Er ist aufgrund willentlichen Vollzugs daher unsere Schuld. Er ist zugleich durch
den Kontext bestimmt, in dem wir leben und in welchem jeder
andere ebenso strukturiert ist und in welchem ebenso das gesellschaftliche Ganze durch das Böse bestimmt ist.

Dieser Zustand unserer selbst und der Welt im Ganzen ist ein
Zustand der völligen Unfähigkeit zum Guten. Ihm eignet eine
solche Widerständigkeit, daß er nicht sozusagen punktum aufgelöst werden kann. Vielmehr gilt auch für den Frommgläubigen,
in welchem das Erlösungsbewußtsein Platz gegriffen hat, daß die
Resistenz des „alten Adam" zurückbleibt und der Glaube darin
sich bewährt, daß er zunehmend, aber niemals völlig, und auch
nicht kontinuierlich zunehmend diese Resistenz des alten Adam
zu bekämpfen vermag.

Die Sünde ist indes nicht nur Sünde des einzelnen und der einzelnen. Sie ist nicht nur eine dem einzelnen unvorgreifliche Bestimmtheit seiner selbst. Sie ist darüber hinaus auch eine sich ver-
selbständigende Wirkmacht. Sie bildet ein „Reich des Bösen",
das den einzelnen immer aufs Neue bedrängt, insofern er nicht
außerhalb, sondern innerhalb des gesellschaftlichen Ganzen und
in der Wechselwirkung mit der Welt steht.

Weil die Sünde sich im einzelnen und im Reich der Sünde manifestiert, deshalb kann das Geschehen der Erlösung nicht allein
als etwas verstanden werden, was im einzelnen geschieht – durch
Wiedergeburt, Rechtfertigung und Heiligung. Die Erlösung
muß vielmehr eine wirkmächtige Gegenkraft zum „Reich des

Bösen" bilden, um dieses als Reich überwinden zu können. Es bedarf daher der Stiftung eines „Reichs des Guten", das eine Gegenkraft gegen jenes, das Reich des Bösen, darstellt. Darin liegt die Bedeutung der Kirche. Sie ist das „neue() göttlich gewirkte() Gesamtleben, welches dem Gesamtleben der Sünde und der darin entwickelten Unseligkeit entgegenwirkt"[17], in welchem mithin der einzelne des Erlösungsbewußtseins teilhaftig wird.

Wenn wir uns beide Aspekte des Erlösungsgeschehens vergegenwärtigen: daß es im einzelnen wirkt und zugleich durch das Reich der Gnade, dann wird uns deutlich, daß Schleiermacher darin das eigentümliche „Geschäft Jesu Christi" gegeben sieht: Er ist derjenige, der die Erlösung im einzelnen wirkt, indem er ein Reich der Gnade in Gestalt der Kirche stiftet und in diesem durch das Wirken des Heiligen Geistes fortwirkt.

6. Jesus Christus – der wahre Mensch und das Urbild der Gottesgemeinschaft

Wenn wir Schleiermachers Argumentation bis hierher gefolgt sind, dann können wir auf der Basis des Erlösungsbewußtseins seine Aussagen über den Erlöser entwickeln.

Lassen Sie mich diese Aspekte unter insgesamt fünf Gesichtspunkten zusammenfassen. Die meisten ergeben sich aus dem bisher Erläuterten. Darin zeigt sich die Systematizität von Schleiermachers Denken.

a. Im Erlösungsbewußtsein wird die durch den Erlöser mitgeteilte Erlösung als Inkraftsetzung des Gottesbewußtseins erfahren. Jesus Christus kann daher nicht als bloß ethisches Vorbild oder als ein bloß weisheitlicher Lehrer verstanden werden, wenn die von ihm gewirkte Erlösung in der Aufhebung der Unkräftigkeit des Gottesbewußtseins besteht. Mit Vehemenz wehrt Schleiermacher alle Versuche bloßer Jesuanologien ab. Sie begründen nicht dasjenige, was im Glauben, sofern er Erlösungsbewußtsein ist, erfahren wird. Jesus ist nicht bloß ethi-

---

[17] *Glaubenslehre* § 87, Leitsatz, II, 15 (= KGA 13/2, 18).

sches Vorbild und auch nicht bloß der Erste in einer Reihe frommer Menschen. Er ist „Urbild", und zwar wirkkräftiges Urbild, indem er die Gemeinde und uns einzelne in die Kräftigkeit seines Gottesbewußtseins hineinnimmt.

b. Der Erlöser ist durch die *Stetigkeit* seines Gottesbewußtseins ausgezeichnet. Solcherart ist er zugleich die Vollendung der menschlichen Natur, die nicht schon in Adam, sondern allererst mit Jesus von Nazareth erschienen ist. In ihm, dem zweiten Adam, ist erschienen, was unsere Bestimmung als Geschöpf ist: nämlich solche zu sein, die der Geschöpflichkeit ihres Daseins entsprechen und dadurch Gott die Ehre geben.

c. Die den Erlöser auszeichnende stetige Kräftigkeit seines Gottesbewußtseins unterscheidet ihn grundsätzlich von uns. Sie läßt sich nicht als eine Entwicklung der menschlichen Natur aus sich selber, sondern nur als „ein eigentliches Sein Gottes in ihm"[18] verstehen.

d. Der Erlöser ist wirklicher Mensch und als solcher in den Naturzusammenhang eingebunden. Die Würde seiner Person jedoch, wodurch er der Erlöser ist, ist nur als etwas schlechthin Neues zu verstehen. Jesus Christus führt einen neuen Anfang im Menschengeschlecht herauf, der die Religionsgeschichte insgesamt und mit ihr die Menschheitsgeschichte auf eine höhere Stufe ihrer Entwicklung bringt. – Es ist nebenbei bemerkt dieses „Neue" in der eigentümlichen Würde Jesu Christi, das Schleiermacher konsequent festhält, und weshalb er die Einbindung Jesu von Nazareth ins Judentum als für das Verständnis seiner erlösenden Eigentümlichkeit als des von Gott her Neuen für belanglos hält.[19] Deshalb hat Schleiermacher Vorlesungen über alle theologischen Disziplinen, aber keine Vorlesung zum AT gehalten.

---

[18] Glaubenslehre § 94, Leitsatz, II, 43 (= KGA 13/2, 52).
[19] Zweites Sendschreiben über seine Glaubenslehre an Friedrich Lücke: „Diese Überzeugung, dass das lebendige Christentum in seinem Fortgange gar keines Stützpunktes aus dem Judentum bedürfe, ist in mir so alt als mein religiöses Bewußtsein überhaupt". Schleiermacher-Auswahl, hrsg. v. Hermann BOLLI, 151 (= Kritische Gesamtausgabe Abt. I, Bd. 10, 354).

e. Die Stetigkeit des Gottesbewußtseins im Erlöser, wofür sich Schleiermacher primär auf das Johannesevangelium beruft, ist eine Stetigkeit, die keinen sittlichen Kampf zuläßt und keiner Unterbrechung unterliegt. Darum kann Schleiermacher das Sterbensgebet Jesu nicht als Ausdruck der Anfechtung und Gottverzagtheit verstehen. Dazu hören wir eine Passage aus Schleiermachers Predigt „Ueber den Gemütszustand des Erlösers in seinen lezten Stunden", Passionspredigt über den Text Matthäus 27, 46: „Und um die neunte Stunde schrie Jesu laut und sprach, Mein Gott, mein Gott, warum hast du mich verlassen.- Meine andächtigen Freunde. Es ist gewiß vielen aufmerksamen Christen immer schwer geworden sich diese Worte in dem Munde des Erlösers zu denken ... Wie können wir uns in dem, der immer so ganz sich selbst gleich blieb, dessen innige Gemeinschaft mit seinem Vater im Himmel in keinem Augenblikk des Lebens unterbrochen war und auch nicht unterbrochen werden durfte, wenn er in jedem Augenblikke seines Lebens unser Erlöser und also der wohlgefällige Sohn seines Vaters sein sollte, – wie können wir uns in dem, einen solchen Wechsel und eine solches Herabsinken seines Gemüthes von dem festen Vertrauen zu dem verzagten Gefühl der Gottverlassenheit erklären? ... Unmöglich meine gläubigen Freunde können wir uns das denken! Sondern das scheint mir auf das wesentlichste und innigste mit unserm Glauben an den göttlichen Erlöser zusammenzuhängen, daß er immer und ununterbrochen, ja, wenn wir hierin dürften ein mehr oder weniger nach menschlicher Weise unterscheiden, gewiß ganz vorzüglich in dem Augenblikk der einiggeliebte seines Vaters im Himmel gewesen ist, als er seinem Berufe gemäß sein menschliches Leben für das sündige Geschlecht der Menschen ließ."[20]

In diesen Ausführungen zum Erlöser liegt die Antwort beschlossen, die der reife Schleiermacher in seiner *Glaubenslehre* auch sich selbst auf seine anfänglichen Glaubenszweifel gegeben hat.

---

[20] Gesammelte Werke, Abt. II, Predigten, Bd. 2, Sechste Sammlung, Berlin 1843, 399ff.

7. Schluß

Schleiermacher war von der Überzeugung geleitet, daß es nicht dazu kommen dürfe, daß „der Knoten der Geschichte so auseinander gehe; das Christentum mit der Barbarei, und die Wissenschaft mit dem Unglauben"[21]. Er hat der theologischen Zunft deshalb drei Aufgaben mit auf den Weg gegeben: Die Frage nach der Religion als anthropologischem Fundamentale; die Aufgabe einer Theologie der Religionen und verbunden damit die Frage nach der Höchstgeltung des Christentums; und schließlich die Entfaltung der christlichen Lehre im Ausgang vom Glaubensbewußtsein. Damit hat Schleiermacher Bahnbrechendes geleistet und Bleibendes gefordert für die Aufgabe der Theologie, wie sie sich unter den Bedingungen der Neuzeit zu gestalten hat. Daß in ihm ein großer, ein genialer Geist am Denken war, hat ihm selbst einer seiner schärfsten Kritiker bescheinigt: „Wir haben es mit einem Heros zu tun, wie sie der Theologie nur selten geschenkt werden. Wer von dem Glanz, der von dieser Erscheinung ausgegangen ist und noch ausgeht, nichts gemerkt hätte ‚- ja ich möchte fast sagen: wer ihm nie erlegen wäre, der mag in Ehren andere und vielleicht bessere Wege gehen, er sollte es aber unterlassen, gegen diesen Mann auch nur den Finger aufzuheben. Wer hier nie geliebt hat und wer nicht in der Lage ist, hier immer wieder zu lieben, der darf hier nicht hassen".[22]

---

[21] SCHLEIERMACHER: Zweites Sendschreiben über seine Glaubenslehre an Friedrich Lücke, Kritische Gesamtausgabe Abt. I, Bd. 10, 347; (auch abgedruckt in: Schleiermacher-Auswahl, hrsg. v. H. BOLLI, 146).

[22] Karl BARTH: Die protestantische Theologie im 19. Jahrhundert. Ihre Vorgeschichte und Geschichte, Zürich 4. Auflage 1981, 380f.

Literaturhinweise

Textausgaben

Sämmtliche Werke Schleiermachers in drei Abteilungen (zur Theologie 11
    Bände, Berlin 1835–1864; Predigten 10 Bände, 1834–1856; zur Philoso-
    phie 9 Bände 1835–1862), verschiedene Hrsg., Berlin 1834 ff.
Kritische Gesamtausgabe (in voraussichtlich 60 Bänden), im Auftrag der
    Berlin-Brandenburgischen Akademie der Wissenschaften und der Aka-
    demie der Wissenschaften zu Göttingen hrsg. von H.-J. Birkner / G.
    Ebeling / H. Fischer / H. Kimmerle / K.-V. Selge 1980 ff, ab 1991 hrsg.
    von H. Fischer / U. Barth / K. Cramer / G. Meckenstock / K.-V. Selge,
    Berlin/New York, zitiert als KGA.
Über die Religion. Reden an die Gebildeten unter ihren Verächtern (1799),
    verschiedene neuere Ausgaben, etwa: hrsg. und mit einer historischen
    Einführung versehen v. G. Meckenstock, Berlin / New York 1999.
Der christliche Glaube. Nach den Grundsätzen der evangelischen Kirche
    im Zusammenhange dargestellt, 2. Auflage Berlin 1830, hrsg. v. M. Re-
    deker, 2 Bände, Berlin 7. Auflage 1960 u.ö. (= Kritische Gesamtausgabe
    I. Abt. Bde 13, 1 und 2, Berlin / New York 2003).
Über seine Glaubenslehre. Erstes und zweites Sendschreiben an Dr. Fried-
    rich Lücke, Kritische Gesamtausgabe I/10, 1990, 307–394; auch abge-
    druckt in: Schleiermacher-Auswahl. Mit einem Nachwort von Karl
    Barth, hg. v. H. Bolli, Gütersloh (GTB) 3. Aufl. 1983 (vergriffen).
Kurze Darstellung des theologischen Studiums zum behuf einleitender
    Vorlesungen (1811/1830), hrsg. von Dirk Schmid, Berlin / New York,
    2002 (= Kritische Gesamtausgabe I/6, 1998, 243–446).

Einführende Literatur

FISCHER, Hermann: Friedrich Schleiermacher, München 2001.
KANTZENBACH, Friedrich Wilhelm: Friedrich Daniel Ernst Schleiermacher
    mit Selbstzeugnissen und Bilddokumenten dargestellt (Rowohlt-Mo-
    nographien 126), Hamburg (1967) 1989.
LANGE, Dietz (Hrsg.): Friedrich Schleiermacher 1768–1834, Theologe-
    Philosoph-Pädagoge, Göttingen 1985.
NOWAK, Kurt: Schleiermacher. Leben, Werk und Wirkung, Göttingen
    2002.

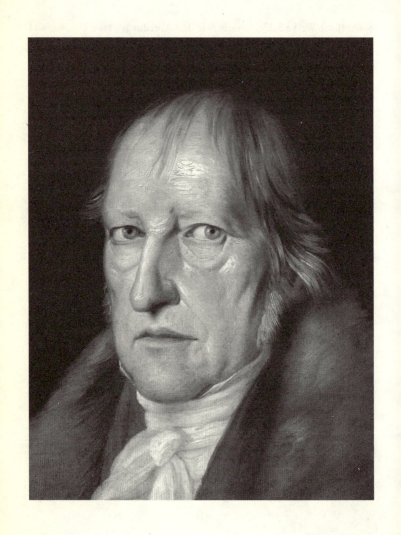

Hegel

Walter Jaeschke

I. Prolegomena

1. In einer Trauerrede in der Berliner Universität anläßlich von Hegels Ableben zieht der Redner einen bemerkenswerten Vergleich: „Unserm Erlöser ähnlich, dessen Namen er stets verherrlicht hat in allem seinem Denken und Tun, in dessen göttlicher Lehre er das tiefe Wesen des menschlichen Geistes wiedererkannte", sei nun auch Hegel „in seine wahre Heimat zurückgegangen und durch den Tod zur Auferstehung und Herrlichkeit hindurchgedrungen." Bemerkenswert ist zudem, daß dem Redner nicht etwa eine zwar flagrante, aber gleichsam naive Verwechslung strikt zu trennender Sphären unterläuft. Denn es ist Konrad Philipp Marheineke gewesen, Hegels Kollege von der theologischen Fakultät, der diese extravagante Parallele gezeichnet hat.[1]

Trauerreden mögen ihre eigene Logik der Stilisierung, ja der peinlichen Übertreibung haben. Entgleisungen finden sich aber auch in entgegensetzter Richtung: Denn seinen Kritikern gilt Hegel zur gleichen Zeit als derjenige, der, statt an den persönlichen Gott des Christentums zu glauben, in seiner „Fabrik auf dem Kupfergraben in Berlin" lediglich „gläserne Marionetten" oder einen „papierenen Schulgötzen" oder einen „Vernunftgötzen" „aus seinen eigenen Eingeweiden" erzeuge.[2] Und wenn wenige Jahre später der Rezeption der Religionsphilosophie Hegels

---

[1] Hegel in Berichten seiner Zeitgenossen. Hrsg. von Günther NICOLIN, Hamburg 1970, 474f.

[2] Siehe die Nachweise in Walter JAESCHKE: Die Vernunft in der Religion. Studien zur Grundlegung der Religionsphilosophie Hegels, Stuttgart-Bad

durch seinen Schüler David Friedrich Strauß „Ischariothismus" vorgeworfen wird,[3] ist die gesamte Bandbreite möglicher Urteile über Hegels Stellung zur christlichen Religion entfaltet: von der Ähnlichkeit mit dem Erlöser bis zur Ähnlichkeit mit dessen Verräter.

2. In dieser Vortragsreihe sind bislang Apostel, Kirchenväter und Reformatoren sowie einige Theologen zur Sprache gekommen, denen ebenfalls gleichsam die Stellung von Kirchenvätern zukommt, da ihr Werk zu den zentralen, nahezu kanonischen Texten der theologischen Tradition zu rechnen ist. Hegel hingegen kommt in diese Reihe zwar nicht gerade wie Saul unter die Propheten, doch ist er in dieser Reihe der erste, der als Philosoph und nicht als Theologe spricht – zumindest nicht als christlicher, sondern als philosophischer Theologe. Zwar hat er die zu seiner Zeit übliche theologische Ausbildung durchlaufen, doch hat er sehr bewußt nicht den beruflichen Weg eingeschlagen, den sie eigentlich eröffnen sollte. Und wenn man von den vier Pflicht-Predigten seines letzten Studienjahres absieht, spricht er schon in seinen frühesten Fragmenten nicht als Theologe, sondern als Philosoph: aus der Kompetenz einer Vernunft, die sich als freie Erforschung von Wahrheit versteht und nicht einer Tradition, sondern allein ihrer eigenen Evidenz verpflichtet ist.

3. Ein Versuch, Hegel als „Denker des Christentums" zu porträtieren oder zu rezipieren, muß diese Differenz zwischen Theologie und Philosophie wohl beachten. In der Geschichte des Christentums ist sie zwar zumeist bedeutungslos gewesen, doch seit der Aufklärung trennen sich beide Disziplinen – nicht notwendig durch einen „garstigen breiten Graben", über den nicht hinüberzukommen wäre, von dem Lessing einmal in anderem Zusammenhang spricht,[4] aber doch im methodischen Ansatz und deshalb auch im Resultat. Die Einheit von Philosophie

---

Cannstatt 1986, 380. – Auf diese Arbeit sei insgesamt zur Begründung des hier Vorgetragenen verwiesen.

[3] Carl August ESCHENMAYER: Der Ischariothismus unserer Tage. Eine Zugabe zu dem jüngst erschienenen Werke: Das Leben Jesu von Strauß. I. Teil, Tübingen 1835.

[4] Gotthold Ephraim LESSING: Über den Beweis des Geistes und der

und Theologie, die unter diesen Bedingungen zuweilen – und auch für Hegel – noch als erstrebenswert erscheint, kann allenfalls eine solche Einheit sein, die diese Differenz anerkennt und sie umgreift. Ignoriert sie hingegen die Differenz, wird sie unwahr.

Die Philosophie ist seither in einer anderen Situation als die Theologie: Sie kann sich nicht auf vorgegebene Zeugnisse über das göttliche Handeln berufen und ebensowenig auf innere oder äußere Erfahrungen oder Unmittelbarkeiten, auch nicht auf zuvor nicht hinterfragte Annahmen wie einen personalen Gottesgedanken. Als eine „Wissenschaft", die selber beansprucht, auf letzte Prinzipien zurückzugehen, kann sie sich den Gottesgedanken aber auch nicht von der Theologie vorgeben lassen; vielmehr ist sie darauf eingeschränkt, den Gedanken Gottes mit den ihr zu Gebote stehenden Mitteln zu denken und eine philosophische Theologie zu entwerfen. Dies bedarf nicht allein eines immensen Begründungsaufwands; es ist nach Kants „Kritik aller Theologie aus spekulativen – also theoretischen – Prinzipien der Vernunft",[5] auch äußerst problematisch geworden; und es gibt zudem wenig und zunehmend weniger Anlaß zu der Vermutung, die Resultate einer derartigen philosophischen Theologie würden sich der Zustimmung zumindest der Theologie oder der Philosophie erfreuen – geschweige denn der Zustimmung beider Seiten.

4. Um dies zu konkretisieren, darf ich kurz an die Bedingungen erinnern, unter denen die philosophisch-theologische Diskussion zur Zeit Hegels steht. Sie bewegt sich insgesamt im Bannkreis der Lehre Kants, daß es der Vernunft zwar möglich sei, den Gedanken Gottes zu denken, jedoch nicht, sich seines Daseins zu vergewissern und Gott zu erkennen. Die Auseinandersetzungen kulminieren damals in drei „Streitsachen": im Spinoza- oder Pantheismusstreit von 1785 – also im Streit letztlich um die Frage, ob die Vernunft den Gottesgedanken nicht not-

---

Kraft. In: Lessing: Sämtliche Werke. Hrsg. von Karl LACHMANN / Franz MUNCKER, Leipzig 1897, Bd. XIII, 7.

[5] Immanuel KANT: Kritik der reinen Vernunft, Riga 1787, B 659–732.

wendig pantheistisch denken oder gar in einem „Atheismus der theoretischen Vernunft" enden müsse; im Atheismusstreit von 1798/99 – also im Streit darüber, ob der Versuch, den Gottesgedanken mit den Mitteln der praktischen Philosophie neu zu begründen, nicht ebenfalls in den Atheismus führe, nun aber zum „Atheismus der praktischen Vernunft"; und schließlich im „Streit um die Göttlichen Dinge" oder im „Theismusstreit" von 1811 / 12, in dem Jacobi und Schelling einen letzten großen Versuch unternehmen, mit den Mitteln der Philosophie einen Theismus zu begründen – allerdings einen Versuch, der nicht über die Kontroverse, ja über die erbitterte wechselseitige Polemik hinausgelangt ist und sich somit – statt sein Ziel zu erreichen – in „Antinomien der Überzeugung" verfangen und in Aporien geführt hat.[6]

5. Es ist nur zu plausibel, daß sich die Folgen dieser „Streitsachen" vielfältig in Hegels Werk zeigen – obschon die erste von ihnen, der Pantheismusstreit, noch in seine Schulzeit fällt. An den beiden späteren hat er ohnehin lebhaften, wenn auch vorsichtigen Anteil genommen – teils schon auf Grund seiner persönlichen Verbindungen mit den Kontrahenten. Wichtig geworden sind die genannten Bedingungen auch insofern für Hegels Werk, als sie eine Veränderung im Kanon der philosophischen Wissenschaften bewirkt haben: die Ersetzung der vormaligen philosophischen oder „natürlichen Theologie" durch die damals allererst entstehende Religionsphilosophie.

Die Philosophie kann sich den Gottesgedanken zwar nicht als etwas fraglos Gewisses oder gar als Erwiesenes vorgeben lassen und zum Ausgangspunkt einer philosophischen Theologie nehmen. Sie kann aber sehr wohl die Religion – als einen Teil des geistigen und gesellschaftlichen Lebens des Menschen – zum Gegenstand ihrer Erkenntnis machen und an ihr Einsichten zu gewinnen suchen, die dann auch wieder für eine philosophische

---

[6] Siehe Ingo KAUTTLIS: „Von ‚Antinomien der Überzeugung' und Aporien des modernen Theismus." In: Religionsphilosophie und spekulative Theologie. Der Streit um die Göttlichen Dinge (1799–1812). Hrsg. von Walter JAESCHKE, Hamburg 1994 (Philosophisch-literarische Streitsachen 3), 1–34.

Theologie relevant werden. Und sie kann ferner die Bedeutung analysieren, die eine Religion wie die christliche für die gesamte Ausbildung einer Kultur erhält – für die Kunst, das Recht und die Moralität, die Staatsform und die Philosophie. Diese beiden, nach dem Ende der „natürlichen Theologie" noch offenen Wege schlägt Hegel bereits sehr früh ein, und ich möchte ihm hier auf beiden Wegen folgen.

II. Das Christentum im Kontext der Religionsgeschichte

1. Schon in seinen frühen Texten, noch vor dem Atheismusstreit, sucht Hegel die christliche Religion mit einem von Kant übernommenen Begriffsinstrumentarium zu begreifen: Von ihrem Stifter her sei sie ursprünglich eine rein-moralische Religion, doch sei sie bereits in diesem Ursprung oder zumindest wenig später zu einer „positiven Religion" geworden, also zu einer Religion, die über den rein moralischen Gehalt hinaus äußere Vorschriften und Formen enthält. Bei der Ausarbeitung seines Manuskripts „Das Leben Jesu" (1795) überzeugt sich der junge Hegel jedoch davon, daß eine rein-moralische Religion ein Unding sei.[7] Entgegen Kants Forderung enthalte Religion über das rein Moralische hinaus stets Elemente des Positiven, des Gegebenen. Nach dem Scheitern dieses ersten Versuchs sucht er in seinen Frankfurter Fragmenten (1797–1800) die christliche Religion mit dem Instrumentarium der damaligen Tradition der „Vereinigungsphilosophie" zu begreifen – als eine Religion, die nach den jüdischen Entzweiungen das Göttliche in der Vereinigung von Subjekt und Objekt, von Mensch und Gott, von Geist und Natur erfaßt. Dieser Ansatz hat zwar bis heute viel Zustimmung, ja beinahe Zuneigung erfahren, doch hat es kaum je beunruhigt, daß seine innere Logik eine beklagenswerte Verzerrung des Bildes der Religion Israels erzwingt.

---

[7] Georg Wilhelm Friedrich HEGEL: Gesammelte Werke, Bd. 1. Hrsg. von Friedhelm NICOLIN und Gisela SCHÜLER, Hamburg 1989, 205–278.

Nur wenige Jahre später, mit dem Beginn der Jenaer Lehrtätigkeit des 31jährigen in Jena 1801, verändert sich Hegels Bild der christlichen Religion nochmals dramatisch, und dies in dreifacher Hinsicht. a) Sein Interesse ist nun nicht mehr, wie zuvor, ein primär praktisches, sondern ein theoretisches; b) und dieses theoretische Interesse gilt nicht mehr speziell dem Christentum, sondern einem allgemeinen Begriff der Religion. Die christliche Religion ist für ihn fortan *eine,* wenn auch eine ausgezeichnete Gestalt von Religion. Und schließlich: c) Grundlegend für das Verständnis von Religion wird nun der Begriff des Geistes, den Hegel gleichzeitig zum zentralen Begriff seines philosophischen „Systems" ausarbeitet – und ich füge rasch hinzu: ein Begriff des Geistes, der sich nicht aus der biblischen, sondern allenfalls aus der griechischen Tradition verständlich machen läßt – ohne daß ich damit einen jeden Gedanken auf seinen Ursprung entweder in „Athen" oder in „Jerusalem" zurückführen und somit im wörtlichen Sinne „reduzieren" wollte.

2. Wegen dieser Subsumtion des Christentums unter einen allgemeinen Begriff von Religion muß ich etwas ausholen und auf diesen geistesphilosophischen Begriff von Religion eingehen, bevor ich mich wieder unmittelbar Hegel, dem Denker des Christentums, zuwenden kann. Der „Geist", als dessen Manifestation Hegel Religion überhaupt versteht, ist keine mysteriöse, geschweige denn eine mythologische Entität. „Geist" existiert nirgends anders als in der uns aus dem menschlichen Leben vertrauten Geistigkeit – als der „Geist", der uns über die Natur erhebt und uns zu „geistigen Wesen" macht – zu empfindenden, bewußten, vernünftigen, wollenden und handelnden Wesen, die ihrerseits eine geistige Welt ebenso erschaffen, wie sie immer schon in eine solche Welt hineingeboren werden. Von einem anderen „Geist" ist bei Hegel nirgends die Rede – und es kann auf Grund seiner Systemkonzeption auch nicht davon die Rede sein. Das Wissen der Philosophie entwickelt sich ja in einem beweisenden Gang von Stufe zu Stufe – von der Logik über die Natur zum Geist; es beansprucht ja, ein wissenschaftliches Wissen zu sein, eine Einsicht in die Notwendigkeit, die durch Denken und Begreifen bewirkt wird.

Im Begriff des Geistes hebt Hegel *eine* Struktur heraus: „Geist" ist stets zumindest auch auf sich selbst gerichtet – und er ist nicht eine bloße, sondern eine wissende Selbstbeziehung: Erkenntnis seiner selbst. Diese Selbstbeziehung findet zwar in jeder Erkenntnis statt – auch dort, wo sie nicht eigens ins Bewußtsein tritt. Diejenigen eigentümlichen Gestalten der geistigen Wirklichkeit aber, in denen der Geist sich ausdrücklich auf sich zurückwendet und das Bewußtsein dessen zu gewinnen sucht, was er ist, nennt Hegel den „absoluten Geist" – und er kennt drei solcher Gestalten: Kunst, Religion und Philosophie. Sie sind „nichts anderes als" das Sichwissen oder das Selbstbewußtsein des Geistes und somit „absoluter Geist". Hegels Rede von der Religion als „Selbstbewußtsein des absoluten Geistes" ist streng genommen eine Verdoppelung, weil allein der seiner selbst bewußte Geist „absoluter Geist", und eben als „absoluter Geist" notwendig denkend auf sich bezogen, also seiner selbst bewußt ist. Religion ist „der Geist, der seines Wesens, seiner selbst bewußt ist. Der Geist ist sich bewußt, und das, dessen er bewußt ist, ist der wahrhafte, wesentliche Geist; dieser ist sein Wesen, nicht das Wesen eines Anderen"[8].

Hier empfiehlt es sich, einen Moment innezuhalten und sich die fundamentale Veränderung ins Bewußtsein zu rufen, die in diesem Religionsbegriff gelegen ist. Religion ist – zunächst und vor allem – nicht das, als was sie sich Jahrhunderte lang verstanden hat: eine durch die Offenbarung eines persönlichen Gottes gestiftete Beziehung des Menschen zu diesem Gott als zu einem supramundanen, wenn auch diese Welt schaffenden und in sie hineinwirkenden Wesen. So lange man Religion in dieser Weise verstanden hat, und wenn man Religion so versteht, konnte und kann es keine „Religionsphilosophie" im prägnanten Sinne geben. Denn wenn Religion so verstanden wird, ist sie gar kein Gegenstand der Philosophie als freier, vernünftiger Erkenntnis. Deshalb haben zu Kants Zeiten Vertreter einer traditionellen

---

[8] Georg Wilhelm Friedrich HEGEL: Vorlesungen über die Philosophie der Religion. Hrsg. von Walter JAESCHKE. Teil 1: Der Begriff der Religion. Hamburg 1983 (= DERS.: Vorlesungen Bd. 3), 86; vgl. vom Verf.: Hegel-Handbuch, Stuttgart 2003, 455.

Auffassung von Religion vehement gegen die Ausbildung einer philosophischen Disziplin mit dem Namen „Religionsphilosophie" opponiert.[9] Zum Gegenstand der Philosophie – als einer freien Vernunfterkenntnis – wird die Religion erst dadurch, daß „Vernunft" in ihr aufgewiesen oder daß sie als Form der Selbsterkenntnis des Geistes verstanden wird.

Wenn aber Religion eine solche Selbsterkenntnis des Geistes ist, so ist daraus die Folgerung zu ziehen, daß Gott „nur wahrhaft begriffen werden kann, wie er als Geist ist und so sich selbst das Gegenbild einer Gemeinde und die Tätigkeit einer Gemeinde in Beziehung auf ihn macht, und daß die Lehre von Gott nur als Lehre von der Religion zu fassen und vorzutragen ist"[10]. Damit sind Charakter und Anspruch der Religionsphilosophie Hegels prägnant ausgesprochen: Sie ist in Einem Religionsphilosophie und philosophische Theologie – nicht so sehr darin, daß sie einen allgemeinen Gottesbegriff entwickelt, als daß sie den Begriff des Geistes als den Begriff der wahrhaften Wirklichkeit aufzeigt und eben damit seine philosophisch-theologische Dignität darlegt. Die philosophische Theologie muß letztlich als Religionsphilosophie durchgeführt werden; die traditionelle metaphysische Form der philosophischen Theologie, die Gott als Person einführt und ihn dann durch Prädikate zu bestimmen und sein Dasein zu erweisen sucht, verfehlt hingegen den Gottesgedanken, indem sie ihn der Religion gegenüber festzuhalten sucht. Gott muß als Geist und somit wesentlich als in der Religion gewußter und in seiner negativen Identität mit dem endlichen Geist gedacht werden, der eben damit nicht bloß endlicher Geist ist, sondern sich in seiner Negation über seine Endlichkeit erhebt. Andererseits ist die Religionsphilosophie im Innersten philosophische Theologie: sofern eben Religion absoluter Geist und als solcher Wissen des Geistes von seinem Wesen als der höchsten Wirklichkeit ist.

---

[9] Walter Jaeschke: „Religionsphilosophie". In: Historisches Wörterbuch der Philosophie. Hrsg. von Joachim Ritter und Karlfried Gründer. Basel, Bd. 8, 748–763.

[10] Hegel, Philosophie der Religion, Teil 1, 33.

3. Und noch eine weitere Konsequenz ist aus dieser geistesphilosophischen Deutung der Religion zu ziehen: Sie steht in Kon-
trast zu allen dogmatischen Selbststilisierungen der eigenen Religion als der wahren und göttlichen und der anderen als der unwah-
ren und widergöttlichen. Jede Religion, sofern sie eben Religion
überhaupt ist, gilt Hegels Religionsphilosophie als ein Verhältnis
des Geistes zum Geiste – sei es auch als ein noch so unvollkomme-
nes, in dem der Geist sich zwar in einer seiner jeweiligen geschichtlichen Ausformung angemessenen Weise erfaßt, aber noch nicht
seinem Begriff angemessen. Jede Religion ist eine Gestalt des absoluten Geistes – und nicht etwa nur die christliche als die (beinahe)
letzte, der Geschichte schon überhoben scheinende Gestalt der
Religionsgeschichte. „Absoluter Geist" – diese heute allzu gern in
apologetischer oder in kritischer Tendenz mißverstandene Wendung bedeutet ja keineswegs eine Mystifikation, sondern nichts als
diejenige Gestalt, in der der Geist sich auf sich selbst richtet und
sein Wesen zu erkennen sucht. Aus dieser Selbstbeziehung des
Geistes resultiert eine mehr oder minder gelingende oder mißlin-
gende Gestalt seiner Selbsterkenntnis, sei es in der Weise einer
orientalischen „Naturreligion", sei es in der Weise der antiken Mythologie oder der jüdischen oder der christlichen Religion.

Wie die Werke der Kunst, so sind für Hegel auch alle Religionen solche Gestalten des absoluten, d.h. des sein Wesen wis-
senden und sich mit seinem Wesen in eins setzenden Geistes. Wie
sehr die geschichtlichen Religionen dieses Verständnis auch verfehlt und verstellt haben mögen: Sie sind sämtlich Gestalten dieser geistigen Einheit, die sie differenziert vorstellen als Beziehung des göttlichen Geistes als des allgemeinen zum menschlichen als dem einzelnen Geiste. Auch ein Gegenstand religiöser
Verehrung, der zunächst als ein Natürliches erscheint, erweist
sich der näheren Betrachtung als ein Geistiges – sei es auch nur,
sofern auf einer anfänglichen Stufe der Religion die kategoriale
Differenz zwischen Natürlichem und Geistigem noch gar nicht
in der uns Heutigen geläufigen Prägnanz ausgearbeitet ist. Der
Gegenstand der Religion – oder „das Wesen", wie Hegel manchmal kurz sagt – kann erfahren werden als ein mehr Natürliches
oder mehr Geistiges, als ein mehr Furchtbares oder dem Men-

schen mehr Geneigtes; sein Bild kann mehr durch das Sittliche oder mehr durch das Schöne geprägt sein; es kann dem Menschen in schroffer Jenseitigkeit gegenüberstehen oder in menschlicher Gestalt erscheinen – stets ist es der getreue Ausdruck dessen, was der menschliche Geist sich als das Wahre vorstellt. Dieser geistesphilosophische Begriff befreit die Religion aus dem Prokrustesbett des moralischen Begriffs, in das Kant die Religion gezwungen und dabei in altbewährter Weise amputiert hat. Damit ist aber keineswegs einer historistischen Beliebigkeit das Feld eröffnet. Es gibt ein Kriterium, das den Grad des Mißlingens oder Gelingens zu bestimmen erlaubt – und dies ist eben der Begriff des Geistes selber.

Was aber weiß der Geist, wenn er sich weiß? Man könnte einwenden, ein derartiger Begriff der Religion sei zwar von Hegels Systemkonzeption her konsequent entwickelt, doch lasse er sich nicht mit der Wirklichkeit der Religion zur Deckung bringen. Läßt sich das Wissen und darüber hinaus der gesamte geistige Gehalt der Religion als ein solches Sichwissen des Geistes plausibel machen? Hierzu möchte ich wenigstens einige Stichpunkte nennen.

Traditionell – und das heißt hier: bis in Hegels Zeit – ist das Wissen der Religion zugleich das Wissen der Totalität dessen, was gewußt werden kann. Hierhin fällt das Wissen von den ersten und den letzten Dingen, vom Anfang und vom Ende der Welt und von allem, was zwischen Anfang und Ende aufgespannt ist: das Wissen von der Natur und vom Verhältnis des Geistes zur Natur, aber auch das Wissen um das Gute und das Böse, um die Prinzipien der Gestaltung des sittlichen und politischen Lebens, das Wissen von der Herkunft des menschlichen Lebens und von dem, was auf es folgt. Und all dies ist nicht allein Gegenstand eines gleichsam theoretischen Bewußtseins, sondern es ist Teil des Selbstverständnisses und Moment der praktischen Lebensführung des Menschen – im religiösen Kultus. „Selbstbewußtsein des Geistes" also ist die Religion in dem Sinne, daß der Geist sich in ihr der Gesamtheit seines Wissens vergewissert und es gleichsam ins „System" bringt, in den Rahmen einer umfassenden religiösen Selbst- und Weltdeutung.

Entscheidend aber ist der Punkt, von dem her diese Weltdeutung ihre Einheit erhält: die Ausbildung des Gottesgedankens. Hier liegt sicherlich eine der am schwersten zu beantwortenden Fragen für jede Religionsphilosophie, auch für die spätere Religionskritik: Wie läßt sich aus dem Wissen der Religion, verstanden als Selbstbewußtsein des Geistes, die Genese des Gottesgedankens plausibel machen? Hegel sieht darin ein Spezifikum der geistesphilosophischen Verfassung der Religion: Das Sichwissen des Geistes ist das Wissen seiner selbst als des endlichen Geistes und als eines Moments des Geistes überhaupt. Und da die spezifische Wissensform der Religion die „Vorstellung" ist, also ein Wissen, das an Bildlichkeit sowie an die raum-zeitliche Struktur von Wirklichkeit gebunden bleibt, wird das Wissen des endlichen Geistes vom Geiste als seiner „Substanz" unter dem Bild des persönlichen Gottes vorgestellt. Diese Deutung läßt sich zwanglos mit anderen Aspekten verbinden – etwa mit dem Interesse des Geistes als des *praktischen* Geistes an einer Deutung der Welt als eines Resultats von Handlung und an der Zuschreibung dieser Handlung an ein ins Unendliche gesteigertes supramundanes Subjekt.

4. Nach diesen allgemeinen Bemerkungen zum geistesphilosophischen Begriff der Religionen kehre ich wieder zu Hegels Deutung der christlichen Religion zurück. Auch sie sieht Hegel als eine solche Form des Selbstbewußtseins des Geistes. Wäre sie etwas anderes, so wäre sie nicht Thema seiner Philosophie. Innerhalb des Kontextes der Religionsgeschichte aber hebt Hegel die christliche Religion heraus – als die „absolute" oder die „vollendete Religion".

Diese Auszeichnung einer einzelnen geschichtlichen Religion als der „absoluten" ist immer wieder auf Kritik gestoßen – von David Friedrich Strauß über Ernst Troeltsch bis in die Gegenwart. Im stolzen Bewußtsein ihrer Schulweisheit, daß nichts Endliches zugleich absolut, und die Geschichte deshalb kein Ort für absolute Religionen sein könne, ebensowenig wie für absolute Persönlichkeiten,[11] haben die Kritiker sich wenig Mühe ge-

---

[11] Ernst TROELTSCH: Die Absolutheit des Christentums und die Religionsgeschichte, Tübingen ³1929, 35.

macht, den Sinn der Rede von der christlichen als der „vollendeten Religion" aufzuschlüsseln. Und doch läßt er sich prägnant
angeben.

„Geist" hat stets diese duale Struktur, die Hegel am Selbstbewußtsein abliest: Geist macht sich zum Gegenstand und ist darin
für sich. Und so ist auch die christliche Religion für Hegel deshalb die vollendete, weil in ihr die Religion ihren eigenen Begriff
zum Gegenstand hat – wenn auch nicht in der Form des Begriffs.
Diese Aussage ist ganz wörtlich zu nehmen: Der Begriff der Religion selber bildet den Gegenstand der christlichen Religion.
Denn Religion ist Selbstbewußtsein des Geistes, und in der
christlichen Religion als der „vollendeten" ist der Geist selber
zum Inhalt der religiösen Vorstellung geworden: in seinen Momenten der begrifflichen Einheit, der Entzweiung und der Rückwendung in der Erkenntnis seiner selbst. Es ist allerdings plausibel, diejenige Religion als die vollendete auszuzeichnen, bei der
diese an sich stets vorhandenen Momente des Religionsbegriffs
nicht nur in das Bewußtsein des Betrachters fallen, sondern die
diese Momente selber zum Gegenstand ihrer Vorstellung hat:
Das, was sie an sich ist – nämlich Geist, der sich in den genannten
Momenten auslegt –, wird hier für sie, wird zum Thema ihrer eigenen Vorstellung, zum Inhalt des Gottesbegriffs selber: im trinitarischen Gottesgedanken. Hegel nennt die christliche Religion die vollendete, weil das, was das „Wesen" des Geistes (im
Sinne von „essentia") ist, hier auch „Wesen" des Geistes (im Sinne von „Gegenstand") ist, oder anders: weil das, was dem Geiste
hier sein „Wesen" ist, er selber ist.

Während also alle Religionen durch diese Momente strukturiert sind, hat die christliche Religion den Geist in diesen drei
Momenten im trinitarischen Gottesgedanken zum Gegenstand
der religiösen Vorstellung: Das, was Religion an sich ist – ein
durch die genannten Momente konstituiertes Selbstbewußtsein
des Geistes –, ist zugleich für sie und macht ihren Lehrgehalt aus.
Ein solches Fürsichsein des Geistes sieht Hegel allein in der
christlichen Religion erreicht – auch wenn er Spuren davon in einigen „bestimmten Religionen", insbesondere in der indischen
Trimurti, erkennt, deren Bedeutung für den Hinduismus er

ebenso überschätzt wie einige damalige trinitätstheologisch am-
bitionierte Indologen bzw. – auf ähnlichem Gebiet – Sinologen.
Anders als diese faßt Hegel jedoch die „Spuren" nicht (roman-
tisch) als Relikte einer „Uroffenbarung", aber auch nicht (historisch) als Folgen kulturübergreifender geschichtlicher Vermitt-
lungsprozesse und ebensowenig (theologisch) als Vorahnungen
des Christentums oder (apologetisch) schlicht als „Diebstahl der
Hellenen" (und der Orientalen zugleich); er versteht sie vielmehr
als noch vage Manifestationen des einen „Wesens des Geistes",
das dann erst durch die christliche Religion zu einer deutlichen
Form herausgearbeitet wird. Deshalb insistiert Hegel – gegen
Schleiermacher und andere – so vehement auf der Trinitätslehre:
nicht etwa deshalb, weil sie ein altehrwürdiges Dogma im Tradi-
tionsbestand christlichen Denkens ist, das nicht einfach preisge-
geben werden darf, sondern weil sie die Form bildet, in der die
religiöse Vorstellung das zu erfassen sucht, was „Geist" ist.

Auf diese Koinzidenz der christlichen Lehre mit Hegels
Geistbegriff bezieht sich auch Marheineke in dem eingangs genannten Zitat, Hegel habe in der göttlichen Lehre des Erlösers
das tiefe Wesen des menschlichen Geistes wiedererkannt. Diese
Koinzidenz verdankt sich, denke ich, nicht etwa dem Umstand,
daß Hegels Geistbegriff bereits nach dem Modell der christlichen Lehre entworfen sei – diese vielleicht naheliegende Annahme ließe sich entwicklungsgeschichtlich nicht bestätigen. Die
Koinzidenz verdankt sich vielmehr Hegels strikt geistesphiloso-
phischer Interpretation der christlichen Lehren – aber sie resultiert auch aus Hegels Einsicht, daß diese Lehren und Erzählungen sich selbst der Formung durch diejenigen verdanken, „über
die der Geist schon ausgegossen ist".[12] Sie sind bereits Produkte
des sich in Form der Vorstellung denkenden Geistes; deshalb
kann der Philosoph sie – als Geist von seinem Geiste – in sein begreifendes Denken überführen.

In seinen „Vorlesungen über die Philosophie der Religion"
entwirft Hegel von diesem Ansatz aus eine ausführliche Deutung der christlichen Religion. Methodisch nicht anders als bei

---

[12] HEGEL, Philosophie der Religion (vgl. Anm. 8), Teil 3, 246.

den anderen geschichtlichen Religionen greift er die Zeugnisse über die religiösen Vorstellungen auf und sucht ihnen in der Perspektive seiner Geistesphilosophie einen allgemeinen Sinn abzugewinnen: dem Gedanken Gottes, der Christologie und der Lehre von der Gemeinde. All diese Bereiche behandelt Hegel durchaus ambivalent: Er zeichnet die gedanklichen Lösungen aus, die das Christentum gefunden hat – doch zugleich kritisiert er sie als Formen, die der Vorstellung angehören und deshalb nie zu fassen vermögen, was Geist wirklich ist. In der Christologie etwa ist die Einheit Gottes und des Menschen gedacht – aber in einer natürlichen Form, die – so Hegel – zu vergessen ist. Die Gemeinde ist der eigentliche Ort des wirklichen Selbstbewußtseins des Geistes – aber sie zerteile die Präsenz des mit sich versöhnten Geistes in ein Ehemals und in ein Einst. Doch statt hier näher ins Detail zu gehen, möchte ich – über die „Vorlesungen über die Philosophie der Religion" hinaus – nun einen Blick auf einen anderen Zusammenhang werfen und Hegel noch ein Stück auf dem bereits genannten zweiten Weg folgen, der den Beitrag des Christentums zur allgemeinen Bewußtseinsgeschichte zu erhellen sucht.

III. Das Christentum im Kontext der allgemeinen Bewußtseinsgeschichte

1. Der Boden einer derartigen Betrachtung des Christentums als einer Gestalt der allgemeinen Bewußtseinsgeschichte wird bereitet durch die Abkehr von der „theologia naturalis" und durch ihre Ersetzung durch die Religionsphilosophie, als eine Thematisierung der Religion in der Außenperspektive. Diese Abkehr erfolgt zudem vor dem breiteren Hintergrund der Entstehung des geschichtlichen Denkens überhaupt, und dieses geschichtliche Denken prägt ja auch die Gestalt der jungen Religionsphilosophie. Sie enthält ja den Blick auf die Geschichte der Religion als ein konstitutives Element.

Diese Entwicklungen liegen der Philosophie Hegels voraus – doch er ist es, der sie für seine philosophische Behandlung des Christentums fruchtbar macht: für die Analyse der christlichen

Religion ebenso wie für die Beleuchtung der Rolle des Christentums in der Bewußtseins- und der Weltgeschichte. Mit diesem Ansatz sind zugleich die wichtigsten Prämissen seiner Betrachtung des Christentums gegeben: Wie Hegel die christliche Religion in den Kontext und an die Spitze einer geistesphilosophisch interpretierten Religionsgeschichte stellt, so begreift er auch das Christentum als eine Gestalt der allgemeinen Welt- und Bewußtseinsgeschichte. Es verdankt sich ja nicht einem übernatürlichen Ursprung, und deshalb wirkt es auch nicht von außen in diese Geschichte hinein. Es gehört ihr an, und so ist es teils durch sie geprägt, teils gehen von ihm wiederum prägende Wirkungen auf alle spätere Geschichte aus – Wirkungen, die man etwas vereinfacht verdichten kann zu dem Schlagwort vom Beitrag des Christentums zum Hervorgang der modernen Welt. Diesen Beitrag möchte ich nun – unter den beiden Titeln „Selbst" und „Welt" – etwas näher beleuchten.

2. Diesen Beitrag des Christentums skizziert Hegel vor allem in seinen „Vorlesungen über die Philosophie der Weltgeschichte" sowie „über die Geschichte der Philosophie". Man kann ihn umschreiben als „Vertiefung des Selbst in sich" oder als ein „Sichergreifen der Subjektivität" – und wenn solche Formeln heute mancherorts als antiquiert gelten und Widerstand erwecken, so möchte ich dagegenhalten, daß sie eine wichtige Differenz zwischen der antiken und der modernen Welt sehr erhellend bezeichnen – auch wenn sie diese Differenz sicherlich nicht schon in der erforderlichen umfassenden Weise ausarbeiten. Die Differenz der christlichen Epoche der Welt von der vorhergehenden sieht Hegel primär in der Bedeutung, die dem Subjekt in der christlichen Welt zukommt. Deshalb interpretiert er das Christentum als den Angel der Weltgeschichte, um den sich das Selbstbewußtsein der Freiheit und der Unendlichkeit des Subjekts dreht. In diesem Umschwung, in diesem Übergang von der antiken zur christlichen Welt geht es natürlich nicht um die Ausbildung gleichsam eines neuen Erkenntnisorgans, sondern darum, daß das, was an sich vorhanden ist – das Selbst, die Freiheit des Menschen –, auch für den Menschen werde, zum Gegenstand seines Selbstbewußtseins werde.

Die Ausbildung dieses Selbstbewußtseins der Freiheit verknüpft Hegel mit dem christlichen Gottesgedanken – und hierdurch wächst der christlichen Religion eine wichtige Bedeutung für die allgemeine Bewußtseinsgeschichte zu. Doch flankiert er seine Genealogie durch zwei Hinweise: Zum einen setzt das Selbstbewußtsein der Subjektivität bereits in der Antike ein – zumindest seit Sokrates –, und in der römischen Welt entwickelt es sich bereits zu einer sehr hochstufigen Form – im Persongedanken des römischen Rechts wie auch im Freiheitsgedanken der Stoa. Es wäre nicht schwer – und durchaus in Hegels Interesse –, diese Genealogie noch erheblich zu verbreitern. Das Christentum führt also nicht ein völlig neues, bis dahin unerhörtes Prinzip in die Weltgeschichte ein, sondern es steht selbst im geschichtlichen Kontext der Entwicklung des Selbstbewußtseins der Freiheit als der spezifischen Struktur, auf die alles Geistige hinarbeitet. Es greift jedoch diesen, in der Antike noch marginalisierten Gedanken auf, und es radikalisiert ihn zugleich. Gegenüber der Stoa, die die Freiheit an die Stärke des eigenen Geistes bindet, rühmt Hegel die Weise, in der das Christentum den Freiheitsgedanken weiterdenkt: Es denke „die Freiheit unabhängig von Geburt, Stand, Bildung u.s.f. und es ist ungeheuer viel, was damit vorgerückt worden ist". Doch fährt Hegel fort – und darin liegt der zweite einschränkende Hinweis –: Die christliche, explizit religiöse Bestimmung der Freiheit sei „noch verschieden von dem, daß es den *Begriff* des Menschen ausmacht, ein Freyes zu seyn." Und dieses Wissen, fährt Hegel historisch korrekt fort, „*ist nicht* sehr *alt.*" Denn erst die neuzeitliche Welt sei „im Christenthum zum Bewußtseyn gekommen, daß der Mensch als Mensch frey, die Freyheit des Geistes seine eigenste Natur ausmacht."[13]

3. Diese Vertiefung der Begriffe der Freiheit und der Person oder des Subjekts ist jedoch nicht als ein isolierter Prozeß zu verstehen. Zu ihrem Komplement erfordert sie eine Veränderung

---

[13] Georg Wilhelm Friedrich HEGEL: Philosophie der Weltgeschichte. Einleitung 1830/31. In: DERS.: Gesammelte Werke. Bd. 18. Hrsg. von Walter JAESCHKE. Hamburg 1995, 152; vgl. Hegel-Handbuch (vgl. Anm. 8), 415.

des Natur- oder Weltbegriffs. Auch diese vollzieht sich somit im Umkreis des Christentums – wenngleich es problematisch ist, hier eindeutige Kausalverhältnisse behaupten zu wollen. Schon in seinen frühen Jenaer Arbeiten, noch vor der „Phänomenologie des Geistes", hat Hegel gesehen, daß nicht allein Weltbegriff und Selbstbegriff in einem engen Wechselverhältnis stehen, sondern daß die Bestimmung des Verhältnisses dieser beiden Begriffe wiederum in einem Wechselverhältnis mit der Religion steht: teils prägen sie den Lehrgehalt der Religion, teils werden sie durch die religiöse Lehre verändert. Zudem hat Hegel gesehen, daß das Christentum einen weiten gedanklichen Horizont auf-spannt, in dem sowohl die Entzweiung von Selbst und Welt als auch ihre erneute Ineinssetzung nebeneinander stehen können, weil beides zusammengehört – und er hat diese Flexibilität zu-dem noch als konfessionsgeschichtlich variabel zu begreifen ge-sucht.[14]

Das unendliche und sich als unendlich wissende Subjekt be-greift sich als frei; es ist nicht mehr in einen allumfassenden Weltzusammenhang eingebunden, der selber eine religiöse Di-mension und Dignität hat. Es erfordert zu seinem Komplement eine entheiligte, eine entzauberte Welt. Und diese entgötterte, ja zum Ding gewordene Welt zeigt sich ihm nicht allein als ein not-wendiges Pendant der für sich seienden Subjektivität, sondern als durch diese konstituiert. Hegel denkt deshalb die neuzeit-liche Entzauberung der Welt in subjektivitätsgeschichtlichen Kategorien – in Kategorien einer wirklichen „Geschichte des Selbstbewußtseins", und nicht, wie gleichzeitig Friedrich Hein-rich Jacobi oder ein Jahrhundert später Max Weber, primär in Kategorien einer Rationalitätsgeschichte. Er erliegt dabei aber nicht – wie manche Späteren – der Verführung, diesen subjekti-vitätsgeschichtlichen Prozeß der Entzauberung schnurstracks als eine Fernwirkung des Christentums auszugeben. Dagegen sprechen allzu viele Optionen, die diesen Prozeß blockiert ha-

---

[14] Siehe Walter Jaeschke: Hegels Begriff des Protestantismus. In: Richard Faber; Gesine Palmer (Hrsg.): Der Protestantismus – Ideologie, Konfession oder Kultur? Würzburg 2003, 77–91.

ben und sich ebenfalls – und mit besserem Recht! – als „christlich" bezeichnen können. Hegel dürfte jedoch der erste gewesen sein, der solche Fragestellungen entfaltet und dem Christentum als einer geistigen Macht von ungeheurer Bedeutung einen herausragenden Platz in ihnen zugewiesen hat – aber niemals einen Alleinvertretungsanspruch für Wahrheiten.

Hegel ist deshalb nicht allein ein Theoretiker der christlichen Religion im Kontext der Geschichte der Religionen. Mit den hier nur knapp skizzierten Überlegungen zum Selbst- und Weltbegriff erweist Hegel sich als ein „Denker des Christentums", der seinen Gegenstand differenziert in ein breites Spektrum von Rezeptions- und Wirkungslinien einzuordnen weiß und ihm auch historische Gerechtigkeit widerfahren läßt. Er behandelt das Christentum als eine Gestalt, die selbst in einer sie übergreifenden Bewußtseinsgeschichte steht: die Erbe einer spezifischen Bewußtseinslage ist, aber ebenso diese Bewußtseinslage wiederum verändert und hierdurch Prozesse initiiert, die sehr langfristig verlaufen und sicherlich nicht allein von ihren Ursprüngen her verständlich gemacht werden können. Häufig genug revidieren sie sogar überkommene Positionen, die das Prädikat der Christlichkeit zu okkupieren suchen und sich polemisch gegen diejenigen geschichtlichen Tendenzen stellen, die Hegel als „christlich" auszeichnet, weil er sie dem „Prinzip des Christentums" vindiziert, das diesem selbst jedoch allzu oft unbekannt geblieben sei.

4. Mit diesen Hinweisen habe ich bereits eines angedeutet: Hegels Fassung des Verhältnisses des Christentums zur modernen Welt läßt sich nicht mit einem groben Instrumentarium wie dem Säkularisierungsbegriff beschreiben – als ob es da eine ursprüngliche religiöse Substanz gebe, die in der Neuzeit verweltlicht worden sei. Hegels Stellung gegenüber dieser These liegt nicht offen zu Tage, denn obschon er über viele Gesichtspunkte und Ansätze zur Interpretation des Zusammenhangs der modernen Welt mit ihrer christlichen Herkunftsgeschichte verfügt, hat er sie doch nicht in einer zusammenhängenden Theorie ausgearbeitet. Entscheidend ist jedoch dies: Er versteht den geistigen Gehalt des Christentums stets als einen Gehalt, der der einen, all-

gemeinen Bewußtseinsgeschichte angehört: der in ihr – als der Geschichte des Geistes – tradiert, umgeformt und weiter überliefert wird, ob er nun in eine explizit religiöse Form gehüllt wird oder nicht. Hegel kennt deshalb auch nicht so etwas wie einen ursprünglichen Besitzanspruch an einen Gedanken oder ein fortdauerndes Verfügungsrecht über ihn.

Er kennt jedoch einen Prozeß der Hineinbildung eines Gedankens – etwa des Prinzips der Freiheit – in „das weltliche Wesen"[15] und in diesem spezifischen Sinne eine „Ver-Weltlichung" im Sinne einer Verwirklichung oder Ein-Bildung, einer Hinein-Bildung eines geistigen Prinzips in die gesellschaftliche Wirklichkeit, die für ihn ja insgesamt eine vom Geist hervorgebrachte Wirklichkeit ist. Und er sieht eine solche Hineinbildung im Rahmen der Religion gedachter Prinzipien in die gesellschaftliche Wirklichkeit als legitim und notwendig an: In seinen späteren religionsphilosophischen Vorlesungen erhebt er diese „Realisierung des Geistigen der Gemeinde" sogar zum Programm – nicht, wie mit übergroßer Beharrlichkeit aus seiner ersten Vorlesung zitiert wird, die Flucht in das abgesonderte Heiligtum, in dem es sich gut oder zumindest leidlich leben läßt – unbekümmert darum, wie es der Welt draußen ergehen mag, die zu gestalten nicht unsere Sache sei.[16] Aber auch dann, wenn dieses „Geistige der Gemeinde" realisiert wird, handelt es sich stets um Geist vom allgemeinen Geist, der im Laufe einer langen Bewußtseinsgeschichte geformt und umgeformt – und wieder vernichtet und erneut realisiert wird.

IV. Philosophie des Christentums versus christliche Philosophie

Um Hegels Position abschließend zu konturieren, möchte ich zum Schluß sehr knapp einen terminologischen Unterschied einführen, der noch zu Hegels Lebzeiten, vor allem aber kurz nach

---

[15] HEGEL, Philosophie der Weltgeschichte (vgl. Anm. 13), 153.
[16] HEGEL, Philosophie der Religion (vgl. Anm. 8), Teil 3, 97.

seinem Tode eine große ideenpolitische Bedeutung erlangt hat. Hegel ist einer der ersten Denker des Christentums – und dies wohl nicht nur im zeitlichen Sinn. Nicht allein die christliche Religion ist ihm Gegenstand, sondern das Christentum als eine der großen Gestalten der Geschichte des Geistes – und wer hätte dies sonst zu seiner Zeit zu denken versucht, geschweige denn mit der Weite und Prägnanz seines Blicks. Insofern ist seine Philosophie eine „Philosophie der christlichen Religion" im umfassenden Sinn. Und es ist darüber hinaus sicherlich auch richtig, daß die christliche Religion für seine Philosophie nicht allein ein äußerer Gegenstand ist, sondern daß ihr geistiger Gehalt auch schon in dieser Philosophie wirksam ist – eben weil ihr geistiger Gehalt Moment des *einen* Geistes ist, der sich in der allgemeinen Bewußtseinsgeschichte entfaltet, die die Philosophie ebenso umgreift wie die Religion oder andere Bereiche der geistigen Wirklichkeit. Sie ist aber nicht eine „christliche Philosophie", nämlich eine Philosophie, die auf der christlichen Offenbarung beruht und letztlich in das Lehrgebäude eingeschlossen bleibt, das auf dem Boden dieser Offenbarung errichtet ist.

Zu Beginn der Restaurationszeit hat Friedrich Schlegel die Parole vom Gegensatz einer „christlichen Philosophie" und einer „Vernunftphilosophie" ausgegeben,[17] und andere haben sie bereitwillig aufgegriffen. Schelling etwa eröffnet Ende der 1820er Jahre seine Münchener Vorlesungen mit der Versicherung, der „eigentlich entscheidende Name" seiner Philosophie sei „*christliche Philosophie* und dies Entscheidende habe ich mit Ernst ergriffen." Und weiter: „Das Christenthum *ist* aber für die Philosophie nicht sowol Autorität als Gegenstand der aber allerdings zur *Autorität* wird, denn das Christenthum zwingt mich zur rechten Erkenntniß und lehrt mich einsehen daß man es mit der bisherigen Philosophie nicht zum Ganzen bringt."[18] Diesen Schritt von der Thematisierung des Christentums als „Gegen-

---

[17] Friedrich SCHLEGEL: „Signatur des Zeitalters" (1820–1823). In: Philosophie und Literatur im Vormärz. Der Streit um die Romantik (1820–1854). Hrsg. von Walter JAESCHKE, Hamburg 1995 (Philosophisch-literarische Streitsachen, 4, 1). 1–90.

[18] Friedrich Wilhelm Joseph SCHELLING: System der Weltalter. Münche-

stand" des Denkens zur Anerkennung des Christentums als einer „Autorität" und Leitlinie der rechten Erkenntnis geht Hegel nicht mit. Im Falle einer Konfrontation mit dieser damals aufbrechenden und von der Restaurationspolitik hochgespielten Alternative zwischen der „christlichen Philosophie" und der Aufklärungstradition der „Vernunftphilosophie" würde Hegel ohne Bedenken auf der Seite der „Vernunftphilosophie" verharren. Als einer der großen Denker des Christentums hätte er aber vor allem bestritten, daß eine derartige Alternative zwischen einer „christlichen" und einer „vernünftigen" Philosophie eine fruchtbare, ja selbst nur eine mögliche Alternative sei.

Literaturhinweise

Textausgaben

HEGEL, G. W. F.: Vorlesungen über die Philosophie der Religion. Hrsg. v. Walter JAESCHKE. Teil I: Der Begriff der Religion, Hamburg 1983; Teil II: Die bestimmte Religion, Hamburg 1985; Teil III: Die vollendete Religion, Hamburg 1984 (= Hegel: Vorlesungen. Ausgewählte Nachschriften und Manuskripte. Bde. 3–5). Studienausgabe Hamburg 1993–1995 (Philosophische Bibliothek, 459–461).
–, Philosophie der Weltgeschichte. Vorlesungsmanuskripte II (1816–1831). Hrsg. v. Walter JAESCHKE, In: Gesammelte Werke, Bd. 18, Hamburg 1995. HEGEL, G. W. F.: Vorlesungen über die Philosophie der Weltgeschichte (1822/23) nach Nachschriften von K. G. J. v. Griesheim, H. G. Hotho und F. C. H. V. v. Kehler hrsg. von Karl BREHMER, Karl-Heinz ILTING und Hoo Nam SEELMANN, Hamburg 1996.
Studienausgabe: HEGEL, G. W. F.: Vorlesungen über die Philosophie der Religion, in: Werke in 20 Bänden (auf der Grundlage der Werke von 1832–1848), Band 16. und 17, Frankfurt/Main 1986.

Weiterführende Literatur

JAESCHKE, Walter: Hegels Religionsphilosophie, Darmstadt 1983.
–, Die Vernunft in der Religion. Studien zur Grundlegung der Religionsphilosophie Hegels, Stuttgart – Bad Cannstatt 1986.
–, Hegel-Handbuch. Leben – Werk – Schule, Stuttgart 2003.

---

ner Vorlesung 1827 / 28 in einer Nachschrift von Ernst von Lasaulx. Hrsg. und eingeleitet von Siegbert PEETZ, Frankfurt am Main 1990, 9, 13.

Kierkegaard

Annemarie Pieper

Søren Kierkegaard wurde 1813 in Kopenhagen geboren und starb dort 1855 im Alter von 42 Jahren. Bis auf zwei Semester, die er während seiner Studienzeit in Berlin verbrachte, ist er aus seiner Heimatstadt außer in die nähere Umgebung nicht herausgekommen. Sein Werdegang wurde vor allem durch zwei Faktoren bestimmt. Der erste Faktor war die Theologie. In einem streng pietistischen Elternhaus aufgewachsen, studierte Kierkegaard auf Wunsch des Vaters zunächst Theologie an der Universität in Kopenhagen, begann sich aber dann immer mehr der Philosophie zuzuwenden. Nach dem Tod des Vaters schloß er sein Theologiestudium ab, promovierte aber schließlich in Philosophie mit einer Arbeit über den Begriff der Ironie. Gleichwohl haben ihn religiöse Fragestellungen und theologische Themen sein Leben lang, wenn auch primär aus einer philosophischen Perspektive, beschäftigt. Insofern war Kierkegaard ein christlicher Denker. Er dachte über das Christentum nach, insbesondere darüber, wie man Christ wird. Christ *ist* man nicht, Christ kann man nur *werden*, und dieses Werden geht für ein endlich-geschichtliches Wesen nie in ein Sein über. Er verwahrte sich daher dagegen, als Christ apostrophiert zu werden, zumal er mit der Institution Kirche, speziell der dänischen Staatskirche, deren Repräsentanten ihm zu oberflächlich schienen, auf Kriegsfuß stand.

Der zweite Faktor, durch den Kierkegaards Philosophie maßgeblich beeinflußt wurde, war das Gedankengut der deutschen Romantik, vor allem aber das Werk Hegels, gegen dessen spekulativen Denkansatz zu polemisieren er nicht müde wurde. Er vertrat die These, daß die Aufgabe des Philosophen nicht darin bestehe, ein metaphysisches Gesamtsystem zu entwickeln, in welchem der Mensch eine bloß marginale Rolle spielt, da er in den Prozeß der Selbstwerdung des Absoluten hineingesogen werde und letztlich darin untergehe. Vielmehr müsse über die menschliche Existenz nachgedacht werden, und zwar nicht in abstrakten Begriffskonstruktionen, sondern konkret über das geschichtliche Existieren als individueller Mensch, als einzigartige und unverwechselbare Person, deren Lebensform narrativ zur Darstellung gebracht werden muß.

Diese Betonung des Existentiellen war sicher einer der Hauptgründe dafür, daß Kierkegaard die meisten seiner elf philosophischen Bücher unter dem Namen eines Pseudonyms veröffentlichte. Nicht weil er selber anonym bleiben wollte. Jeder in Kopenhagen wußte schon bald, daß er der Verfasser der Schriften war. Sondern weil mit dem jeweiligen Namen eine Perspektive benannt war, aus welcher eine bestimmte Lebensform gleichsam hautnah und so authentisch wie möglich dargestellt wurde. Kierkegaard wollte, daß die Leser sich mit der jeweiligen Existenzweise auseinandersetzten, ohne mit der von ihm – Kierkegaard – prototypisch geschilderten Figur verwechselt zu werden.

Die Frage, die sich durch Kierkegaards existenzphilosophische Schriften hindurch zieht, ist die nach dem Glück. Es ist kein Zufall, daß er gerade das Glück zum Ausgangspunkt seiner Überlegungen wählt, denn nichts ist individueller und von Mensch zu Mensch verschiedener als der persönliche Glücksentwurf. Kierkegaard prüft die unterschiedlichen Glücksangebote daraufhin, ob und wie sie zu einem gelingenden, d.h. sinnvollen, im ganzen geglückten Leben beitragen. So werden in „Entweder / Oder", jenem Buch, durch das er bekannt wurde, die ästhetische und die ethische Lebensform vorgestellt, durch den Mund zweier befreundeter Männer, von denen der eine das sinnliche Glück – die Lust und den Genuß –, der andere das Glück zwischenmenschlicher Beziehungen preist.

Doch der Ästhetiker, ein schwermütiger Dichter, findet im Genuß zwar ekstatische Höhepunkte, aber kein dauerhaftes Glück. Mit einer fast schon autistisch anmutenden Geste zieht er sich zurück in die Einsamkeit, um die erlebten Glücksmomente in der Erinnerung abzurufen und noch einmal voll auszukosten. Trotzdem gelingt es ihm nicht, einen ihn befriedigenden Sinn in sein Leben zu bringen. „Wie ist das Leben so bedeutungslos und leer. ... Zur Erkenntnis der Wahrheit bin ich vielleicht gelangt, doch wahrlich nicht zur Seligkeit. ... Mein Leben ist völlig sinnlos."[1]

Auch Johannes, der das berühmte „Tagebuch des Verführers" verfaßt hat, ein moderner Don Juan, der es darauf anlegt, ein junges Mädchen so zu manipulieren, daß es sich selbst nicht als Verführte, sondern als Verführerin begreift, die den Fortgang der Beziehung und ihr Ende bestimmt – auch Johannes wird letztlich nicht glücklich. Zwar genießt er seine Verführungskunst, die raffinierten Strategien, mit denen er das Mädchen über den wahren Sachverhalt, nämlich daß er sie nicht wirklich liebt, hinweg täuscht und sie dazu bringt, sich ihm aus freien Stücken hinzugeben, aber es bleibt ein schaler Nachgeschmack, vor allem, als er erkennen muß, daß ihn die Geliebte im Nachhinein doch durchschaut hat, und zutiefst verletzt ist. Der sinnliche Genuß, der auch die Freude an der eigenen Exzellenz mit einschließt, ist ein Quell des Glücks. Aber ein Quell, der zwischenzeitlich immer wieder versiegt und mit ziemlichem Aufwand erneut zum Sprudeln gebracht werden muß. Das Glück, welches der Ästhetiker ersehnt, jedoch nicht erlangt, ist von einer anderen Qualität. Es müßte unabhängig von der Zeit sein, ein geschichtsloses, ewiges Glück.

Der Ethiker, ein Gerichtsrat, scheint dieser Vorstellung eines glücklichen, erfüllten Lebens schon ein Stück näher gekommen zu sein. Er nennt Ehe, Freundschaft und Beruf als seine Glücksspender. In Beziehungen, die auf Dauer angelegt sind, stellt sich eine andere Art Glück ein, das nicht so flüchtig und brüchig ist wie die durch Genuß erzielten Freuden. Man muß zwar auch die Beziehungen, aus denen sich das Glück speist, pflegen, um ihm Dauer zu verleihen, aber diese Investitionen in eine Beziehung

---

[1] Søren KIERKEGAARD: Entweder / Oder. DERS.: Gesammelte Werke. Hrsg. u. übers. v. Emanuel HIRSCH u.a., Düsseldorf / Köln 1957, I, 31; 38.

beruhen auf einem ständigen Geben und Nehmen, während sie beim Ästhetiker einzig dem Nehmen dienen.

Doch auch der Ethiker ist vor Unglück nicht gefeit. Beziehungen setzen Anstrengungen auf beiden Seiten voraus. Die Verhältnisse und mit ihnen die Menschen können sich ändern, die Pflichterfüllung im Beruf kann zur Qual werden usf. Auch das Glück im zwischenmenschlichen Bereich ist, obwohl dauerhafter als das ästhetische Glück, gefährdet und hat daher nicht die Qualität des Ewigen. Der Gerichtsrat hat dies durchaus gesehen und darauf hingewiesen, daß eine auf Dauer verläßliche Beziehung nur in einem religiösen Verhältnis möglich ist, in der Beziehung zu einem Gott, der sich im Unterschied zu den Menschen und den Umständen nicht ändert, so daß es allein am Individuum liegt, sein Glück im Religiösen auf sicherem Boden zu gründen.

Kierkegaard hat dichterisch-schriftstellerisch eine Reihe von Figuren geschaffen, die dem Glück als dem Sinn des Lebens mit ästhetischen Mitteln nachjagen und es dabei verfehlen. Es sind nicht nur die geistig Bornierten, die Spießer und Massenmenschen, die auf der Strecke bleiben, sondern auch die Intellektuellen, deren hochgezüchtete lukullische und erotische Phantasien zu verfeinerten Genüssen beitragen und einen differenzierten Geschmackssinn ausbilden. In der Schrift „Stadien auf dem Lebensweg" läßt Kierkegaard Vertreter einer solchen ästhetischen Lebensform zu Wort kommen. Selbst wenn sie gemeinsam ein Symposium feiern, das alle Sinne und die geistigen Bedürfnisse auf erlesenste Weise befriedigt, genießt doch jeder einsam für sich allein. Der Kreis der Mitgenießer ist nur Staffage, die den Selbstgenuß fördert. Die sinnliche Lust isoliert, und am Ende stürzt jeder für sich allein ab in die Langeweile, die das Glück zunichte macht.

Sobald der ethische Aspekt ins Spiel kommt, verändert sich die Einstellung zu den Mitmenschen, die nicht mehr bloß als Mitgenießer oder als Mittel für die eigene Bedürfnisbefriedigung betrachtet werden, sondern als gleichwertige Personen, die zu instrumentalisieren sich verbietet. Die wechselseitige Anerkennung bringt Werte hervor, die über den Einzelnen hinaus allgemeine Verbindlichkeit haben und ein Netz zwischenmenschlicher Beziehungen schaffen, an welchem der Einzelne nach Kräften mitstrickt, in welchem er aber zugleich auch aufgehoben ist.

Um das Ethische als das Leben stabilisierenden Glücksfaktor zu begreifen, muß man gemäß dem Ethiker in der Schrift „Entweder / Oder", der gegenüber dem ästhetischen Vertreter der Entweder-Position die ethische Oder-Position verteidigt, eine Grundsatzentscheidung treffen, eine unbedingte Selbstwahl vollziehen, wie er sagt. Diese Selbstwahl ist gleichsam der Ausweis dafür, daß jemand gemeinschaftstauglich ist, denn nur wer imstande ist, eine Selbstbindung einzugehen, hat auch die Fähigkeit, sich an andere zu binden und mit diesen gemeinsam allgemeine Verbindlichkeiten festzulegen, Verbindlichkeiten, die das Ethos einer Handlungsgemeinschaft ausmachen und sich im Moralkodex, in Rechtsnormen und demokratischen Spielregeln niederschlagen.

Die Selbstwahl, in welcher der Durchbruch zum Ethischen geschieht, ist ein Freiheitsakt. Wie bei jeder freien Entscheidung kann man zwischen einer Freiheit *von* und einer Freiheit *zu* unterscheiden. Da die Aufforderung, sich selbst zu wählen, an den Ästhetiker ergeht, beinhaltet die Freiheit *von* eine Befreiung, eine Loslösung vom Genußprinzip. Damit ist nicht ein Verzicht auf die Sinnlichkeit gemeint. Der Mensch ist ein Sinnen- und Bedürfniswesen, und es wäre töricht, dies zu leugnen. Befreiung vom Genußprinzip bedeutet daher, die Verabsolutierung dieses Prinzips aufzugeben und sich nicht mehr zum Sklaven seiner Bedürfnisse und Begierden zu machen. Die neu gewonnene Unabhängigkeit ermöglicht im Sinn der Freiheit *zu* eine autonome Selbstbestimmung. Das Individuum entscheidet sich für eine Freiheit, die im doppelten Sinn bindungswillig ist: Zum einen bindet sie sich an das alte Selbst, an das ästhetische Selbst, das sich fremd bestimmen ließ und damit nicht glücklich war. Zum anderen bindet sie sich an andere Individuen und bestätigt damit deren Selbstbestimmungsrecht.

Das Glück, das sich der ethischen Selbstwahl verdankt, hängt mit der neu gewonnenen Freiheit zusammen. Die ethische Person macht die Erfahrung, daß sie aus eigener Kraft etwas kann, das sie im Stadium ihrer Abhängigkeit vom Prinzip des Genusses nicht konnte: sich selbst bestimmen in dem, was sie will. Unabhängig zu sein und seine Ziele selbst setzen zu können, verschafft dem zuvor ästhetisch in seinen Leidenschaften Gefangenen ein Gefühl der Macht, die Gewißheit, seiner selbst mächtig zu sein. Auch jetzt kann man sich noch für eine Lust, einen Genuß entscheiden, aber diesmal, weil man selbst es will und gegebenenfalls auch lassen kann. Es besteht auch, da es sich ja um eine freie Wahl handelt, die Möglichkeit, das Genußprinzip ausdrücklich als willensbestimmendes Prinzip zu wählen. Die Folgen wären allerdings fatal: Man würde sich aus Freiheit für das Gegenteil von Freiheit entscheiden, für die gewollte Abhängigkeit vom Diktat der Bedürfnisse. Wer anti-ethisch wählt, kappt mit der Selbstbindung auch sämtliche zwischenmenschliche Bindungen, insofern der andere Mensch stets nur als potentielles Genußobjekt in den Blick kommt. Sein Unglück, seine Verzweiflung sind vorprogrammiert.

Die ethische Selbstwahl ist ein Schritt in die Freiheit, mit welchem im konkreten Lebenskontext die ästhetische Selbstbezogenheit und Verschlossenheit aufgebrochen wird. Von nun an geht der Lebensentwurf ins Offene. Manches kann scheitern, an den Umständen, den eigenen Unzulänglichkeiten, unvorhergesehenen Ereignissen, schicksalhaften Verstrickungen. Aber die einmal erworbene Autonomie ist ein anhaltender Glücksspender, der dazu anhält, das Leben erneut zu wagen. Das Prekäre der menschlichen Freiheit und das daraus resultierende Unglück kann jedoch religiös abgefedert werden. Kierkegaard bringt in diesem Zusammenhang das Christentum und die christliche Heilsbotschaft ins Gespräch. Dazu läßt er sein Pseudonym Johannes Climacus eine Perspektive wählen, die sich mit der Frage, wie man Christ wird, aus einer neutralen Distanz beschäftigt. Climacus ist nämlich Nichtchrist, interessiert sich aber für das Christentum aus einem ganz bestimmten Grund. Wie alle Menschen möchte er ein sinnvolles, im Ganzen geglücktes Leben führen. Er hat schon Verschiedenes ausprobiert, aber was ihn so richtig glücklich macht noch nicht gefunden. Nun hört er eines Tages, daß die christliche Religion ein Glück verheißt, das ewige

Seligkeit genannt wird. In seinen Ohren klingt das äußerst viel-versprechend, und so beschließt er, dieses Angebot zu prüfen.

Er hat verstanden, daß die ewige Seligkeit nur jemandem zu-teil wird, der den christlichen Glauben annimmt. Also fragt er, wie man Christ wird. Auf diese Frage erhält er zur Antwort: Man wird Christ, indem man an Jesus Christus, den Gottessohn glaubt. Das reicht Climacus als Einstieg in jenes Gedankenexperi-ment, das er als Denkprojekt bezeichnet. Climacus nähert sich seinem Untersuchungsgegenstand nämlich nicht als Theologe, sondern als Philosoph und Dichter. Um jedoch sofort den Ver-dacht abzuwehren, er könnte die Problematik des Christwer-dens in Hegelscher Manier abhandeln, gibt er seiner gut 100 Sei-ten umfassenden Schrift den Titel „Philosophische Brocken oder ein Bröckchen Philosophie" (andere Übersetzung: „Philosophi-sche Bissen oder ein bißchen Philosophie"). Zwei Jahre später bringt er dann noch zwei umfangreiche, zusammen rund 650 Sei-ten umfassende Bände heraus, die überschrieben sind: „Ab-schließende unwissenschaftliche Nachschrift zu den Philosophi-schen Brocken". Damit karikiert er den Hegelschen Systemge-danken, indem er zu einer kleinen Schrift gleichsam zwei riesige Anmerkungsbände schreibt, die noch dazu als unwissenschaft-lich charakterisiert werden.

Obwohl die „Philosophischen Brocken" kein Denksystem liefern wollen, haben sie gleichwohl eine Form und einen inne-ren Aufbau. Anders als Nietzsche, der mit geschliffenen Gedan-kensplittern aphoristisch gegen das Systemdenken zu Felde zog, zieht Climacus seine Untersuchung wie ein Drama mit fünf Ak-ten auf. Das 1. Kapitel „Gedankenprojekt" entfaltet die Exposi-tion: Das Problem, um das es geht, das Christwerden, wird er-läutert. Das 2. Kapitel „Der Gott als Lehrer und Erretter", Un-tertitel „Ein dichterischer Versuch", veranschaulicht das Pro-blem durch ein Märchen, das Märchen vom König und dem Bet-telmädchen. Im 3. Kapitel „Das absolute Paradox – eine meta-physische Grille" liegt der Höhepunkt, gleichsam die Peripetie des Dramas. Das Problem scheint unauflöslich, was durch die Beilage zum 3. Kapitel „Das Ärgernis am Paradox – ein akusti-scher Betrug" noch unterstrichen wird. Im 4. und 5. Kapitel über den gleichzeitigen Schüler und den Schüler zweiter Hand wird ein Lösungsvorschlag unterbreitet. Johannes Climacus hat einen historischen Vorgänger, einen Mönch namens Johannes vom Sinaikloster, der um 600 gestorben ist. Dieser Mönch hat eine Schrift mit dem Titel „Scala paradisi" (Himmelsleiter) verfaßt, griechisch klimax tou paradeisou. In dieser Schrift wird der Weg der Seele vom Irdischen zum Himmel beschrieben, ein Weg, der über 30 Stufen erfolgt. Climacus, Kierkegaards pseudonyme Figur, sucht ebenfalls ein himmlisches Glück, und er macht sich auf den Weg in die Höhe, indem er gewissermaßen sich selbst als Leiter (klimax) benutzt.

Climacus geht die Frage nach der ewigen Seligkeit als Denker an. Entsprechend formuliert er folgende Einstiegsfragen: „Kann es einen historischen Ausgangspunkt geben für ein ewiges Bewußtsein; inwiefern vermag ein solcher mehr als bloß geschichtlich zu interessieren; kann man eine ewige Seligkeit gründen auf ein historisches Wissen?"[2] Entzündet hat sich dieser Fragenkomplex an der Behauptung, daß Gott Mensch geworden sei und unter dem Namen Jesus zu Beginn unserer Zeitrechnung gelebt hat und gestorben ist. Was Climacus als Denker an dieser Behauptung fraglich erscheint, ist die Vermengung von Zeit und Ewigkeit. Wieso kann man unter Bezugnahme auf ein historisches Faktum, sei es auch noch so gut dokumentiert, ewig selig werden? Kann man sein Glück aus der Geschichte ableiten? Da die Philosophen zwischen Tatsachenwissen und Vernunftwissen unterscheiden und gute Gründe angeben, warum das eine nicht auf das andere zurückgeführt werden kann, scheint die Rückführung der ewigen Seligkeit auf Ereignisse, die vor zweitausend Jahren passiert sind, einen Widerspruch zu enthalten.

Climacus beginnt seine Untersuchung mit einer Analyse des menschlichen Erkenntnisvermögens, um Klarheit darüber zu gewinnen, wie der Mensch historisches und ewiges Wissen auseinanderhält. Historisches Wissen hat seinen Ursprung außerhalb des Verstandes. Es handelt sich um Erfahrungswissen, dessen

---

[2] Søren KIERKEGAARD: Philosophische Brocken. DERS.: Gesammelte Werke. Hrsg. u. übers. v. Emanuel HIRSCH, Düsseldorf/Köln 1960, 1.

Gehalt unter empirischen Bedingungen steht und entsprechend mit einer Raum-Zeit-Stelle verbunden ist. Der Verstand, sofern er historisches Wissen verarbeitet, ist somit genötigt, die Materie dieses Wissens von anderswoher sich geben zu lassen: durch die Anschauung, durch überlieferte Erzählungen, schriftliche Dokumente, Augenzeugenberichte usf. Je mehr Material zusammengetragen und unter chronologischen Gesichtspunkten in einen Zusammenhang gebracht wird, desto vollständiger ist das historische Wissen und desto größer die Wahrscheinlichkeit, daß sich das Gewußte mit dem tatsächlichen Geschehen deckt.

Ewiges Wissen hingegen hat seinen Ursprung im Verstand selber. Es ist apriorisches (vorempirisches) Wissen, dessen Gehalt denkend erzeugt wird, indem der Verstand Begriffe auf eine bestimmte Weise miteinander verbindet. So sind logische Beziehungen zum Beispiel unabhängig von Raum und Zeit gültig und auf jedwede Gehaltlichkeit anwendbar: A = A; A nicht = Non-A. Um ewiges, jederzeit und überall gültiges Wissen zu erlangen, ist der Verstand nicht genötigt, sich auf empirische Daten zu beziehen. Er braucht sich nur reflexiv auf seinen eigenen Denkvollzug zurückzuwenden und die von ihm selbst erzeugten Denkformen zu eruieren, um zu ewigem Wissen zu gelangen.

Historisches und ewiges Wissen sind demnach völlig verschieden, und es ist undenkbar, etwas, das die Qualität des Ewigen hat, historisch zu begründen, denn das würde bedeuten, daß man etwas jederzeit und damit ungeschichtlich Gültiges auf etwas zurückführt, das eine Raum-Zeit-Stelle hat; so wie wenn man sagen würde: $a^2 + b^2 = c^2$ ist deshalb gültig, weil Pythagoras diesen Satz aufgestellt hat. Hätte der Mensch nur seinen Verstand, um zu Erkenntnissen zu gelangen, dann wäre es denkunmöglich, seine ewige Seligkeit auf ein historisches Faktum zu gründen.

In einem zweiten Schritt muß Climacus nun zeigen, daß der Verstand nicht das einzige Vermögen ist, vermittels dessen sich der Mensch Wissen verschaffen kann. Vielmehr hat er als fühlendes, wollendes, leidendes und handelndes Wesen noch andere Zugangsweisen zur Welt und damit zu möglichen Wissensinhalten. Er nimmt die Welt nicht nur intellektuell wahr, sondern ist an ihr interessiert, in der ursprünglichen Bedeutung des Wortes: inter-est = er ist dazwischen. Menschliches Sein ist Zwischensein, ein Sein zwischen dem Natürlichen und dem Historischen auf der einen Seite und dem Ewigen, Ungeschichtlichen auf der anderen Seite. Was also begrifflich streng getrennt werden muß, wird durch das Zwischensein des Menschen, durch sein Sichverhalten zusammengehalten im Existieren.

Existierend bezieht der Mensch Historisches und Ewiges aufeinander, indem er sich für das Historische interessiert. Er will es nicht wissen um des Wissens willen – zur Vermehrung seiner historischen Kenntnisse oder zur Erweiterung seiner Informationen –, sondern er will es wissen um des Handelns und damit um des Lebens willen. Unter ethischem und als solchem ewigem Aspekt eignet er sich das Historische so an, als sei es Teil seiner eigenen Geschichte. Den Akt der Anverwandlung historischer Begebenheiten in die eigene Geschichte nennt Climacus Glaube; Glaube hier in einem nichtreligiösen Sinn gemeint. Ich glaube deshalb, daß etwas sich so und so verhalten hat, weil ich mich selber in das Geschehen einbringe und für es Verantwortung übernehme wie für meine eigene Tat. Auf diese Weise bekommt eine historische Begebenheit ewige Bedeutung in dem Sinn, daß sie unter ethischen Kriterien beurteilt wird und damit eine überzeitliche Gültigkeit erhält. Man kann hier zum Beispiel durchaus an die Aufarbeitung der nationalsozialistischen Gräueltaten durch die Nachfahren denken, die nicht die Schuld der Täter übernehmen, wohl aber die Verantwortung für deren Schuld.

Wenn man in einem Glauben akzeptiert, daß etwas Historisches einen mehr als nur historisch angeht, so bekommt das Historische ewige Bedeutung. Das heißt jedoch nicht, daß das Ewige auf das Historische gegründet wird, vielmehr wird umgekehrt das Historische auf etwas Ewiges bezogen und von daher mit einer überzeitlichen Bedeutung versehen. Daraus folgt, daß der Mensch auch unter ethischem Aspekt seine ewige Seligkeit nicht auf ein historisches Faktum gründen kann, da er die ethische, Ewigkeit erschließende Perspektive als Bedingung voraussetzen muß, unter welcher er etwas Historischem Verbindlichkeit für das eigene Handeln zuschreiben kann.

In einem dritten Schritt stellt Climacus die These auf, daß sich die Behauptung des Christentums, der Mensch gründe seine ewige Seligkeit auf ein historisches Faktum, nur aufrechterhalten läßt, wenn man unterstellt, daß jenes historische Faktum von sich aus Ewigkeitscharakter hat. Diese Annahme sprengt jedoch die menschlichen Verstehensmöglichkeiten, und der nach Glück Suchende steht ratlos und verärgert vor dem absoluten Paradox des Gottmenschen. Um dieses Paradox aufschlüsseln zu können, bedarf er der göttlichen Hilfe, das in dem Angebot besteht, mit Christus gleichzeitig zu werden. Dieses Gleichzeitigwerden hat eine zeitliche und eine ewige Komponente, die Climacus in der Formel ausdrückt: „Soll der Augenblick entscheidende Bedeutung haben …“. Der Augenblick hat entscheidende Bedeutung, wenn jemand (nunmehr im christlichen Sinn) glaubt, daß Jesus Christus Gott ist. Wer dies glaubt, gründet seine ewige Seligkeit auf ein historisches Faktum. Damit stellt er eine religiöse Beziehung zu etwas Ewigem her, das sich nicht als solches, sondern in historischem Gewand zeigt.

Climacus bezeichnet den religiösen Freiheitsakt als einen Sprung. Man springt gleichsam aus sämtlichen Zwängen heraus in die göttliche Freiheit, die Jesus Christus als der Mensch gewordene Gott in der Bewegung der Auferstehung von den Toten exemplarisch vorgelebt hat. Auch der unglückliche, gefallene Mensch kann wieder aufstehen und sich durch die Vermittlung des Sohnes zu Gottvater erheben. Damit stellt er über das Historische eine Beziehung zum Ewigen her und wird jenes Glücks teilhaftig, das ewige Seligkeit heißt. Ob Climacus der Sprung in den christlichen Glauben gelingt, bleibt offen. Das spielt im Grunde auch keine Rolle, denn niemand kann stellvertretend für eine andere Person springen. Climacus will nicht Vorbild sein, sondern mit den Mitteln der Philosophie zeigen, was man tun muß, wenn man die ewige Seligkeit will. Wollen muß man selber.

Das Ärgerliche am Paradox des Gottmenschen liegt für den Menschen darin, daß sowohl seine rationale als auch seine ethische Kompetenz an ihm scheitern. Diese doppelte Kränkung demütigt den Menschen. Sie soll ihn offen machen für die Einsicht, daß er aus eigener Schuld sein Glück verscherzt hat, indem er

Gott mißachtete und in der Folge aus dem Paradies vertrieben
wurde. Der Sprung in den christlichen Glauben setzt die Anerkennung des Sündenfalls als eigene Tat voraus. Der Mensch hat
das Böse in die Welt gebracht und damit sein Unglück selbst ver-
schuldet. Aber wie konnte dies passieren? Die Antwort, die
Kierkegaards Pseudonym Vigilius Haufniensis (der Wächter von
Kopenhagen) in der Schrift „Der Begriff Angst" gibt, ist weder
eine theologische noch eine philosophische, sondern eine psychologische. Aus Angst habe der Mensch das Gute verfehlt und
sich für das Böse entschieden.

Für Vigilius, den in der kirchlichen Dogmatik ebenso Bewan-
derten wie in der Ethik und der Psychologie, ist die Angst nicht
Ursache des Bösen, denn der Mensch hätte sich vor dem Sündenfall anders entscheiden und das Gute realisieren können. Warum
hat er es nicht getan? Vigilius' Antwort: aus Angst. Dazu führt er
aus: „Angst kann man vergleichen mit Schwindel. Der, dessen
Auge es widerfährt, in eine gähnende Tiefe niederzuschauen, er
wird schwindlig. Aber was ist der Grund? Es ist ebensosehr sein
Auge wie der Abgrund; denn falls er nicht herniedergestarrt hätte. Solchermaßen ist die Angst der Schwindel der Freiheit, der
aufsteigt, wenn der Geist die Synthesis setzen will, und die Freiheit nun niederschaut in ihre eigne Möglichkeit, und sodann die
Endlichkeit packt, sich daran zu halten. In diesem Schwindel
sinkt die Freiheit zusammen. ... Den gleichen Augenblick ist alles verändert, und indem die Freiheit sich wieder aufrichtet, sieht
sie, daß sie schuldig ist."[3]

Vigilius zieht ein psychologisches Phänomen heran, um sich
der Frage anzunähern, warum der Mensch böse geworden ist.
Den meisten von uns ist die Erfahrung vertraut, daß von einem
Abgrund eine gewaltige Sogwirkung ausgehen kann. Man blickt
in die Tiefe, empfindet tödliche Angst und fühlt sich doch unwiderstehlich angezogen, so daß am Ende genau das passiert, was
man auf keinen Fall will: der Sturz in den Tod. Es tritt das Gegenteil dessen ein, was man eigentlich wollte. Nun ist allerdings

---

[3] Søren KIERKEGAARD: Der Begriff Angst. DERS.: Gesammelte Werke.
Hrsg. u. übers. v. Emanuel HIRSCH, Düsseldorf/Köln 1965, 60f.

zu beachten, daß Vigilius' Vergleich nicht als Entschuldigungsversuch zu verstehen ist. Jemand, den angesichts eines Abgrunds ein Schwindel erfaßt, so daß er in Ohnmacht fällt und abstürzt, kann man nicht schuldig sprechen. Er hätte zwar den Blick in die Tiefe vermeiden können, aber nachdem er hinabgeblickt hat, was ihm nicht verwehrt ist, entglitt ihm die Kontrolle über die Folgen des Blicks, woraus sich ergibt, daß er nicht verantwortlich ist für den Sturz, der den Charakter eines Unfalls hat.

Worauf es Vigilius jedoch ankommt, ist folgendes: Die Bedrohung durch die Tiefe geht nicht vom Abgrund aus, sondern vom Menschen, der sich zum Abgrund in ein Verhältnis setzt. Der Abgrund ist, was er ist: das andere Ende eines Berges oder Gipfels. Erst das Auge, das die Entfernung mißt, signalisiert dem Menschen Gefahr und läßt ihn schwindlig werden. Er erzeugt mittels seiner Angst den Schwindel gewissermaßen selbst. Übertragen auf die Freiheit folgt daraus, daß sie, wenn sie in die Zukunft blickt und Möglichkeiten des Handelns entwirft, vor ihren eigenen Abgründen erschrickt. Eigentlich will die Freiheit das Gute, nämlich die Realisierung von Projekten, die als Gebilde der Freiheit der größtmöglichen Freiheit aller Raum geben. Sobald die Freiheit jedoch gewahr wird, was sie alles kann, läßt sie sich, fasziniert von der Möglichkeit des Bösen, dazu hinreißen, ihr Potential zu verspielen und anstatt den Horizont der Freiheit offen zu halten, diesen durch Gebilde der Unfreiheit zu vernichten. Das ist das Böse.

Dieses Böse hindert den Menschen an seiner ewigen Seligkeit. Erst wenn er es sich als Resultat seines Handelns zurechnet und Reue bekundet, bekommt er die Chance, sich erneut in ein Verhältnis zu Gott zu setzen. Kierkegaard bemüht wieder ein anderes Pseudonym, um die Grundstruktur des religiösen Verhältnisses zu entwickeln: Anticlimacus, der sich als dezidierter Christ ausgibt und in seiner Schrift „Die Krankheit zum Tode" die Formen der Verzweiflung durchspielt, die das Unglück einer von Gott getrennten und daher innerlich zerrissenen Existenz schildern. Anticlimacus definiert den Menschen eingangs der Schrift folgendermaßen: „Der Mensch ist Geist. Was aber ist Geist? Geist ist das Selbst. Was aber ist das Selbst? Das Selbst ist ein Ver-

hältnis, das sich zu sich selbst verhält, oder ist das an dem Verhältnis, daß das Verhältnis sich zu sich selbst verhält; das Selbst
ist nicht das Verhältnis, sondern daß das Verhältnis sich zu sich
selbst verhält."[4]

Der Mensch wird von Anticlimacus nicht als eine statische
Größe, sondern als dynamisches, flexibles, aktives, prozeßhaftes
Selbstwerden beschrieben, als Tätigkeit des Sichverhaltens. Wer
und was ein Individuum ist, erweist sich als Resultat einerseits
eines Selbstverhältnisses und andererseits eines Verhältnisses
zum anderen seiner selbst: zur Welt, zu den Mitmenschen und zu
Gott. Das Selbst existiert nur als diese mehrgliedrige, in sich re-
flexe Relation, die durch die Tätigkeit des Sichverhaltens erzeugt
wird.

Anticlimacus insistiert wie seine pseudonymen Vorgänger
darauf, daß der Mensch nur dann gut ist, wenn er von seiner Freiheit den richtigen Gebrauch macht, indem er sich darum bemüht, sein Selbstverhältnis mit seinem Welt- / Mitmenschenver-
hältnis auf dem Boden eines religiösen Verhältnisses in Einklang
zu bringen. Jeder Versuch, die Freiheit zu verabsolutieren, sei es
in einem reinen Selbstverhältnis, sei es in einer völligen Selbst-
aufgabe durch bedingungslose Hingabe an die Welt, die Mitmenschen oder Gott, führt in die Verzweiflung. Verzweiflung – das
deutet sich bereits in dem Wort „zwei" an, das in „Verzweiflung"
steckt – zerreißt die Verhältnisstruktur, wobei der Riß dieser inneren Zerrissenheit durch das Sichverhalten hindurch geht und
das Individuum in sich selbst spaltet. Diese Gespaltenheit ist das
Böse, dessen Symptome sich in jener Krankheit zum Tode zeigen, die sich der sündige Mensch weder unverschuldet noch
fahrlässig bloß zugezogen, sondern die er selbst gewählt hat, indem er absolute Freiheit begehrte und diese in radikaler Unabhängigkeit von Gott zu verwirklichen trachtete.

Die Formel, die Anticlimacus als Beschreibung geglückten
Selbstseins anbietet, lautet: „Indem es sich zu sich selbst verhält,
und indem es es selbst sein will, gründet sich das Selbst durch-

---

[4] Søren KIERKEGAARD: Die Krankheit zum Tode. DERS.: Gesammelte
Werke. Hrsg. u. übers. v. Emanuel HIRSCH, Düsseldorf/Köln 1954, 8.

sichtig in der Macht, welche es gesetzt hat."[5] Dieses Sichgründen des Selbst in der göttlichen Macht ist die einzig mögliche Therapie für die Krankheit zum Tode. Der Verzweifelte muß sich selbst auf den Grund gehen, um sich Klarheit über den Ursprung seiner Freiheit zu verschaffen. Dabei wird er feststellen, was er im Grunde immer schon wußte, aber verdrängt hat, nämlich daß er die Fähigkeit zur Autonomie nicht sich selbst verdankt, sondern eben jener Freiheit des Schöpfergottes, der ihn in die Selbständigkeit entlassen hat, mit der berechtigten Erwartung, daß sein Geschöpf diese Beziehung zwischen göttlicher und menschlicher Freiheit als solche anerkennt und in jeder freien Willensbestimmung Gott mit bestätigt.

Der Verzweifelte ist krank zum Tode. Er kann nicht leben, aber auch nicht sterben. Wenn er entdeckt, daß er der Urheber seiner Krankheit ist, weil er im Versuch, absolut frei zu sein, das Band zwischen sich und seinem göttlichen Ursprung zerrissen hat, begreift er, daß seine Rettung, sein Heil und sein ganzes Glück darin liegt, wieder eine Beziehung zu seinen Wurzeln herzustellen, von denen er sich im Sündenfall abgeschnitten hat. Nur ist ihm die Wiederanbindung seines Selbst an die verleugnete Macht, die es gesetzt hat, erschwert. Denn die Suche nach dem Schöpfergott, der von Ewigkeit zu Ewigkeit existiert, geht ins Leere. Stattdessen sieht der Suchende sich an den Menschen Jesus Christus verwiesen, dessen Existenz historisch belegt ist. Und damit beginnen all die Probleme, die Climacus in den „Philosophischen Brocken" unter der Leitfrage diskutiert hat: Wie kann man seine ewige Seligkeit auf ein historisches Faktum gründen?

Søren Kierkegaard, so möchte ich abschließend festhalten, war ein ganz eigener Denker des Christentums. Er war in der Tat ein Denker, ein philosophischer Kopf, der das gesamte Instrumentarium eines kritisch verfahrenden Verstandes einsetzte, um sich mit den von ihm aufgeworfenen Fragen begrifflich-argumentativ auseinanderzusetzen. Sein Denken kreiste um das

[5] Søren Kierkegaard: Die Krankheit zum Tode. Ders.: Gesammelte Werke. Hrsg. u. übers. v. Emanuel Hirsch, Düsseldorf/Köln 1954, 10.

Christentum, nicht um dessen historische Ausprägungen und schon gar nicht um das kirchlich institutionalisierte Christentum, für das er nur Verachtung hegte. Ihn interessierte allein die existentiell gelebte Religiosität, deren natürliche Form er exemplarisch bei Sokrates vorfand und als Beziehung des Ewigen in der menschlichen Seele zum Ewigen außerhalb rekonstruierte. Davon grenzte er die christliche Religiosität als das komplizierte Verhältnis zu der historischen Gestalt Jesus Christus ab, welcher nicht an sich, sondern erst durch den Glauben, daß dieser Mensch Gott ist, Ewigkeitscharakter zuerkannt wird. Der auf diese Weise mittels des Glaubens neu als Repräsentant des Ewigen, des zeitlos und übergeschichtlich Gültigen zur Existenz gebrachte Gott wirkt über die wiederhergestellte religiöse Beziehung auf den zum Christen gewordenen Menschen zurück und wird zum Garanten seiner ewigen Seligkeit.

Kierkegaard hat sich in Form seiner Pseudonyme vieler Masken bedient, um nicht nur die religiös geglückten, sondern vor allem die verunglückten Lebensformen zu veranschaulichen. Selbst in den Schriften, die er unter seinem eigenen Namen veröffentlicht hat, Schriften, die erbauliche Reden und Predigten enthalten, will er nicht zu einer Gemeinde sprechen, sondern zu Individuen, um klarzustellen, daß das Heil nicht vom Heilsverkünder kommt, sondern eigene Anstrengungen voraussetzt. Worin diese bestehen, kann mit den Mitteln der Philosophie erörtert werden. Aber auf sich nehmen muß der Adressat der Heilsbotschaft sie selber, nachdem er verstanden hat, was er soll. Er muß über sich selbst das Urteil sprechen, nämlich aus eigener Schuld gescheitert zu sein, um dann nach seiner ewigen Seligkeit auszulangen und den Sprung ins Christentum zu wagen – oder ihn auf eigene Verantwortung zu verweigern.

Literaturhinweise

Textausgabe

Die Schriften Kierkegaards sind zitiert nach: Gesammelte Werke. Hrsg. u. übers. v. Emanuel HIRSCH unter Mitwirkung zahlreicher Fachgelehrter, 36 Abteilungen in 26 Bänden und 1 Registerband, Düsseldorf/Köln 1951–1969.

- Entweder/Oder. Ein Lebensfragment herausgegeben von Viktor Eremita, 2 Teile (1843); 2./3. Abt. 1957/1964.
- Philosophische Brocken oder ein Bröckchen Philosophie von Johannes Climacus (1844), 10. Abt. 1960.
- Der Begriff Angst. Eine schlichte psychologisch-andeutende Überlegung in Richtung auf das dogmatische Problem der Erbsünde von Viligius Haufniensis (1844), 11./12. Abt. 1965.
  Die Krankheit zum Tode. Eine christliche psychologische Erörterung zur Erbauung und Erweckung von Anti-Climacus (1849), 24./25. Abt. 1957.

Weiterführende Literatur

Biographien

GARFF, Joakim: Kierkegaard. Biographie, München/Wien 2004.
HUIZING, Klaas: Der letzte Dandy. Roman, München 2003.
ROHDE, Peter P.: Kierkegaard, mit Selbstzeugnissen und Bilddokumenten, Hamburg (Rowohlt-Monographien 28) 1959.

Monographien

DIETZ, Walter: S. Kierkegaard. Existenz und Freiheit, Frankfurt am Main 1993.
LIESSMANN, Konrad Paul: Kierkegaard zur Einführung, Hamburg 1993.
PIEPER, Annemarie: Søren Kierkegaard, München 2000.
RINGLEBEN, Joachim: Die Krankheit zum Tode von S. Kierkegaard. Erklärung und Kommentar, Göttingen 1996.
THEUNISSEN, Michael: Der Begriff der Verzweiflung. Korrekturen an Kierkegaard, Frankfurt am Main 1993.

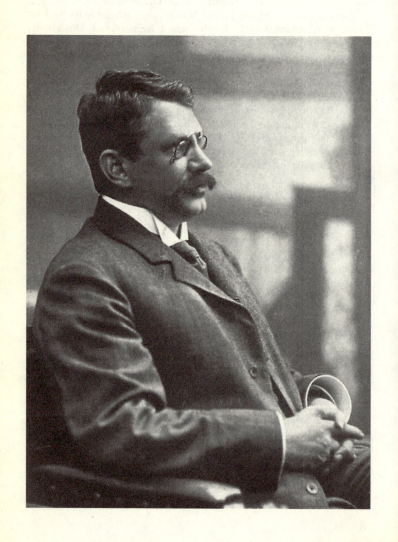

Troeltsch

Reiner Anselm

Als Ernst Troeltsch nach seinem überraschenden Tod an den Folgen einer Lungenentzündung am 3. Februar 1923 in Berlin beigesetzt wurde, versammelte sich die intellektuelle Elite der jungen Weimarer Republik, um von einem Gelehrten mit einer außergewöhnlichen Bandbreite an Interessen und Arbeitskontexten Abschied zu nehmen. Kein Geringerer als Adolf von Harnack, der Doyen der Wissenschaftspolitik im späten Kaiserreich und der Weimarer Republik, hielt die Trauerpredigt über Lk 24,5: Was suchet ihr den Lebendigen bei den Toten? – durchaus programmatisch für das Verständnis, das Troeltsch selbst vom Christentum hatte: Es war ihm gerade keine traditionell und kirchlich verfestigte, in der eigenen Geschichte erstarrte Größe, sondern eine lebendige Religion, die ihre Vitalität durch immer neue Anpassungs- und Umgestaltungsprozesse, durch die Aufnahme neuen Gedankengutes und die Ausbildung neuer Formen der Frömmigkeitspraxis unter Beweis gestellt hatte. Diese Transformationsprozesse in der Geschichte nachzuzeichnen und für das Denken die eigene Gegenwart neu zu bestimmen, machte für Troeltsch einen Denker des Christentums aus. Der Beruf des Theologen kann sich – davon war Troeltsch überzeugt – nicht darauf beschränken, nur die kirchliche Lehrbildung in den Blick zu nehmen, sondern muß die gesamte Breite der geschichtlichen Wirklichkeit des Christentums beachten. Dieses Programm führte Troeltsch immer wieder in außertheologische Arbeitsgebiete, insbesondere in den Bereich der Geschichtswissenschaften, der Philosophie und der noch jungen

Soziologie. Wie kaum ein anderer Theologe pflegte Troeltsch den Austausch mit anderen Disziplinen – und blieb doch in all seinem Wirken der Theologie verpflichtet.

Dennoch weckten seine breit gestreuten Arbeitskontexte, insbesondere seine interdisziplinäre Vernetzung, schon zu seinen Lebzeiten Zweifel, ob Troeltsch nicht die Theologie zugunsten einer allgemeinen Kulturphilosophie aufgegeben hatte. Bei seinem Tod hatte Troeltsch einen Lehrstuhl für Kultur-, Geschichts-, Gesellschafts- und Religionsphilosophie und christliche Religionsgeschichte in der Philosophischen Fakultät der Berliner Humboldt-Universität inne, auf den er 1914 von Heidelberg aus berufen worden war. Dieser Wechsel von der Theologischen an die Philosophische Fakultät hat immer wieder zu einer Interpretation Anlaß gegeben, Troeltsch habe mit der Theologischen Fakultät auch die Theologie hinter sich gelassen, sei vom Theologen zum Kulturphilosophen geworden. Gerade die neue Theologengeneration um Karl Barth, Eduard Thurneysen und Rudolf Bultmann, die sich unter dem Eindruck des Zusammenbruches der alten staatlichen Ordnung und der Pervertierung menschlicher Möglichkeiten durch eine den Menschen zum Objekt machende Technik, die in den Gewaltexzessen des Ersten Weltkriegs geendet hatte, nachdrücklich von den die Theologie des Kaiserreichs dominierenden Versuchen einer Synthese zwischen Christentum und Kultur distanzierten, hat dabei ganz maßgeblich zu diesem Bild Troeltschs beigetragen. Troeltschs Weg aus der Theologie in eine „bloß philosophische" Kulturtheorie schien paradigmatisch für eine Art des Umgangs mit der christlichen Botschaft, die jederzeit bereit war, menschliche Auslegung und Rationalität an die Stelle von Gottes eigener Botschaft zu setzen, Offenbarungszeugnis also durch Sinndeutungsversuche ablösen zu wollen. Karl Barths Verdikt, hier handele es sich um theologische Barbarei, prägte lange Zeit die etablierte Einschätzung von Troeltschs Denken, und zwar auch dort, wo man unter bewußter Anknüpfung an Troeltsch die Theologie in eine historische Kulturwissenschaft transformieren wollte.

Doch eine solche Deutung greift bei weitem zu kurz – und erweist sich schnell als aussagekräftiger für die eigene Position der Interpreten als für Troeltsch selbst. Denn aller Entwicklungsparadigmatik zum Trotz bleibt Troeltschs Grundanliegen von seinen theologischen Anfängen bis hin zu seinem (unvollendeten) Spätwerk auffallend konstant – und zwar sowohl im Blick auf die Methodik als auch in ihrer Zielsetzung. So präsentiert sich der am 17. Februar 1865 als Kind des Arztes Ernst Troeltsch und seiner Frau Eugenie in Haunstetten bei Augsburg geborene Ernst Peter Wilhelm Troeltsch schon in seiner akademischen Erstlingsschrift „Vernunft und Offenbarung bei Johann Gerhard und Melanchthon", mit der er 1891 in Göttingen den akademischen Grad eines Lizentiaten erwarb und sich zugleich habilitierte, als ein stark historisch arbeitender Theologe[1] – auch wenn die Habilitation für das Fach Kirchengeschichte ausschließlich durch die damaligen Statuten der Göttinger Theologischen Fakultät motiviert war, die eine Habilitation in Systematischer Theologie nicht zuließen.

Troeltsch ist freilich nicht an der Historie um ihrer selbst willen interessiert, sondern seine Auseinandersetzung mit Vorgehen und Ergebnissen der Geschichtswissenschaften dient der Beantwortung der von Troeltsch wahrgenommenen „Cardinalfrage" der Dogmatik, nämlich „ob und wie ... weltliche Bildung und religiöse Wahrheit ... zusammen bestehen kann"[2]. Soll es unter den Bedingungen der eigenen Gegenwart eine befriedigende Antwort auf die so gestellte Kardinalfrage geben, muß es folgerichtig zu einer Auseinandersetzung der Theologie mit den Leitwissenschaften weltlicher Bildung kommen; auf diesem Feld muß der Nachweis der Kompatibilität gelingen, und diese Zielsetzung begründet sein Interesse an der Geschichtswissenschaft – der Leitwissenschaft des 19. Jahrhunderts. Troeltsch möchte den

---

[1] Vgl. Stefan PAUTLER: Christentum und Askese bei Ernst Troeltsch, in: Christian ALBRECHT und Friedemann VOIGT (Hrsg.): Vermittlungstheologie als Christentumstheorie, Hannover 2001, 47–66, 48.

[2] Ernst TROELTSCH: Vernunft und Offenbarung bei Johann Gerhard und Melanchthon. Untersuchung zur Geschichte der altprotestantischen Theologie, Göttingen 1891, 3.

Versuch unternehmen, unter Aufnahme und Auseinandersetzung mit den Methoden und Ergebnissen der Geschichtswissenschaft zu einer belastbaren Begründung des christlichen Glaubens zu gelangen, die auch für die eigene, durch die Aufklärungsprozesse des 19. Jahrhunderts geprägte Zeitgenossenschaft mit guten Gründen akzeptabel ist.

Das Interesse, in der Theologie auf dem Weg wissenschaftlicher, und das heißt zunächst *geschichtswissenschaftlicher* Methoden zu neuen und zugleich allgemein nachvollziehbaren Einsichten zu gelangen, ist nun untrennbar mit Troeltschs Göttinger Zeit verbunden. Denn nach der Gymnasialzeit am traditionsreichen Augsburger St. Anna-Gymnasium, in der Troeltsch nach eigenem Urteil eine überwiegend humanistisch-historische Bildung genossen hatte, aus der „ein reiches und breites historisches Studium und Interesse" resultierte[3], und nach dem Studium in Erlangen und Berlin ergibt sich für Troeltsch in Göttingen die Möglichkeit, seine Vorliebe für die Geschichte mit seinem zweiten Interessenschwerpunkt zu verbinden, dem Interesse an – wie es Troeltsch rückblickend formuliert – „einer starken und zentralen religiösen Lebensposition, von der aus das eigene Leben erst ein Zentrum in allen praktischen Fragen und das Denken über die Dinge dieser Welt ein Ziel und einen Halt gewinnt"[4].

In Göttingen gehört der junge Privatdozent zu einer Gruppe von gleichaltrigen Theologen, die mit religionsgeschichtlichen Einsichten versuchten, neue Perspektiven für die Exegese des Alten und Neuen Testaments zu gewinnen, die über die binnenchristliche, kirchlich tradierte und normativ geprägte Auslegung hinausgehen sollten, die also von der Anwendung geschichtswissenschaftlicher Methoden aus der Bedeutung der historischen Zeugnisse des Christentums neue Plausibilität verleihen sollten. In diesem Kreis, der sog. „Kleinen Göttinger Fakultät", zu dem insbesondere Troeltschs Studienfreund aus Erlanger Tagen, Wilhelm Bousset, gehörte und den man später – zunächst polemisch –

---

[3]   TROELTSCH: Der Historismus und seine Überwindung. Fünf Vorträge. Eingeleitet von Friedrich von Hügel. Berlin 1924, 63.
[4]   TROELTSCH: Der Historismus und seine Überwindung, 63f.

die „religionsgeschichtliche Schule" nannte, kam Troeltsch die Rolle des Systematikers zu.

Troeltsch selbst bestimmte rückblickend 1913 die Aufgabe einer religionsgeschichtlich orientierten Dogmatik als den Versuch, „von der Religionsvergleichung her geschichtsphilosophisch die prinzipielle und allgemeine Höchstgeltung des Christentums für unseren Kultur- und Lebenskreis zu erweisen"[5]. Dieses Programm suchte er zunächst in seiner Schrift „Die Absolutheit des Christentums und die Religionsgeschichte" einzulösen. Zugleich stellte es das Bindeglied seiner weiteren wissenschaftlichen Arbeit dar, die sich im Rahmen einer auch für damalige Verhältnisse außergewöhnlich schnellen akademischen Karriere vollzieht: Schon ein Jahr nach seiner Habilitation erhält Troeltsch 1892 ein Extraordinariat in Bonn, 1894 wird er, gerade 30 Jahre alt, ordentlicher Professor für Systematische Theologie an der Universität Heidelberg.

Mit seinem Programm einer religionsgeschichtlich orientierten Dogmatik markiert Troeltsch dabei zugleich auch die entscheidende Weggabelung für die Theologie des 20. Jahrhunderts. Denn so sehr sich Troeltsch zunächst von Albrecht Ritschls theologischem Programm angezogen fühlte, das eine Fundierung des Protestantismus in der persönlichen Glaubensgewißheit des Einzelnen als Mitglied der christlichen Gemeinde, nicht in kirchlichen Dogmen intendierte, so sehr sah er doch auch schnell die Grenzen dieser Herangehensweise. Schon früh kritisiert Troeltsch darum das Vorgehen der einflußreichsten theologischen Schule im Kaiserreich als Rückzugsprogramm und versucht stattdessen, die Theologie auf neue, wissenschaftlich tragfähige Grundlagen zu stellen.

Mit dieser Zielsetzung verkörpert Troeltsch wie kaum ein zweiter Theologe im 20. Jahrhundert den Idealtyp eines „Denkers des Christentums". Von einer tiefen eigenen Frömmigkeit bewegt, getrieben von dem Bewußtsein, daß es „der Reichtum

---

[5] TROELTSCH: Die Dogmatik der „religionsgeschichtlichen Schule". In: DERS.: Gesammelte Schriften Bd. 2: Zur religiösen Lage, Religionsphilosophie und Ethik. Tübingen 1913, 500–524, hier 509.

göttlichen Lebens und Wirkens" sei, der sich in dieser historischen, unendlich verschiedenartigen Welt ausdrückt"[6], suchte
Troeltsch nach einer denkerischen Form, um zwischen dem
„modernen Geist" und der religiösen Idee des Christentums zu
vermitteln. Mit einer *splendid isolation,* die ihm trotz deren un-
bestreitbarem gesellschaftlichen Einfluß das stille Leitbild der
Ritschlschule zu sein scheint, möchte sich Troeltsch nicht abfin-
den. Denn so kirchlich und so standfest gegenüber den Infrage-
stellungen der Moderne sich die Theologie seines Göttinger Lehrers auch verstehen möchte, so sehr sieht Troeltsch doch eine solche Zugangsweise als auf wackligen Fundamenten stehend[7] und,
mehr noch, als Verrat an dem Weltgestaltungsanspruch der
christlichen Religion an.

Statt einer Apologetik für Kirchentreue intendiert Troeltsch
eine umfassende Neubegründung der Theologie, die den Verste-
hensbedingungen der eigenen Gegenwart kommensurabel sein
sollte. Auch wenn Troeltsch letztlich diese Neuanpassung nur
für das Gebiet des vom historischen Denken beeinflußten modernen Denkens durchführte, wollte er dieses Programm keineswegs auf die Verarbeitung der Einsichten der Geschichtswissenschaft begrenzt wissen. Daß es auch zu einer Neubestimmung
der Theologie im Gegenüber zu den Erkenntnissen der expan-
dierenden Naturwissenschaften kommen müsse, stand Troeltsch
schon von Anbeginn seines theologischen Wirkens an klar vor

---

[6] TROELTSCH: Der Historismus und seine Überwindung, 63.

[7] Vgl. dazu die von Troeltschs Schüler Walther Köhler überlieferte Anekdote zum Auftreten Troeltschs vor der Versammlung der „Freunde der
Christlichen Welt" 1896 in Eisenach: „Julius Kaftan hat einen sehr gelehrten,
etwas scholastischen Vortrag über die Bedeutung der Logoslehre gehalten,
die Aussprache ist eröffnet, da springt mit jugendlichem Elan ein junger
Mann aufs Katheder und beginnt sein Votum mit den Worten: ‚Meine Her-
ren, es wackelt alles' – Ernst Troeltsch. Und nun legt er los und entwirft in
großen, festen Zügen ein Situationsbild, das sein Urteil bestätigen sollte.
Zum Entsetzen der Alten; als ihr Sprecher redet Ferdinand Kattenbusch von
einer ‚schofelen Theologie', worauf Troeltsch die Versammlung verläßt und
knallend die Türe hinter sich zuwirft. Wir Jungen aber horchten auf"; Walther KÖHLER: Ernst Troeltsch, Tübingen 1941, 1.

Augen.[8] Wie vieles blieb jedoch auch dies ein unvollendetes Projekt Troeltschs.

Diese Neubegründung vollzieht sich in zwei großen Denkkreisen, die zugleich die Themen der beiden großen Monographien Troeltschs markieren: Um die Genese der eigenen Gegenwart zu rekonstruieren, möchte Troeltsch die gegenseitigen Abhängigkeitsverhältnisse von Christentum und abendländischer Kulturentwicklung ergründen, sowohl ihre Synergien als auch ihre Dissonanzen. Das aus dieser Arbeit entstehende, bis heute maßgebliche umfangreiche Werk über die „Soziallehren der christlichen Kirchen und Gruppen"[9] mündet in die Frage, welche Signatur eine gegenwärtige Verbindung von Christentum und moderner Kultur tragen müßte und auf welchem Wege sie über die Anwendung wissenschaftlicher, näherhin *geschichts*wissenschaftlicher Methoden zu gewinnen sein könnte. Dieses Programm konnte Troeltsch nur noch im Blick auf seine methodischen Voraussetzungen, in dem Fragment gebliebenen zweiten großen Werk „Der Historismus und seine Probleme", ausführen[10].

In Fortführung seiner frühen Studien zur Verortung des Christentums in der Religionsgeschichte, in denen er versucht hatte, den Sonderstatus des Christentums auf der Grundlage geschichtswissenschaftlicher Methodik zu plausibilisieren,[11] gilt

---

[8] Vgl. Friedrich Wilhelm GRAF: Religion und Individualität. Bemerkungen zu einem Grundproblem der Religionstheorie Ernst Troeltschs, in: DERS. / Horst RENZ (Hrsg.): Protestantismus und Neuzeit, Gütersloh 1984 (= Troeltsch-Studien Bd. 3), 207–230, hier 218. Graf grenzt diesen Neubegründungsanspruch jedoch zu sehr auf die Auseinandersetzung mit der Geschichtswissenschaft ein; zur Herausforderung durch die Naturwissenschaften, die Troeltsch schon früh gesehen hat, vgl. insbes. Ernst TROELTSCH: Die christliche Weltanschauung und ihre Gegenströmungen (1894), in: DERS.: Gesammelte Schriften Bd. 2: Zur religiösen Lage, Religionsphilosophie und Ethik, Tübingen 1913, 227–327.

[9] TROELTSCH: Die Soziallehren der christlichen Kirchen und Gruppen, Tübingen 1912. (= Gesammelte Schriften Bd. 1).

[10] TROELTSCH: Der Historismus und seine Probleme. Erstes Buch: Das logische Problem der Geschichtsphilosophie, Tübingen 1922.

[11] Vgl. dazu jetzt das umfangreiche Material zur Interpretation von

Troeltschs Interesse in Heidelberg vorrangig dem Verhältnis von Christentum und Moderne. Zusätzlich inspiriert wurden seine Arbeiten durch seine Mitgliedschaft im Heidelberger *Eranos-Kreis*, der sich 1904 um Adolf Deißmann und Albert Dieterich konstituiert hatte und dem u.a. auch der Nationalökonom Eberhard Gothein, der Jurist Georg Jellinek und der Philosoph Wilhelm Windelband angehörten. Wichtige Anregungen verdankt Troeltsch auch dem Kontakt mit Max Weber, mit dem ihn während der Heidelberger Zeit eine enge, wenngleich wenig herzliche „Fachmenschenfreundschaft"[12] verbindet – seit 1910 wohnt Troeltsch mit seiner Frau Martha, die er 1901 geheiratet hatte, mit Marianne und Max Weber im selben Haus. Max Weber weckte Troeltschs Interesse für die Soziologie und ebnet ihm dadurch den Weg für eine über die bisherige Dogmengeschichtsschreibung hinausgehende Analyse der Christentumsgeschichte, die auch die sozialen Lebensformen des Christentums sowie ihre Wechselbeziehungen zur jeweiligen Lehrbildung und zu den zeitgenössischen außertheologischen Bedingungsfaktoren mit einbezieht. Troeltsch verstand die „Soziallehren" zugleich als eine Visitenkarte seiner eigenen theologischen Methodik und damit auch als ein Gegenstück zu Adolf von Harnacks zwischen 1886 und 1890 erschienenen, dreibändigen Dogmengeschichte[13].

Das Ergebnis, zu dem Troeltsch in den „Soziallehren" gelangt, ist doppelstämmig und als Ausdruck eines Kompromisses zugleich charakteristisch für Troeltschs Denken: Das Christentum

---

Troeltschs Absolutheitsschrift, das dokumentiert ist in: Ernst TROELTSCH: Die Absolutheit des Christentums und die Religionsgeschichte (1902/1912). Mit den Thesen von 1901 und den handschriftlichen Zusätzen hrsg. von Trutz Rendtorff und Stefan Pautler, Berlin 1998 (= Ernst Troeltsch, Kritische Gesamtausgabe Bd. 5).

[12] Friedrich Wilhelm GRAF: Fachmenschenfreundschaft. Bemerkungen zu „Max Weber und Ernst Troeltsch", in: Wolfgang J. MOMMSEN und Wolfgang SCHWENKER (Hrsg.): Max Weber und seine Zeitgenossen, Göttingen 1987, 313–336.

[13] Adolf HARNACK: Lehrbuch der Dogmengeschichte. Bd. 1: Die Entstehung des kirchlichen Dogmas. Freiburg i.B. 1886; Bd. 2: Die Entwickelung des kirchlichen Dogmas I; Freiburg i.B. 1887; Bd. 3: Die Entwickelung des Kirchlichen Dogmas II; Freiburg i.B. 1890.

ist gekennzeichnet durch ein Spannungsverhältnis zwischen dem Rückzug in die Innerlichkeit und dem Interesse an Weltgestaltung. Obwohl im Zentrum des Christentums der Gedanke der durch Gnade im Menschen gewirkten Idee von der Liebe Gottes stehe, die sich auswirke in der Reinheit des Herzens vor Gott und in der Bruderliebe um Gottes willen, – eine exakte Reformulierung übrigens des Grundgedankens aus Luthers Freiheitsschrift – und obwohl diese Idee sich nur recht begreifen lasse, solange „sie in ihrer reinen Innerlichkeit bei sich selber bleibt"[14], sei es dennoch zu einem Ausgreifen dieser Idee auf die Gestaltung der Lebenswelt gekommen. Dieses Ausgreifen lasse sich jedoch nicht nach einem einheitlichen Modell deuten, sondern nur dann recht verstehen, wenn man die Christentumsgeschichte auffasse als ein „Oscillieren zwischen dem rein religiösen Ideal der Herzensreinheit und Bruderliebe, in dem das natürliche Leben gleichgiltig wird, und den innerweltlichen Idealen einer Beherrschung, Läuterung und Erhöhung der natürlichen Welt"[15]. Dabei sei es unvermeidlich, daß die Vermittlungen von religiöser und humaner Sittlichkeit nur unter der Signatur des Kompromisses erfolgen könnten, so daß das eine nie ganz im anderen Element aufgehoben werde: „Es bleibt immer eine bloße Vermittelung zwischen den beiden Polen, sie werden nie zur Deckung gebracht, und die wirkliche Sittlichkeit des Lebens oszilliert von dem einen zum anderen".[16]

Dieses Oszillieren ist jedoch nur scheinbar eine defizitäre Form der Vermittlung von Religion und Gesellschaft. Denn so sehr eine adäquate Vermittlung von religiösem Denken und innerweltlichen Idealen die Stabilität von Kirche und Christentum befördert – dies für die eigene Gegenwart zu erreichen ist ja schließlich auch das erklärte Interesse Troeltschs – , so sehr steht es auch für ein statisches Verhältnis. Troeltsch konstatiert, daß

---

[14] TROELTSCH: Politische Ethik und Christentum, Göttingen 1904, 36; vgl. auch PAUTLER, Christentum (Anm. 1), 49f.

[15] TROELTSCH: Politische Ethik und Christentum, 36.

[16] TROELTSCH: Grundprobleme der Ethik. Erörtert aus Anlaß von Herrmanns Ethik (1902), in: DERS.: Gesammelte Schriften Bd. 2: Zur religiösen Lage, Religionsphilosophie und Ethik, Tübingen 1913, 552–672, hier 661.

gerade das diagnostizierte Oszillieren die Triebfeder für die Weiterentwicklung des Christentums ist, für die stetigen Transformations- und Inkulturationsprozesse, die schlußendlich nach
der Begegnung mit den Idealen der frühneuzeitlichen Geisteshaltung und in Umformung traditioneller Lehrgehalte des Christentums in der Kultur des 17. und 18. Jahrhunderts zur Genese
der Moderne führen. Weltgestaltung und Weltablehnung, die
Troeltsch zugleich mit den Sozialformen von *Kirche* und *Sekte*
sowie den Frömmigkeitshaltungen *Weltgestaltung* und *Askese*
verbindet, bilden ein komplementäres Verhältnis, das gerade in
seiner Spannung die Stabilität des Christentums durch seine Anpassungsfähigkeit erzeugt.

So sehr Weber für Troeltschs Methodik Pate stand, so sehr unterscheidet sich Troeltsch doch in der Gesamtkonzeption: Weber
operiert im Grunde mit einem verfallsgeschichtlichen Modell,
bei dem der religiöse Faktor der Kultur zugunsten der innerweltlichen Askese und der modernen Rationalität immer mehr
zurückgedrängt wird, es aber gleichzeitig dadurch auch zu einem
Kampf der unterschiedlichen Weltanschauungen und Wertvorstellungen kommen muß, die nicht mehr von einer übergeordneten Gottesvorstellung domestiziert werden. Troeltsch dagegen
ist von einer solchen Deutung im Grunde weit entfernt. Denn im
Hintergrund seines Denkens steht eine theologische, näherhin
eine tief durch lutherische Frömmigkeit geprägte theologisch-
metaphysische Grundannahme, daß nämlich Gottes Wirken in
der Welt nicht allein durch die Kirche und die ihr angehörenden
Christen erfolgen müsse, sondern daß Gottes Einwirken auf die
Geschichte sich auch anderer Formen und Werkzeuge bedienen
könne[17], Instrumenten und Winkelzügen, die scheinbar nicht in
das Lehrgebäude einer Konfession passen. Diesem Denken entspricht es, daß Troeltsch die Askese als Motor einer Fortentwicklung des Christentums im Luthertum nicht ohne Sympathie

---

[17] Zur Grundlegung dieses Gedankens vgl. insbesondere die Arbeit von
Matthias SCHNECKENBURGER: Vergleichende Darstellung des lutherischen
und des reformierten Lehrbegriffs. In zwei Theilen. Hrsg. von Eduard
GÜDER, Stuttgart 1855.

als einen Prozeß schildern kann, der scheinbar ohne eine streng gefaßte Konzeption auskommt: „Ohne Regel und Zwang bleibt sie dem Gewissen des einzelnen überlassen. Es ist die Askese in dem weitschichtigeren modernen Sinne als metaphysische Lebensstimmung – im übrigen echt lutherisch – und menschlich sehr sympathisch – prinziplos durchwoben mit herzlichen Anerkennungen der guten Gottesgaben".[18] Auch wenn es – nicht zuletzt wohl beeinflußt durch Max Webers Sicht des Protestantismus – oftmals den Anschein hat, Troeltsch selbst liebäugle mit dem Calvinismus, ist es doch ein im Grunde lutherisches Denken, das im Zentrum von Troeltschs theologischer Konzeption steht.

Dieser Gedanke nun, daß die Geschichte als Geschichte nur durch die Annahme eines vorausgesetzten und letztlich steuernden Gottesgedankens möglich ist, bildet den Skopus von Troeltschs unvollendetem Spätwerk, dem Historismusband. Einer klaren theologischen Fragestellung folgend, arbeitet Troeltsch hier die geschichtsphilosophische Theoriebildung auf, um von dieser Analyse her die Grundlage zu gewinnen für eine Konzeption, die auf der Grundlage der Vergangenheit für die Gegenwart erneut die Vermittlung von Christentum und modernem Geist leisten soll. Als dezidierter Gegenentwurf zu Oswald Spenglers populärem, kulturkritischem „Untergang des Abendlandes" konzipiert, fokussiert Troeltsch dabei den „Europäismus" als eine Geisteshaltung, in der die transformierten Elemente der Christentumsgeschichte und die anderen Determinanten europäischer Kultur zu einer neuen Einheit finden sollen, und zwar auf der Grundlage einer verbindenden und integrierenden Gottesvorstellung. Denn schon in seiner Grundlegungsschrift zur Ethik, in der er sich mit der Integration der verschiedenen Elemente der modernen Kultur erstmalig intensiver beschäftigt hatte, lautete Troeltschs Credo: „Hier ist nun aber Eines ohne

---

[18] TROELTSCH: Die Bedeutung des Protestantismus für die Entstehung der modernen Welt. Vortrag, gehalten auf der IX. Versammlung deutscher Historiker zu Stuttgart am 21. April 1906. München u.a. ²1911, 43.

weiteres klar: die Vereinheitlichung wird sich immer von der re-
ligiös-sittlichen Idee aus herstellen müssen".[19]

Im Historismusband arbeitet Troeltsch heraus, daß Geschichte, will sie nicht in eine maßstablose, amorphe Masse zerfallen,
immer eines Gottesgedankens bedarf, von dem aus Geschichte
konstruiert werden kann. Von diesem Gottesgedanken aus erschließen sich dabei zugleich die beiden als auseinanderstrebend
empfundenen Pole Normativität und Geschichte, religiöse Gewißheit und historische Individualität. Denn so wie der Gottesgedanke erst eine historische Maßstabbildung ermöglicht[20], so
ermöglicht es der Gedanke eines vorausgesetzten Absoluten
überhaupt erst, historische Relativität und Individualität zu denken. Für die Aufgabe einer gegenwartskompatiblen Reformulierung des Christentums stellt dies eine wichtige Voraussetzung
und Entlastung dar, denn Troeltsch kann so darlegen, daß eine
solche Umformung und eine Integration der verschiedenen kul-
turprägenden Elemente ebenso vorläufig ist wie sie sich zugleich
gerade in dieser Vorläufigkeit getragen weiß von einem im Hintergrund stehenden Gottesgedanken: „Es kann immer nur die
Aufgabe sein, dem individuellen eigenen Kulturkreis und seiner
Entwicklung die Kultursynthese zu entreißen, die ihn zusam-
menfaßt und weiterbildet, wobei diese Synthese selbst notwendig nach der ganzen Voraussetzung etwas Historisch-Indivi-
duelles sein muß"[21]. Begründet weiß sich dieses Unterfangen
aber durch eine aus mystischer Frömmigkeit[22] erwachsenen Gewißheit, daß die Mannigfaltigkeit der Geschichte und der Religionen ein „letztes gemeinsames Ziel im Unbekannten, Zukünf-
tigen, vielleicht Jenseitigen" hat und zugleich einem gemeinsamen entspringen, „dem ans Licht und ins Bewußtsein drängen-

---

[19] TROELTSCH: Grundprobleme der Ethik, 658.
[20] TROELTSCH: Der Historismus und seine Probleme, 183; vgl. dazu
auch: Christoph SCHWÖBEL: „Die Idee des Aufbaus heißt Geschichte durch
Geschichte überwinden". Theologischer Wahrheitsanspruch und das Problem des sogenannten Historismus, in: Friedrich Wilhelm GRAF (Hrsg.):
Ernst Troeltschs „Historismus", Gütersloh 2000 (= Troeltsch-Studien
Bd. 11), 261–284.
[21] TROELTSCH: Der Historismus und seine Probleme, 199.

den göttlichen Geiste, der im endlichen eingeschlossen ist und aus dessen letzter Einheit mit dem endlichen Geiste die ganze vielfältige Bewegtheit erst hervorgeht".[23]

Wie eine solche Integrationsleistung aussehen könnte, die nur praktisch von „gläubigen und mutigen Menschen"[24] entworfen werden kann, hat, wie bereits ausgeführt, Troeltsch aufgrund seines überraschenden Todes nicht mehr auszuführen vermocht. Zweifelsohne verfügte Troeltsch über enorme Kenntnisse gerade auch in den Nachbardisziplinen der Theologie, größtenteils vertieft durch intensive persönliche Kontakte. Doch es müssen Zweifel bleiben, ob es Troeltsch überhaupt hätte gelingen können – die Werkgeschichte spricht jedenfalls dagegen. Troeltsch hatte mehrfach angekündigt, dieses Programm nun zu einem erfolgreichen Ende zu führen, und war doch immer an der Vielzahl der Probleme hängengeblieben, die die zu integrierenden Einzelfaktoren aufwarfen. Etwas süffisant hatte schon Wilhelm Herrmann auf das von Troeltsch in dessen Rezension zu Herrmanns „Ethik" geforderte Syntheseprogramm geantwortet, daß er „jene Aufgabe sehr gern von Tröltsch durchgeführt sehen würde"[25]. Die Schwierigkeit dieses Unternehmens läßt sich systematisch noch einmal so rekonstruieren: In dem Augenblick, in dem man wie Troeltsch von einem sich ständig gegenseitig modifizierenden und weitertreibenden Wechselverhältnis von Christentum und Gesellschaft ausgeht, wachsen die Abgrenzungsprobleme im Blick auf den Stoff, den es für eine entsprechende Integrationsleistung zu behandeln gäbe, ins Unermess-

---

[22] Vgl. das bekannte Selbstzeugnis Troeltschs aus der Schlußpassage der Soziallehren: „Meine eigene Weltanschauung ist sicherlich spiritualistisch", Troeltsch: Soziallehren, 936.

[23] Troeltsch: Der Historismus und seine Überwindung, 82; vgl. auch das Schlußwort der Soziallehren: „Es bleibt dabei – und das ist das alles zusammenfassende Ergebnis –, das Reich Gottes ist inwendig in uns. Aber wir sollen unser Licht in vertrauender und rastloser Arbeit leuchten lassen vor den Leuten, daß sie unsere Werke sehen und unseren himmlischen Vater preisen. Die letzten Ziele aber alles Menschentums sind verborgen in seinen Händen", Troeltsch: Soziallehren, 986.

[24] Troeltsch: Der Historismus und seine Probleme, 771.

[25] Wilhelm Herrmann: Ethik. Tübingen [5]1913, XII.

liche. Nicht zuletzt vor dieser Stoffülle mußte Troeltsch kapitulieren – unbeschadet dessen, daß die Notwendigkeit einer Antwort auf diese Herausforderung des modernen Denkens, das Schaffen von reflektierten komplexitätsreduzierenden Konstruktionen als Gegengewicht zu der sich beständig ausdifferenzierenden Modernisierung, unvermindert aktuell bleibt. Das gilt schon deswegen, weil die Alternative zu solch einem durch die Wissenschaft geleisteten Integrationsmodell eben jene Programme eines fundamentalistischen Reduktionismus sind, deren problematische Auswirkungen wir heute sehen und deren Anzeichen gerade nach 1918 Troeltsch deutlich vor Augen standen. Troeltschs Programm und seine Anfragen an das theologische Establishment, die sich aus der von ihm präzise diagnostizierten Spannung zwischen dem historischen Bewußtsein und dem Verlangen nach sicheren Bewertungsgrundlagen ergeben hatten, bestimmen in Weiterführung und Kritik die theologischen Debatten an der Wende vom 19. zum 20. Jahrhundert – und markieren eine Aufgabe, die bis heute unerledigt ist: Wie lassen sich das Wissen um die Existenz konkurrierender Religionsformen und die immer weitergehende Kontextualisierung auch der Grundkoordinaten des Christentums verbinden mit der Notwendigkeit und der Überlieferung einer sich „hingebende[n] vertrauende[n] Lebenshaltung, die sich der göttlichen Offenbarung öffnet und beugt"?[26] Ist es sachdienlicher, sich um die Anpassung der christlichen Glaubensinhalte an die Ergebnisse der modernen Wissenschaften zu bemühen, oder sollte man lieber darauf verweisen, daß die gewißheitsstiftende Kraft des Glaubens grundsätzlich nur auf anderen Wegen als durch wissenschaftliche Reflexion erreicht werden kann?

Troeltsch wählte als Antwort auf die unverkennbaren Krisensymptome des Christentums in der Gegenwart das Programm einer konstruktiven Aufnahme modernen Denkens und einer entsprechenden Umformung traditioneller Lehrgehalte. Dem hielten sowohl die Vertreter des konservativen Luthertums als auch besonders Anhänger der Ritschlschule – wie der Gießener

---

[26] TROELTSCH: Der Historismus und seine Überwindung, 64.

Systematiker Ferdinand Kattenbusch und Troeltschs Lehrer aus
seiner Studienzeit in Berlin Julius Kaftan – entgegen, nur unter
der Anerkenntnis des prinzipiellen Sonderstatus christlicher
Lehren sei ein Ausweg aus der gegenwärtigen Krise möglich.
Dabei erkannten es die Ritschlschüler Kattenbusch und Kaftan
durchaus an, daß die Lehrbildung des Christentums nicht allein
spekulativ, sondern nur unter Rekurs auf dessen historische Gestalt formuliert werden könne, schon allein um der geschichtlichen Person Jesu Christi willen[27]. Aber sie bestritten nachhaltig,
daß sich auf dem Weg historischer Forschung eine tragfähige
Grundlage für den Glauben gewinnen lassen könnte[28].

---

[27] Gerade Ritschl hatte sich nach dem Bruch mit seinem Tübinger Lehrer Ferdinand Christian Baur von dessen spekulativ-metaphysischer Ge-
schichtsbetrachtung distanziert und darauf insistiert, daß die Theologie
nicht bei einem wie immer gearteten Gottesgedanken einsetzen dürfe, sondern bei dem empirisch-historischen Zeugnis von der Person Jesu. Zunächst
müsse, so Ritschl, „nach biblisch-theologischer Methode ein Bild der Person
oder des Wirkens Christi entworfen" werden. Erst dann könnten „aus diesem Erkenntnisgrunde als der für die christliche Gemeinde maßgebenden
Offenbarung Gottes alle Glieder der christlichen Welt und Lebensanschau-
ung und unter ihnen zuerst der nothwendige Begriff von Gott" erkannt werden (Albrecht RITSCHL: Theologie und Metaphysik (1881). Bonn [2]1887, 4).
– Gleichzeitig ist jedoch das entworfene Bild der Person Jesu Christi in
höchstem Maße abhängig von der durch ihn konstituierten Gemeinde. So
schreibt Ritschl schon 1868 an seinen ehemaligen Studenten Theodor Link:
„Ich habe jetzt eine große Sicherheit in meinem theologischen Bewußtsein
gegenüber allen Parteien, seitdem mir klar geworden, daß die Idee von der
Versöhnung durch Christus und die Idee von der erwählten Gemeinde in di-
rectester Wechselwirkung stehen, daß namentlich jene nicht einmal vorgestellt werden kann außer dieser Beziehung. Damit habe ich die Macht über
alle, welche die Kirche entweder mit der Secte und Clique oder mit der
Schule (orthodoxer oder häretischer) vertauschen, mögen sie das Wort
Kirche noch so stark im Munde führen, und habe die Macht über alle, welche
mit confusen Schlagwörtern in Geschichtsforschung wie Dogmatik den
Sisyphusstein wälzen", zit. nach Otto RITSCHL: Albrecht Ritschls Leben,
2 Bde., Freiburg i.B. 1892/96, Bd. 2, 50.
[28] Zu dieser Kontroverse vgl. jetzt insbes. Trutz RENDTORFF: Einleitung,
in: Ernst TROELTSCH: Die Absolutheit des Christentums und die Religionsgeschichte (1902/1912). Mit den Thesen von 1901 und den handschriftlichen
Zusätzen hrsg. von Trutz Rendtorff und Stefan Pautler). Berlin 1998 (= Ernst
Troeltsch, Kritische Gesamtausgabe Bd. 5, 1–50, insbes. 4–15).

Besonders wirkmächtig war dabei die Kritik des seit 1879 in
Marburg lehrenden Systematikers Wilhelm Herrmann[29], der als
einer der profiliertesten Vertreter der Ritschlschule die Theoriebildung des Göttinger Meisters unter Aufnahme neukantiani-
schen Gedankenguts weiterentwickelte.[30] Herrmann teilte mit
Troeltsch die Überzeugung, daß das Christentum nicht allein auf
einer spekulativen Ideenbildung gegründet werden könne, hielt
jedoch wie Kaftan und Kattenbusch Troeltsch entgegen, daß die
Geschichte von Jesu Christi auch als historisches Faktum nur für
denjenigen eine besondere Bedeutung habe, der an sich selbst die
Offenbarung Gottes erfahren habe.[31] Den Gewinn des historischen Denkens in der Theologie sah Herrmann gerade in dessen
destruktiver Konsequenz, in der Vernichtung falscher Stützen
und Sicherheiten des Glaubens. Offenbarung *statt* Geschichte
lautete darum die Quintessenz für Herrmann. Herrmanns
Troeltsch-Kritik wirkte stimulierend für den vielleicht promi-
nentesten Kritiker Troeltschs, für den Herrmann-Schüler Karl
Barth, der wiederholt Troeltschs Programm als Irrweg und darin
auch als Anlaß für die Entwicklung seiner eigenen Position bezeichnet hatte. Dieser Bannstrahl Karl Barths, der meinte, seine
eigene Theologie nur als Gegenprogramm zu Troeltsch entwik-
keln zu können,[32] dürfte maßgeblich dazu beigetragen haben,

---

[29] Vgl. dazu bes. Brent SOCKNESS: Against false apologetics. Wilhelm
Herrmann and Ernst Troeltsch in conflict, Tübingen 1998.
[30] Vgl. etwa Falk WAGNER: Theologischer Neukantianismus. Wilhelm
Herrmann 1846–1922, in: Friedrich Wilhelm GRAF (Hrsg.): Profile des neuzeitlichen Protestantismus, Bd. 2/2, Gütersloh 1993, 251–278.
[31] Vgl. Wilhelm HERRMANN: Der Verkehr des Christen mit Gott. Stuttgart u.a. [5+6]1908.
[32] Dementsprechend notiert Barth in der Einleitung zu seiner Theologiegeschichte des 19. Jahrhunderts, er habe die Geschichte „bis in die Ära
Troeltsch zu verfolgen gedacht" und profiliert so die Troeltschsche Position
als die Folie, vor deren Hintergrund die eigene Lehrbildung zu verstehen sei
(Karl BARTH: Die Protestantische Theologie im 19. Jahrhundert. Ihre Vorgeschichte und ihre Geschichte (1946). Zürich [3]1960, Nachdruck Hamburg
1975, Bd. 1, 8); vgl. auch seine Bemerkung in einem Selbstzeugnis von 1927:
„Der damals im Mittelpunkt unserer Diskussion stehende Name Troeltsch
bezeichnete die Grenze, diesseits derer ich der damals herrschenden Theolo-

daß Troeltschs Werk schon kurz nach seinem Tod in der deutschsprachigen Theologie weitgehend in Vergessenheit geriet.

Doch wäre die Polemik seiner Gegner wohl kaum erfolgreich gewesen, wenn nicht das Troeltschsche Werk einen Resonanzboden für diese Kritik geboten hätte. Denn trotz aller Innovationsrhetorik paßte sein auf eine evolutionäre Weiterentwicklung setzende Grundhaltung nicht mehr in eine Zeit, in der sich das Bewußtsein grundstürzender Veränderungen in einer expressiven Betonung des ganz Anderen Bahn brach. Dieser Plausibilitätsverlust bei der nachfolgenden Generation, teilweise, wie etwa im Falle Friedrich Gogartens, auch bei den eigenen Schülern, markiert eine gewisse Tragik in Troeltschs Werk, dessen Stärke zugleich seine größte Schwäche darstellte: Die Anpassung an die eigene Gegenwart drohte zwar nicht – wie oft polemisch behauptet –, den Gottesgedanken zu eliminieren, wohl aber wurde der Referenzkontext dessen, was denn eigentlich die eigene Gegenwart und ihre Problemlage sein sollte, unsicher. In den Umbrüchen des Ersten Weltkriegs und der jungen Weimarer Republik beschwor Troeltsch einen modernen Geist, der so gerade von der jungen Generation der Intellektuellen nicht geteilt wurde. Dabei war Troeltsch erst spät zur Politik gekommen; seine Auseinandersetzung mit gesellschaftlichen Fragen atmete in der jungen Weimarer Zeit keinesfalls die abgestandene Luft vergangener Konzepte – und war eben doch letztlich nicht anschlußfähig an das Denken der eigenen Gegenwart. Marianne Weber charakterisiert den Troeltsch der Heidelberger Zeit als unpolitischen Intellektuellen: Er gehöre „zur älteren ‚national-liberalen‘ Generation; seinen stark bürgerlichen Instinkten waren die sozialen und demokratischen Ideale fremd. Er glaubt an so manches nicht, was Webers erstreben: weder an die geistige und politische Entwicklung der Arbeiterklasse noch an die geistige Entwicklung des weiblichen Geschlechts"[33].

---

gie die Gefolgschaft verweigern zu müssen meinte" (Karl BARTH; Rudolf BULTMANN: Briefwechsel 1922–1966. Hrsg. von Bernd JASPERT. Zürich 1971, 305).

[33] Zit. nach Johann Hinrich CLAUSSEN: Nachwort, in: DERS. (Hrsg.):

Wie zuverlässig Marianne Webers Einschätzung auch sein mag, Troeltsch findet erst unter dem Einfluß Max Webers zur Beschäftigung mit den sozialen Fragen der Gegenwart und kommt auch erst verhältnismäßig spät zu einer liberal-demokratischen Einstellung. Noch zu Beginn seiner Tätigkeit in Berlin im Frühjahr 1915 deutet er den Krieg als die Notwendigkeit der Verteidigung deutscher Ideale. Erst ab 1916 wendet er sich von dieser Haltung ab und setzt sich nach 1918 nachhaltig für eine allgemeine Demokratisierung ein: Er distanzierte sich gemeinsam mit seinen Berliner Freunden und Kollegen in der Philosophischen Fakultät, Hans Delbrück und Friedrich Meinecke, von den alldeutschen Bestrebungen um den konservativen Theologen Reinhold Seeberg. Mit einer 1917 gemeinsam verfaßten Petition warnten Troeltsch, Delbrück und Meinecke vor annexionistischen Kriegszielen. Statt eines imperialistischen Eroberungskrieges forderte er einen Verständigungsfrieden. An der Gründung des „Volksbundes für Freiheit und Vaterland", der einen solchen Verständigungsfrieden unterstützen sollte, war Troeltsch maßgeblich beteiligt.

Nach 1918 wandelte sich Troeltsch zum Republikaner; die Option für die Demokratie ist für ihn „keine weltanschauliche Überzeugungstat, sondern die Konsequenz seiner Einschätzung der konkreten Bedürfnisse Deutschlands" als einer modernen Industrienation. Eine Kolumne der von Friedrich Avenarius in München herausgegebenen Zeitschrift „Der Kunstwart" bot Troeltsch das Forum, um vor einer breiteren Öffentlichkeit für die Demokratie zu werben; seine unter dem Pseudonym „Spektator" verfaßten Essays, in denen er von 1918 bis kurz vor seinem Tod zur politischen Entwicklung Stellung nahm, sind „Briefe über die Demokratie an die Gebildeten unter ihren Verächtern"[34]. Als Mitglied von Hans Delbrücks „Mittwochabend", einem Gesprächskreis aus liberalen Intellektuellen, hohen Beamten und Politikern, als Abgeordneter der liberalprote-

---

Ernst Troeltsch: Die Fehlgeburt einer Republik. Spektator in Berlin 1918–1922, Frankfurt am Main 1994, 303–322, 310.
[34] CLAUSSEN (Anm. 33): Nachwort, 315.

stantischen Deutschen Demokratischen Partei in der Preußischen Landesversammlung und ab 1919 als ehrenamtlicher Unterstaatssekretär im preußischen Kultusministerium verfügte er über die notwendigen detaillierten Kenntnisse der politischen Entwicklung. Sein Ziel war es, die Vorbehalte des protestantischen Bildungsbürgertums gegen die Demokratie zu zerstreuen. Aus Troeltschs Perspektive ergab sich dies als zwingende Konsequenz seines eigenen Denkens – und dennoch blieb er mit seiner Position letztlich erfolglos. Wie ist das zu erklären?

Troeltsch setzte auf die Integration von Modernisierungsprozessen und theologischer Lehrbildung ebenso wie auf die Integration unterschiedlicher politischer Überzeugungen, nämlich von deutscher Tradition und republikanischem Denken in der parlamentarischen Demokratie der Weimarer Republik, deren Stabilisierung sein politisches Engagement und seine politisch-publizistische Tätigkeit nach 1918 dienen. Beiden Integrationsprozessen fehlte jedoch letztlich eine breitere Akzeptanz; sie erwiesen sich schnell als die Zielsetzung einer relativ kleinen und, wie die weiteren Entwicklungen der Weimarer Republik schnell erwiesen, ohne weitere gesellschaftliche Unterstützung agierenden intellektuellen Elite. Statt Integration und Vermittlung, statt Pluralismus und Kompromiß standen die Zeichen der Zeit auf Identitätsbildung durch Differenz. Diastatische Modelle, die mit dem Gegenüber von Kirche und Gesellschaft, Gott und Geschichte, deutschem Geist und Westeuropa operierten, hatten Konjunktur. Diesem Denken konnte und wollte Troeltsch sich nicht verschreiben, er wollte vielmehr dagegen *an*schreiben, wenigstens literarisch und wissenschaftlich das erreichen, was er als aktiver Politiker nicht hatte bewirken können.

Die Konsequenz aus der Tatsache, daß Troeltschs Moderne nach 1918 mit einer zunehmenden Überprüfung an den faktisch herrschenden gesellschaftlichen Überzeugungen immer mehr von einer deskriptiven Größe zu einem normativen Konstrukt mutierte, hat Troeltsch methodisch nicht mehr verarbeiten können. In dem Augenblick aber, in dem Troeltschs Programm einer „Zusammenbestehbarkeit" von Christentum und Moderne mit einem Moderne-Konstrukt arbeitete, das von den eigenen Zeitgenossen nicht geteilt wurde, mußte es auch den eigenen Maßstäben nach als gescheitert gelten. In dieser Struktur liegen wohl die pragmatischen Gründe, die Troeltschs Denken trotz seiner umfassenden Vernetzung mit der zeitgenössischen intellektuellen Elite so schnell der umfassenden Kritik der jüngeren Generation anheimfallen ließen.

Von diesem Hintergrund aus erschließt sich jedoch auch, warum Troeltsch in den Vereinigten Staaten weit mehr Resonanz fand als in Deutschland. Das dort weit plausiblere Modell einer Synthese von moderner Gesellschaft und Christentum fand im theologischen Denken Troeltschs ein tragfähigeres Fundament als in den auf Konfrontation und Diastase angelegten Modellen des konfessionellen Luthertums oder der Dialektischen Theologie: Aus amerikanischer Perspektive kann das 20. Jahrhundert eben nicht nur als Triumph der Gottlosigkeit über die Kultur, sondern, und vielleicht sogar zutreffender, als Sieg der Humanität über die Barbarei interpretiert werden. Es könnte durchaus an der Zeit sein, darüber nachzudenken, ob nicht auch in Deutschland eine Revision im Blick auf das Leitparadigma zur Interpretation des 20. Jahrhunderts notwendig ist – mit allen Folgewirkungen auch für die Theologie. Jedenfalls ist es keineswegs zufällig, daß Troeltsch in den Vereinigten Staaten nach wie vor eine weit positivere Einschätzung genießt als in Deutschland. Diese Resonanz Troeltschs und die ganz unterschiedliche Wahrnehmung der Dialektischen Theologie verdeutlicht sehr schön eine von Heino Falcke in einem Festbeitrag anläßlich des 100. Geburtstags von Karl Barth berichtete Anekdote: „Nach Karl Barths Tod hatte ich im Januar 1969 in Naumburg eine Gedächtnisvorlesung zu halten. Unter den Zuhörern war Henrikus Berghoff, der niederländische Theologe. Er sei – so erzählte er dann – nach Karl Barths Tod von einem amerikanischen Journalisten angerufen worden: Da sei doch ein gewisser Karl Barth gestorben. Er soll ein bedeutender Theologe gewesen, inzwischen aber von einem gewissen E. Troeltsch überholt worden sein".[35]

---

[35] Heino FALCKE: Theologie als fröhliche Wissenschaft im Ende der Neuzeit. Karl Barth zum 100. Geburtstag, in: Heidelore KÖCKERT; Wolf

Dennoch ist abschließend der kritische Unterton Falckes aufzunehmen und die Frage zu beantworten: Ist nun Troeltsch überholt? Ungeachtet des deutlichen Urteils der ihm unmittelbar
nachfolgenden Generation, ungeachtet auch einer seit den 1970er
Jahren zu beobachtenden Troeltsch-Renaissance scheint mir gegenwärtig auf diese Frage keine einfache Antwort möglich: Auf
der einen Seite dominiert in unserer Selbstwahrnehmung eine
Sicht der jüngeren Geschichte und der unmittelbaren Gegenwart,
die es angeraten scheinen läßt, dem Gedanken einer Vereinheitlichung der Kulturwerte und dem Subtext des Troeltschschen
Denkens, nämlich der Überzeugung einer auf die letzten Ziele
hin fortschreitenden Geschichte, sehr viel skeptischer gegenüber
zu stehen. Auf der anderen Seite haben uns die Erfahrungen der
eigenen Gegenwart aber auch deutlich vor Augen geführt, daß
die Macht der Religion der Läuterung und Domestizierung
durch die akademische Theologie, durch die Verpflichtung, sich
dem wissenschaftlichen Diskurs zu stellen, bedarf. Darüber hinaus wissen wir auch sehr viel mehr darüber, wie sich die Lehrbildung von Theologie und Kirche – und gerade die ihrem Selbstverständnis nach dagegen scheinbar immune Dialektische Theologie – in Abhängigkeit von der jeweiligen Zeitsituation befindet. Auch sehen wir klarer die Abgründe eines kirchlichen Christentums, die es undeutlich erscheinen lassen, ob der Gedanke
eines gesellschaftlichen Fortschritts durch Rechristianisierung
oder durch eine Verkirchlichung, der nach 1945 ungefragte Plausibilität hatte, plausibel oder gar wünschenswert ist. Die Frage,
ob sich Christentum und Kirche als Gegenüber oder als Teil der
Gesellschaft verstehen und verorten sollen, ist nach wie vor offen, wobei heute mehr für ein Verständnis des Christentums als
gesellschaftlicher Avantgarde zu sprechen scheint, dem die Be-
sinnung auf eigene Stärke im Gegenüber zu den Verfallserschei-
nungen der Gesellschaft entspricht.

Allerdings bleibt mit einer solchen Positionierung, wie sie ja
auch von den Kritikern Troeltschs erhoben wurde, eine wichtige

---

KRÖTKE (Hrsg.): Theologie als Christologie. Zum Leben und Werk Karl
Barths. Ein Symposium. Berlin (DDR) 1988, 159–169, hier 160.

Frage des Glaubens unerledigt: die denkerische Rekonstruktion der Grundüberzeugung christlicher Frömmigkeit, daß weder dunkle Gewalten noch der unberechenbare Zufall, sondern der Gott, dessen Wesen die sich dem Menschen in Güte zuwendende Liebe ist, letztlich über den Lauf der Geschichte – und das heißt über den Lauf der ganzen, auch der außerhalb der Kirche und des Christentums erlebbaren Geschichte – entscheidet. Vor diesem Hintergrund möchte ich die Frage nach der Aktualität Ernst Troeltschs mit dem Programm dieser Ringvorlesung beantworten: Weder der Historiker Troeltsch noch der Geschichtsphilosoph noch der Soziologie Troeltsch bleibt unverändert aktuell, wohl aber der Denker des Christentums und mit ihm die Aufgabe, auch denkerisch an der Überzeugung festzuhalten, daß die Religion ein irreduzibler, oder, mit Troeltsch gesprochen, ein selbständiger, unersetzbarer Faktor auch für unsere moderne Lebenswelt ist, ohne den die Gegenwart in die Unübersichtlichkeit und Sinnlosigkeit des bloß Zufälligen zu versinken droht.

Literaturhinweise

Textausgaben

TROELTSCH, Ernst: Die Absolutheit des Christentums und die Religionsgeschichte (1902/1912). Mit den Thesen von 1901 und den handschriftlichen Zusätzen hrsg. v. Trutz RENDTORFF und Stefan PAUTLER. Berlin
1998 (= Ernst Troeltsch, Kritische Gesamtausgabe Bd. 5).

–, Die Bedeutung des Protestantismus für die Entstehung der modernen
Welt. Vortrag, gehalten auf der IX. Versammlung deutscher Historiker
zu Stuttgart am 21. April 1906, 2. Aufl. München 1911.

–, Die Soziallehren der christlichen Kirchen und Gruppen, Tübingen
1912 (= Gesammelte Schriften Bd. 1).

–, Der Historismus und seine Probleme, Tübingen 1922 (= Gesammelte
Schriften Bd.3).

–, Der Historismus und seine Überwindung. Fünf Vorträge. Eingeleitet
von Friedrich von Hügel, Berlin 1924.

Einführende Literatur

DRESCHER, Hans-Georg: Ernst Troeltsch. Leben und Werk, Göttingen
1991.

VOIGT, Friedemann (Hrsg.): Erst-Troeltsch-Lesebuch. Ausgewählte Texte, Tübingen 2003.

Tillich

Gunther Wenz

1. Prolog in Halle: Die Rechtfertigung des Zweiflers

Theologie zu studieren ist faustische Tradition. Es in Halle zu tun, dafür gibt es, wie jeder Kenner weiß, seit alters gute Gründe. Es zeugt daher nicht nur von ehrwürdigem Geschmack, sondern von gediegenem Urteilsvermögen, wenn Thomas Mann Adrian Leverkühn, den Helden seines *Doktor Faustus*[1] in die Stadt an der Saale schickt, damit er sich dort dem Studium jener Disziplin unterziehe, in welcher – mit Leverkühns Chronisten Dr. phil. Serenus Zeitblom zu reden – „die Königin Philosophie selbst zur Dienerin, zur Hilfswissenschaft, akademisch gesprochen zum ‚Nebenfach' wird, und das ist die Theologie"[2]. Was Zeitblom selbst betrifft, so hatte er seinen Beschluß, „die Brust der Alma Mater Hallensis anzunehmen", ungeachtet seiner katholischen Herkunft vor allem mit dem Hinweis begründet, diese besitze „für die Einbildungskraft den Vorzug der Identität mit der Universität Wittenberg …; denn mit dieser wurde sie bei ihrer Wiedereröffnung nach den Napoleonischen Kriegen zusammengelegt."[3]

Daß der Geist der Wittenberger Reformation und namentlich derjenige Martin Luthers in Halle über die Jahrhunderte hinweg lebendig erhalten wurde, wird man ohne Übertreibung sagen

---

[1] Thomas MANN: Doktor Faustus. Das Leben des deutschen Tonsetzers Adrian Leverkühn erzählt von einem Freunde, Frankfurt am Main 1960.

[2] Thomas MANN: Doktor Faustus, Kap. X.

[3] Thomas MANN: Doktor Faustus, Kap. XI.

können. Daß dies auf zum Teil recht eigenwillige Weise geschah, dafür steht im *Doktor Faustus* exemplarisch der Theologieprofessor Ehrenfried Kumpf, der bei studentischen Visiten im trauten Familienkreis in Lutherimitation und unter gitarrebegleitetem Absingen altdeutschen Liedguts Semmeln nach den Mächten der Finsternis zu schleudern pflegte. Man hat Kumpf mit Martin Kähler in Verbindung gebracht, jenem berühmten systematischen Theologen und Schriftgelehrten, der seit 1860 mit kurzen Unterbrechungen in Halle lehrte. Nahegelegt wird dieser Bezug durch einen Brief, den Paul Tillich – vom WS 1905/06 bis zum SS 1907 als Student in Halle begeisterter Hörer Kählers – am 23. Mai 1943 im gemeinsamen amerikanischen Exil an Thomas Mann schrieb, nachdem dieser ihn aus Anlaß seiner Vorstudien zum *Doktor Faustus* um Informationen über den üblichen Werdegang eines deutschen Theologen um die Jahrhundertwende gebeten hatte. Im XII. Kapitel des Mannschen Faustbuches ist Tillichs Schreiben in teilweise wörtlicher Aufnahme, teilweise aber auch angereichert durch ironische Verfremdungen verarbeitet worden, wobei der Tillichsche Kähler flugs in Kumpf transformiert oder besser: transsubstantiiert wurde – denn mit dem historischen Kähler hat Kumpf aufs Ganze gesehen nur noch Akzidentelles gemein.

Im Detail hingegen befindet sich der Dichter zum Teil in weitgehender Übereinstimmung mit den geschichtlichen Realitäten, etwa wenn er im Anschluß an Tillich Kähler-Kumpf als einen herausragenden Repräsentanten eines „Vermittlungs-Konservativismus mit kritisch-liberalen Einschlägen" schildert und hinzufügt: „In seiner Jugend war er, wie er uns in seinen peripatetischen Extempores erzählte, ein helllicht begeisterter Student unserer klassischen Dichtung und Philosophie gewesen und rühmte sich, alle ‚wichtigeren' Werke Schillers und Goethes auswendig gewußt zu haben. Dann aber war etwas über ihn gekommen, was mit der Erweckungsbewegung der Mitte des vorigen Jahrhunderts zusammenhing, und die Paulinische Botschaft von Sünde und Rechtfertigung hatte ihn dem ästhetischen Humanismus abwendig gemacht. Man muß zum Theologen geboren sein, um solche geistigen Schicksale und Damaskus-Erlebnisse recht würdigen zu können. Kumpf (alias Kähler; G. W.) hatte sich überzeugt, daß auch unser Denken gebrochen ist und der Rechtfertigung bedarf, und eben hierauf beruhte sein Liberalismus, denn es führte ihn dazu, im Dogmatismus die intellektuelle Form des Pharisäertums zu sehen."[4]

„Die Rechtfertigung des Zweiflers": ein Leitmotiv Tillichscher Theologie klingt in diesen Zeilen an. Zum Schwingen gebracht hat es der Hallenser Lehrer Kähler. „Ich verdanke seinem Einfluß", bekennt Tillich in den autobiographischen Notizen *Auf der Grenze*, „vor allem die Einsicht in den alles beherrschenden Charakter des Paulinisch-Lutherischen Rechtfertigungsgedankens, durch den jeder menschliche Anspruch vor Gott und jede auch verhüllte Identifizierung von Gott und Mensch zerbrochen wird; der aber zugleich in der Paradoxie des Urteils, das den Sünder gerecht spricht, einen Punkt zeigt, von dem aus der Zerfall der menschlichen Existenz in Schuld und Verzweiflung überwunden werden kann. Die Interpretation des Kreuzes Christi als der anschauliche Ort dieses Nein und Ja über die Welt wurde und blieb der Inhalt meiner Christologie und Dogmatik im engeren Sinne. Von da aus war es mir leicht, die Verbindung zur Barthschen Theologie und zur Kierkegaard-Heideggerschen Analyse der menschlichen Existenz zu finden. Schwer dagegen, ja unauffindbar blieb mir der Zugang zur liberalen Dogmatik, für die an die Stelle des gekreuzigten Christus der historische Jesus tritt und die Paradoxie der Rechtfertigung durch moralische Kategorien aufgelöst wird."[5]

Dem „protestantische(n) Prinzip der *sola gratia, sola fide*, das Kähler gegen alle Versuche verteidigte, den Glauben auf Moral oder historische Wissenschaft zu gründen"[6], verdankte Tillich nach eigenem Bekunden schließlich die Einsicht, daß auch unser Denken gebrochen ist und der ‚Rechtfertigung' bedarf, und daß darum Dogmatismus die intellektuelle Form des Pharisäismus

---

[4] Thomas Mann: Doktor Faustus, Kap. XII.

[5] Paul Tillich: Gesammelte Werke. Hrsg. v. Renate Albrecht, 14 Bde., Stuttgart 1959–1975, Bd. XII, 32.

[6] Paul Tillich: GW XIII, 28.

ist[7]. In der Einleitung zu dem Werk *The Protestant Era* ist hierzu unter ausdrücklicher Berufung auf Kähler Folgendes zu lesen: „Nicht nur der, der in der Sünde ist, sondern auch der, der im Zweifel ist, wird durch den Glauben gerechtfertigt. Die Situation des Zweifelns, selbst des Zweifelns an Gott, braucht uns nicht von Gott zu trennen. In jedem tiefen Zweifel liegt ein Glaube, nämlich der Glaube an die Wahrheit als solche, sogar dann, wenn die einzige Wahrheit, die wir ausdrücken können, unser Mangel an Wahrheit ist. Aber wird dies in seiner Tiefe und als etwas, das uns unbedingt angeht, erlebt, dann ist das Göttliche gegenwärtig; und der, der in solch einer Haltung zweifelt, wird in seinem Denken ‚gerechtfertigt'. So ergriff mich das Paradox, daß der, der Gott ernstlich leugnet, ihn bejaht. Ohne dies hätte ich nicht Theologe bleiben können."[8]

2. Der frühe Tillich und der späte Schelling: die akademischen Qualifikationsschriften

Paul Johannes Tillich wurde am 20. August 1886 als Pfarrerssohn in Starzeddel, einem Ort in der damaligen Provinz Brandenburg, dem heutigen Starosiedle / Polen geboren. Sein Studium der Theologie und Philosophie absolvierte er an den Universitäten Berlin, Tübingen, Halle und Breslau, wobei zur geistigen Heimat eindeutig Halle mit Martin Kähler als der beherrschenden Theologengestalt wurde. Gegenüber der Wucht dieses Mannes, „dessen scharfgeschnittenen Gelehrtenkopf, umrahmt von der ehrwürdigen weißen, auf die Schultern herabwallenden Künstlermähne niemand vergaß, der ihn einmal gesehen hatte"[9], erschienen uns, so Tillich, „alle andern klein"[10]. Alle andern: das

---

[7]   Paul TILLICH: GW XIII, 33.
[8]   Paul TILLICH: GW VII, 14.
[9]   Paul TILLICH: Ergänzungs- und Nachlaßbände zu den Gesammelten Werken von Paul Tillich. Bde. I–VI. Hrsg. v. Renate ALBRECHT, Stuttgart 1971–1983, Bd. V, 32.
[10]   Paul TILLICH: GW XIII, 24.

bezieht sich auf Größen wie Bornhäuser, Haupt, Kattenbusch, Kautzsch, Loofs und Lütgert, bei denen Tillich neben Kähler in Halle studierte; es bezieht sich hingegen nicht auf jenen Mann, mit dem sich Tillich im Geiste von Jugend an verbunden wußte und dessen Bedeutung für sein Denken diejenige Kählers noch um einiges überragen dürfte: Friedrich Wilhelm Joseph Schelling.

Durch den Zufall eines Gelegenheitskaufes schon als Jugendlicher mit dem Schellingschen Gesamtwerk vertraut, promovierte Tillich 1912 in Halle mit einer Arbeit über „Mystik und Schuldbewußtsein in Schellings philosophischer Entwicklung"[11] zum Lizenziaten der Theologie. Zur Erbauung gegenwärtiger Promovenden füge ich an, daß der Erstreferent Lütgert zwar einerseits Tillichs außerordentliche spekulative Auffassungsgabe belobigte, aber andererseits auch dessen Systembefangenheit und mangelnde historische Differenziertheit kritisierte; als Bewertung schlug er „magna cum laude" vor. Demgegenüber plädierte der Zweitgutachter Kattenbusch unter Verweis auf den rein reproduktiven Charakter der Studie und die nur ansatzweise gegebene kritische Urteilsbildung lediglich für „cum laude". Tillichs kaum begonnene akademische Karriere schien sich bereits dem Ende zuzuneigen. Doch er hatte Glück: Nachdem Kähler und Hermann Hering unbeschadet sachlicher Vorbehalte bzw. gewisser Bedenken gegen die schon von Kattenbusch monierte einseitig philosophische Ausrichtung der Dissertation unter Würdigung der ungewöhnlichen theoretischen Gewandtheit des Autors der Zensur Lütgerts zugestimmt hatten, schlossen sich die übrigen Votanten diesem Urteil an. Tillich konnte sich ins Rigorosum begeben und erfolgreich seine zehn Promotionsthesen verteidigen. Die neunte von ihnen lautet in der Fassung des Dissertationsdrucks: „Das geistige und religiöse Wiedererwachen des deutschen Idealismus in der Gegenwart wird historisch verständlich durch die Tatsache, daß der sogenannte Zusammenbruch des Idealismus nicht durch innere Überwindung dessel-

---

[11] Paul Tillich: Main Works / Hauptwerke. 6 Bde. Hrsg. v. Carl Heinz Ratschow, Berlin / New York 1988 ff., Bd. I, 21 – 112.

ben, sondern durch äußere Abwendung von ihm verursacht war."[12]

Daß Tillich diese Feststellung nicht als Plädoyer für eine idealistische Restauration verstanden wissen wollte, hatte er bereits mit seiner 1910, also zwei Jahre vor dem theologischen Lizenziat zum Abschluß gebrachten philosophischen Inauguraldissertation über *Die religionsgeschichtliche Konstruktion in Schellings positiver Philosophie, ihre Voraussetzungen und Prinzipien*[13] unter Beweis gestellt. Ihr wesentlicher Gegenstand ist die letzte Periode des Schellingschen Philosophierens, also neben der Schrift *Über das Wesen der menschlichen Freiheit* von 1809 vornehmlich die Phase der *Vorlesungen zur Philosophie der Mythologie und Offenbarung*, die Schelling in seinen letzten Lebensjahrzehnten bis 1845 mehrfach vortrug. Es ist der späte Schelling, der den jungen Tillich vor allem beeindruckte, weil er nach seinem (wie übrigens des Philosophen eigenem) Urteil den Deutschen Idealismus kritisch über sich selbst hinausführte und eben dadurch vollendete. Die These von der Vollendung des Deutschen Idealismus in der Spätphilosophie Schellings stammt nicht erst von Walter Schulz, sondern wurde bereits vom jungen Paul Tillich vertreten. Was besagt sie? Ich will es unter Bezug auf die für Schellings Spätphilosophie kennzeichnende und noch in Tillichs Korrelationsmethode fortwirkende Unterscheidung von negativer und positiver Philosophie zu erläutern suchen.

In Affirmation der Kantschen Erkenntnistheorie und deren idealistischer Konsequenzen hält Schelling daran fest, daß der essentielle Gehalt der Weltdinge im allgemeinen und der religiösen Ideenwelt im besonderen ohne Rückgriff auf Erfahrung nach Weise einer rein rationalen Vernunftwissenschaft apriorisch entwickelt werden könne; dies zu leisten sei Aufgabe der negativen Philosophie, welche durch die positive insofern vorausgesetzt werde, als diese keineswegs durch einen einfachen Gegensatz zur

---

[12] Paul TILLICH: MW/HW I, 25.
[13] Paul Tillich: Ergänzungs- und Nachlaßbände zu den Gesammelten Werken von Paul Tillich. Bd. IX: Frühe Werke. Hrsg. v. Gert HUMMEL und Doris LAX, Berlin / New York 1998.

Vernunft und damit als irrational im unvernünftigen Sinne oder als suprarational im Sinne vorkritischer Metaphysik bestimmt sei. Die Nötigung, die positive von der negativen Philosophie zu unterscheiden, ergibt sich für Schelling aus der Wahrnehmung einer Grenze, die der Vernunft nicht lediglich äußerlich ist, sondern auf die sie beim ebenso unausweichlichen wie undurchführbaren Versuch ihrer Selbstgenetisierung stößt. Vermittels der Einsicht in die Aporie, sich nicht selbst hervorbringen zu können, weiß die negative Philosophie sich an die positive verwiesen, aus dem Zusammenhang mit welcher ihr aufgeht, auf unvordenkliche Weise in ihren Vollzug eingesetzt zu sein. Ihr Prioritätsanspruch muß daher aufgegeben werden zugunsten jener Aposteriorizität, in der sich das Absolute als die tatsächliche Möglichkeit reinen Sich-Setzens dem Apriorismus der Vernunft voraussetzt, um dieser das für sie Unbegreifliche Daß ihrer selbst vorstellig zu machen und zur – aposteriorischen – Einsicht zu bringen. Das dem Begriff unbegreifliche Daß seiner selbst und damit das unvordenkliche Sein der Vernunft im Sinne eines metaphysischen Empirismus wahrzunehmen, ist Sinn und Aufgabe positiver Philosophie, die in Mythologie und Offenbarung ihre wesentlichen Themen findet.

Was Tillich in den Prolegomena seiner *Systematischen Theologie* über die Korrelation von Vernunft und Offenbarung sagen wird, entspricht strukturell dem skizzierten Verhältnis von negativer und positiver Philosophie beim späten Schelling. Die Vernunft ist sich selbst fraglich, ihre Fraglichkeit keine äußerliche, sondern eine ihr Innerstes und damit sie selbst betreffende. Denken heißt zweifeln, auch und vor allem zweifeln an sich selbst. Damit der Zweifel, der das Denken wesentlich ausmacht, nicht zur Verzweiflung werde oder in Irrationalismus umschlage, bedarf es nach Tillich der Begegnung mit Offenbarung, in welcher der Vernunft in Kritik und Konstruktion ihr unvordenklicher Seinsgrund vorstellig wird mit dem Ziel, sie durch Negation ihrer aporetischen und selbstdestruktiven Versuche unmittelbarer Selbstkonstitution und Selbstbestimmung (Gericht) zur Freiheit ihres gottgegründeten Sichgegebenseins (Gnade) zu führen. Dabei gilt, daß Offenbarung keine suprarationalen Sachverhalte erschließt oder übernatürliches Wissen vermittelt. In Tillichs, während seiner Zeit als Feldgeistlicher im Ersten Weltkrieg erarbeiteten Habilitationsschrift von 1915 *Der Begriff des Übernatürlichen, sein dialektischer Charakter und das Prinzip der Identität – dargestellt an der supranaturalistischen Theologie vor Schleiermacher*[14] wird dies unmißverständlich klargestellt. Offenbarung vermittelt keine übervernünftige Information, sondern vollzieht sich als Rechtfertigung des zweifelnden und an sich und seiner Selbstbegründungsfähigkeit verzweifelnden Denkens, um die Vernunft zu ihrer theonomen Bestimmung zu führen, die jenseits liegt von Heteronomie und abstrakter Autonomie.

Personales Wirkzeichen für das so verstandene Offenbarungsgeschehen ist der auferstandene Gekreuzigte: Während Jesus Christus bei Kant lediglich ein für die Begründung praktischer Vernunft und die Geltung des kategorischen Imperativs letztlich entbehrliches Sinnbild der Gott wohlgefälligen Menschheit, bei Fichte die zu unmittelbarem Selbstbewußtsein gewordene absolute Vernunft und bei Hegel die vollendete Geschichte der göttlichen Idee im Modus ihrer Vorstellung ist, spricht der späte Schelling der Erscheinung des Gottmenschen eine philosophische Fundamentalbedeutung zu und wendet sich infolgedessen – darin Schleiermacher und auf andere Weise auch dem späten Fichte vergleichbar – gegen eine moralische bzw. metaphysische Funktionalisierung und philosophische Aufhebung von Religion und Theologie. Zwar gelangte Tillich zu der Auffassung, daß die Lehre von der empirischen Menschwerdung des Absoluten immanent unhaltbar sei, weil auch noch der späte Schelling der idealistischen Position seiner Anfänge verhaftet bleibe, dergemäß die äußere Geschichte nur die Bedeutung haben könne, der inneren die Anschauung zu geben. Nichtsdestoweniger erachtete er Schellings fortschreitende Abkehr von einer rationalistisch-idealistischen Geringschätzung des Geschichtlichen im Christentum als inadäquater Einkleidung ewiger Vernunftwahrheit als ebenso vorbildlich wie dessen sich steigernde Kritik an einer abstrakt apriori-

---

[14] Paul TILLICH: Ergänzungs- und Nachlaßbände, IX, 435–592.

schen Wesensphilosophie, welche den Entfremdungserfahrungen des menschlichen Daseins in einer gefallenen Welt nicht gerecht zu werden vermochte. Tillichs Rede *Schelling und die Anfänge des existentialistischen Protestes*[15] aus Anlaß einer Gedächtnisfeier zum 100. Todestag des Philosophen am 26. September 1954 bringt dies noch nach Jahrzehnten unmißverständlich zum Ausdruck.

3. Autonomie, Theonomie, Kairos: die Jahre bis 1933

Mit der ganzen Theologengeneration, die nach dem Ersten Weltkrieg bestimmenden Einfluß gewann, teilte Paul Tillich das Bewußtsein einer fundamentalen und irreversiblen Autonomiekrise des neuzeitlichen Menschen. In dieser Einschätzung wußte er sich mit den Dialektischen Theologen um Karl Barth aufs engste verbunden. Auf Distanz zu Barth ging er erst, als er zu der Auffassung gelangt war, dessen unmittelbares Insistieren auf der radikalen Autonomie Gottes mache jede Möglichkeit menschlicher Freiheit und endlicher Gestaltung schon im Ansatz zunichte. Ob zurecht geurteilt oder nicht: Nach Tillich wurde Barth im Laufe seiner Entwicklung immer mehr zu einem neoorthodoxen Supranaturalisten, der einer theologischen Fremdbestimmung der Philosophie und einer heteronomen Bevormundung des menschlichen Selbstbestimmungswillens das Wort rede; die seiner Meinung nach fälschlich sogenannte Dialektische Theologie Barths verfalle just jener selbstdestruktiven Dialektik, die seine Habilitationsschrift in bezug auf die Tübinger Supranaturalisten um Gottlob Christian Storr aufgewiesen habe. Werde die Absolutheit des unendlichen Gottes durch den abstrakten Gegensatz zum Endlichen bestimmt, verkehre sich dessen Unendlichkeit selbst zu einem Endlichen, das heteronom alles Weitere zu dominieren und zu negieren trachte. Mit Tillichs Worten und unter bezug auf den Begriff des Übernatürlichen gesagt: „Das Übernatürliche verhält sich erstens negativ zum Natürlichen, und da es sonst keinen Gehalt bekommt, bleibt es in dieser reinen Negati-

---

[15] Paul TILLICH: MW/HW I, 391–402.

vität, es wird inhaltslos und vernichtet zugleich als das ontologisch Primäre den Inhalt des Natürlichen. Zweitens verhält es sich positiv zum Natürlichen, insofern es durch dasselbe bestimmt wird; allen Gehalt, den es empfängt, bekommt es vom Natürlichen, es wird ein anderes Natürliches und bildet zusammen mit dem ersten Natürlichen eine zusammenhängende inhaltlich bestimmte Natürlichkeit. Das Übernatürliche schwebt dazwischen, Vernichtung oder Duplikat des Natürlichen zu sein."[16]

Mit der Einsicht in seine dialektische Verfassung ist der Begriff des Supranaturalismus samt seinen Konnotationen als selbstdestruktiv erkannt und zugleich jedweder theologische Anspruch abgewiesen, die Philosophie durch suprarationales Wissen anreichern oder überbieten zu können. Das Verhältnis von Theologie und Philosophie ist demgemäß nicht nach der widersprüchlichen Logik des Supra, sondern in der Weise reziproker Vermittlung zu gestalten, damit deutlich werde, daß die göttliche Offenbarung die menschliche Vernunft nicht in abstrakter Äußerlichkeit betrifft, diese vielmehr recht eigentlich zu sich kommen läßt, indem sie den Menschen durch Zusage göttlicher Anerkennung, wie sie im Gottmenschen manifest ist, von dem verkehrten Zwange befreit, sich in seinem Denken und Handeln aus sich heraus zu begründen. Wo dieser Zusage in gläubigem Realismus theoretisch und praktisch entsprochen wird, ist nach Tillich der Kairos angebrochen, die erfüllte Zeit theonomen Lebens, in welcher Philosophie und Theologie in versöhnter Verschiedenheit sich vereinen und die Zwangsherrschaft der Heteronomie ebenso vergangen ist wie die Willkür und unmittelbare Selbstbehauptung abstrakter Autonomie. Der Inbegriff Tillichschen Denkens, wie er unter immer neuen situativen Gesichtspunkten entfaltet wurde, ist damit benannt.

Die Annahme der Habilitationsschrift Tillichs, um zunächst die weiteren Stationen seiner akademischen Laufbahn bis 1933 ins Auge zu fassen, war anfänglich mit durchaus erheblichen Schwierigkeiten verbunden, was gegenwärtigen Habilitanden

---

[16] Paul TILLICH: Ergänzungs- und Nachlaßbände, IX, 463f.

zum Trost – wie schon das „cum laude" Kattenbuschs – nicht
verschwiegen werden soll. Die Bedenken innerhalb des Hallenser Fakultätskollegiums richteten sich vor allem dagegen, daß
Tillichs Arbeit wie schon die Lizenziatendissertation zu ausschließlich philosophisch angelegt und nicht wirklich historisch
sei. Der ursprünglich vorgesehene Titel „Die Entwicklung des
Begriffs des Übernatürlichen im älteren Supranaturalismus"
konnte insofern nicht akzeptiert werden. Lütgert schlug Tillich
daraufhin folgende Änderung vor: „Der Begriff des Übernatürlichen im älteren Supranaturalismus, beurteilt vom Standpunkt
der Schellingschen Identitätsphilosophie aus". Im übrigen legte
er ihm nahe, sich in einem Vorwort genauer über den eingenom-
menen Standpunkt und den rein logisch-dialektischen Charakter
seiner Studie zu äußern. Tillich befolgte diese Weisung (ohne
freilich die von Lütgert vorgeschlagene Titelrevision exakt zu
übernehmen), so daß sein Habilitationsverfahren nach einer am
3. Juli 1916 vorgetragenen nichtöffentlichen Probevorlesung zu
einem positiven Abschluß gebracht und ihm die venia legendi
verliehen wurde.

Regulär konnte Tillich seine Lehrbefugnis allerdings erst nach
der Katastrophe des Krieges wahrnehmen, dessen letzte Monate
er als Garnisonsgeistlicher in Spandau verbrachte. Nach Kriegsende und erfolgter Umhabilitation lehrte Tillich als Privatdozent
an der Universität Berlin. In dieser von äußeren und inneren
Umstürzen geprägten Zeit entstand das 1923 veröffentlichte
System der *Wissenschaften nach Gegenständen und Methoden*[17],
Tillichs erste größere selbständige Arbeit. In ihr entwickelte er
im wissenschaftstheoretischen Kontext einer Lehre von den
Denk-, Seins- und Geisteswissenschaften sein Grundverständnis
von Systematischer Theologie als theonomer Sinnormenlehre
theoretischer (theonome normative Metaphysik) und praktischer (theonome normative Sittenlehre) Ausrichtung. Obwohl
Emanuel Hirsch, der damals noch eng verbundene Freund, die
dem Andenken an Ernst Troeltsch gewidmete Monographie als
ein gedankliches Meisterstück rühmte, wurde ihr damals und bis

---

[17] Paul Tillich: MW/HW I, 113–263.

heute nur geringe Aufmerksamkeit zuteil. Weit größere Resonanz rief der 1919 vor der Berliner Kantgesellschaft gehaltene Vortrag *Über die Idee einer Theologie der Kultur*[18] hervor, in welchem Tillich sein soziokulturell-polittheologisches Programm einer theonomen Gesellschaftsreform skizzierte, das ihn während der gesamten Weimarer Zeit beschäftigen sollte.

Nach drei Semestern in Marburg, wo er erstmals Dogmatik dozierte und in Kontakt zu Rudolf Bultmann, Martin Heidegger sowie namentlich zu Rudolf Otto trat, wurde Tillich 1925 zum Ordinarius für Religionswissenschaft an die Technische Hochschule Dresden berufen und 1927 zum Honorarprofessor für Systematische Theologie an der Universität Leipzig ernannt. Dort machte er sich mit zahlreichen Gelegenheitsschriften einen Namen als scharfsinniger Zeitanalytiker. Bereits 1926 war als erstes Tillichbuch mit großem Publikumserfolg die Studie *Die religiöse Lage der Gegenwart*[19] erschienen. Ihr theoretischer Hintergrund geht besonders deutlich aus der im selben Jahr publizierten „Untersuchung zur Metaphysik der Erkenntnis" *Kairos und Logos*[20] hervor. Was den Begriff des Kairos als jenes erfüllten Zeitmomentes angeht, in dem die Ewigkeit anbricht, so gehört er von Anbeginn zu den Basistermen im Denken des frühen Tillich. Seine spezifischen Konturen erhielt er im Zusammenhang der Mitarbeit Tillichs in einem, wenngleich auf politische Folgen bedachten, so doch primär theoretisch ausgerichteten Kreis Berliner religiöser Sozialisten, zu dessen engeren Mitgliedern E. Heimann, A. Löwe, K. Mennicke, A. Rüstow, A. Wolfers sowie anfangs G. Dehn gehörten. Gemeinsames Anliegen des sogenannten Kairoskreises, dessen wichtigstes Publikationsorgan von 1920–1927 die *Blätter für religiösen Sozialismus* wurden, war eine konkrete Zeitanalyse auf der Grundlage eines religiös fundierten und sozialistisch geprägten Geschichtsverständnisses.

Diesem Ziel ist auf die eine oder andere Weise auch der unter dem Titel *Kairos. Zur Geisteslage und Geisteswendung* von Til-

---

[18] Paul TILLICH: MW/HW II, 69–85.
[19] Paul TILLICH: MW/HW V, 27–97.
[20] Paul TILLICH: MW/HW I, 265–305.

lich herausgegebene Sammelband mit Beiträgen verschiedener Autoren verpflichtet, welchen die Studie *Kairos und Logos* beigegeben ist. Dezidiert wird betont, daß die wahre Wesensbestimmung des Logos erst dann offenbar werde, wenn dieser der zeit- und geschichtslosen Abstraktion statischen Formdenkens entnommen und mit dem Entscheidungs- und Schicksalscharakter des konkreten Daseins in einer Weise verbunden werde, welche dem dynamischen Charakter der Wahrheit entspreche. Während die vorherrschende Tradition der abendländischen Geistesgeschichte von Demokrit und Plato über Descartes und Spinoza bis zu den Neukantianern seiner Zeit, die Erkenntnis der ewigen Form des Seienden im Sinne einer zeitinvarianten Idee erstrebt, ist eine von Böhme über den späten Schelling zu Lebensphilosophie und Existentialismus verlaufende Nebenlinie an dem in Schicksal und Entscheidung einmalig verlaufenden, mithin individuell und geschichtlich verfassten Dasein orientiert.

Tillichs erkenntnistheoretische und ontologische Kritik des Logismus schließt an diese Traditionslinie an. Wie der reale Erkenntnisvorgang nicht zu fassen ist unter der Voraussetzung einer absoluten und inhaltsleeren Stellung des Erkenntnissubjekts, weil die Möglichkeit der Wahrheitserkenntnis abhängig ist von Entscheidung und Schicksal, so sind der Wahrheit selbst Entscheidung und Schicksal nicht äußerlich, sondern wesentlich, weil die ewige Idee nicht in statischer Vollendung in sich ruht, sondern ihre innere Unendlichkeit zur äußeren Erscheinung bringt und selbst zeitliche Gestalt annimmt. Einen Selbstabschluß der Wahrheitserkenntnis verbietet mithin die Wahrheit selbst; ihrer Fülle vermag nur ein grundsätzlich offenes System zu entsprechen, das – ideologiekritisch in bezug auf sich selbst und andere – darüber wacht, daß die unbedingte Wahrheit nicht mit einer ihrer bedingten Wahrnehmungsgestalten gleichgesetzt wird. Mit jenem Wächteramt ist nach Tillich der Standpunkt eines gläubigen Realismus eingenommen, welcher den Relativismus abstrakter Gleichgültigkeit ebenso transzendiert wie den Absolutheitsanspruch eines Bedingten und welcher als relativer Standpunkt insofern absolut und unüberbietbar genannt zu werden verdient, als er den Gegensatz von Relativem und Absolutem in sich aufhebt und eben damit der Idee der Wahrheit an sich selbst entspricht.

Aus dieser Einsicht erwächst einem dem Kairos verpflichteten Denken und Handeln die beständige, in wechselnden Situationen unterschiedlich zu verfolgende Aufgabe, jeden Standpunkt zu bekämpfen, der sich unbedingt setzt, um eben damit einen Hinweis zu geben auf die unendliche Transzendenz des Absoluten. Tillichs politisches Engagement und sein sensibles Eingehen auf soziokulturelle Phänomene haben hier ihren ideellen Ursprung und tragenden Grund. Zugleich erklärt es sich, warum ein wesentlicher Teil seiner literarischen Arbeit in der Schaffensperiode bis 1933 aus literarischen Essays besteht. Daß Tillich weithin Gelegenheitsliteratur produzierte, ist ein Indiz und eine Folge seiner Einsicht, daß die Vernunft nur dort zu sich kommt und der Wahrheit des Absoluten zu entsprechen vermag, wo sie über sich hinausgeht, um in konstruktiver Kritik an den konkreten Gegenständen sich abzuarbeiten, wie die Zeitgeschichte sie darbietet. Tillich versuchte auf diese Weise zu erreichen, was er bei Troeltsch zwar angelegt, nicht aber hinreichend realisiert sah, nämlich aus einem reinen Historismus der Beschreibung, den er als nicht minder abstrakt erachtete als den Logismus, durchzubrechen zu einer wahrhaft historischen Existenz, deren Subjektivität ihre Fülle erlangt im realen Umgang mit den Objekten.

Diesen Einsichten und der mit ihnen verbundenen „Zeitdeutung vom Unbedingten her"[21] blieb Tillich auch treu, nachdem er 1929 als Nachfolger von Hans Cornelius und anstelle des plötzlich verstorbenen Max Scheler auf die Professur für Philosophie und Soziologie an der Universität Frankfurt am Main berufen worden war. Seine Antrittsvorlesung *Philosophie und Schicksal*[22] ist ein Beleg hierfür. Nach vierjähriger Lehrtätigkeit in Frankfurt, die u.a. durch die enge Zusammenarbeit mit Männern wie Theodor W. Adorno, der sich mit einer Kierkegaardarbeit bei Tillich habilitierte, Max Horkheimer, Kurt Riezler, Friedrich Pollock, Leo Löwenthal sowie Karl Mannheim und

---

[21] Paul TILLICH: MW/HW I, 266.
[22] Paul TILLICH: MW/HW I, 307–340.

Max Wertheimer gekennzeichnet war, wurde Tillich am 13. April 1933 infolge inkriminierter Äußerungen in seinem Buch „Die sozialistische Entscheidung" (1933) sowie wegen seines Eintretens als Dekan der Philosophischen Fakultät für die Belange jüdischer Kommilitonen vom Amt suspendiert; er emigrierte Ende Oktober 47jährig in die USA.

4. Die Zeit in den USA: On the Boundary

Als den eigentlich fruchtbaren Ort der Erkenntnis hat Paul Tillich in seinem Buch *Religiöse Verwirklichung* von 1930 die Grenze bezeichnet. Der Begriff der Grenze schien ihm zugleich geeignet, Symbol für seine ganze persönliche und geistige Entwicklung zu sein. Seine autobiographische Skizze von 1936, mit der er sich dem amerikanischen Publikum vorstellte, ist daher bezeichnenderweise *On the Boundary* überschrieben: Sein Leben und Denken, so Tillich, habe sich vollzogen auf der Grenze zwischen den Temperamenten, von Stadt und Land, der sozialen Klassen, von Wirklichkeit und Phantasie, von Theorie und Praxis, Heteronomie und Autonomie, Theologie und Philosophie, Kirche und Gesellschaft, Religion und Kultur, Luthertum und Sozialismus, Idealismus und Marxismus, Heimat und Fremde. „Das ist das Dialektische der Existenz, daß jede ihrer Möglichkeiten durch sich selbst zu ihrer Grenze und über die Grenze hinaus zu ihrem Begrenzenden treibt."[23]

In der nordamerikanischen Emigration fand Tillich auf Initiative Reinhold Niebuhrs eine Anstellung am Union Theological Seminary in New York City, zunächst als Visiting Assistant Professor, ab 1941 dann als Full Professor. Seit 1955 lehrte er an der Harvard University, von 1962 bis zu seinem Tod am 25. Oktober 1965 an der Universität Chicago. Der letzte Vortrag Tillichs am 11.10. war *The Significance of the History of Religions for the Systematic Theologian*[24] gewidmet. In den gut drei Jahrzehnten

---

[23] Paul TILLICH: GW XII, 57.
[24] Paul TILLICH: MW/HW 6, 431–441.

zuvor war er mit moraltheologisch-soziokulturellen Analysen, dem Ausbau seiner Protestantismusstudien und seiner Symboltheorie sowie insbesondere mit dem Traktat *The Courage to Be* von 1952 und *Religiösen Reden* (*The Shaking of Foundations*, 1948; *The New Being*, 1955; *The Eternal Now*, 1963) zu Berühmtheit und großem Einfluß gelangt. Zusammengefaßt hat Tillich den Ertrag seines philosophisch-theologischen Denkens in der dreibändigen, 1963 vollendeten *Systematic Theology*, die er von 1951 bzw. 1955 an in englischer und deutscher Sprache herausgab. Grundzüge des Werkes deuten sich bereits in den Arbeitsheften *Systematische Theologie von 1913*[25] sowie in der zu Lebzeiten Tillichs ebenfalls unveröffentlichten Dogmatik an, die anläßlich einer Marburger Vorlesung von 1925 konzipiert wurde[26]. Das schließliche opus magnum folgt in Aufbau und Durchführung der Methode der Korrelation: „Sie gibt eine Analyse der menschlichen Situation, aus der die existentiellen Fragen hervorgehen, und sie zeigt, daß die Symbole der christlichen Botschaft die Antworten auf diese Fragen sind."[27] Auf diese Weise werden folgende Themenkomplexe, die zugleich die Gesamtgliederung bestimmen, in Beziehung gesetzt: Vernunft und Offenbarung, Sein und Gott, Existenz und Christus, Leben und Geist, Geschichte und Reich Gottes.

Für die Gesamtkonzeption, deren einzelne Aspekte hier nicht entfaltet werden können, ist es kennzeichnend, daß Tillichs ontotheologische Argumentationen nicht mit kosmisch vorgegebenen Sachverhalten einsetzen, sondern mit der Selbstwahrnehmung eines bewußtseinsbegabten Wesens, das der Welt zwar zugehört, aber gleichzeitig von ihr unterschieden ist. Dieser dezidiert anthropologische Ansatz bestimmt nicht nur die an der Subjektivitätsproblematik des transzendentalen Idealismus orientierten Anfänge, sondern auch noch die seinsmetaphysische Konzeption der Spätzeit. Die Prävalenz des Ontologischen in

---

[25] Paul TILLICH: Ergänzungs- und Nachlaßbände, IX, 273–434.

[26] Paul TILLICH: Dogmatik. Marburger Vorlesung von 1925. Hrsg. v. W. SCHÜSSLER, Düsseldorf 1986.

[27] Paul TILLICH: Systematische Theologie, 3 Bde., Stuttgart 1955ff., Bd. I, 76.

den späteren Jahren bedeutet keineswegs die Verabschiedung der Subjektivitätsproblematik; vielmehr zielt die pneumatologische Gesamttendenz der Gedankenfolgen eindeutig auf das Zusichkommen des Seins im Subjekt. Die Seinsmetaphysik der Tillichschen Spätzeit bleibt also darin neuzeitlich, daß sie menschliche Selbstfindung zu ihrem zentralen Thema macht.

Entscheidendes Problem ist dabei, daß der Mensch als das vollzentrierte personale Selbst zugleich in der Welt und ihr gegenüber steht. Der in Selbsterkenntnis begriffene Mensch findet sich einerseits vor als Teil der gegebenen Welt, als ein empirisches Einzelding, als eine Entität unter vielen; und er nimmt sich andererseits und simultan wahr als einheitsstiftendes Subjekt, auf dessen Selbstbewußtsein die Welt in ihrer Totalität durchweg bezogen ist. Als ein selbstbewußtes Ich gehört der Mensch der Welt mithin nicht nur an, sondern ist immer auch von ihr unterschieden. Tillich ist nachdrücklich darum bemüht, beide Aspekte, Weltimmanenz und Welttranszendenz des Menschen, gleichermaßen festzuhalten. Gegenüber der idealistischen Annahme, der Mensch könne sich nach Weise eines absoluten Subjekts unmittelbar sein Weltdasein setzen, wird auf die alternativlose und elementare Weltgebundenheit aller menschlichen Selbstvollzüge verwiesen.

Die nachidealistische Wende des Denkens im Zusammenhang etwa der Erkenntnis biologisch-evolutionärer Bedingtheit des Menschen sowie der Entdeckung der Bedeutung des Unbewußten für die menschliche Psyche erscheint Tillich als schlechterdings unhintergehbar. Gleichwohl wird das Wesen des Menschen nach seinem Urteil nicht minder verkannt, wenn dieser in naturalistisch-materialistischer Externperspektive als bloß welthaftes Objekt beschrieben wird, weil einer solchen Außenbetrachtung die für das menschliche Sein charakteristische Selbstbeziehung zwangsläufig entgehen muß. Tillich zieht daraus den Schluß, daß Selbstbeziehung und Weltbeziehung wechselseitig vermittelt sind, der polare Zusammenhang von Selbst und Welt von keiner Seite her aufgelöst werden darf. Dabei fügt er hinzu, daß die polare Einheit von Selbst und Welt nur im Menschen vollgültig realisiert ist. Zwar partizipiert jedes Seiende an jener

Seinsstruktur, jedoch allein der Mensch ist diese Struktur selbst. Eben weil er das voll entwickelte Selbst ist, hat er auch Welt im Vollsinne, nämlich als ein strukturiertes Ganzes. Der Mensch hat Welt, d.h. er ist in der Lage, endlos die partikularen Wirklichkeiten gegebener Umwelten zu überschreiten.

Solche Weltoffenheit des Menschen als einer vollzentrierten Person wertet Tillich nun zugleich als einen Hinweis auf den extramundanen Grund menschlicher Personalität überhaupt. Die Selbst-Welt-Analyse bietet in diesem Sinne den wichtigsten Anknüpfungspunkt für die die göttliche Offenbarungswahrheit bedenkende Theologie. Indes ist dieser Anknüpfungspunkt nicht so verfaßt, daß er der bloßen theologischen Bestätigung bedürfte. Tillich geht vielmehr davon aus, daß unter den Bedingungen der Existenz infolge eines transhistorisch verstandenen Sündenfalls die Polarität von Selbst und Welt faktisch depolarisiert und die menschliche Personalität desintegriert ist. Die eindringlichen Analysen der dadurch bedingten Entfremdungsphänomene gehören sicherlich zum Eindrucksvollsten, was Tillich je geschrieben hat. Zugleich verweisen sie darauf, daß der sich selbst und seiner Lebenswelt entfremdete Mensch, um zu sich und seiner Bestimmung zu finden, der Begegnung mit jenem Neuen Sein bedarf, wie es im dreieinigen Gott gründet und in Jesus als dem Christus zum Heil von Menschheit und Welt in der Kraft des Heiligen Geistes vollendet erschienen ist.

Ich bemerke gemäß der triadisch-trinitarischen Grundstruktur der *Systematischen Theologie* dazu in Kürze noch ein Dreifaches:

1. Gott ist kein Seiendes unter Seiendem. Einen Gott, der als eine Entität unter anderen Entitäten existiert, gibt es nicht. Gottes Seinstranszendenz ist aber ebenso wenig durch den Gegensatz zu allem Seienden bestimmt; vielmehr ist Gott als das Sein selbst derjenige, der allem Seienden sein Sein gibt und erhält. Tillichs Verständnis Gottes als des Lebendigen schließt unmittelbar daran an: „Das Leben hört auf, wenn Trennung ohne Vereinigung und Vereinigung ohne Trennung erfolgt. Sowohl völlige Identität als auch völlige Trennung vernichten das Leben. Wenn wir

Gott den ‚lebendigen Gott' nennen, verneinen wir damit, daß er die reine Identität des Seins als Sein ist und zugleich, daß es eine endgültige Trennung eines Seienden von seinem Sein geben kann. Wir behaupten, daß er der ewige Prozeß ist, in dem sich fortgesetzt Trennung vollzieht und durch Wiedervereinigung überwunden wird. In diesem Sinne lebt Gott."[28] Als der Lebendige ist Gott zugleich der beständig Schaffende. Schöpfung bedeutet für Tillich daher nicht nur und nicht in erster Linie einen uranfänglichen Akt, durch welchen Gott das Sein aus dem Nichts ruft, sondern die Tatsache, daß alles, was ist, und namentlich alles menschliche Beginnen vom zuvorkommenden Handeln Gottes lebt. Bleibt hinzuzufügen, daß Tillichs Begriff von Gottes schöpferischem Leben bereits die Grundstrukturen der Trinitätslehre enthält. Gott umfaßt in seiner Gottheit auch den Unterschied zu dem, was er nicht unmittelbar selbst ist; Gott ist die lebendige Einheit von Identität und Differenz. Damit sind die grundlegenden Trinitätsprinzipien erfaßt: Einheit, Unterschiedenheit, Einheit von Einheit und Unterschiedenheit; oder: Schöpfergott, Logos und Geist. Mit Tillich zu reden: „Eine Betrachtung der Trinitäts-Prinzipien ist nicht schon christliche Trinitätslehre. Es ist Vorbereitung dafür, mehr nicht. Das Trinitätsdogma selbst kann nur erörtert werden, wenn zuvor das christologische Dogma entwickelt worden ist. Aber die Prinzipien der Trinität werden sichtbar, wo immer man sinnvoll von Gott als dem Lebendigen spricht."[29]

2. Trotz der infiniten Zahl potentieller Offenbarungsmedien rechnet Tillich mit einem Kriterium aktueller Manifestationen des Seinsgeheimnisses und einer letztgültigen Offenbarung, die er mit der Erscheinung Jesu als des Christus verbindet. Als Kriterium aktueller Offenbarung fungiert die Einsicht, daß das Unbedingte zwar nur in den Formen des Bedingten zu erfassen ist, aber zugleich alles Bedingte übersteigt. Von Offenbarung kann infolgedessen nur symbolisch die Rede sein. In Entsprechung zur klassischen Lehre von der Analogie als der Aufhebung des

---

[28] Paul TILLICH: STh I, 280.
[29] Paul TILLICH: STh I, 290.

Gegensatzes von Äquivokation und Univokation konzipiert Tillich seine Symboltheorie der Offenbarung nach Maßgabe des
Grundsatzes, daß sich im Vollzug der Offenbarung Medium und
Gehalt identisch und different zugleich verhalten. Wie die Symbole, in denen sie ihre Ausdrucksgestalt finden, sind die Medien
der Offenbarung sowohl durch Selbstmächtigkeit als auch durch
Uneigentlichkeit gekennzeichnet. In Jesus als dem Christus ist
dies endgültig darin manifest, daß dieser seinen Endlichkeitscha-
rakter ganz hingibt an seine göttliche Sendung und auf solche
Weise völlig transparent wird für das Unendliche. In diesem Sinn
ist das Kreuz das Symbol aller religiösen Symbole und der Gekreuzigte der Mittler, in welchem alle Offenbarungsmedien aufgehoben, will heißen: negiert, bewahrt und vollendet sind.

3. Der Heilige Geist als der Dritte im göttlichen Bunde erschließt die Offenbarung Gottes in Jesus Christus für Menschheit und Welt. Tillich ergreift die pneumatologische Aufgabe, die
Wirklichkeit und das Wirken des Heiligen Geistes zu bedenken,
dadurch, daß er die Zweideutigkeiten des zu Selbstintegration,
Sich-Schaffen und Selbst-Transzendierung bestimmten, aber
von Desintegration, Zerstörung und endlichem Vergehen be-
drohten Lebens auf die Frage nach unzweideutigem Leben hin
fokussiert, um diese Frage sodann mit dem Hinweis auf die gegenwärtige Wirksamkeit göttlichen Geistes im menschlichen
Geist und in der geschichtlichen Menschheit zu beantworten.
Ohne die heilende Macht des göttlichen Geistes in der (psycho)-
somatischen Dimension gering zu veranschlagen, konzentriert
sich Tillich vorzüglich auf die pneumatologische Behebung der
Zweideutigkeiten des Lebens in der Sphäre der Religion, der
Kultur und der Moralität.

Dabei greift er auf Einsichten zurück, die sich bereits früh in
seinem Werk abzeichnen, etwa auf diejenige, wonach Kultur die
Ausdrucksform der Religion und Religion der Gehalt der Kultur
sei. Ohne Zusammenhang mit Kultur als dem Inbegriff einer
durch humane Selbstbestimmung gekennzeichneten Wirklichkeit verkommt Religion zur Sekte, welche ihre Separation durch
Fundamentalismus zu kompensieren sucht. Umgekehrt verliert
eine Kultur, die der religiösen Basis entbehrt, ihre Substanz und

verflacht zu bloßer Konvention. Es ist der lebendige Geist, der von dem in Jesus Christus offenbaren Gott ausgeht, der beides verhindert und religiöse Substanz kulturelle Form annehmen sowie kulturelle Form religiöse Substanz finden läßt. Analog stellt sich der pneumatologische Prozeß in bezug auf das Verhältnis von Religion und Moral dar. Eine moralische Funktionalisierung der Religion, welche diese zum bloßen Vehikel der Sittlichkeit herabsetzt, erweist sich in der Konsequenz auch in sittlicher Hinsicht als kontraproduktiv, insofern sie der Moral ihre Letztverbindlichkeit raubt. Die Transmoralität der Religion kann sich indes ebensowenig in der Weise heteronomer Vorschrift verwirklichen, sondern nur so, daß sie moralische Autonomie mit theonomem Gehalt erfüllt. Auf diese Weise wirkt der Geist sowohl im allgemeinen als auch im besonderen des individuellen Falls jenes Heil, das den Begriff seiner Heiligkeit ausmacht, und schafft einen Gemeingeist, in welchem Individualität und Sozialität gleichursprünglich und paritätisch in Geltung stehen. Das Wesen der Kirche ist damit bündig umschrieben. Entspricht ihre Realität dem entwickelten ekklesiologischen Begriff, dann ist das Reich Gottes nicht fern.

5. Der Mut zum Sein als Summe Tillichschen Denkens

Ontologie, sagt Tillich, fragt nach dem Sein des Seienden oder anders formuliert: Sie fragt im Anschluß an Parmenides, warum überhaupt etwas ist und nicht nichts. Diese Frage zu stellen, ist der Mensch als endliches Selbstbewußtsein ebenso genötigt, wie er nicht umhin kann, sich angesichts seiner Stellung zwischen Sein und Nichtsein zu ängstigen. „Die Angst", heißt es in Tillichs Schrift *The Courage to Be*[30], „ist der Zustand, in dem ein Seiendes der Möglichkeit seines Nichtseins gewahr wird, oder kürzer gesagt: Angst ist das existentielle Gewahrwerden des Nicht-

---

[30] Paul TILLICH: GW XI, 11–139; vgl. Paul TILLICH: MW/HW V, 141–230.

seins."[31] Indem das Endliche seiner Endlichkeit als solcher gewahr wird, ängstigt es sich und wird vom nihilistischen Schauder drohenden Nichtseins erfaßt. Dabei kann die Frage nicht sein, ob man sich ängstigt oder nicht. Diese Alternative steht nicht zur Wahl, denn Angst ist mit dem Bewußtsein des Endlichen als eines Endlichen alternativlos verbunden.

Um es nicht bei der abstrakten Behauptung der Angst als eines zeitlosen Existentials zu belassen, unterscheidet Tillich entsprechend den Formen, in denen das Nichtsein das Sein des Menschen bedroht, drei Typen der Angst, um diese sodann als Charakteristika einzelner Epochen der abendländischen Kulturgeschichte auszuweisen. Das Nichtsein bedroht zum einen die ontische Selbstbejahung des Menschen, relativ in Form des Schicksals, absolut in Form des Todes. Dieser mit dem menschlichen Bewußtsein der Sterblichkeit gegebene Haupttyp der Angst, in welchem sich das Endliche von seinem physischen Nichts bedroht weiß, ist nach Tillich kennzeichnend für die Spätantike und damit für den soziokulturellen Kontext des frühen Christentums. Das Nichtsein bedroht zum zweiten die moralische Selbstbejahung des Menschen als eines die bloße Natur transzendierenden sittlichen Subjekts, relativ in Form der Schuld, absolut in Form der Verdammung. Dieser mit dem menschlichen Bewußtsein sittlicher Verkehrtheit gegebene Haupttyp der Angst, in welchem sich das Endliche von seinem moralischen Nichts bedroht wisse, sei in der mittelalterlichen Lebenswelt vorherrschend gewesen und habe auch noch das Zeitalter der Reformation bestimmt, was sich u.a. an Luthers theologischer Leitfrage „Wie bekomme ich einen gnädigen Gott" erkennen lasse. Die dritte Bedrohung des endlichen Seins durch das Nichtsein schließlich betrifft die geistige Selbstbejahung des Menschen, relativ in Form der Leere, absolut in Form der Sinnlosigkeit. Sie und der mit ihr gegebene Haupttyp der Angst sind nach Tillich in der Neuzeit epochal geworden. „Die Angst vor der Sinnlosigkeit ist die Angst vor dem Verlust dessen, was uns letztlich angeht, dem Verlust eines

---

[31] Paul TILLICH: GW XI, 35.

Sinnes, der allen Sinngehalten Sinn verleiht. Diese Angst wird durch den Verlust eines geistigen Zentrums erzeugt, durch das Ausbleiben einer Antwort auf die Frage nach dem Sinn der Existenz, wie symbolisch und indirekt diese Antwort auch sein mag."[32]

Dabei sind in der Angst vor Leere und Sinnlosigkeit die beiden anderen Haupttypen, nämlich Todesangst und Angst vor sittlicher Verdammung, immer mitenthalten. Aber sie sind nicht ausschlaggebend oder zutreffender gesagt: sie sind in die Angst der Sinnlosigkeit eingegangen, die in bestimmter Weise abgründiger ist als die beiden vormaligen Ängste, wobei mit Abgründigkeit weniger die Vorstellung der Tiefe als jene der Bodenlosigkeit zu assoziieren ist. Denn zeigt sich in der Todesangst noch ein vitales Interesse am eigenen Leben und seinem Erhalt, in der Angst vor Schuldverdammnis ein entwickeltes Bewußtsein des moralisch Geschuldeten, so droht in der Sinnlosigkeitsangst auch dieses beides zugrunde zu gehen und schlechterdings alles im nihilistischen Nichts aufgelöst zu werden.

Nachgerade die Sinnlosigkeitsangst neigt daher zwangsläufig dazu, im Zuge von Verdrängungsmechanismen latent oder manifest pathologische Gestalt anzunehmen: „Die pathologische Angst", sagt Tillich, „tritt auf, wenn das Selbst nicht fähig ist, seine Angst auf sich zu nehmen."[33] Wo solches statthat, tritt Furcht auf, wo nichts zu fürchten ist, während waghalsige Risiken eingegangen werden, wo Vorsicht am Platze wäre; da wird eilfertig Schuld aufgedeckt, wo keine ist, und nachsichtig entschuldigt, wo offenkundig Böses ins Werk gesetzt wird; da werden schließlich – um von den pathologischen Formen der Angst vor Leere und Sinnlosigkeit zu sprechen – ideologische Festungen unbezweifelbarer Gewißheit in den Sand gesetzt, um den tragenden Grund des Verläßlichen und Bewährten mutwillig zu sprengen. Was kann angesichts solcher pathologischer Ängste helfen und heilen? Nach Tillich allein der Mut, der die Angst in ihrer ontischen, moralischen und geistigen Erscheinungsform zu integrie-

---

[32] Paul TILLICH: GW XI, 43.
[33] Paul TILLICH: GW XI, 64.

ren vermag und auf diese Weise ihre Pathologisierung verhindert. Doch wie kann solcher Mut begründet werden?

Tillichs Antwort lautet: durch die Offenbarung des „Gott(es) über Gott"[34], welcher theistische Verendlichungen ebenso hinter sich läßt wie atheistische Nihilismen, um sich als das Sein selbst zu erweisen, welches dem Seienden auch unter der Voraussetzung drohenden Nichtseins Bestand verheißt und damit eine Anerkennung eigener Endlichkeit ermöglicht, welche zwar nicht Zweifel, wohl aber Verzweiflung verhindert. Diese göttliche Offenbarung ist in Jesus als dem Christus manifest. In ihm ist, wie Tillich sagt, die Essenz, also die wesentliche Bestimmung alles Endlichen und namentlich des endlichen Selbstbewußtseins unter den Bedingungen der Existenz als der Bedrohung eines Seienden durch das Nichtsein realisiert. Als die Realisierung der Essenz unter den Bedingungen der Existenz ist Jesus, was er ist, nämlich der Christus, in welchem Gott als der Urgrund alles Seienden real präsent ist.

Dabei bedeutet die Präsenz Gottes in Jesus als dem Christus freilich keine Vergegenständlichung. Eine unmittelbare Gleichsetzung der Gottheit Gottes mit der irdischen Erscheinungsgestalt Jesu von Nazareth behauptet Tillich nicht nur nicht, er schließt eine solche Identifikation vielmehr kategorisch aus. Denn die Gegenwart Gottes ist Jesus Christus nur in der Weise konsequenter Selbstunterscheidung seiner Endlichkeit von der göttlichen Unendlichkeit. Anders gesagt: Personaler Träger des Neuen Seins und Erlöser und Versöhner des Menschengeschlechts ist Jesus Christus als der, welcher seine Endlichkeit auch im Äußersten der Bedrohung durch Tod, Sündenschuld und Sinnlosigkeit in der Unendlichkeit Gottes gut aufgehoben weiß. In dieser und nur in dieser Weise ist sein Erscheinungsbild, das in untrennbarer Weise historisches Faktum und wirkungsgeschichtliche Rezeption in sich enthält, Urbild des Glaubens und gläubigen Mutes zum Sein, in welchem die Entfremdung von Gott als dem Sein selbst überwunden ist.

---

[34] Paul TILLICH: GW XI, 137.

Literaturhinweise

Textausgaben

Gesammelte Werke. Hrsg. v. Renate ALBRECHT, 14 Bde., Stuttgart, 1959–1975 (= GW).

Ergänzungs- und Nachlaßbände zu den Gesammelten Werken von Paul Tillich,

Bde. I–VI. Hrsg. v. Renate Albrecht, Stuttgart 1971–1983.

Bde. VII–X. Berlin / New York 1994–1999:

Bd. VII: Frühe Predigten (1908–1918). Hrsg. v. Erdmann Sturm, 1994.

Bd. VIII: Vorlesung über Hegel (Frankfurt 1931 / 32). Hrsg. v. Erdmann Sturm, 1995.

Bd. IX: Frühe Werke. Hrsg. v. Gert Hummel und Doris Lax, 1998.

Bd. X (zwei Teilbände): Religion, Kultur, Gesellschaft. Unveröffentlichte Texte aus der deutschen Zeit (1908–1933). Hrsg. v. Erdmann Sturm, 1999.

TILLICH, Paul: Main Works / Hauptwerke. 6 Bde. Hrsg. v. Carl Heinz RATSCHOW. Berlin / New York (= MW/HW):

Bd.1: Philosophical Writings / Philosophische Schriften. Hrsg. v. Gunther WENZ, 1989.

Bd. 2: Writings in the Philosophy of Culture / Kulturphilosophische Schriften. Hrsg. v. Michael PALMER, 1990.

Bd. 3: Writings in Social Philosophy and Ethics / Sozialphilosophische und ethische Schriften. Hrsg. v. Erdmann STURM, 1998.

Bd. 4: Writings in the Philosophy of Religion / Sozialphilosophische Schriften. Hrsg. v. John CLAYTON, 1987.

Bd. 5: Writings on Religion / Religiöse Schriften. Hrsg. v. Robert SCHARLEMANN, 1988.

Bd. 6: Theological Writings / Theologische Schriften. Hrsg. v. Gert HUMMEL, 1992.

–, Systematische Theologie, 3 Bde, Stuttgart, 1955ff. (= STh); Bd.1: 1955, 2. überarb. Aufl. 1957; 8. Aufl. 1984 (Frankfurt / Main), Nachdruck: Berlin / New York, 1987; Bd. 2: 1958, 8. Aufl. 1984 (Frankfurt / Main), Nachdruck: Berlin / New York, 1987; Bd. 3: 1966, 4. Aufl. 1984 (Frankfurt / Main), Nachdruck: Berlin / New York, 1984.

Biographien

ALBRECHT, Renate / SCHÜSSLER, Werner : Paul Tillich: Sein Leben. Frankfurt u.a. 1993.

–, (Hrsg.): Paul Tillich: Sein Werk, Düsseldorf 1986.

PAUCK, Wilhelm und Marion: Paul Tillich. Sein Leben und Denken. Bd. I: Leben, Stuttgart / Frankfurt a.M. 1978.

Einführende Literatur

RINGLEBEN, Joachim: Gott denken. Studien zur Theologie Paul Tillichs, Münster 2003.

WENZ, Gunther: Tillich im Kontext. Theologiegeschichtliche Perspektiven, Münster 2000.

Rahner

Albert Raffelt

Die Veranstaltungen um den 100. Geburtstag Karl Rahners im Frühjahr 2004 haben gezeigt, daß seine Theologie nach wie vor so lebendig ist, daß sie lebhafte Diskussionen auszulösen vermag, weil sie zu aktuellen Fragenstellungen in Beziehung steht: zu eher „bloß" fachtheologischen – etwa der Begründungsproblematik der Theologie –, aber auch zu sachlichen Kernfragen gegenwärtiger Diskussion – etwa der Frage nach der Stellung des Christentums hinsichtlich der Weltreligionen und des Heils der Nichtchristen – oder schließlich zu gesellschaftlichen und kirchenpolitischen – etwa der Diasporasituation oder der Entscheidungsstrukturen der Kirche. Wo liegen aber die Impulse, aus denen diese Theologie schöpft, wo liegt ihr sachliches Anliegen?

Man kann eine solche Frage genetisch angehen und nach den spirituellen oder intellektuellen Quellen fragen – die ignatianische Spiritualität wäre eine solche Quelle; man könnte auch systematisch den Aufbau dieser Theologie darzustellen versuchen – die Theologie der Gnade wäre wohl ihr Zentrum; man kann aber auch einen sachlichen Leitfaden wählen und an ihm Eigenheiten des Arbeitsstils und der denkerischen Persönlichkeit Karl Rahners aufzeigen. Diesen Weg möchte ich hier gehen.

Ich möchte meine Darstellung mit einem eher zufälligen Hinweis beginnen:

1. Ein früher Text

Es gibt im Karl-Rahner-Archiv (Innsbruck) einen unveröffentlichten Text[1], der mit außerordentlicher emotionaler Betroffen-
heit dem Thema *Die Sünde im Heiligtum der Kirche* gewidmet
ist. Das besondere an Rahners Text – einer für einen Kirchenraum
geschriebenen Betrachtung; vielleicht auch ein stilisierter literari-
scher Text – ist zum einen das schiere Entsetzen darüber, daß
schwere Delikte in der Kirche vorkommen können. Um welche
es sich handelt, wird zunächst nicht klar. Die vorläufige theologische Erklärung besteht in einer Erläuterung des biblischen Satzes
„Ärgernisse müssen kommen" (1 Kor 5,1) und in der Konstatie-
rung, daß die Vorstellung, die Kirche sei nur die Kirche der Reinen, der Heiligen, eine Häresie sei. Diese theologische Erklärung
wird gegeben; sie hebt aber das Ärgernis nicht auf.

Der genannte Text ist nicht datiert. Um ihn einordnen zu können, muß man aus ihm selbst Hinweise entnehmen. Sie sind an
zwei Stellen zu finden, an denen der „Prozeß von Koblenz" genannt wird. Wer zeitgeschichtlich informiert ist, weiß, daß es dabei um die sogenannten Sittlichkeitsprozesse der Nationalsozialisten gegen katholische Ordensangehörige und Priester geht. Zu
datieren ist der Text demnach auf 1936.

Die zweite Eigentümlichkeit dieses Textes ist, daß Rahner diese
Propagandaprozesse der Nazis zwar in ihrer beabsichtigten zer-
störenden Wirkung auf die ganze katholische deutsche Kirche erkennt, daß er aber tatsächliche Verbrechen nicht in Schutz nimmt
und die staatliche Gerechtigkeit auch in diesem Kontext ausdrücklich anerkennt. Wenn man dazu noch auf der andern Seite den Stil
seiner sehr emotionalen Identifikation mit der Kirche mitbedenkt
(„meine Kirche […], der ich Jugend und Kraft, Arbeit, Liebe, Leben und Sterben geweiht habe"), so ist die Spannung dieser Haltung – Kirchlichkeit und Unvoreingenommenheit – deutlich.

Das dritte Bemerkenswerte ist aber, daß das Skandalon auf
eine grundlegende Dimension bezogen wird: Gott will Men-

---

[1] Karl RAHNER: Die Sünde im Heiligtum der Kirche. Unveröffentlicht
im Karl Rahner Archiv Innsbruck (I B 151).

schen, die sich ihm frei in Liebe zuwenden. Er zwingt nicht. Und deshalb – in der Freiheit begründet – ist letztlich auch schreckliches Versagen möglich. Um so schrecklicher, wenn es herausgehobene Glieder der Kirche waren: „Ihr Sturz ist dann um so tiefer, je höher sie erhoben waren", sagt Rahner. So steht letztlich ein theologisch reflektierter Gottesbezug – die freie, liebende Zuwendung Gottes zum Menschen und die gesuchte Antwort des Menschen – hinter den konkreten Betrachtungen.

Ich habe mit dem Hinweis auf diesen Text begonnen, um drei Kennzeichen der Theologie Rahners deutlich zu machen: 1. Kirchlichkeit, 2. unvoreingenommene Sicht der Wirklichkeit, der „Zeichen der Zeit" – Offenheit könnte man auch kurz sagen – und 3. radikaler Gottesbezug, was man in anderen Kontexten auch Gnadenerfahrung oder in einem ganz weiten Sinne Mystik nennen kann. Wenn man noch als viertes „Anlaßbezogenheit" hinzufügt, hat man schon wesentliche Kategorien des Rahnerschen Schaffens bei der Hand.

2. Philosophische Grundlegung

Wir sind bei unserem Nachdenken über Karl Rahner im Jahre 1936 eingestiegen. Er war damals 32 Jahre alt und stand am Beginn seiner akademischen Laufbahn, direkt vor seinen ersten Lehrveranstaltungen als Dogmatiker in Innsbruck. In einem zweijährigen Doktorandenstudium in Freiburg hatte er soeben seine große Arbeit *Geist in Welt*[2] fertiggestellt und auf den Salzburger Hochschulwochen wird er bald fundamentaltheologisch-religionsphilosophische Vorlesungen halten, die später unter dem Titel *Hörer des Wortes*[3] veröffentlicht wurden.

Allein das hätte ihm schon einen Platz in der neueren katholischen Theologie und Philosophie gesichert. Die beiden Werke zeugen auf eine andere Weise für geistige Unvoreingenommenheit und Offenheit als der vorgenannte Gelegenheitstext. Sie

---

[2] Karl RAHNER: Sämtliche Werke, Freiburg 1995ff., Bd. 2.
[3] Karl RAHNER: SW 4.

stellen sich dem Dialog mit der modernen Philosophie seit Kant, einem Dialog, der nach der Säkularisation in der katholischen Kirche mit wenigen Ausnahmen (etwa der Tübinger Schule) fast durchgängig abgebrochen war zugunsten eines Rückgangs auf die mittelalterliche katholische Tradition in der sogenannten Neuscholastik. Dieser Rückgang hatte dazu geführt, daß man den Kontakt zum lebendigen Denken der Neuzeit – zum Deutschen Idealismus, aber auch zur Entwicklung der Wissenschaften – verloren hatte.

Rahner geht anders vor als manche, die ebenfalls die Fragen der Zeit in die Theologie einbringen wollten. Die Modernismus-Krise mit der römischen Verurteilung solcher Erneuerungsversuche lag noch nicht lange zurück. Die unter diesem Etikett des Modernismus zusammengefaßten Theologen hatten versucht, die neuen Entwicklungen vor allem der protestantischen liberalen Theologie in Philosophie, Exegese und im Bezug zu den Humanwissenschaften (vor allem der [Religions-]Psychologie) aufzugreifen. Anders als die sogenannten Modernisten geht Rahner in seinen philosophischen Grundschriften auf die *eigene* Tradition zurück; das war normal und wäre unspektakulär gewesen. Aber er liest diese Tradition mit den Augen der Gegenwart, er interpretiert Thomas von Aquin – seinen „Dissertationsgegenstand" – so, daß er ihn auf die Sachprobleme Kants bezieht: Wie ist Metaphysik möglich auf dem Boden einer Erkenntnis, die keine höheren Welten gegenständlich erschaut, keine esoterischen Erfahrungen zugrunde legen kann, sondern an die sinnlich erfahrene, endliche Welt gebunden ist?

Man geht nicht fehl, wenn man auch seinen Freiburger Lehrer Martin Heidegger im Hintergrund sieht, mit den Stichwörtern des In-der-Welt-Seins und des Problems der Endlichkeit, wie Heidegger es 1929 in seinem Kant-Buch expliziert hat, bei dem Rahner von 1934–1936 studiert hatte.

Ist nun Metaphysik von diesem Ausgangspunkt her *überhaupt* möglich? Sie ist für Rahner *nicht* möglich als Ausgriff in übersinnliche Welten, sondern nur als rückgreifende Frage nach den Bedingungen eines sinnlichen, endlichen Erkennens. Dieses greift aber – so das Ergebnis der Analyse – in jedem Erkenntnisakt schon über das einzeln Erkannte in einem „Vorgriff" hinaus. Die Analyse dieser Struktur – immer auf das sinnlich Erkennbare verwiesen zu sein, aber *in* diesem Bezug (und nicht neben ihm) immer schon das Ganze vorauszusetzen oder vom Erkennenden aus gesehen: immer schon „alles" zu sein (die Seele ist für Thomas von Aquin gewissermaßen „alles" – *quodammodo omnia…*) – eröffnet den Raum der Metaphysik. Und in letzter Instanz ist damit für Rahner in jedem Erkenntnisakt (und Willensakt müßte man ergänzen) immer schon Gott implizit mitbejaht. Oder wie es am Ende von *Geist in Welt* heißt: „Indem der Mensch … in die Welt sich begibt, hat sich die Eröffnung des Seins überhaupt und in ihm das Wissen vom Dasein Gottes immer schon vollzogen, ist uns aber auch damit dieser Gott als jenseits der Welt auch immer schon verborgen. … Ist der Mensch so verstanden [als jemand, für den das Sein eröffnet ist, der aber immer auf das einzelne Endliche bezogen bleibt, und dem Gott so immer der ferne Unbekannte ist], kann er horchen, ob Gott nicht etwa spreche, weil er weiß, daß Gott ist; kann Gott reden, weil er der Unbekannte ist. Und wenn Christentum nicht die Idee ewigen, immer gegenwärtigen Geistes ist, sondern Jesus von Nazareth, dann ist … [diese] Metaphysik der Erkenntnis christlich, wenn sie den Menschen zurückruft in das Da und Jetzt seiner endlichen Welt, da auch der Ewige in sie einging, damit der Mensch ihn finde"[4].

Hörer des Wortes nimmt diese Frage auf und zeigt, wie der Mensch in seiner konkreten Existenz verwiesen ist auf das Hören in die Geschichte, angewiesen ist, daß Gott sich selbst geschichtlich erkennbar macht.

Diesen formalen philosophisch-theologischen Grundansatz Rahners wollen wir hier nicht weiter entfalten. Aber wir haben ein wichtiges Moment daran gesehen: Rahner ist *auch* hier in seinen höchst theoretisch angelegten Schriften letztlich kein „Stubengelehrter" – so technisch seine Arbeiten auch sein können. Es geht vielmehr um die Grundlegung von Themen, die wichtig für die Existenz des *gelebten* Glaubens sind; und er behandelt sie einerseits in Anknüpfung und in Treue zur kirchlichen Tradition, ja so-

---

[4] Karl RAHNER: SW 2, 300.

gar zu den damals auch in der Philosophie *vorgeschriebenen* philosophischen Lehrgehalten der katholischen Kirche („Schulphilosophie"), anderseits in direktem Umgang mit dem exponiertesten modernen Denken – vor allem Martin Heideggers –, das ja damals keineswegs für eine christliche Theologie von sich aus bereit und offen stand.

3. Geistliche Quellen

Als Rahner *Geist in Welt* 1939 als Buch vorlegte, publizierte er gleichzeitig ein völlig anderes Werk: *Aszese und Mystik in der Väterzeit*[5]. Und im Jahr vorher hatte er schon ein kleines Buch mit Gebeten – *Worte ins Schweigen* – herausgebracht. Man hat äußerliche Gründe dafür herangezogen: die Notwendigkeit einer theologischen akademischen Publikation für ersteres, die Geste gegenüber dem Verleger des schwerverkäuflichen philosophischen Werks *Geist in Welt* mit dem Angebot eines vielleicht marktgängigeren frommen Titels für den Gebete-Band. Aber die Antworten greifen zu kurz. Schließlich hatte sich Rahner schon seit seinen ersten Aufsätzen mit der Spiritualität, der Frömmigkeit der Kirchenväter beschäftigt, und die Gebete sind keineswegs ganz leichte Kost, sondern stehen in enger Verbindung zu seiner Philosophie. Es sind wirkliche Worte ins Schweigen: „Denn alle meine Endlichkeit versänke in ihrer eigenen dumpfen, sich selbst verborgenen Enge, sie könnte nicht zum sehnenden Schmerz und nicht zum entschlossenen Sichabfinden werden, hätte nicht der wissende Geist sich immer schon hinausgeschwungen über seine eigene Endlichkeit, hinaus in die lautlosen Weiten, die du, die schweigende Unendlichkeit, erfüllst. Wohin also soll ich fliehen vor dir, wenn alle Sehnsucht nach dem Grenzenlosen und aller Mut zu meiner Endlichkeit dich bekennt?" Hier haben wir wieder die Grundstruktur, die wir gerade bei *Geist in Welt* beobachtet haben: Mut zur Endlichkeit und Sehnsucht nach dem Grenzenlosen (Transzendenz). Trotzdem sind

---

[5] Karl RAHNER: SW 3.

die Gebete aber keine in Anredeform gesetzte Philosophie: „Wenn ich aber dich liebe, wenn ich nicht mehr mit meiner Fragequal ruhelos nur um mich selber kreise, nicht mehr bloß wie von ferne und von außen hinblicke wie mit blinden Augen in dein unnahbares Licht, wenn vielmehr du selbst, Unbegreiflicher, durch solche Liebe die innerste Mitte meines eigenen Lebens geworden bist, dann habe ich mich und mit mir alle meine Fragen in dich, geheimnisvoller Gott, hineinvergessen. Solche Liebe will dich, wie du bist"[6].

Auch hier läuft alles zu auf das Geheimnis der Gottesnähe und Gottesliebe, wie wir es schon bei dem erstgenannten Gelegenheitstext fanden und wie es – in theoretisch abstrahierter Form – auch in der Erkenntnisbewegung von *Geist in Welt* angelegt bzw. als theologische Folgerung am Schluß weitergeführt war.

Die frömmigkeitsgeschichtlichen und geistlichen Publikationen Rahners mögen zwar gewissen Anlässen zu verdanken, auch durch praktische Aufgaben veranlaßt sein. Der eigentliche Sachgrund ist aber, daß Rahners philosophisches und theologisches Denken von Anfang an von der Frage nach dem letzten Sinn des menschlichen Daseins gedrängt ist und daß er von Anfang an die frei antwortende, liebende Hinwendung zu Gott als den letzten Sinn der Existenz sieht.

Man kann – ohne den reflexiven, den philosophischen Rang der Rahnerschen Überlegungen in seinen theoretischen Arbeiten zu verkleinern – darauf hinweisen, daß hier eine geistige Haltung im Hintergrund steht, die Wesentliches der jesuitischen Ordenstradition und dem Ordensgründer Ignatius von Loyola verdankt. Stichwörter wie „Gott finden in allen Dingen" oder „Mystik der Weltfreudigkeit" können das andeuten. Aber auch der andere Pol, den wir schon im erstangesprochenen Text fanden und der in Rahners Stellung zur Tradition ebenfalls zum Ausdruck kam, der Pol der strengen Kirchlichkeit, dürfte in ignatianischer Geistigkeit verankert sein.

---

[6] Neuausgabe: Karl RAHNER: Gebete des Lebens, Freiburg 2004, 27 und 29.

Hier liegen die Anstöße, von denen aus Rahner die Reformarbeit an der Theologie aufnimmt. Das hat gar nichts Umstürzlerisches an sich, aber auch nichts zahm Nur-Apologetisches.

4. Ein unterbrochener akademischer Start

Der akademische Start Karl Rahners in Innsbruck war eigentlich glücklich: Zu seinem Pflichtvorlesungsstoff gehörte die Gnadenlehre, das Kern-Lehrstück, in dem das Verhältnis der Freiheit des Menschen zu seiner Bestimmung so zu durchdenken ist, daß der Mensch wirklich frei bleibt, Gott ihm kein Diktat oktroyiert, aber auch die Freiheit Gottes gewahrt bleibt und für Gott nicht nur – nach dem Diktum Heinrich Heines – als sein Metier übrigbleibt, alles zu ratifizieren.

Rahners unternehmerischer Schwung läßt ihn schon 1939 mit Hans Urs von Balthasar den Plan einer großen wissenschaftlichen Dogmatik entwerfen, wie sie in der deutschen katholischen Theologie damals dringend nötig war (und vielleicht auch heute wieder ist). Bis zum Verlagsvertrag gedieh das Unternehmen[7]. Es wäre der akademische Blitzstart eines Dogmatikers geworden ...

Die Auflösung der Theologischen Fakultät und der Jesuitenniederlassung in Innsbruck durch die Nationalsozialisten, die dadurch erzwungene Arbeit im Wiener Seelsorgeamt während der Kriegszeit und schließlich viele andere Aufgaben in der Nachkriegszeit haben das verhindert. Auch das erzwungene „Exil" in Wien während des Krieges hätte aber durchaus eine akademische Angelegenheit bleiben können, denn *ein* Ziel seiner Anstellung am Wiener Seelsorgeamt war es, Priesterausbildung verdeckt vor den Nationalsozialisten weiterbetreiben zu können. Aber Rahner hat auch hier die Zeichen der Zeit erkannt. Meiner Meinung nach bedeutet die Wiener Zeit für ihn eine Horizonterweiterung, die insbesondere der Wahrnehmung der gesellschaftlichen Wirklichkeit außerhalb des kirchlichen Milieus galt.

---

[7] Vgl. Karl RAHNER: SW 4.

5. Nachdenken über die Kirche

Ein Beispiel für Rahners Arbeit in Wien: Katholische Theologie in dieser Zeit war stark unter kirchlicher Aufsicht; römische Verlautbarungen griffen vielfach in die theologische Diskussion ein. Eine Enzyklika über die Kirche, wie sie Pius XII. mit *Mystici Corporis* 1943 vorlegte, bedeutete *eo ipso* Interpretationsarbeit der Theologen, bedeutete zunächst, die manchmal divergierenden lehramtlichen Aussagen zu synthetisieren. Karl Rahner nimmt sich in Kursen und Vorträgen dieser Sache an. Das Bild vom „Leib Christi" – besonders in der Redeweise vom *mystischen* Leib Christi – konnte in der katholischen Ekklesiologie damals positiv die gnadenhafte, existentielle und charismatische Betrachtung öffnen. Nicht umsonst warnte der Freiburger Erzbischof Gröber noch *vor* dieser Enzyklika vor dieser Bildlichkeit. Er wollte die Kirche lieber als „societas perfecta" sehen, als die vollkommene, sichtbare, rechtliche, hierarchisch gegliederte Gemeinschaft. Durch die offizielle römische Verlautbarung änderte sich die Situation: Das Bildwort war nun auch in dieser Hinsicht legitimiert. Aber eine andere Seite der Enzyklika war, daß sie den Kirchenbegriff außerordentlich eng faßte, so eng, daß nach ihr „nur die getauften Katholiken zur Kirche gehören"[8]. Man kann sich denken, daß dies nicht nur ökumenische Schwierigkeiten brachte.[9] Auch eine Reihe anderer dorniger Probleme verbindet sich damit: Der böswillige Sünder kann danach zweifellos zur Kirche gehören, der möglicherweise hochsinnige Schismatiker gehört nicht dazu. Nun geht die Enzyklika auch der Frage nach den Heilsmöglichkeiten außerhalb der Kirche nach, die ja nach der Tradition – extra ecclesiam nulla salus – an die Kirchlichkeit gebunden ist; sie beruft sich auf die Lehre eines „desiderium" und „votum", eines Sehnens und Verlangens der Menschen nach dem, was in der theologischen Terminologie der

---

[8] Karl RAHNER: SW 10, 21.
[9] Rahners ökumenisches Engagement beginnt übrigens auch in dieser Zeit, vgl. dazu Karl RAHNER: SW 27.

mystische Leib Christi ist. Aber sie denkt diese Frage nicht richtig durch; es bleibt bei einem bloßen Appell.

Hier setzt Rahner ein. In einem großen Aufsatz *Die Gliedschaft in der Kirche nach der Lehre der Enzyklika Pius' XII. ,Mystici Corporis Christi'*[10] – vorbereitet durch Vorträge in Wien und bei den Salzburger Hochschulwochen 1946 (für die er in der Nachkriegszeit aus dem benachbarten Bayern allerdings keine Einreiseerlaubnis erhielt!) – hat er sich daran gemacht, die Lehre der Enzyklika im Rahmen der gesamten katholischen Tradition und mit den begrifflichen Unterscheidungsmöglichkeiten der sogenannten „Schultheologie" zu befragen. Er nimmt dabei die sakramententheologische Unterscheidung von einerseits bloß *gültigem* und anderseits auch *fruchtbarem* Sakrament auf. Die Begriffsbestimmungen der Enzyklika zielen auf die Frage der „Gültigkeit", nicht der „Fruchtbarkeit", und haben darin ihr Recht. Die Fruchtbarkeit der Kirchenzugehörigkeit, die Gnadenhaftigkeit ist davon zu unterscheiden. Schon Augustinus wußte, daß es Menschen in der Kirche gibt, die in diesem Sinne nicht zu ihr gehören, und solche außerhalb der Kirche, die zu ihr gehören. Rahners Lösungsansatz schlägt einen ganz großen Bogen, um die verschiedenen Schichten der Wirklichkeit Kirche zu differenzieren, und sucht so die Heilsnotwendigkeit der Kirche (extra ecclesiam nulla salus) und die Heilsmöglichkeit außerhalb der römischen Kirche zusammenzudenken. Dazu genügt es nicht, nur zwischen äußerer Rechtsorganisation und innerer Gnade zu unterscheiden und gewissermaßen dem guten Willen als Antwort des Menschen bzw. dem bloßen *votum* alles zu überlassen. Die sakramentale Struktur der Heilsverwirklichung – eben die *kirchliche* Struktur – ist unabdingbar, und ihr nähert sich Rahner mit der Aussage von der „Kirche als [der] durch die Menschwerdung geweihte[n] Menschheit"[11]. Die Menschwerdung Gottes als Glied der einen Menschheit ist die grundlegende Berufung zur Teilnahme am Leben Gottes und begründet so auf einer ersten Stufe schon eine sakramental-kirchliche Dimension.

---

[10] Karl RAHNER: SW 10.
[11] Karl RAHNER: SW 10, 71.

Wir brauchen hier diesen schwierigen und außerordentlich gewundenen Gedankengang nicht näher zu verfolgen. In seiner Gnadenlehre hat Rahner auf andere Weise diese Aussagen weiterbedacht. In dieser Interpretation einer Enzyklika wird jedenfalls die spätere theologische Rede vom „Grundsakrament" Kirche, vom „übernatürlichen Existential", dem geschichtlich gegebenen Gnadenangebot an *alle* Menschen und implizit auch die Rede vom „anonymen Christen" grundgelegt, von demjenigen, der in Treue zum Ruf Gottes auf Grund der Gnade Christi gerechtfertigt ist, auch wenn er dem institutionellen Christentum nie begegnet ist.

Die in Wien in der Kriegszeit begonnene Interpretation der Enzyklika eröffnet jedenfalls einen universalen *Horizont des Dialogs.* Auch wenn Rahner später die Grenzen der Enzyklika deutlicher anspricht und seine eigene Interpretationsleistung relativiert und zu wenig sachkritisch findet, so war dies doch auf traditionellstem Boden ein Durchbruch in eine denkerische Weite, wie sie wohl kein katholischer Theologe damals so formulieren konnte, und dies gerade in der Zweipoligkeit von Traditionsbezug und Offenheit – oder im Wahrnehmen der Zeichen der Zeit, wenn ich das Stichwort wieder bringen darf.

Auch hier finden wir also wieder die Dreipoligkeit strengster Traditionsgebundenheit *und* Offenheit *und* der theologischen Mitte der Gottesnähe – in diesem Fall durch die Inkarnation. Und nebenbei: auch die Anlaßbezogenheit, hier das gewissermaßen zufällige Erscheinen einer Enzyklika, die Probleme machte.

6. Anlaßbezogenheit und universaler Blick

Sieht man sich die Veröffentlichungen Karl Rahners zwischen dem Kriegsende und dem Beginn des II. Vatikanischen Konzils an, so fällt die explosionsartige Fülle an Arbeiten zu den zentralsten Themen von kirchengesellschaftlicher Wirklichkeit einerseits und Dogmatik anderseits auf.

Karl Rahner nimmt alles wahr, was als gewichtige Aufgabe ansteht: Der Erläuterung des neuen Mariendogmas der „Assumptio" von 1950 gilt eine große, wegen der Ordenszensur bis heute nicht veröffentlichte Arbeit[12]. Liest man sie, so merkt man allerdings, daß viele Sachthemen daraus durchaus in anderen Publikationen von Rahner bald vorgelegt worden sind, weil sie eben grundlegendste Themen betrafen: die Frage der Dogmenentwicklung – ein eher innertheologisches Problem des Dogmas –, aber auch die Theologie des Todes und damit die entscheidenden anthropologischen Dimensionen dieses Dogmas.

Andere Anlässe werden aufgegriffen: Das Jubiläum des Konzils von Chalkedon 1951 führt zu einer Neuinpretation des christologischen Dogmas, die ihre Spitze wohl in dem Versuch einer nichtmythologischen Interpretation der Rede von der Menschwerdung Gottes hat. Nur ein späterer Satz Rahners dazu: „Gott entwirft die Kreatur schöpferisch, indem er sie aus dem Nichts in ihre eigene, von Gott verschiedene Wirklichkeit einsetzt, als die *Grammatik einer möglichen Selbstaussage Gottes*"[13].

Dialoge mit Naturwissenschaftlern fragen nach dem Verhältnis von Geist und Materie, nach dem Problem der Hominisation, der Entstehung des Menschen oder auch nach der Christologie im modernen evolutionistischen Denkhorizont. Nicht daß alle Lösungsvorschläge geglückt wären. Die Verteidigung der Lehre der Enzyklika *Humani generis* Pius XII. über den Monogenismus, die Abstammung der Menschheit von *einem* Menschenpaar, mag ein solcher zweifelhafter Versuch neben anderen gewesen sein. Rahner hat ihn später zurückgenommen. Aber das Wagnis einer geistigen Synthese in diesen vielen Bereichen ist zumindest beeindruckend.

---

[12] Sie erscheint in Karl RAHNER: SW 9.
[13] Karl RAHNER: SW 26, 214 [von 1958].

7. Aufbruch in der Kirche

Wir bleiben weiterhin beim Kirchenthema. Ich möchte den gerade erschienenen Band der Sämtlichen Werke Rahners *Kirche in den Herausforderungen der Zeit* kurz ansprechen. Die schon genannte Interpretation der Enzyklika *Mystici Corporis* hatte Tore geöffnet. Aber sie war ein Stück interner katholischer Schultheologie.

Schon in seinem ersten Aufsatz nach dem Krieg wählt Rahner eine offenere Publikationsform und eine allgemeiner verbreitete Zeitschrift: *Der Einzelne in der Kirche* heißt der erste Nachkriegs-Text in den *Stimmen der Zeit*. Das Recht des Einzelnen, seine Unvertretbarkeit und seine Entscheidungsfähigkeit stehen im Mittelpunkt, die ihm auch in der Kirche nicht abgenommen werden können. Rahner sucht eine Individualethik oder – wie er später sagt – Existentialethik grundzulegen. Diese wirft den Einzelnen zwar nicht auf sein individuelles Meinen zurück und stellt ihn keinesfalls außerhalb universaler ethischer Normen. Seine Existentialethik ist auch keine bloße Situationsethik. Sie macht aber doch die Unvertretbarkeit des vom Einzelnen selbst Beizubringenden, die Würde seiner Freiheitsentscheidung deutlich. In anderen Aufsätzen wird der spirituelle Hintergrund einer solchen „Logik der existentiellen Erkenntnis" klar. Ignatius von Loyola hat in seinen Exerzitien eine solche ganz individuelle Entscheidung angezielt. Die Frage läßt sich weiterführen – und Rahner tut dies – nach den charismatischen Gaben in der Kirche, die eben auch solche Unvertretbarkeit des Einzelnen beinhalten. *Der Appell an das Gewissen*, *Das freie Wort in der Kirche*, *Würde und Freiheit des Menschen*, *Das Charismatische in der Kirche* sind Titel einschlägiger Vorträge und Aufsätze Rahners[14].

Daß übrigens ein anderer der frühesten Nachkriegstexte die *Kirche der Sünder* bedenkt, ist vielleicht eine Nachwirkung der am Anfang unserer Ausführungen genannten Erschütterung durch konkrete Mißstände und zeigt jedenfalls, daß Rahner durch Triumphalismus nicht gefährdet war. Daß ein Kapitel über

---

[14] Vgl. Karl RAHNER: SW 10.

die „irrende Kirche" in diesem Aufsatz in der Erstpublikation durch die Zeitschrift weggelassen wurde, zeigt, wie argwöhnisch solche Publikationen damals betrachtet wurden[15].

Das alles ist vor dem Konzil geschrieben. Es liest sich aber durchaus wie ein Programm für das damals noch nicht angekündigte Konzil.

8. Kirchenfrömmigkeit?

Ein solches Programm hat Rahner vielleicht in den *Dogmatischen Randbemerkungen zur Kirchenfrömmigkeit* 1961, also kurz vor dem Konzil, vorgelegt. Man mag sich fragen: Ist dieses Thema denn so wichtig? Ist es nicht eher Nabelschau? – Bei Rahner ist es dies nicht. Die Kirchenerfahrung, von der er ausgeht, ist nicht die neuzeitlich triumphale, wie sie das 19. Jahrhundert in der katholischen Kirche gerade auch als Trotzreaktion gegen äußere Anfeindung der Kirche hervorgebracht hat (so tiefe andere Quellen dafür es ansonsten auch noch geben mag). Rahner sieht die Kirche „als die Gemeinde derer, die, obzwar sündig, doch nicht ihre Schuld ableugnen, sondern mit ihr zur Gnade Gottes fliehen"[16] oder anders (in der Wir-Perspektive) gesagt, „die als Sünder das Dasein aller in seiner Gewöhnlichkeit und Last glaubend annehmen, so daß wir unser eigenes Schicksal als Schicksal der Kirche erfahren und uns *so* als ihre Glieder; die Kirche, die geglaubt wird, weil wir *an* Gott glauben; deren Erfahrenes nicht mit dem von ihr Geglaubten identifiziert werden darf"[17].

Rahner situiert die Kirchenerfahrung und die Kirchenfrömmigkeit also im ganz alltäglichen, schuldbeladenen Dasein; er überspringt dieses nicht. Aber er sieht hierin doch die Vermittlung der Verheißung des Heils, und zwar des Heils für alle Welt. Und in der Formulierung der Aufgabe der Kirche gewinnt dieser

---

[15] Erstmals auf Deutsch in Karl RAHNER: SW 10.
[16] Karl RAHNER: SW 10, 500.
[17] Karl RAHNER: SW 10, 519.

Aufsatz geradezu einen prophetischen Ton. Was ist Kirche in dieser Perspektive? Sie ist der „Vortrupp', das sakramentale Zeichen, die geschichtliche Greifbarkeit einer Heilsgnade, die weiter als die soziologisch faßbare, die ‚sichtbare' Kirche greift"[18]. Sie tritt dem Nichtchristen nicht einfach als demjenigen gegenüber, der außerhalb des Heils steht, sondern sie will ihn in die Tiefe seines Gewissens führen, zu einem authentischen Vollzug seiner letzten Wirklichkeit. „Die Kirche ist ... gewissermaßen der uniformierte Teil der Streiter Gottes, jener Punkt, an dem das innere Wesen des menschlich-göttlichen Daseins auch geschichtlich und soziologisch in Erscheinung tritt"[19]. Kirchenerfahrung und Kirchenfrömmigkeit hat so nichts Überhebliches: Der Christ steht nicht über dem Dialogpartner. Er weiß um seine eigene Schwäche, aber er ist Zeuge einer Verheißung. Rahner hat beide Pole gespürt. Er hat sich mit der Frage nach den „ungläubigen Verwandten" des Christen in unserer Gesellschaft gequält. Aber er hat ihn nicht gerichtet (im Sinne von: Gott, ich danke Dir, daß ich nicht wie die anderen Menschen bin ... Lk 18,11). Er hat vielmehr seine Wirklichkeit im Glauben zu durchdenken versucht. Rahner wird geradezu poetisch. Der Christ soll wissen und weiß: „Das Morgenlicht auf den Bergen ist der Anfang des Tages in den Tälern, nicht der Tag oben, der die Nacht unten richtet"[20].

Dieses Programm des Dialogs, getragen von einem universalen Heilsoptimismus, hat Rahner ins Konzil hineingetragen. Es ist kein „Modernismus", wie manche heute immer noch sagen. Rahner sucht vielmehr aus tiefster Verwurzlung in der Tradition, aber gleichzeitig großer Sensiblität für die „Zeichen der Zeit", für den Mitmenschen und seine Situation, die christliche Botschaft in ihrer Universalität zu verdeutlichen als Angebot für das Heil aller Menschen.

---

[18] Karl RAHNER: SW 10, 513.
[19] Karl RAHNER: SW 10, 514.
[20] Karl RAHNER: SW 10, 514.

9. Konzilstheologe

Mit den hier nur kurz und keineswegs umfassend skizzierten
theologischen Leistungen hatte sich Karl Rahner vor dem Zweiten Vatikanischen Konzil im mittel- und westeuropäischen
Sprachraum eine hohe Reputation erworben, stand aber durchaus auch im Verdacht, die herkömmliche katholische Theologie
revolutionär zu verändern. Daß es Kreise gab, die ihm einen Einfluß auf das kommende Konzil verwehren wollten, ist daher verständlich. Das Mittel sollte eine römische Vorzensur für jede
Publikation sein. Eine umfassende Solidaritätsaktion von Politikern (die Unterschriftenliste begann mit A bei Adenauer), Wis-
senschaftlern und Theologen, das Engagement des Freiburger
Erzbischofs Schäufele – der das Scheitern des von Rahner herausgegebenen *Lexikons für Theologie und Kirche*[21] befürchtete –
und anderes mehr machten die Vorzensur faktisch obsolet. Als
der Wiener Kardinal König Rahner zu seinem Konzilsberater
machte – und später der Münchener Kardinal Döpfner –, begann
Rahners Kärrnerarbeit für das Konzil. Einerseits konnte er sich
hier durch seine exquisite Kenntnis der römischen Schultheologie und die Beherrschung des dazu nötigen Wissenschaftslateins
auch die Anerkennung theologischer Kontrahenten erwerben –
„Sie sind ja gar nicht so schlimm", soll ihm der einflußreiche Pietro Parente gesagt haben –; anderseits bedeutete die Mitarbeit im
konziliaren Prozeß die Zurückstellung eigener Entwürfe und die
geduldige Mitarbeit an immer wieder überarbeiteten Texten. Die
wissenschaftliche Aufarbeitung dieser Dokumente ist – was
Rahner anbelangt – erst vor kurzem aufgenommen worden[22]. Sie
zeigt, wie die mitteleuropäische Theologie – neben der deutschen Theologengruppe, zu der Karl Rahner gehörte, sind vor
allem auch die Belgier wichtig – die römischen Vorgaben durch
Texte ersetzen konnte, die die Ekklesiologie aus der Verengung

---

[21] Lexikon für Theologie und Kirche. Hrsg. v. Josef HÖFER; Karl RAH-
NER. 2. völlig neu bearbeitete Aufl. Freiburg i.B. 1957–1965.

[22] Günther WASSILOWSKY: Universales Heilssakrament Kirche. Innsbruck 2001.

und unökumenischen Sicht der bisherigen Schultheologie herauslösen konnte.

Ich möchte das Ergebnis der konziliaren Ekklesiologie nur anekdotisch deutlich machen: Der oben zitierte Aufsatz Rahners über die „Kirchenfrömmigkeit" aus dem Jahre 1961 wird von ihm in wesentlichen Teilen nach dem Konzil 1965 unter dem Titel *Konziliare Lehre der Kirche und künftige Wirklichkeit christlichen Lebens* und 1966 als *Das neue Bild der Kirche* wiederveröffentlicht. Er gelangt so auch in die repräsentative Konzilsdokumentation des Pastors J. Ch. Hampe: *Die Autorität der Freiheit*[23]. Auf vielen verschlungenen Wegen war der Gehalt dieser Rahnerschen Vision in der gesamten römisch-katholischen Kirche zu einem wesentlichen Teil rezipiert worden.

10. Konzentration

Ich habe bisher das Werk Karl Rahner an einem Themenstrang dargestellt, der nicht der zentralste ist, an seiner Ekklesiologie. Karl Rahner hatte nie die dienstliche Verpflichtung Ekklesiologie zu lesen. Haben wir daher hier ein Nebenthema zu intensiv beachtet? Ich glaube nein, denn das „Nebenthema" zeigt zum einen gut, wie anlaßbezogen Rahner gearbeitet hat. Das Thema hat sich ihm in Wien durch die Veröffentlichung der einschlägigen Enzyklika aufgedrängt. Hier war Auslegungsbedarf, eine Aufgabe, die sich dem Ordensmann Rahner aufdrängte. Das Thema zeigt zum zweiten, wie Rahner die kirchlichen Vorgaben in aller Ernsthaftigkeit aufnimmt – und katholische Theologie wurde in damaliger Zeit in einem engen Rahmen doziert! –, wie schnell er aber auch Verengungen sieht und durchbricht. Und damit ließe sich drittens andeuten, wie er die Gabe hatte, solche Themen auf das Innerste des christlichen Glaubens hin zu zentrieren. Wir haben das nur kurz an der Frage der Heilsmöglichkeit außerhalb

---

[23] Johann Christoph HAMPE: Die Autorität der Freiheit. Gegenwart des Konzils und Zukunft der Kirche im ökumenischen Disput, Bd. 2, München 1967.

der römisch-katholischen Kirche gezeigt, die ja aufgrund dieser Enzyklika ein Problem war.

Karl Rahner war sich bewußt, daß diese Interpretationsarbeit sekundär war; auch die Arbeit des Konzils – die zweifellos erfolgreich war –, hat ihn nicht zu Begeisterungsstürmen hingerissen. In seiner Festansprache zum Abschluß des Konzils im Herkulessaal in München im Dezember 1965[24] sagt er: „Es ist hier, um ein recht profanes Beispiel zu beschwören, wie bei der Gewinnung von Radium. Man muß eine Tonne Pechblende schürfen, um 0,14 Gramm Radium zu gewinnen, und doch lohnt es sich. Alles kirchliche Tun als solches in Regieren, Reden, Theologisieren, Reformieren, in Unterricht und in Selbstbehauptung inmitten der heutigen Gesellschaft ist mit all dem riesigen Apparat, Aufwand und Betrieb, die dabei unvermeidlich sind, nur so etwas wie die Förderung von ungeheuren Mengen Pechblende, *damit* in *unserem* Herzen – und da letztlich allein – ein klein wenig Radium von Glaube, Hoffnung und Liebe gewonnen werde."

Dieses Problems hat sich Rahner auch als Theologe angenommen und sich gefragt, wie kann der Kern des christlichen Glaubens unverkürzt so formuliert werden, daß ich mir als denkender Christ klarmachen kann, um was es im Christentum geht. Gewiß, es gibt Glaubensbekenntnisse. Aber sie müssen eigentlich erst selbst in einen solchen persönlichen Text übersetzt werden. Rahners Versuch ist auch eine Gegenreaktion gegen die gelehrte, aber in gewisser Weise auch sterile Arbeit endloser Kommissionssitzungen, die nur mit der „Pechblende" beschäftigt waren. Unter dem Titel *Kurzer Inbegriff des christlichen Glaubens für ‚Ungläubige'* hat er 1965 einen mehrseitigen Text vorgelegt, der einen solchen Formulierungsversuch wagt. Er umfaßt in der Urfassung ca. 5 Seiten. Es ist ein reflektierter und reflektierender Text, der mit einiger Anstrengung des Begriffs doch gut nachvollziehbar ist. Für unsere Zwecke hier ist er ein wenig zu lang.

Rahner hat später noch einmal den Versuch gemacht, in einer wirklichen Kurzformel – gewissermaßen auf einem Daumennagel – das Ganze zusammenzufassen.

---

[24] Karl RAHNER: Das Konzil – ein neuer Beginn, Freiburg 1966.

Ich möchte zwei dieser Versuche zum Schluß kurz ansprechen. „Eine theologische Kurzformel: *Das unumfaßbare Woraufhin der menschlichen Transzendenz, die existenziell und ursprünglich – nicht nur theoretisch oder bloß begrifflich – vollzogen wird, heißt Gott und teilt sich selbst existenziell und geschichtlich dem Menschen als dessen eigene Vollendung in vergebender Liebe mit. Der eschatologische Höhepunkt der geschichtlichen Selbstmitteilung Gottes, in dem diese Selbstmitteilung als irreversibel siegreich offenbar wird, heißt Jesus Christus.*"[25]

Hier sind die wesentlichen Strukturformeln der Rahnerschen Theologie enthalten: Seine Theologie ist verankert in der menschlichen Erfahrung, in der Unabgeschlossenheit des freien Handelns des Menschen, das sich immer übersteigt und darin eine unendliche Sehnsucht belegt, – das *desiderium naturale* der Scholastik knüpft hier an. Die Struktur ist reflexiv ausweisbar, wie Rahner schon in *Geist in Welt* zu zeigen versucht hat. Sie ist aber kein Gottesbeweis und führt nicht esoterisch zur Kenntnis höherer Welten. Vollzogen wird sie auch dort, wo sie geleugnet wird. Sie ist eben kein „theoretisches" Verhalten. *Theologisch* gedeutet zielt sie auf Gott. Die Formel sagt das nun *thetisch* aus. Damit wird die Bewegung von Seiten Gottes eingebracht. Für Rahner ist die Grundformel des Christentums die *Selbstmitteilung* Gottes. Diese trifft den Menschen existentiell; sie begegnet ihm in der Geschichte – anonym vielerorts, aber auch pseudonym, wenn man so sagen darf. Heilsgeschichte geschieht vielerorts. Benannt, gewissermaßen autorisiert – Rahner nennt das unschön „ausdrückliche und amtliche Heilsgeschichte" – wird sie in der jüdisch-christlichen Geschichte, die ihren unüberbietbaren – weil eschatologischen und eben das heißt auch irreversiblen – Höhepunkt in Jesus Christus hat.

Die Formel bietet eine Struktur. Sie setzt die christliche Dogmatik *voraus*. Sie konstruiert nicht und sie erläutert auch nicht. So stellt sich gleich die Frage, wie denn eine solche endgültige Selbstmitteilung Gottes in Jesus Christus und das im Sinne der klassischen Christologie stattfinden könne. Rahner hat in seinen

---

[25] Karl RAHNER: SW 26, 475.

Aufsätzen zur Christologie versucht, auf solche Fragen eine Antwort zu geben. Einen Satz habe ich oben schon zitiert. Im gleichen Aufsatz *Zur Theologie der Menschwerdung* (1958) formuliert er am Schluß „Der Mensch ist ein Geheimnis. Nein, *das* Geheimnis, denn er ist dies nicht nur, weil er die arme Offenheit auf das Geheimnis der unbegreiflichen Fülle Gottes ist, sondern weil Gott dieses Geheimnis als sein eigenes sagte. Denn wie könnte Gott, gesetzt, er wolle sich selbst aussagen in die Leere des Nichts hinein, gesetzt, er wolle sein eigenes Wort hinausrufen in die stumme Wüste des Nichts – wie könnte er dann etwas anderes sagen, als dadurch, daß er das innerliche Vernehmen dieses Wortes schafft und diesem Vernehmen sein Wort wirklich sagt, so daß eins wird: die Selbstaussage des Wortes Gottes und seine Vernommenheit. Daß dies überhaupt geschieht, ist ein Geheimnis. Ein Geheimnis ist das gänzlich Unerwartete, Unberechenbare, in selig tödliches Erstaunen Setzende *und* Selbstverständliche zumal (allein selbstverständlich, weil im letzten Verstand das Geheimnis das Begriffliche verständlich macht, nicht umgekehrt). So ist die Menschwerdung Gottes das absolute und doch selbstverständliche Geheimnis."[26]

Weiter werden wir hier in der Kürze der Zeit nicht kommen. Es wäre aber interessant, diese äußerste Abbreviation Rahnerscher Theologie etwa mit der Theologie Paul Tillich in der folgenden Vorlesung zu vergleichen. In ganz anderem Kontext gibt es hier eine große Verwandtschaft.

Eine solche Formel sagt nicht alles. Andere Formeln können auch das Ganze zu fassen versuchen. Ein anderes Beispiel: „Eine anthropologische Kurzformel: *Der Mensch kommt nur wirklich in echtem Selbstvollzug zu sich, wenn er sich radikal an den anderen wegwagt. Tut er dies, ergreift er (unthematisch oder explizit) das, was mit Gott als Horizont, Garant und Radikalität solcher Liebe gemeint ist, der sich in Selbstmitteilung (existenziell und geschichtlich) zum Raum der Möglichkeit solcher Liebe macht. Diese Liebe ist intim und gesellschaftlich gemeint und ist*

---

[26] Karl Rahner: Schriften zur Theologie, 16 Bde., Einsiedeln 1954–1984, Bd. 4, 154.

in der radikalen Einheit dieser beiden Momente Grund und Wesen der Kirche. "[27]

Die Formel geht konkreter vom menschlichen Existenzvollzug aus, benennt aber im Grunde die gleiche Struktur. Das unscheinbare Wort ,ursprünglich' in der erstzitierten Formel in seiner Absetzung von ,bloß begrifflich vollzogen' zeigt die Richtung an: Dieser ursprüngliche Vollzug der menschlichen Transzendenzbewegung geschieht für Rahner im Alltag, in der konkreten Tat der Nächstenliebe, völlig „unesoterisch". Und für Rahner sind Gottes- und Nächstenliebe im Kern identisch. Die Nächstenliebe ist kein „Werk", mit dem man Gott gefallen will, sondern ist die Bewegung auf Gott hin. In ihr wird das heilschaffende Verhältnis zu Gott realisiert. Nimmt man die theologische Aussage, „daß Gott gerade durch seine *Selbstmitteilung* die *Möglichkeit derjenigen liebenden Zwischenmenschlichkeit* schafft"[28], ernst, so ist die christologische Implikation dieser Formel schon mitgegeben. Rahner ergänzt aber ausdrücklich: „Diese Selbstmitteilung Gottes an den Menschen, die dessen Nächstenliebe trägt, hat ihren eschatologisch siegreichen, geschichtlichen Höhepunkt in Jesus Christus, der darum in jedem anderen Menschen mindestens anonym geliebt wird"[29].

Solche Kürzest-Formeln können nur dazu verhelfen, sich des schon Gewußten zu versichern. Einen dritten Versuch möchte ich nicht mehr kommentieren. Die längere Fassung des *Inbegriffs des christlichen Glaubens für Ungläubige* kann dagegen auch als begrifflich-meditativer Einstieg dienen und sei gewissermaßen als Lektürehinweis gegeben[30].

---

[27] Karl RAHNER: SW 26, 477.
[28] Karl RAHNER: SW 26, 430.
[29] Karl RAHNER: SW 26, 478.
[30] Karl RAHNER: SW 26, 464–468.

11. Das Ganze im Fragment

Am Schluß möchte ich diesen Buchtitel Hans Urs von Baltha-
sars, des Freundes, aber auch zeitweise scharfen Kritikers Rahners ausleihen, um zu sagen, daß wir hier vom Wirken und Werk
Rahners natürlich nur eine Ahnung geben konnten. Es fehlt sein
wissenschaftsorganisatorisches Werk; dem Kernthema der Gnadenlehre haben wir uns nur am Beispiel des Kirchenthemas genä-
hert; die Grenzen, die Bedeutung und die Weiterentwicklung
seiner philosophischen Grundlagen sind nicht angesprochen;
seine gesellschaftliche und kirchenpolitische Bedeutung wäre eigenes zu benennen; seine 4.000 Publikationen – ohne Dubletten
sind es immer noch weit über 1.000 – konnten nur mit wenigen
Titeln angesprochen werden. So bleiben viele Lücken. Ich möchte zum Schluß nur noch auf die Rezeption dieses Werkes eingehen, das in seiner Breite zu unterschiedlichsten Formen der Anknüpfung, aber auch der Ablehnung geführt hat.

12. Rezeption: Zwischen „Kirchenvater" und „Häresiarch"

Wie man schon bei den ersten großen frühchristlichen Theologen – etwa Origenes – sehen kann, ist dieser Zwiespalt bei bedeutenden Theologen von Anfang an gegeben; selbst ein Theologe,
der zur römischen kirchenamtlichen Norm erhoben wurde, wie
Thomas von Aquin, kam nicht ohne Zensuren durch die Geschichte. Ein Werk wie das Karl Rahners, das viel zu denken gibt,
kann auch keine einlinige Rezeption haben.

Dazu hat Rahner selbst schon einiges beigetragen. In der
Nachkonzilszeit war er eine erstrangige Autorität in theologischen Fragen; und er hat seine Autorität auf allen Ebenen benutzt. Er hat nicht vor Autoritäten gezittert – Kardinal Ratzinger hat er öffentlich zur Rede gestellt, als ein Münchener Beru-
fungsverfahren an Johann Baptist Metz auf eine nicht durchsich-
tige Weise vorbeiging; zur Enzyklika *Humanae vitae* hat er re-
spektvollen Widerspruch angemeldet, aber auch Hans Küng hat

er widersprochen hinsichtlich seiner für Rahner unzureichenden Interpretation des Vaticanum I – ohne Rücksicht auf die öffentliche Meinung, *oportune importune* (2 Tim 4,2), gelegen oder ungelegen. Karl Rahner hat auch in gesellschaftspolitische Diskussionen eingegriffen – von der Verjährungsfrage für Naziverbrechen bis zu Problematik der Atomwaffen. Schließlich hat er massiv die zu große Behutsamkeit und Langsamkeit des kirchlichen Amtes in Fragen der Reform kirchlicher Strukturen und in den grundlegenden ökumenischen Fragen oder vielmehr *der* grundlegenden Bemühung um die Einheit der Kirche beklagt und in seinem letzten Lebensjahr noch einen vieldiskutierten Plan zur Einheit der großen Kirchen vorgelegt[31]. Ein „Gebet um die Vereinigung aller Christen" ist wohl sein letzter, noch auf dem Krankenbett formulierter Text.

Durch seine Einwürfe, durch seine Ungeduld und seine Kritik hat er sich verständlicherweise nicht nur Freunde geschaffen. Es gibt eine unqualifizierte Generalablehnung in traditionalistischen Milieus. Daß es sie auch zwanzig Jahre nach Rahners Tod noch gibt, scheint mir nur zu beweisen, daß sein Erbe eben doch gewaltig ist. Zu gewaltig, als daß es hier differenziert genug wahrgenommen würde. Lassen wir auch die kirchenpolitischen Fragen beiseite. Auch Kardinal Ratzinger – in dieser Hinsicht sicher oft ein Kontrahent –, hat die herausragende *theologische* Bedeutung etwa der Synthese seiner Theologie im *Grundkurs des Glaubens* bezeugt. Ernsthafte theologische Kritik betrifft sowohl den Grundansatz von Karl Rahners *transzendentaler Theologie* – man kann allerdings auch ohne dieses Stichwort Rahners Anliegen verständlich machen –, formale Strukturen – etwa das Verhältnis von „kategorial" und „transzendental" in seiner Theologie (z.B. beim Offenbarungsbegriff) –, wie schließlich auch die thematische Durchführung in einigen Bereichen (etwa der Trinitätslehre, die manchem einen zu „modalistischen" Zug hat). Auch wenn man mancher Kritik doch höflich widersprechen darf (gerade bei letzterem Punkt wäre mir das gegen zu „tritheistische" Formulierungen ein Anliegen), ist klar, daß nur

---

[31] Zusammen mit Heinrich Fries; vgl. Karl RAHNER: SW 27.

Sachkritik das Werk lebendig halten kann. Zu tief ist es auch in Strukturen beheimatet, die so nicht mehr rezipiert werden können oder jedenfalls faktisch nicht mehr rezipiert werden, – der Schultheologie und ihr verhafteter kirchenamtlicher Dokumente etwa.

Die Genialität, mit der Rahner aus solchen Steinen Brot machte, bleibt aber nach wie vor eindrucksvoll; die denkerische Kraft, mit der kirchliche Tradition durch ihn vermittelt und verflüssigt wurde; die oft geglückte Anstrengung, mit der von ihm Brücken für theologische – aber auch pastorale – Fragestellungen gebaut wurden (etwa für die moderne katholische Exegese, aber auch in Kernbereichen der Dogmatik, wie der Ämtertheologie), wird weiter musterhaft bleiben und vielleicht auf lange Sicht auch wieder zum besseren Verständnis der seiner Arbeit zugrundeliegenden spätneuzeitlichen Traditionen dienen. Das jetzt in der Gesamtausgabe neu edierte bzw. neu zu edierende Werk macht immer wieder überraschend deutlich, wie weit gespannt sein Blick war und wie wenig man ihn auf simple Positionen festlegen kann, wie leicht man ihm dagegen unzureichende Schemata unterschieben und seine ganze Spannbreite verengen kann. Das Jahr seines hundersten Geburtstags gibt Anlaß dazu, daß die theologische Diskussion sich wieder genauer mit einer der großen Gestalten der katholischen Theologie des 20. Jahrhunderts befaßt.

Literaturhinweise

Textausgaben

RAHNER, Karl: Schriften zur Theologie, 16 Bde. Einsiedeln 1954–1984.
–, Sämtliche Werke, Freiburg i. B. 1995 ff. – bislang 11 Bde. in 12 Teilbänden.
Karl-Rahner-Lesebuch, Freiburg 2004.

Einführende Literatur

BATLOGG, Andreas u.a.: Der Denkweg Karl Rahners, Mainz ²2004.
HILBERATH, Bernd Jochen: Karl Rahner, Mainz 1995.
NEUFELD, Karl Heinz: Die Brüder Rahner, Freiburg ²2004.
LEHMANN, Karl: Karl Rahner. In: Karl Rahner-Lesebuch, Freiburg 2004.
RAFFELT, Albert; VERWEYEN, Hansjürgen: Karl Rahner, München 1997.
SCHULZ, Michael: Karl Rahner begegnen, Augsburg 1999.
VORGRIMLER, Herbert: Karl Rahner, Darmstadt 2004.

Barth

Eberhard Jüngel

„Welt ist Welt. Aber Gott ist Gott"[1]. – „Religion" ist ein „unglückliche[s] Wort"[2]. – „Die Zeit der Kirche ist abgelaufen".[3] –
„Was der Christus bringt, ist ... die Revolution, die Auflösung aller Abhängigkeiten".[4]

Steile Sätze! Als der weder habilitierte noch promovierte
Schweizer Pfarrer Karl Barth im Jahre 1921 eine Göttinger Professur übernahm, waren ihm solche steilen Sätze vorausgelaufen:
Sätze, die in der damaligen theologischen Welt wie Fanfarenstö-
ße wahrgenommen wurden – von den einen freudig begrüßt, von
den anderen irritiert, verärgert oder gar entsetzt wahrgenommen.

Doch was hatten diese Sätze mitzuteilen? Solche steilen Sätze
– und aus der Feder Karl Barths sollten noch viele ihresgleichen
folgen – lassen sich zwar als Parolen gebrauchen. Und wie! Sie
lassen sich selbst Jahrzehnte danach noch, nunmehr mit historischer Bedeutsamkeit ausstaffiert, in erhöhter Stimmlage zitieren.
Indessen, sie laufen Gefahr, so vielsagend zu klingen, daß sie am
Ende nichtssagend sind. Nein, als bloßes Zitaten-Arrangement
läßt das Gedachte eines Denkers sich nicht memorieren. An ei-

---

[1] Karl BARTH: Kriegszeit und Gottesreich. Vortrag gehalten in Basel am
15. November 1915. Vgl. Eberhard BUSCH: Karl Barths Lebenslauf. Nach
seinen Briefen und autobiographischen Texten, München 1975, 99.

[2] Karl BARTH: Vergangenheit und Zukunft. In: Jürgen MOLTMANN
(Hrsg.): Anfänge der dialektischen Theologie. Teil 1: Karl Barth, Heinrich
Barth, Emil Brunner, München 1962, 37–49, hier 44.

[3] Karl BARTH: Der Römerbrief. Unveränderter Nachdruck der ersten
Auflage von 1919, Zürich 1963, 193.

[4] Karl BARTH: Römerbrief (1919), 141.

nen Denker erinnert man – durch Denken. Und an einen *theologischen* Denker erinnert man – durch *theologisches* Denken.

Dies kann freilich auf vielfache Weise geschehen. Wer auf sich hält, wer sich selber als theologischen Denker zu profilieren begehrt, der wird wohl, wenn er an einen bedeutenden Kopf zu erinnern hat, das Genus der *Auseinandersetzung* bevorzugen. Und wenn nach Richard Rorty derjenige ein *Philosoph* genannt zu werden verdient, der sich mit Platon oder Kant auseinandergesetzt hat, dann verdient ohne Zweifel derjenige ein *Theologe* genannt zu werden, der sich in seinem Bemühen um das rechte Verständnis der biblischen Texte mit Augustinus, Thomas von Aquin, Martin Luther, Calvin, in der Neuzeit aber mit Friedrich Daniel Ernst Schleiermacher und eben auch mit Karl Barth kritisch auseinandersetzt. Kritikloser Respekt ist jedenfalls auch gegenüber einem Großen im Reich des Geistes genauso wenig angemessen wie respektlose Kritik.

Karl Barth hatte schon zu Lebzeiten unter beidem zu leiden: unter nicht nur respektloser, sondern nicht selten geradezu haßerfüllter Kritik, aber eben auch unter einer an Heiligsprechung grenzenden Verehrung. Und ich vermute, daß er unter den Versuchen, ihn more theologico zur Ehre der Altäre zu erheben – ein eigentlich in der römisch-katholischen und russisch-orthodoxen Christenheit beheimateter Brauch – noch mehr gelitten hat, als unter der ihm zuteil gewordenen Mißachtung. Ich erinnere mich der Feier anläßlich seines 80. Geburtstages. In einem überschwenglichen Basler Zeitungsartikel aus der Feder eines deutschen Historikers war Barth unter die Kirchenväter versetzt worden. Der derart Geehrte reagierte mit dem ironischen Hinweis, daß die gelehrten Väter der alten Kirche bekanntlich mit einer den Kopf umschwebenden Aura abgebildet wurden. Dann forderte er die festlich Versammelten auf, ihn und speziell sein greises Haupt bitte genau anzuschauen: „Sehen Sie da eine Aura?"

Halten wir fest: Theologische Auseinandersetzung gehört zweifellos zur Würdigung großer Theologen durch nachgeborene Theologinnen und Theologen. Wer es gut mit dem zu Würdigenden meint, der will dann mit ihm über ihn hinaus, in unserem

Fall also „mit Karl Barth über Karl Barth hinaus" – wohin auch immer.

Doch ich muß Ihnen gestehen: Ich bin noch nicht so weit. Und so will ich denn den theologischen Denker Karl Barth durch eine andere Art des Denkens in Erinnerung rufen. Nennen wir sie schlicht: *Mitdenken*. Auch in der Weise des Mitdenkens fällt das kritische Moment ja nicht einfach aus. Aber Kritik ist hier eine leise, das Mitdenken begleitende Stimme. Wer Ohren hat zu hören, wird sie kaum überhören.

Die folgenden Ausführungen gliedern sich in zehn Abschnitte, die unterschiedlich lang ausfallen. Der achte Abschnitt ist aus gutem Grund der mit Abstand längste. Denn in ihm soll an das opus magnum Karl Barths erinnert werden, also an seine *Kirchliche Dogmatik*. Barth hat selber allergrößten Wert darauf gelegt, daß man, wenn man ihn ernst nehmen wolle, sich auf keinen Fall auf die sogenannte dialektische Phase seiner Theologie fixieren dürfe, sondern sich auf die materialen Aussagen eben seiner *Kirchlichen Dogmatik* einlassen müsse. Bei ihr wollte er behaftet werden. Und eben deshalb wird der achte Abschnitt meiner Darlegungen umfangreicher ausfallen als die anderen Teile.

Doch – mit dem Apostel (1. Kor 14, 40) zu reden – „alles wohlgeordnet und der Reihe nach"!

I. Ein Kind Basels

Die theologischen Anfänge Barths lassen sich ebensowenig wie sein späteres literarisches Werk ohne Rückbezug auf das gelebte Leben verstehen. Theologie war hier – wie bei allen Theologen von Format – immer auch *theologische Existenz*. Karl Barths Lebenslauf ist voll von Wegemarken, die deutlich machen, daß die Geschichte seines Denkens immer auch die Lebensgeschichte dieses Denkers ist.

Da ist zunächst Basel, die stolze Stadt, in der Barth am 10. Mai 1886 geboren wurde und in der Nacht vom 9. zum 10. Dezember 1968 gestorben ist. Über die Mutter gab es verwandtschaftliche Beziehungen zur Familie Jacob Burckhardts. Sein Vater lehrte

Neues Testament an der Basler Predigerschule, die als Gegengewicht gegen die damalige liberale Universitätstheologie gegründet worden war.

Zum Geist der Stadt Basel – nehmen wir einmal an, es gäbe so
etwas wie einen spezifischen Basler Geist! – hatte Karl Barth ein
ausgesprochen ambivalentes Verhältnis. Hielt er die Basler doch
für im Grunde etwas zu konservativ, dafür aber ausgestattet mit
einer „geheime[n] ... Lust an den Radikalismen und Extravagan-
zen Anderer", selber aber vor allen Extremen „gefeit durch eine
sozusagen angeborene, mild humanistische Skepsis"[5]. Ein nahezu leidenschaftsloser Geist – das stieß ihn eher ab. Noch stärker
war seine Abneigung gegen die Basler Fastnacht, die mit ihren
Maskeraden daran erinnert, daß auch die menschliche Natur es
liebt, sich zu verbergen. Mag sein, daß diese Abneigung mit
Barths lebhafter Antipathie gegen die allzu emphatische Be-
schwörung der theologischen Figur des verborgenen Gottes im
Luthertum zusammenhing. Sie hatte aber auch etwas mit Barths
Widerwillen gegen jedwede Selbstverbergung zu tun. Selbst wer
sich in allzu großer Bescheidenheit zu verstecken suchte, wurde
mit Goethe provoziert: „Nur die Lumpe sind bescheiden."[6]

Dennoch ist Barth von nicht wenigen Eigenheiten der Basler
Mentalität unverkennbar geprägt worden. Die Basler Lust zur
– keineswegs immer freundlichen – Pointe hat er zeitlebens nicht
verdrängt. Sein schriftstellerisches Werk spricht eine pointierte
Sprache, in der sich die Hintergründigkeit gelassener Heiterkeit
mit treffsicherem Witz durchaus verträgt. Und seine nicht selten
boshaft zugespitzte geschliffene Polemik hat Basler Format.

Wichtiger ist allerdings der alemannische Hang und Drang
zum Wesentlichen, der ihm nicht weniger eigen war als seinem
philosophischen Zeitgenossen Martin Heidegger, nur eben in einer durch Basler Urbanität moderierten Gestalt. Wie Heidegger
aller Oberflächlichkeit abhold wußte er doch, wie sehr man gera-

---

[5] Karl BARTH: Die protestantische Theologie im 19. Jahrhundert. Ihre
Vorgeschichte und ihre Geschichte, Zürich 1958, 124.

[6] Johann Wolfgang von GOETHE: Rechenschaft. In: Goethes Werke.
Hrsg. im Auftrage der Großherzogin Sophie von Sachsen, 1. Bd., Weimar
1887, 143.

de auf dem Weg zum Grund der Dinge sich in die Abgründe dunklen Tiefsinns versteigen kann. Nicht zuletzt deshalb nannte er den heiligen Geist gern den intimsten Freund des gesunden Menschenverstandes – eine Behauptung, mit der Barth sich wohl ausnahmsweise sogar der Zustimmung des im Basler Münster beigesetzten großen Humanisten Erasmus sicher sein konnte.

Besonders geprägt haben ihn in der Vaterstadt die anspruchslosen baseldeutschen Kinderlieder von Abel Burckhardt, die noch der alte Mann gern gesungen hat. Aus Anlaß einer hochdogmatischen Erörterung innerhalb seiner Versöhnungslehre hat Barth diesen Kinderliedern ein Denkmal gesetzt und die schlichte Selbstverständlichkeit gepriesen, mit der sie die biblisch bezeugten Geschehnisse der Weihnacht, des Karfreitags, des Ostertages so zur Sprache brachten, als ob sich das alles just heute morgen in Basel abspielte. Gerade in der durch ihre intentio recta ausgezeichneten Naivität dieser Lieder hat Barth im Rückblick eine Weisheit erkannt, die wohl geeignet sei, den Menschen „nachher durch ganze Ozeane von Historismus und Antihistorismus, Mystik und Rationalismus, Orthodoxie, Liberalismus und Existentialismus" zwar „nicht unversucht und unangefochten, aber doch verhältnismäßig schadlos hindurchzutragen und irgendeinmal zur Sache selbst zurückzuführen"[7].

II. Student, Vikar, Pfarrer

Die Berufung des Vaters zum Nachfolger Adolf Schlatters führte die Familie nach Bern, wo der fesselnde Konfirmandenunterricht bei dem damals über die Schweizer Grenzen hinaus bekannten Pfarrer Robert Aeschbacher maßgeblich zu der Entscheidung beigetragen hat, Theologie studieren zu wollen. Denn bei diesem Pfarrer lernte er, daß der Glaube *verstanden* werden will und daß zum Verstehen des Glaubens die Erkenntnis seiner *sozialen Dimension* gehört.

---

[7] Karl BARTH: Kirchliche Dogmatik IV/2, 125.

1904 begann Barth sein Studium in Bern, ohne allerdings bei den dort lehrenden Professoren theologisches Feuer zu fangen. Es war die sogenannte ältere historisch-kritische Schule, die er offensichtlich derart stupid durchlaufen mußte, daß sie ihn später nicht mehr sonderlich zu beeindrucken vermochte. Sein Wunsch, das Studium im auch in dogmatischer Hinsicht liberalen Marburg fortzusetzen, stieß auf den entschiedenen Widerstand des konservativen Vaters, der den Sohn gerne in Halle oder Greifswald gesehen hätte. Man einigte sich schließlich auf Berlin, wo Barth bei dem Alttestamentler Hermann Gunkel die religionsgeschichtliche Methode der Bibelauslegung kennenlernte und von Adolf von Harnack gefesselt wurde. Ihn nannte er auch später noch seinen Lehrer, verstand sich aber wohl kaum als dessen Schüler.

Damals hat Barth intensiv Immanuel Kant gelesen – freilich nicht, wie die jüngste Barth-Forschung unterstellt, primär die „Kritik der reinen Vernunft", sondern zuerst und regelrecht ergriffen die „Kritik der praktischen Vernunft"[8]. Deren Studium hat ihn geistig in Bewegung gesetzt und ihn ähnlich tief beeindruckt, wie dann die Lektüre von Schleiermachers epochalem Buch: „Über die Religion. Reden an die Gebildeten unter ihren Verächtern".

Dem maßgeblichen Interpreten Schleiermachers begegnete Barth, als er nach je einem Semester in Bern und in Tübingen – wo er übrigens „mit heftigster Renitenz Schlatter"[9] hörte – endlich doch in dem ersehnten Marburg eintraf, in der Person Wilhelm Herrmanns. Er wurde sein eigentlicher Lehrer. „Er war kein Schriftgelehrter, sondern ein ausgesprochener Selbstdenker

---

[8] Zwar behauptet Barth, die *Kritik der reinen Vernunft* „zweimal mit dem Lineal in der Hand von A bis Z durchgearbeitet" zu haben; doch im selben Zusammenhang betont er: „Das interessierte mich eigentlich: die ‚praktische Vernunft', der ethische Einschlag dort". Vgl. Karl BARTH: Gespräche 1964–1968, GA IV/28, 137–139. Vgl. auch DERS.: Nachwort zur Schleiermacherauswahl hrsg. v. Heinz BOLLI, Gütersloh 1968, 290.

[9] Fakultätsalbum der Ev.-theol. Fakultät Münster, 1927 (Autobiographische Skizze Barths), vgl. Eberhard BUSCH: Lebenslauf, 55.

… Es wehte *Freiheits*luft in seinem Auditorium"[10]. Herrmanns theologische Arbeit war frei von aller Apologetik, machte keine Anleihen bei anderen Wissenschaften und wurde gerade deshalb, weil hier die Theologie als eine auf eigenem Grund bauende Wissenschaft ernst genommen wurde, als authentische Herausforderung des eigenen theologischen Denkens wahrgenommen. „Es war", so berichtet Barth, „Metall in Herrmanns Stimme"[11]. Vor allem aber: ihm verdanke er den „christozentrische[n] Anstoß"[12].

Wilhelm Herrmann war Schüler Albrecht Ritschls. Zu dem anderen bedeutenden Ritschl-Schüler, zu Ernst Troeltsch, den Friedrich Gogarten so eifrig studiert hatte, hatte Barth nur so etwas wie ein Nicht-Verhältnis. Im Rückblick bemerkte er im Blick auf Troeltschs 1925 publizierte *Glaubenslehre* lapidar: „Es war zum Katholischwerden"[13].

Mit der Marburger liberalen Theologie, die er „eimerweise zu sich genommen"[14] zu haben behauptete, zog Barth in das Vikariat, um dann noch einmal als Redaktionsgehilfe Martin Rades, des Herausgebers der damals vielgelesenen *Christlichen Welt* nach Marburg zurückzukehren. In Rade gewann er einen väterlichen Freund, der das ungewöhnliche Format Barths bald erkannte und seinen weiteren Weg fortan aufmerksam, hilfreich und kritisch begleitete. Festgehalten zu werden verdient allerdings auch, daß Barth im Rückblick auf die Marburger Zeit die „nahezu priesterlich ernste Philosophie… eines Cohen und Natorp" zu rühmen wußte[15].

Während seiner Zeit als Hilfspfarrer in Genf begann er – neben dem immer und immer wieder gelesenen Schleiermacher –,

---

[10] Karl BARTH: Die dogmatische Prinzipienlehre bei Wilhelm Herrmann (1925). In: DERS.: Theologie und die Kirche. Gesammelte Vorträge Bd. 2, München 1928, 240–284, hier 279.

[11] Karl BARTH: Prinzipienlehre bei Wilhelm Herrmann (1925), 265.

[12] Karl BARTH: Gespräche 1964–1968, GA IV/28, 142.

[13] Karl BARTH: KD IV/1, 427.

[14] Brief an A. Graf vom 18.3.1955, vgl. Eberhard BUSCH: Lebenslauf, 55.

[15] Interview mit H. Fischer-Barnicol, vgl. Eberhard BUSCH: Lebenslauf, 57.

Calvins *Institutio* zu studieren. Von 1911 an war Barth acht Jahre
lang Pfarrer in Safenwil. Dort entstand die für die kommenden
Entscheidungen bedeutsame Freundschaft mit Eduard Thurneysen, der Barths theologischen Weg am konsequentesten mitging
und anfangs wohl auch mitbestimmte. Der Unterschied – sagen
wir einmal: im geistigen Format der beiden Freunde – ließ sich
allerdings auf die Dauer nicht übersehen.

Der durch die Notlage seiner Arbeiter geprägte Ort Safenwil
konfrontierte den jungen Pfarrer unvermittelt mit den Klassen-
gegensätzen der damaligen Gesellschaft. Barth trat in die sozialdemokratische Partei ein. Er hielt Vorträge zur sozialen Frage,
befaßte sich mit Gewerkschaftsproblemen und geriet mehrfach
in Konflikt mit den Fabrikanten der Safenwiler Gegend. Die für
die jüngeren Schweizer Theologen damals fast selbstverständlichen Kontakte mit der von Heinrich Kutter und Leonhard Ra-
gaz repräsentierten Bewegung der religiösen Sozialisten wurden
nun intensiviert. Kutters These, daß der Machtbereich Gottes
größer ist als die Kirche, fand ebenso Beachtung wie die von Ra-
gaz vertretene Theorie, daß der Sozialismus eine vorlaufende Erscheinung des Reiches Gottes sei. Barth begann, zwischen Religion und Christentum zu unterscheiden. Die „unerledigten Anfragen" des „Antireligiosus Overbeck" an die damalige Theologie wurden ernst genommen, allerdings resolut gegen den Strich
gebürstet. Aber auch die linken politischen Bewegungen Europas wurden mit theologischer Aufmerksamkeit verfolgt. Und
„über der deutschen Sozialdemokratie" habe er, so berichtet der
alte Karl Barth, „noch die prophetische Wolke schweben gesehen, die sich dann merklich entfernt hat"[16].

Von jener Zeit an war Barth unterwegs zu einem neuen Selbstverständnis. Das Verhalten der meisten seiner Lehrer nach dem
Ausbruch des ersten Weltkrieges, aber auch das Versagen der eu-
ropäischen Sozialdemokratie verschärfte die Krise, in die die bisherigen Auffassungen und Gewißheiten geraten waren. Intensive Aufmerksamkeit wendete Barth jetzt den beiden Blumhardts
zu, bei denen er zu finden schien, wonach er mehr oder weniger

---

[16] Vgl. Eberhard Busch: Lebenslauf, 83.

bewußt suchte: ein religionskritisches oder gar religionsloses Christentum, eine der Welt die Treue haltende Gottesfurcht und vor allen Dingen die österliche Gewißheit *Jesus ist Sieger*. Nichts hat seine spätere Theologie stärker geprägt als diese Gewißheit.

Aber wie sollte man diese Gewißheit unter die Leute bringen? Es war die Predigtnot, von Gott reden zu müssen und doch nicht reden zu können, die die Freunde Barth und Thurneysen nach einer neuen Grundlage ihrer theologischen Existenz suchen ließ.

III. Der Römerbrief

Der Aufbruch zu neuen Ufern bereitete sich vor in einem neuen Umgang mit der Bibel. Der angemessene Gebrauch der Bibel müßte, so forderte Barth, dazu führen, zwischen den Tagesnachrichten der Zeitung und der frohen Nachricht des Neuen Testaments einen „organischen Zusammenhang" zu finden: „Hätten wir uns doch *früher* zur Bibel bekehrt", schrieb er im November 1918 an Thurneysen.[17] Damals lag ein zweijähriges intensives Studium des Paulinischen Römerbriefes hinter ihm. Die literarische Frucht dieses Studiums war der Barthsche *Römerbrief*, der 1919 in erster, 1922 in völlig umgearbeiteter zweiter Auflage erschien.

Das Buch hatte sich bald einen ähnlichen Rang verschafft wie mehr als hundert Jahre zuvor Schleiermachers „Reden". Doch welch ein Unterschied! Wie Hammerschläge klingen die auf der ersten Seite zu lesenden Worte: „Botschaft von *Gott* ..., keine menschliche Religionslehre ... Eine objektive Erkenntnis, nicht Erlebnisse, Erfahrungen und Empfindungen"[18]. Weiter konnte man sich von Schleiermacher und der von ihm geprägten Frömmigkeit nicht entfernen. Schärfer konnte der Gegensatz zu der einst „eimerweise" zu sich genommenen liberalen Theologie nicht zum Ausdruck gebracht werden.

---

[17] Karl BARTH – Eduard THURNEYSEN: Briefwechsel. Bd. I: 1913–21, GA V/3, 300.

[18] Karl BARTH: Der Römerbrief. Unveränderter Nachdruck der ersten Auflage von 1919, 1963, 1f.

Der „Römerbrief" machte den Autor mit einem Schlag bekannt und brachte ihm 1921 eine Berufung auf die neu gegründete Professur für reformierte Theologie in Göttingen ein. Ein Jahr später erschien die zweite Auflage des Buches, dessen erste Fassung dem Verfasser nun zu wolkig und spekulativ vorkam, so daß bei der Neubearbeitung „kein Stein auf dem anderen"[19] blieb. Diese Neufassung wurde, wie der alte Barth nicht ohne ein gewisses Knurren bemerkte, „für die Fama des Verfassers für Jahrzehnte … entscheidend"[20]. Sie begründete seinen Ruf, ein, wenn nicht der Urheber der neuen theologischen Bewegung zu sein, die man alsbald und seitdem als *Dialektische Theologie* zu kennzeichnen pflegte und zu der – neben Eduard Thurneysen – Friedrich Gogarten, Georg Merz, Emil Brunner (mit Einschränkungen auch Paul Tillich) und vor allem Rudolf Bultmann zu zählen sind. Man gründete, das war man sich schuldig, eine eigene Zeitschrift mit dem signifikanten Titel *Zwischen den Zeiten*.

IV. Dialektische Anfänge – reformatorische Ursprünge

Dialektisch nannte man die neue Theologie, weil sie mit elementaren Unterscheidungen und Entgegensetzungen arbeitete und – unter dem Einfluß Platons, Kierkegaards und Dostojewskis – jeder Synthese von Zeit und Ewigkeit leidenschaftlich widersprach. Mit expressionistischer, auf Paradoxien geradezu versessener Sprachkraft wurde der „unendlich qualitative Unterschied"[21] zwischen Himmel und Erde, Gott und Mensch, Transzendenz und Immanenz eingeschärft. „Welt ist Welt. Aber Gott ist Gott"[22], lautete die fensterlose Tautologie, die jeden religiö-

---

[19] Karl BARTH: Der Römerbrief. Zweite Fassung (1922), VI.
[20] Karl BARTH: Der Römerbrief. Unveränderter Nachdruck der ersten Auflage von 1919, 1963, (Vorwort zum Nachdruck von 1963).
[21] Karl BARTH: Der Römerbrief. Zweite Fassung (1922), VIII (dort unter Bezugnahme auf Kierkegaard).
[22] Vgl. Anm. 1.

sen Griff nach Gott verwehren sollte. Gegen die Synthese von Christentum und Kultur wurde das nur als „Revolution Gottes" zu verstehende eschatologische Reich Gottes verkündigt, von dem her das Wesen des Christentums zu bestimmen sei: „Christentum, das nicht ganz und gar und restlos Eschatologie ist, hat mit Christus ganz und gar und restlos nichts zu tun"[23]. Kommunikation zwischen Zeit und Ewigkeit kann sich deshalb nur im zeitlosen Augenblick, nur „zwischen den Zeiten" ereignen – ein Gedanke, der an Platons ἐξαίφνης, vor allem aber an Schleiermachers berühmte Wendung erinnert: „Ewig sein in einem Augenblick, das ist die Unsterblichkeit der Religion"[24].

Konstituiert wird die Kommunikation zwischen Zeit und Ewigkeit allerdings allein durch das Ereignis des Wortes Gottes, das in der Bibel zu entdecken und in der Gegenwart zur Geltung zu bringen nun als die eigentliche Aufgabe kritischer, das heißt urteilsfähiger Theologie ausgegeben wurde. Dialektische Theologie wurde zur Theologie des Wortes Gottes und insofern zur Theologie in der Schule der Reformation. Daß Gott kein stummer, sondern ein redender Gott, und zwar ein mich auf mich selbst anredender Gott ist, diese Einsicht verband die sog. dialektische Theologie mit der reformatorischen Theologie. Im Blick auf die reformatorische Frage nach dem Wort Gottes ohne Urteilskraft und also unkritisch zu sein, warf Barth den Vertretern der historisch-kritischen Wissenschaft vor. Daß die Wahrheit des Evangeliums das Kriterium rechter menschlicher Rede von Gott und der sich in ihr manifestierenden Frömmigkeit sei, das habe die damalige historisch-kritische Exegese souverän ignoriert. Und insofern war sie nach dem Urteil Barths ihrem Anspruch zum Trotz nicht kritisch genug: „Kritischer müßten mir die Historisch-Kritischen sein!"[25].

Die einstigen Lehrer nahmen den Fehdehandschuh auf. Es kam zu einer literarischen Auseinandersetzung mit dem großen

---

[23] Karl BARTH: Der Römerbrief. Zweite Fassung (1922), 298.
[24] Friedrich Daniel Ernst SCHLEIERMACHER: Über die Religion. Reden an die Gebildeten unter ihren Verächtern (1799), Hamburg 1958 (= Philosophische Bibliothek 255), 74.
[25] Karl BARTH: Der Römerbrief. Zweite Fassung (1922), XII.

alten Mann der liberalen Theologie, Adolf von Harnack, die in ihrer sachlichen Distanziertheit auf der Seite des alten und ihrer leidenschaftlichen Sachlichkeit auf der Seite des jungen Professors ein Glanzpunkt der damaligen evangelischen Theologie ist. Harnacks mündlich gegebene Empfehlung freilich, Barth solle seine „Auffassung von Gott ... doch lieber für" sich „behalten, keinen ‚Exportartikel' (!) daraus machen"[26], hat den aufbegehrenden Theologen verständlicherweise nicht gerade erbaut. Er behielt denn seine „Auffassung von Gott" auch keineswegs für sich, sondern machte sich selbst zu einem „Exportartikel". Er verließ die Safenwiler Pfarrstelle und folgte dem Ruf auf die Göttinger Professur. Barth war durchaus gewillt, seine Erkenntnisse unter die Leute zu bringen.

V. Zum Professor berufen

In Göttingen mußte sich Barth in harter Arbeit die fehlenden Voraussetzungen für seine Lehrtätigkeit verschaffen. Er las neutestamentliche, theologiegeschichtliche und dogmatische Kollegs. Gründliche historische Studien ließen ihm zum Entsetzen auch seiner Freunde selbst die altprotestantische Orthodoxie als eine ernst zu nehmende Herausforderung erscheinen, während sich ihm Pietismus und Rationalismus als zwei Seiten desselben neuprotestantischen Grundirrtums darstellten. Dieser Grundirrtum, den Barth merkwürdigerweise – und wohl beeinflußt von Ludwig Feuerbach – schon bei Luther sich anbahnen sieht, soll darin bestehen, nicht Gott, sondern den Menschen zum Thema der Theologie gemacht und damit Theologie in Anthropologie verkehrt zu haben – ein Vorwurf, den in gleicher Schärfe auch Rudolf Bultmann[27] gegen seine Lehrer erhob.

---

[26] Karl Barth – Eduard Thurneysen: Briefwechsel, GA V/3, 379.

[27] Vgl. Rudolf Bultmann: Die liberale Theologie und die jüngste theologische Bewegung. In: Ders.: Glauben und Verstehen. Gesammelte Aufsätze, Bd. I, Tübingen ²1954, 1–25, hier 2: „Der Gegenstand der Theologie ist Gott, und der Vorwurf gegen die liberale Theologie ist der, daß sie nicht von Gott, sondern vom Menschen gehandelt hat."

Von Göttingen, wo er in Emanuel Hirsch einen respektierten Widersacher und in Erik Peterson einen auf Thomas von Aquin aufmerksam machenden genuin theologischen Provokateur zur Seite hatte, wurde Barth 1925 nach Münster berufen. In dem dortigen Logiker Heinrich Scholz gewann er einen ebenso kritischen wie treuen Freund, der ihm die wissenschaftstheoretische Bedeutung von Axiomen erschlossen haben dürfte, also von jenen Sätzen, die einer Begründung weder fähig noch bedürftig sind. Barth hat dann allerdings nicht Satzwahrheiten, sondern *Ereignissen* axiomatischen Rang zuerkannt: dem Ereignis des Wortes Gottes in Gestalt des ersten Gebotes und dem Ereignis der Auferstehung Jesu Christi als Ereignis von Offenbarung schlechthin.

In Münster trat auch der Katholizismus deutlicher als bisher in Barths Gesichtsfeld. Durch einen seiner interessantesten und tiefsinnigsten Vertreter, den Jesuiten Erich Przywara, wurde Barth angehalten, das Selbstverständnis der katholischen Kirche ernsthafter in die eigenen Überlegungen einzubeziehen.

Damals entstand als erste ausgesprochen systematische Abhandlung Barths die *Christliche Dogmatik im Entwurf*, die aber über einen ersten Band nicht hinauskam. Sie wurde vom Autor schon bald als Fehlstart eingeschätzt und dann durch die *Kirchliche Dogmatik* ersetzt. Seinem sich ständig korrigierenden Geist erwiesen sich die bisher erarbeiteten Grundlagen als noch immer nicht tragfähig genug. In zunächst stiller Auseinandersetzung mit den Mitstreitern, die weitgehend auch eine Auseinandersetzung mit sich selber war, bemühte sich Barth aufs Neue um die Klärung der Voraussetzungen, oder vielmehr: der axiomatischen Voraussetzungslosigkeit christlicher Theologie. Darüber sollte die Gemeinschaft insbesondere mit Friedrich Gogarten mehr und mehr zerbrechen. Die bisherige Weggefährtenschaft schien sich als ein Selbstmißverständnis herauszustellen. Die Führer der dialektischen Theologie, so kommentierte ein scharfzüngiger Beobachter der Szene, seien unter sich so uneins wie die chinesischen Revolutionsgeneräle[28]. Barth begann inmitten des Zulaufs,

---

[28] Vgl. Karl BARTH; Eduard THURNEYSEN; Georg MERZ: Abschied. In: Zwischen den Zeiten, 11. Jahrgang, Heft 6, München 1933, 537.

den er fand, einen immer schmaler werdenden Weg zu gehen und
verglich sich nun gern mit dem einsamen Vogel auf dem Dache,
der nur noch den Himmel, allerdings: einen weit geöffneten
Himmel, über sich hat.

VI. Fides quaerens intellectum

In diese Zeit fallen die ersten Schatten des kommenden Kirchen-
kampfes. Barth war inzwischen nach Bonn übergesiedelt, wo er
seit 1930 als Professor für systematische Theologie tätig war.
Dort entstand von 1932 an das voluminöse opus magnum, die
Kirchliche Dogmatik, die trotz ihres schließlich auf 9185 Seiten
angewachsenen Umfanges eine große „Unvollendete" geblieben
ist. Schon im Blick auf ein nur 500 Seiten umfassendes Hauptwerk eines zeitgenössischen Philosophen hatte Gottfried Benn
sich mokiert: *„‚Die Wahrheit', Lebenswerk, 500 Seiten – so lang
kann die Wahrheit doch gar nicht sein ... Kinder! Kinder!"* [29]
Und nun also 9185 Seiten! Und auch das nur ein Torso! Vermutlich steht der Wirkung der *Kirchlichen Dogmatik* nichts so sehr
im Wege wie deren barocker Umfang. Da tut es gut, sich dessen
zu erinnern, daß es der Verfasser eben dieses Mammutwerkes
war, der von dem seufzenden Gebet, das sich in den beiden Worten *Ach, ja!* ausspricht, behauptet hat: „In diesem kleinen Seufzer
steckt Alles und Alles muß auch immer wieder zu diesem kleinen
Seufzer werden" [30]. Ach, ja!

Fundamentaltheologisch war es die Denkbewegung Anselms
von Canterbury, die Barth als für sein eigenes Denken theologisch beispielhaft erachtet hat. Diese Denkbewegung besteht
schlicht im Nach-Denken dessen, was zuvor im Glaubensbekenntnis als Wahrheit der heiligen Schrift bejaht worden ist. Im
Ereignis des Nach-Denkens entsagt das Denken jedem prome-

[29] Gottfried BENN: „Der Broadway singt und tanzt". Eine magnifique
Reportage?, In: DERS., Gedichte. Gesammelte Werke in vier Bänden. Bd. 3,
Stuttgart 1960, 305.
[30] Karl BARTH: Gottes Gnadenwahl. In: Theologische Existenz heute,
Heft 47, München 1936, 56.

theischen Anspruch. Es *entwirft* nicht. Aber es *entdeckt*. Nach-
denkendes Denken ist entdeckendes und das Entdeckte rechtfer-
tigendes Denken. Mit Barths Anselmbuch formuliert: „Der
Theologe fragt, *inwiefern* es so ist, wie der Christ glaubt, daß es
ist"[31], lateinisch: *fides quaerens intellectum*. Aber der *intellectus
fidei* ist keine sich als Selbstzweck begreifende und als Dauerre-
flexion sich vollziehende, den Glauben hinter und unter sich las-
sende Gnosis. Der intellectus, den die fides sucht, ist kein auf
sich selbst fixiertes Erkennen, Verstehen, Denken. Mit Ovids
Metamorphosen[32] formuliert: Der intellectus fidei ist kein Narziß. Der vom Glauben intendierte intellectus fidei weiß um den
Unterschied von intelligere und credere. Er steigert den Glauben
und wahrt damit dessen Alterität. Und die fides ihrerseits ist alles
andere als ein die wissenschaftliche Sprache der Theologie nach-
plapperndes Echo. Im Mythos gehen der in sich selbst verliebte
schöne Jüngling Narziß und die in ihn vernarrte, aber ihre eigene
Sprache nicht findende Nymphe Echo an ihrer unfruchtbaren,
das Anderssein des Anderen überspielenden „Liebe" zugrunde.
Rechte Theologie vollzieht sich als ein Erkennen des Glaubens,
das um die Eigenständigkeit des Glaubens weiß und ihm zugute
kommen will, so daß die volle Formel eigentlich lauten müßte:
fides quaerens intellectum quaerentem fidem.

Man hat diese Denkbewegung, indem man ein Wort Dietrich
Bonhoeffers aufnahm, häufig als „Offenbarungspositivismus"
kritisiert. Doch der Vorwurf verkennt, daß es nicht abstrakt vorliegende „geoffenbarte Wahrheiten" sind, denen die Dogmatik
nachzudenken versucht, sondern daß es die in der Person Jesu
Christi konkret begegnende und als solche in der Bibel bezeugte
Wahrheit ist, die zum aufmerksamen Nach-Denken befreit. Die
ganze *Kirchliche Dogmatik* ist im Grunde nichts anderes als der
mit Einsatz aller Intelligenz unternommene Versuch, unter immer wieder neuen Gesichtspunkten die Selbstaussage des jo-

---

[31] Karl BARTH: Fides quaerens intellectum. Anselms Beweis der Existenz
Gottes im Zusammenhang seines theologischen Programms. Hrsg. von
Eberhard JÜNGEL und Ingolf DALFERTH, GA II/13, 26.
[32] Vgl. OVID: Metamorphosen. III, 339–510.

hanneischen Christus nachzubuchstabieren: „Ich bin der Weg und die Wahrheit und das Leben. Niemand kommt zum Vater denn durch mich" (Joh 14,6), wobei es Barth besonders wichtig wurde, daß diese Wahrheit nach Joh 8,32 *befreiend* wirkt.

Die in der Freiheit eines Christenmenschen sich ausweisende christologische Grundorientierung wurde das Kampfeszeichen, mit dem Barth gegen jeden Versuch zu Felde zog, das allein in Jesus Christus gelegte Fundament der Kirche durch andere Bausteine zu ersetzen, zu ergänzen oder noch einmal zu untermauern. Er klassifizierte derartige Versuche ein wenig pauschal als Variationen des alten Themas der „natürlichen Theologie".

VII. Kirchenkampf

Durch die Machtergreifung der Nationalsozialisten hatte sich die theologische Kontroverse, die man bis dahin als Professorengezänk bagatellisieren konnte, zu einem regelrechten Kirchenkampf zugespitzt, der die christliche Gemeinde unmittelbar betraf. Barth hatte schon im Juni 1933 als Beiheft der nun ihrem Ende entgegengehenden Zeitschrift *Zwischen den Zeiten* eine Flugschrift mit dem bezeichnenden Titel *Theologische Existenz heute!* verfaßt, die sofort als Kampfschrift gegen eine sich an die neuen Machthaber anpassende Kirche verstanden wurde und innerhalb eines Jahres in 37 000 Exemplaren verbreitet war. Eines von diesen 37 000 Exemplaren hatte er auch Hitler zukommen lassen, der auf der letzten Seite dieses Manifests lesen konnte, daß die Kirche „die naturgemäße Grenze jedes, auch des totalen Staates"[33] sei. Die Zeit „zwischen den Zeiten" war vorbei. Theologie vollzog sich nun, gerade indem sie ihre Arbeit tat, „als wäre nichts geschehen"[34], im Strudel der Zeit. Ihre Sachgemäßheit war ihre Zeitgemäßheit.

Barths neuerlicher Ruf zur Sache fiel in der sich bildenden „Bekennenden Kirche" auf fruchtbaren Boden, jedenfalls zu-

---

[33] Karl BARTH: Theologische Existenz heute!, München 1933, 40.
[34] Karl BARTH: Theologische Existenz heute!, 3.

nächst. Auf der ersten Bekenntnissynode in Barmen kam es am 31. Mai 1934 zur Verabschiedung einer weitgehend aus seiner Feder stammenden *Theologischen Erklärung*, die als die bedeutendste kirchliche Äußerung im protestantischen Deutschland seit den reformatorischen Bekenntnisschriften zu gelten hat. In ihrer ersten These wird in lapidarer Sprache zugleich die Summe der Barthschen Dogmatik formuliert: „Jesus Christus, wie er uns in der Heiligen Schrift bezeugt wird, ist das eine Wort Gottes, das wir zu hören, dem wir im Leben und im Sterben zu vertrauen und zu gehorchen haben. Wir verwerfen die falsche Lehre, als könne und müsse die Kirche als Quelle ihrer Verkündigung außer und neben diesem einen Worte Gottes auch noch andere Ereignisse und Mächte, Gestalten und Wahrheiten als Gottes Offenbarung anerkennen."[35]

Das war eine unmißverständliche Sprache. Sie wurde auch außerhalb der Kirche verstanden. Noch im selben Jahr wurde Barth, weil er den uneingeschränkten Eid auf den Führer verweigert hatte, vom Dienst suspendiert und, obwohl ein Gericht seinem Einspruch im Wesentlichen stattgegeben hatte, vom Reichswissenschaftsminister durch Erlaß vom 21.6.1935 in den Ruhestand versetzt. Seine Druckerzeugnisse wurden bald darauf in Deutschland verboten.

Der unfreiwillige Ruhestand währte indessen nur über ein Wochenende. In Basel sorgten ausgerechnet zwei erklärtermaßen atheistische Politiker dafür, daß Barth schon am nächsten Montag zum außerordentlichen Professor an der Universität seiner Vaterstadt ernannt wurde. Von Basel aus ermutigte Barth dann die Christenheit Europas mit theologischen Argumenten zum Widerstand gegen Faschismus und Nationalsozialismus. Er forderte das „Zeugnis des politischen Gottesdienstes"[36]. Gegen die von Hitler proklamierte „Vernichtung der jüdischen Rasse in Europa" schärfte er ein: „Antisemitismus ist Sünde gegen den

---

[35] Alfred BURGSMÜLLER; Rudolf WETH (Hrsg.): Die Barmer Theologische Erklärung. Einführung und Dokumentation, Neukirchen-Vluyn [6]1998, 36.

[36] Karl BARTH: Eine Schweizer Stimme 1938–1945, Zürich [2]1948, 58f.

heiligen Geist"[37] – eine Feststellung, die man so auch außerhalb Deutschlands selten oder gar nicht hörte. Berüchtigte Berühmtheit erlangte Barths Brief an den Prager Professor Hromádka vom 19.9.1938, in dem der – auch die Freunde in Deutschland schockierende – Satz zu lesen war, daß jetzt jeder tschechische Soldat zugleich für die Kirche Jesu Christi streite.[38]

VIII. Kirchliche Dogmatik

Die Hauptaufgabe des „späten Barth" blieb indessen die Fortsetzung der *Kirchlichen Dogmatik*, die zunächst als Vorlesung den Studenten mitgeteilt und dann in unregelmäßigen Abständen gedruckt wurde – begleitet von einer Reihe kleinerer programmatischer Schriften. Diese Dogmatik hat das theologische Erbe von Jahrhunderten nicht nur weiterüberliefert, sondern an vielen für die christliche Lehre entscheidenden Stellen tiefgreifend umgestaltet, ja revolutioniert. Ich beschränke mich auf einige Hinweise.

a) Das Bekenntnis zum dreieinigen Gott war der für Struktur und Inhalt der Dogmatik bestimmende Ausgangspunkt. Daß Gott schon für sich selbst kein einsames Wesen, vielmehr als Vater, Sohn und heiliger Geist ein auf sich selbst in Freiheit und Liebe bezogenes Gemeinschaftswesen und als dieses Gemeinschaftswesen sozusagen schon im voraus der Gott des Bundes ist, wird zwar erst in den späteren Bänden der *Kirchlichen Dogmatik* hinreichend zum Ausdruck gebracht, verschafft sich aber doch schon dadurch Geltung, daß die Trinitätslehre bereits in den Prolegomena auf den Plan tritt. Ein entscheidendes Kapitel *materialer* Dogmatik schon in den Prolegomena – auf diese Weise soll klargestellt werden, daß die Dogmatik bereits in ihrer über sie entscheidenden Grundlegung „zu den Sachen selbst" zu kommen hat. Die phänomenologisch orientierte Philosophie nahm es mit Interesse zur Kenntnis.

---

[37] Karl BARTH: Eine Schweizer Stimme, 90.
[38] Vgl. Karl BARTH: Offene Briefe 1935–1942, GA V/36, 114.

b) Die theologischen Zeitgenossen, die Barths „dialektische Theologie" für ethisch irrelevant gehalten und als solche kritisiert hatten, wurden zudem von der Entscheidung überrascht, jeden der geplanten Bände der *Kirchlichen Dogmatik* mit einem Kapitel Ethik zu beschließen.

Dementsprechend wurde die im Luthertum übliche Reihenfolge von „Gesetz und Evangelium" umgekehrt und sogar – in einer logisch schwer nachvollziehbaren Weise – das Gesetz als „Form des Evangeliums"[39] behauptet: vom Ja des Evangeliums her sollte das Gesetz Gottes als ethische Weisung und als Nein zur menschlichen Sünde verstanden werden, deren ganzes Gewicht nach Barth erst da erkannt wird, wo Sünden vergeben werden. Daß dies in Jesu Tod schon in universaler Gültigkeit geschehen, also die ganze Welt als bereits mit Gott versöhnte Schöpfung anzusprechen ist, wurde für Barth immer entscheidender. Nicht erst die Kirche mit ihrer Predigt und den Sakramenten und auch nicht erst der Glaubensakt, sondern allein *Jesus Christus selbst* ist die Wende der Weltgeschichte und der Lebensgeschichte jedes einzelnen Menschen zum Heil.

c) Als der in Freiheit Liebende und in seiner Liebe Ewigreiche wird Gott in allen Teilen der Dogmatik zur Sprache gebracht. Als der in Freiheit Liebende ist er von Ewigkeit her dem Menschen zugewendet, um dessen willen er die Welt geschaffen hat und für den er selber in Jesus Christus Mensch geworden ist, um den sündigen Menschen aus seiner selbstverschuldeten Unfreiheit und Verdammnis zu erlösen. In der als Teil der Gotteslehre vorgetragenen Erwählungslehre, in der Barth zum scharfen Kritiker des von ihm sonst so geschätzten Calvin wird, wirkt sich das so aus, daß Gott nun als derjenige gedacht wird, der „sich selbst, seine Gottheit, seine Macht und seinen [Selbst]Besitz als Gott in Frage stellt"[40], ja „selber die *Verdammnis*, den *Tod* und die *Hölle* schmeckt"[41], damit der Mensch zu ewigem Leben er-

---

[39] Karl BARTH: Evangelium und Gesetz. In: Theologische Existenz heute, Heft 32, München 1935, 11.

[40] Karl BARTH: KD II/2, 177.

[41] Karl BARTH: KD II/2, 179.

höht wird. „*Gott will verlieren, damit der Mensch gewinne*"[42]. Die Prädestinationslehre ist hier bereits auf die Rechtfertigungslehre hin entworfen, bzw. von dieser her konzipiert.

d) Von den zahlreichen vorwärtsweisenden, materialen, dogmatischen Entscheidungen Barths sei hier nur noch auf die Grundstruktur der für die Versöhnungslehre grundlegenden Christologie verwiesen. Hatten Kierkegaard und, von ihm beeinflußt, auch Rudolf Bultmann, Heinrich Vogel und andere die Menschwerdung Gottes als *paradoxe Identität* des weltjenseitigen Gottes mit einem historischen Ereignis – dem im Kreuzestod fokussierten Dasein Jesu – interpretiert, so daß man, wenn man das Inkarnationsgeschehen *verstehen*, wenn man es *denken* will, im Grunde schon zuvor wissen muß, was *Gottsein* und was *Menschsein* genannt zu werden verdient, so macht Barth mit der Einsicht ernst, daß erst die sich in der Menschwerdung Gottes ereignende Offenbarung zu erkennen gibt, was wahres Gottsein und was wahres Menschsein ist. Hier bewährt sich, daß Barth Offenbarung als ein Ereignis von axiomatischem Rang zu begreifen gelernt hatte.

Und dabei ist es nun entscheidend, daß Gott sein Gottsein gerade darin erweist, daß er etwas zu werden, ja daß er ein Knecht zu werden vermag: nicht in abstrakter Hoheit, sondern im Ereignis göttlicher Selbsterniedrigung zeigt sich, was *Gottheit konkret* heißt: er wird ein Knecht und ist gerade darin der *wahre Gott*. Und ebenso offenbart sich im selben Inkarnationsgeschehen, was *Menschsein konkret* heißt: nämlich als Mensch zu seiner Wahrheit zu kommen, die darin besteht, daß der Mensch in die ihm angemessene Höhe zu einem Leben mit Gott erhöht wird. Und beides Zug um Zug[43]: „Er wird ein Knecht und ich ein Herr; das mag ein Wechsel sein!"[44] – ein Wechsel, der für sich selber bürgt und deshalb die *Wahrheit* seines eigenen Seins ist.

---

[42] Karl BARTH: KD II/2, 177.

[43] Ich habe diese Struktur der Barthschen Versöhnungslehre schematisch zu skizzieren versucht in Eberhard JÜNGEL: Barth, Karl (1886–1968). In: Theologische Realenzyklopädie, Bd. 5, Berlin/New York 1980, 251–268.

[44] Nikolaus HERMAN: Lobt Gott, ihr Christen allegleich. In: Evangelisches Gesangbuch, 27, 5.

e) Dementsprechend wird dann des Menschen *Sünde* verstanden: einerseits als *Hochmut*: ein Sünder ist der Mensch, der sich die Niedrigkeit Gottes nicht gefallen lassen will; andererseits als *Trägheit*: ein Sünder ist der Mensch, der sich der ihm zugedachten Erhöhung entzieht und partout in einem dem Menschen unangemessenen Unten bleiben will; und schließlich als *Lüge* und *Dummheit*: ein Sünder ist der Mensch, der sich der Wahrheit verschließt, ja sie entstellt.

f) Wenden wir uns, von diesen materialen dogmatischen Gesichtspunkten angeregt, nun noch einmal der theologischen Denkstruktur Barths zu, so verlangt das in der theologischen Entwicklung Barths immer stärker sich bemerkbar machende Modell der *Analogie* besondere Aufmerksamkeit. Hieß es beim „jungen Barth" einst abweisend „Gott ist Gott", so trat nun die „Menschlichkeit Gottes" in das Zentrum der Barthschen Theologie: Es gibt „laut des Wortes von der Versöhnung keine Menschenlosigkeit Gottes"[45] und eben deshalb keine absolute, keine ontologische Gottlosigkeit des Menschen[46]. Wurde früher die große Kluft zwischen dem Reich Gottes und den Reichen dieser Welt betont, so behauptete Barth jetzt, daß es zwischen Gott und Mensch und so auch zwischen dem allein von Gott herbeizuführenden Reich Gottes und den von uns zu bauenden und zu verantwortenden politischen Reichen eine echte Entsprechung, eine Analogie gebe. Der Mensch kann und soll als Gemeinschaftswesen dem dreieinigen Gott entsprechen.

Entsprechung, Analogie ist eine Denkfigur oder besser eine Denkbewegung, die zwar schon beim ganz jungen Barth begegnet, dann aber von ihm in einer grotesken Fehleinschätzung der von Erich Przywara revitalisierten sogenannten analogia entis als „Erfindung des Antichrist" denunziert wird, schließlich jedoch in einer die „Kirchliche Dogmatik" durchgehend bestimmenden Weise zur Stelle ist. Es handelt sich um die sogenannte analogia proportionalitatis (a:b = c:d), die nach Immanuel Kant „nicht etwa … eine unvollkommene Ähnlichkeit zweier Dinge, son-

---

[45] Karl BARTH: KD IV/3, 133.
[46] Karl BARTH: KD IV/1, 534.

dern eine vollkommne Ähnlichkeit zweier Verhältnisse zwischen ganz unähnlichen Dingen"[47] zur Geltung bringt. Je mehr bei Barth an die Stelle der fensterlosen Tautologie *Gott ist Gott* der diese Tautologie sprengende Gedanke der *Menschlichkeit Gottes* tritt, desto mehr wird die Denkbewegung der Analogie in den Dienst der *Begegnung* von Gott und Mensch gestellt. Dabei geht es nun allerdings nicht mehr nur darum, die theologische Differenz zwischen dem Schöpfer und seinem Geschöpf herauszustellen, sondern eben diese Differenz als eine dem Geschöpf zugute kommende Unterscheidung zu denken: als das Ereignis einer Unterscheidung, in dem die voneinander Unterschiedenen einander so nahe wie nur möglich kommen. Nur im konkreten Unterschied ereignet sich wahre Nähe. So wird auch unsere menschliche und oft ja nur allzu menschliche Rede von Gott zu einer *Gott entsprechenden Rede*. Hatte das IV. Laterankonzil[48] in sprachlogischer Hinsicht eingeschärft, daß zwischen Schöpfer und Geschöpf keine noch so große Ähnlichkeit ausgesagt werden darf, ohne eine noch größere Unähnlichkeit zur Geltung zu bringen – inter creatorem et creaturam non potest tanta similitudo notari, quin inter eos maior sit dissimilitudo notanda! –, so läuft Barths Proportionsanalogie sowohl sprachlogisch als auch ontologisch auf eine *Entsprechung* hinaus, in der die noch so große Ferne zwischen Schöpfer und Geschöpf durch eine immer noch größere Nähe überboten wird: eine Nähe, die mit dem biblischen Namen *Immanuel* – zu deutsch: *Gott mit uns* – präzis benannt wird. Es geht um das *Ereignis* einer Nähe oder Annäherung, die die überbotene große Ferne zwischen Gott und Mensch zwar nicht zur quantité négligeable werden läßt. Aber ...

Doch dieses *Aber* läßt sich wohl besser als durch weitere fundamentaltheologische Ausführungen durch einige Bemerkungen

---

[47] Immanuel KANT: Prolegomena zu einer jeden künftigen Metaphysik, die als Wissenschaft wird auftreten können, § 58. In: Kants Werke, Akademieausgabe, Bd. IV, 357.

[48] Heinrich DENZINGER; Peter HÜNERMANN: Kompendium der Glaubensbekenntnisse und kirchlichen Lehrentscheidungen (= Enchiridion symbolorum definitionum et declarationum de rebus fidei et morum.), Freiburg im Breisgau [39]2001, 806.

Karl Barths zur Musik Wolfgang Amadeus Mozarts zur Geltung bringen. Denn in Mozarts Musik nahm Barth das wahr, was für ihn der Inbegriff des Evangeliums war: „Die Sonne scheint, aber sie blendet, verzehrt, verbrennt nicht. Der Himmel wölbt sich über der Erde, aber er lastet nicht auf ihr, er erdrückt und verschlingt sie nicht ... So machen sich auch die Finsternis, das Chaos, der Tod und die Hölle bemerkbar, sie dürfen aber keinen Augenblick überhandnehmen. Mozart musiziert, wissend um alles, aus einer geheimnisvollen Mitte heraus ... Es ist die mozartische Mitte nun [je]doch nicht wie etwa bei dem großen Theologen *Schleiermacher* die des Ausgleichs, der Neutralität und schließlich der Indifferenz. Was sich in ihr ereignet, ist vielmehr eine herrliche Störung der Balance, eine *Wendung*, in deren Kraft das Licht steigt und der Schatten, ohne zu verschwinden, fällt, die Freude das Leid, ohne es auszulöschen, überholt, das Ja stärker als das immer noch vorhandene Nein zum Klingen kommt ... Benedictus qui venit in nomine Domini! In Mozarts Version ist er offenbar schon gekommen. Dona nobis pacem! Das ist bei Mozart allem zum Trotz schon erfüllte Bitte ...“[49].

IX. Verwegene Theologie – entdeckende Theologie

Eine Theologie, die in einer der Mozartschen Musik entsprechenden Weise Gottes Ja *zu denken* wagt, ist zweifellos eine verwegene Theologie. Wieviel menschliche Erfahrung spricht dagegen! Spricht nicht alles dagegen?

Der alte Barth notierte anno 1960: „Es sind jetzt mehr als 40 Jahre her, daß ich bei *Franz Overbeck* den Satz gelesen habe: anders als durch Verwegenheit sei Theologie nicht mehr zu begründen. Ich habe ihn mir gemerkt“[50]. Wer von Barth etwas lernen will, wird sich das merken müssen: anders als durch Verwegenheit ist Theologie nicht mehr zu begründen.

---

[49] Karl BARTH: Wolfgang Amadeus Mozart 1756 / 1956, Zürich 1956, 43–46.

[50] Karl BARTH: Möglichkeiten liberaler Theologie heute. In: Schweizerische Theologische Umschau, Heft 30, Weiperswil 1960, 101.

Verwegenheit heißt freilich nicht, daß man die dem Denken gesetzten Grenzen ignorieren und überspringen dürfte. Was Franz Grillparzer von Mozart gesagt hatte, gilt auch von seinem theologischen Verehrer: „Nennt Ihr ihn groß? Er war es durch die Grenze …".

Weil Barths Theologie ihre Grenzen kannte und an ihren Grenzen sich abarbeitend ihre unverwechselbare Intensität gewann, war sie eine *entdeckende* Theologie. Es gehört zum Bewußtsein der Grenzen der eigenen theologischen Existenz, daß die derart Existierenden sich nicht als *beati possidentes* verstehen, sich also auch nicht selber repetieren und damit zwangsläufig langweilig werden. „Die Theologie kann und darf sich kein Dogma, keinen Bekenntnissatz … ungeprüft … zu eigen machen. Und … auf den Ruhm einer überlieferungstreuen ‚Orthodoxie' … darf sie es, wenn es ihr mit der Wahrheitsfrage ernst ist, unter gar keinen Umständen abgesehen haben: keine schlimmere Häresie als solche Orthodoxie!"[51]

Das gilt natürlich erst recht im Blick auf jedwede Barth-Orthodoxie, sei es rechter, sei es linker Prägung. Man wird auch in die Texte aus der Feder Karl Barths mit unseren sich ändernden Wahrheitserfahrungen immer wieder *anders* einkehren und *neue* Entdeckungen von Wahrheit machen. „Lese ich heute den Homer", schrieb der alte Goethe an Zelter, „so sieht er anders aus als vor zehen Jahren; würde man 300 Jahre alt, so würde er immer anders aussehen."[52] Goethes gelehrter Göttinger Hermeneut Albrecht Schöne kommentiert[53]: „Solche neuen Lesungen eines alten Textes … unterstellen keineswegs, daß der" Autor „als das begnadete Sprachrohr einer höheren Eingebung weiter in die Zukunft schauen könne als andere Sterbliche. Nicht um ein prophetisches Vermögen des Autors geht es, sondern um das pro-

---

[51] Karl Barth: Einführung in die evangelische Theologie, Zürich ³1985, 54.

[52] Johann Wolfgang von Goethe: Brief an Carl Friedrich Zelter vom 8. August 1822. In: Ders.: Goethes Werke. Hrsg. im Auftrage der Großherzogin Sophie von Sachsen. IV. Abt.: Goethes Briefe, 36. Band: April 1822 – März 1823, Weimar 1907, 111.

[53] Frankfurter Allgemeine Zeitung vom 3. Januar 2004, Nr. 2, 35.

gnostische Vermögen der großen ... Texte selbst. Sie wissen mehr als ihr Verfasser wissen konnte."

Im Falle großer Theologie – aber doch wohl nicht nur in diesem Fall – erklärt sich dieses *mehr*, erklärt sich dieser überschießende Reichtum der Texte aus der Fähigkeit und Bereitschaft ihrer Autoren, immer wieder *mit dem Anfang anzufangen*: „Fortfahren heißt in der theologischen Wissenschaft" nach Barth „immer: noch einmal mit dem Anfang anfangen"[54] – mit einem Anfang, den nicht wir gesetzt haben, sondern der der von Gott gesetzte Anfang ist: ein ursprünglicher, ein *schöpferischer* Anfang, der sich der Theologie in den biblischen Texten erschließt. Nicht nur der Exeget, sondern auch der Dogmatiker wird deshalb in diese Texte immer wieder einkehren müssen und mit Lust einkehren wollen.

Karl Barth hat das ein Leben lang versucht. Und eben deshalb erfüllt seine Theologie selber die Forderung, die der bemerkenswerte Theologe sich und uns allen ins Stammbuch oder vielmehr in die Agenda geschrieben hat. Nämlich:

X. Summa

„Nur keine langweilige Theologie!"[55]

---

[54] Die Wendung „mit dem Anfang anzufangen" begegnet bereits 1916: Karl BARTH: Das Eine Notwendige. In: Die XX. Christliche Studenten-Konferenz. Aarau 1916, 10 (jetzt in: DERS: Predigten 1916. GA I. Predigten, 1998, 109–124, hier: 118). Der alte Barth nimmt die Wendung wieder auf: Karl BARTH: Einführung in die evangelische Theologie, ³1985, 182.

[55] Vgl. Karl BARTH: Offene Briefe, GA V/15, 554.

Biographische Angaben zu den Denkern

Paulus

Geboren um Christi Geburt mit römischem Bürgerrecht als Sohn jüdischer Eltern in Tarsus in Kilikien, der Hauptstadt dieser römischen Provinz, einem wichtigen Handels- und Kulturzentrum; theologisch-pharisäische Ausbildung vermutlich in Jerusalem; strenger Verfechter der Geltung des jüdischen Gesetzes; anfänglich eifriger Verfolger der christlichen Gemeinden; Berufungserfahrung bei Damaskus, verstanden als Beauftragung zur Evangeliumsverkündigung; hierin gründet sein Anspruch auf den Titel Apostel; die Wendung von der eigenen Gerechtigkeit aus den Werken des Gesetzes zur Gerechtigkeit aus Glauben wird zum Zentrum seiner Missionstätigkeit für die Heiden, zunächst in Arabien (Nabatäerreich), dann in Tarsus und Kilikien, später im südlichen Kleinasien von Antiochien aus (1. Missionsreise); auf dem sogenannten „Apostelkonzil" Einigung mit den Jerusalemer „Säulen" (Jakobus, Petrus, Johannes) auf den Verzicht auf die Beschneidung in der Heidenmission; Konflikt mit Petrus in Antiochien; Beginn der eigenständigen Missionsreisen nach Kleinasien und Griechenland (2. und 3. Missionsreise); nach seiner Rückkehr nach Jerusalem aufgrund schwerer Zusammenstöße mit Juden inhaftiert und zur Verurteilung nach Rom überstellt; dort wahrscheinlich um 62 n. Chr. hingerichtet.

Augustin

Geboren 354 n. Chr., ein Römer in Africa proconsularis; Lehrer der Rhetorik in Karthago, Rom und Mailand; Anhänger der manichäischen Christen von 373–382; 386 zur katholischen Kirche bekehrt; in Mailand 387 von Bischof Ambrosius getauft; 391 in der Hafenstadt Hippo Regius (= Annaba, Algerien) zum Priester gemacht; ab 396 Bischof daselbst; 430 n. Chr. gestorben, als die Vandalen in Nordafrika vorgedrungen waren und die Stadt Hippo belagerten.

Thomas von Aquin

Geboren 1224 oder 1225 als jüngster Sohn eines Landadeligen auf dem Familienstammsitz Castello Roccasecca bei Aquino; fünf- bzw. sechsjährig als puer oblatus in die Benediktinerabtei Montecassino gegeben; 1239 Austritt aus dem Benediktinerkloster und Beginn des Studiums der artes liberales in Neapel; erste Berührung mit der Naturphilosophie und wohl auch der Metaphysik des Aristoteles; 1244 Eintritt in den Dominikanerorden gegen den Willen der Familie, die ihn ein Jahr unter Hausarrest stellt; nach seiner Rückkehr in den Orden ab 1245–1248 Studium der Theologie in Paris; 1248–1252 als Assistent von Albert dem Großen in Köln tätig, dessen Vorlesungen ihn mit Pseudo-Dionysios Areopagita und der Nikomachischen Ethik des Aristoteles vertraut machen; zum baccalaureus biblicus ernannt; Priesterweihe; auf Empfehlung Alberts 1252 (oder schon 1251) Entsendung nach Paris; zum baccalaureus sententiarius promoviert; 1256 auf Veranlassung des Papstes zum Magister ernannt und 1257 zusammen mit Bonaventura in das Magisterkollegium aufgenommen; 1259 Konventslektor bei den Dominikanern in Orvieto; verschiedene Auftragsarbeiten für die Päpste; 1265–1268 Leiter des Studienhauses seines Ordens in Rom; 1268 nach Paris geordert wegen der schwelenden Auseinandersetzung vor allem um die Aristotelesrezeption der Averroisten; 1272 auf Drängen Kaiser Karls I. als Anziehungspunkt für die Studenten aus ganz Europa nach Neapel gerufen; zudem von seinem Orden mit der Einrichtung des studium generale daselbst beauftragt; 1274 Bestellung zum Sachverständigen auf dem Konzil von Lyon durch Papst Gregor X.; auf der Reise dorthin erkrankt; gestorben am 7. März 1274 in der Zisterzienserabtei Fossa Nova; 1323 heilig gesprochen; seine Gebeine sind in der Jakobinerkirche in Toulouse beigesetzt.

Nikolaus von Kues

Geboren 1401 in Kues an der Mosel als Sohn eines reichen Kaufmanns; 1416 Studienbeginn an der Artistenfakultät in Heidelberg; seit 1417 Studium beider Rechte in Padua; 1423 zum doctor decretorum promoviert; Kontakt mit führenden Vertretern des italienischen Humanismus; 1425 Studium der Philosophie und Theologie in Köln; intensive Archivforschung zu Rechtsquellen; Wiederentdeckung von Komödien des Plautus und anderer antiker Texte; Studium der Schriften des Pseudo-Dionysius Areopagita, des Albertus Magnus und des Raimundus Lullus; 1428 Fortsetzung seiner Studien, besonders der Originalhandschriften des Lullus in Paris; seit 1432 Teilnahme am Basler Konzil; 1433 Entlarvung der Konstanischen Schenkung als Fälschung des 8. Jhs; rege kirchenpolitische Tätigkeit; im Konflikt zwischen Konzil und Papst 1437 Parteinahme für Papst Eugen IV.; 1437 im Auftrag des Papstes Reise nach Byzanz zum oströmischen Kaiser und zum griechisch-orthodoxen Patriarchen mit der Einladung zum Unionskonzil von Ferrara (Florenz); auf der Rückreise Erleuchtungserlebnis: Koinzidenz der Gegensätze im unendlichen Einen; 1438 Reise zu den deutschen Reichs- und Fürstentagen; 1448 zum Kardinal erhoben; 1450 zum Fürstbischof von Brixen ernannt; als Kardinallegat Reformtätigkeiten in den deutschen Landen; mit seinem Amtsantritt in Brixen (1452) harte Auseinandersetzungen mit Herzog Sigismund von Tirol; 1460 Gefangennahme durch Sigismund; ohne Resignation als Bischof von Brixen Rückkehr nach Rom, wo er bereits 1459 zum Legaten und Generalvikar für den Kirchenstaat ernannt worden war; 1464 im Gefolge Papst Pius II. auf der Reise zur Vorbereitung eines Kreuzzugs gegen die Türken erkrankt; gestorben am 11. August 1464 in Todi/Umbrien; seine Gebeine sind in seiner Titularkirche San Pietro in Vinculi (Rom) beigesetzt; sein Herz wurde nach Kues in die Kapelle des St.- Nikolaus - Hospitals überführt.

Martin Luther

Geboren am 10. November 1483 in Eisleben als Sohn des späteren finanziell gut gestellten Hüttenmeisters im Kupferbergbau Hans Luder; 1490/ 91 Schulbesuch in Mansfeld, 1497 in Magdeburg und 1498–1501 in Eisenach; 1501 Studienbeginn in Erfurt; Einfluß des Nominalismus und Aristotelismus; 1505 magister artium; auf väterlichen Wunsch Beginn des Studiums der Jurisprudenz; am 2. Juni 1505 bei Stotternheim in ein Gewitter geraten gelobt er in Todesangst, Mönch zu werden; Beginn des Noviziats bei den Augustinereremiten in Erfurt; 1507 Priesterweihe und Beginn des Theologiestudiums zunächst an der Erfurter Universität, ab 1508 in Wittenberg, 1509 baccalaureus biblicus und baccalaureus sententiarius; 1510/11 Romreise im Auftrag seines Ordens; nach der Rückkehr Versetzung in den Wittenberger Augustinerkonvent; 1512 Promotion zum Doktor der Theologie und Übernahme der Wittenberger Bibelprofessur; zugleich Prediger an der Stadtkirche in Wittenberg; 1517 energischer Protest gegen die Ablaßpraxis des Johannes Tetzel und Bekanntmachung der 95 Thesen gegen das Ablaßwesen; 1518 Einleitung des römischen Prozesses gegen Luther; Verhör in Augsburg durch Kardinal Cajetan; 1519 Leipziger Disputation mit Johannes Eck und Andreas Bodenstein von Karlstadt vor allem über das Papsttum; 1519 Verurteilung durch die Universitäten Köln und Löwen; 1520 Bannandrohungsbulle; öffentliche Verbrennung der Bulle zusammen mit dem Kanonischen Recht; 1521 auf dem Reichstag zu Worms Verweigerung des Widerrufs seiner Schriften vor Kaiser und Reich; Verhängung der Reichsacht über ihn und seine Anhänger sowie des Verbots seiner Schriften durch das Wormser Edikt; auf Veranlassung Friedrichs des Weisen durch einen vorgetäuschten Überfall auf die Wartburg bei Eisenach gebracht; Arbeit an der Übersetzung des Neuen Testaments; 1522 Rückkehr nach Wittenberg, wo es zu Unruhen gekommen war; seit 1523 Auseinandersetzung mit Thomas Müntzer und Andres Karlstadt, dem linken Flügel der Reformation; entschiedene Stellungnahme gegen die Bauernkriege; 1525 Heirat mit der aus ihrem Kloster entflohenen Nonne Katharina von Bora; im selben Jahr Auseinandersetzung mit Erasmus von Rotterdam besonders um die Freiheit bzw. Unfreiheit des Willens; seit 1526 (und dann erneut von 1543 an) heftige Auseinandersetzung über das Verständnis des Abendmahls vor allem mit Huldrych Zwingli und Oekolampad; nach Ablehnung der Confessio Augustana (1530) Zustimmung zum Widerstandsrecht der Reichsstände gegen den Kaiser, die sich im Schmalkaldischen Bund zusammenschließen; ab 1539 intensiver Disput im sogenannten Antinomerstreit mit Johannes Agricola über die Frage der Geltung des Gesetzes für den Glaubenden; am 18. Februar 1546 gestorben und in der Wittenberger Schloßkirche nahe des Predigtstuhls beigesetzt.

Johannes Calvin

Geboren am 10.Juli 1509 in Noyen (Picardie) als Sohn eines bischöflichen Sekretärs; 1523 Besuch des Collège de la Marche in Paris; danach des Collège Montaigu; Ausbildung in Philosophie und der Kunst zu disputieren; Studium des Nominalismus und der Kirchenväter; Berührung mit dem Humanismus und der reformatorischen Theologie; nach dem Erwerb des magister artium Studium der Rechte, des bürgerlichen und des kanonischen Rechts, in Orléans; 1531 Rückkehr nach Paris; Studium der alten Sprachen und der klassischen Philologie am Collège Royal; zwischen 1533/34 Berufungserfahrung; 1533 Flucht aus Paris und 1534 Weggang aus Frankreich wegen der Verfolgung der „lutherischen Sekte";

1536 kurzer Aufenthalt am Hof der reformatorisch gesinnten Renée de France, Herzogin von Ferrara; 1536 auf der Durchreise in Genf von Guillaume Farel zum Aufbau der Genfer Gemeinde gewonnen; Forderung nach Einführung der Ordonnances Ecclésiastiques und der von der Kirche durchzuführenden äußerst strengen Kirchen- und Sittenzucht; nachdrücklicher Widerspruch des Rats, der darin eine Beschneidung der eigenen Rechte sieht; 1538 Ausweisung aus Genf; auf Bitten Martin Bucers Übernahme des Pfarramts in der französischen Flüchtlingsgemeinde in Straßburg; zugleich Lektor für Neues Testament am dortigen Gymnasium; Bekanntschaft mit Martin Bucer und Wolfgang Capito sowie freundschaftliche Verbundenheit mit Philipp Melanchthon und zeitlebens intensive Korrespondenz mit Heinrich Bullinger; beständig auf innerreformatorische Einheit der Kirche bedacht; 1541 Rückkehr nach Genf auf Drängen der an Einfluß gestärkten Anhänger Farels; Einführung der Ordonnances Ecclésiastiques; erneut heftige Auseinandersetzungen um die Zuständigkeit für die Kirchen- und Sittenzucht; 1553 Verurteilung Michael Servets zum Ketzertod nach Belastung durch Calvin; ausgedehnter Briefverkehr mit Dienern der Kirche in ganz West- und Mitteleuropa; gestorben am 27. Mai 1564 in Genf und gemäß eigenem Wunsch in einem nicht gekennzeichneten Grab auf dem Friedhof von Plainpalais beigesetzt.

Friedrich Daniel Ernst Schleiermacher

Geboren am 21. November 1768 in Breslau; 1783–1887 theologische Ausbildung in den Herrnhuter Bildungsanstalten in Niesky und Barby, danach Studium der Theologie in Halle a.d. Saale; nach dem ersten theologischen Examen 1790 Hauslehrertätigkeit beim Grafen zu Dohna in Schlobitten (Ostpreußen); 1794 Hilfsprediger in Landsberg/Warthe; 1796 Prediger an der Charité in Berlin; Beziehungen zum romantischen Kreis und enge Freundschaft mit Friedrich Schlegel; rege Teilnahme am geselligen Leben der gebildeten Welt in den Berliner Salons; 1802 Hofprediger in Stolpe (Pommern); 1804 außerordentlicher Professor für Theologie und Universitätsprediger in Halle a. d. Saale; 1807 Übersiedlung nach Berlin; 1808 im Dienst der Patriotenpartei; 1809 Prediger an der Dreifaltigkeitskirche in Berlin; im selben Jahr Heirat mit Henriette von Willich; 1810 Professor an der neuen Universität in Berlin und erster Dekan der Theologischen Fakultät; 1811 Mitglied der Preußischen Akademie der Wissenschaften; 1813 Teilnahme an der preußischen Erhe-

bung; anhaltender Konflikt mit der Zensur; 1817 führende Teilnahme an
der Union der lutherischen und reformierten Kirchen in Preußen; 1824
und in den folgenden Jahren Auseinandersetzung mit dem preußischen
König im sogenannten Agendenstreit; 1831 Auszeichnung durch den
Roten Adlerorden III. Klasse; 1833 hohe Ehrungen in Schweden und
Dänemark; gestorben am 12. Februar 1834; begraben auf dem Dreifaltig-
keitsfriedhof in Berlin.

Georg Wilhelm Friedrich Hegel

Geboren am 27. August 1770 als Sohn eines württembergischen Rent-
kammersekretärs in Stuttgart; Gymnasialzeit in Stuttgart; 1788–1793 als
herzoglicher Stipendiat Studium der Theologie und Philosophie am
Theologischen Stift in Tübingen zusammen mit Friedrich Wilhelm Joseph von Schelling und Friedrich Hölderlin; Begeisterung für die Ideen
der Französischen Revolution; 1793 Magisterprüfung und theologisches
Konsistorialexamen; 1793–1796 Hauslehrertätigkeit in Bern, von 1797–
1800 in Frankfurt am Main; durch väterliche Erbschaft finanzielle Unabhängigkeit; 1800 Wechsel nach Jena, wo Schelling lehrt; zusammen mit
Schelling Herausgeber der Zeitschrift *Kritisches Journal der Philosophie*; 1801 Habilitation, sodann mehrjährige Tätigkeit als Privatdozent
in Jena; durch Vermittlung Goethes ab 1805 in Jena zum außerordentlichen Professor für Philosophie ernannt; 1807 Bruch mit Schelling; nach
der Schlacht von Jena und Auerstedt 1806 Flucht nach Bamberg; Tätigkeit als Redakteur der Bamberger Zeitung; Übersiedlung nach Nürn-
berg; von 1808–1816 Rektor am Nürnberger Ägidiengymnasium; 1811
Heirat mit Marie von Tucher; 1816 Ruf nach Heidelberg; 1818 Berufung
als Nachfolger Johann Gottlieb Fichtes nach Berlin; große Wirkung als
akademischer Lehrer; 1829 Rektor der Universität Berlin; gestorben am
14. November 1831 infolge einer Cholerainfektion; begraben auf dem
Dorotheenstädtischen Friedhof in Berlin.

Søren Kierkegaard

Geboren am 5. Mai 1813 als siebtes Kind eines wohlhabenden Wollhänd-
lers in Kopenhagen; durch den Vater strenge Erziehung im Geist pietisti-
scher Frömmigkeit; schon in früher Kindheit von Schwermut gezeichnet; 1821–1830 Besuch der privaten Borgerdydschule; ab 1803 Studium

der Theologie; Unzufriedenheit mit der zeitgenössischen Theologie und seinen theologischen Lehrern; Hinwendung zu ästhetischen und philosophischen Studien; Gedanken an eine schriftstellerische Karriere; erste Veröffentlichungen polemischer Zeitschriftenartikel; freizügiger Lebensstil; erst seit 1836, nach dem Tod des Vaters, wieder eifrigeres Studium der Theologie (bes. bei Hans Lassen Martensen); im Mai 1838 Bekehrungserlebnis; 1840 theologisches Magisterexamen; im selben Jahr Verlobung mit Regine Olsen; schon 1841 Lösung der Verlobung durch Kierkegaard; literarische Verarbeitung dieser Erfahrung; Ausbildung am Königlichen Pastoralseminar; 1841 Promotion; Reise nach Berlin, wo Schelling lehrt, der ihn als Denker enttäuscht; 1842 Rückkehr nach Kopenhagen und intensive schriftstellerische Tätigkeit; harte Angriffe auf die dänische Amtskirche und das volkskirchliche Christentum; im Oktober 1855 Schlaganfall auf offener Straße; gestorben am 11. November 1855 in einem Kopenhagener Krankenhaus und auf dem Assistents-Friedhof beigesetzt.

Ernst Troeltsch

Geboren am 17. Februar 1865 in Haunstetten bei Augsburg als ältester Sohn eines praktischen Arztes und königlichen Hofrats; 1874–1883 Gymnasialzeit an der Studienanstalt St. Anna in Augsburg; 1884 Studium in Erlangen, 1885 in Berlin vor allem bei Julius Kaftan und Heinrich von Treitschke; 1886 in Göttingen; 1888 theologisches Examen in Erlangen / Ansbach; Ordination zum Pfarrer; 1891 lic. theol. und zugleich theologische Habilitation in Göttingen; 1892 Berufung zum außerordentlichen Professor nach Bonn; 1894 Ruf nach Heidelberg an die theologische Fakultät; als Mitglied des Eranoskreises Bekanntschaft mit Wilhelm Windelband, Georg Jellinek, Eberhard Gothein und vor allem Max Weber; 1901 Heirat; Ernennung zum Geheimen Kirchenrat; 1909 scheitert ein Ruf an die philosophische Fakultät der Universität Berlin an einem Minderheitenvotum; 1910 Wechsel an die Heidelberger philosophische Fakultät; 1912–1915 Heidelberger Stadtverordneter für die Nationalliberale Partei; 1914 auf Intervention Adolf von Harnacks Berufung nach Berlin auf die Professur für Kultur-, Geschichts-, Gesellschafts- und Religionsphilosophie und christliche Religionsgeschichte; 1915 Bruch mit Max Weber wegen unterschiedlicher Auffassungen Fragen des Krieges betreffend; 1919–1921 einflußreiches Mitglied der Deutschen Demokratischen Partei und deren Berliner Spitzenkandidat; Ab-

geordneter in der verfassungsgebenden Preußischen Landesversammlung; als ehrenamtlicher Unterstaatssekretär im Preußischen Ministe-
rium für Wissenschaft, Kunst und Volksbildung von 1919 – 1920 verantwortlich für die Neugliederung des Staatskirchenverhältnisses; gestorben am 1. Februar 1923 an den Folgen einer Lungenembolie; beigesetzt
auf dem Berliner Invalidenfriedhof.

Paul Tillich

Geboren am 20. August 1886 in Starzeddel (im heutigen Polen) als Sohn
eines Superintendenten in der Neumark und späteren Konsistorialrats
der Brandenburgischen Landeskirche; Kindheit in Starzeddel; Besuch
des Gymnasiums in Königsberg/Neumark, Abitur in Berlin; ab 1904
Studium der Theologie und Philosophie in Berlin, Tübingen, Halle (vor
allem bei Martin Kähler) und Breslau; 1909 erstes theologisches Examen;
Pfarrverweser in Lichtenrade; 1910 Promotion zum Dr. phil. in Breslau;
1912 Promotion zum lic. theol. in Halle; 1914 Heirat mit Greti Welver;
freiwillige Meldung als Feldgeistlicher im Ersten Weltkrieg; die Erfahrung des Krieges führt zu zwei Nervenzusammenbrüchen; Absage an die
Werte der bürgerlichen Gesellschaft und Annäherung an die Ideen des
Sozialismus; 1915 Habilitation in Halle; 1919 Umhabilitation von Halle
nach Berlin und Tätigkeit als Privatdozent; Verbindung zu linksgerichte-
ten Gruppen und Mitgliedschaft in der Unabhängigen Sozialdemokrati-
schen Partei Deutschlands; 1921 Scheidung; 1924 Heirat mit Hannah
Werner; im selben Jahr Ernennung zum Extraordinarius für Systematische Theologie in Marburg; Freundschaft mit Rudolf Otto und Rudolf
Bultmann; Einfluß von Martin Heidegger; 1925 Berufung zum Ordinarius für Religionswissenschaft an der Technischen Hochschule Dresden;
1927 Ruf als ordentlicher Honorarprofessor für Religionsphilosophie
und Kulturphilosophie an die Theologische Fakultät Leipzig; nach dem
Tod von Max Scheler 1928 Berufung nach Frankfurt am Main als Ordinarius für Philosophie und Soziologie; Begegnung mit Karl Mannheim
und Max Horkheimer sowie Theodor Adorno, der sich bei ihm habili-
tiert; 1929 Eintritt in die Sozialdemokratische Partei Deutschlands; Mitwirkung beim Aufbau der Zeitschrift „Neue Blätter für den Sozialismus“; 1933 beurlaubt und 1934 vom Amt suspendiert; auf Initiative von
Reinhold Niebuhr Anstellung als ‚Visiting Assistant Professor‘ am
Union Theological Seminary New York City, 1941 zum Full Professor
befördert; 1936 Vorsitzender der Hilfsorganisation ‚Selfhelp for German

Emigrees'; 1940 Annahme der US-amerikanischen Staatsbürgerschaft; 1942–1944 Radioansprachen nach Deutschland ('Stimme Freies Amerika'); 1944 Chairman des 'Council for a democratic Germany'; 1955 Ruf nach Harvard; 1962–1965 Professor an der University of Chicago; gestorben am 22. Oktober 1956 in Chicago; beigesetzt im Paul-Tillich-Park in New Harmony.

Karl Rahner

Geboren am 5. März 1904 in Freiburg im Breisgau; 1922 Eintritt in den Jesuitenorden; 1922–1925 Studium in Feldkirch in Österreich, 1925–1927 in Pullach bei München sowie 1929–1933 in Valkenburg in den Niederlanden; 1932 Priesterweihe; sodann destiniert zum Philosophiestudium in Freiburg im Breisgau als Vorbereitung auf eine Dozentur in Philosophiegeschichte; Begegnung mit Martin Heidegger; 1936/37 nach Scheitern der philosophischen Dissertation in Freiburg theologische Promotion und Habilitation in Innsbruck; 1937 Beginn der dogmatischen Lehrtätigkeit; während des Krieges Tätigkeit im Wiener Seelsorgeamt; 1948/49 Wiederaufnahme der Lehrtätigkeit in Innsbruck; päpstlicher Konzilstheologe während des 2. Vatikanischen Konzils; 1964–1967 Inhaber des Guardini – Lehrstuhls in München für Christliche Weltanschauung und Religionsphilosophie; 1967–1971 Professor in Münster für Dogmatik und Dogmengeschichte; gestorben am 30. März 1984 in Innsbruck; beigesetzt in der Innsbrucker Jesuitenkirche.

Karl Barth

Geboren am 10. Mai 1886 in Basel als Sohn eines Lehrers für Neues Testament an der dortigen Predigerschule und späteren Universitätsprofessors für Kirchengeschichte und Neues Testament in Bern; Schulzeit in Bern; ab 1904 Studium der Theologie in Bern, Berlin (neben Julius Kaftan und Hermann Gunkel vor allem bei Adolf von Harnack), Tübingen und Marburg (besonders bei Wilhelm Herrmann); nach Abschluß des theologischen Examens (1908) kurzes Vikariat im Berner Jura, sodann einjährige Tätigkeit als Redaktionsgehilfe der von Martin Rade herausgegebenen „Christlichen Welt"; 1909 pasteur suffragant (Hilfsprediger) in der deutschsprachigen Gemeinde in Genf, wo er seine spätere Frau Nelly Hoffmann kennenlernt; 1911 Übernahme des Pfarramts in der Ar-

beiter- und Bauerngemeinde Safenwil (Aargau); zunehmende Bedeutung
der sozialen Frage und der Ideen eines religiösen Sozialismus für sein
Denken; Freundschaft mit Eduard Thurneysen; 1913 Heirat; 1915 Eintritt in die Sozialdemokratische Partei; aufgrund der Katastrophenerfah-
rung des Ersten Weltkriegs Bruch mit der liberalen Kulturtheologie und
Absage an seine theologischen Lehrer; 1921 Honorarprofessor für reformierte Theologie an der Universität Göttingen; 1925 ordentlicher Professor für Systematische Theologie in Münster; Freundschaft mit Heinrich Scholz; 1930 Ruf nach Bonn; 1931 Mitgliedschaft in der SPD; einflußreiche Bedeutung im Kirchenkampf; Mitherausgeber der Zeitschrift
„Zwischen den Zeiten"; Hauptverfasser der „Barmer Theologischen Erklärung" (1934); wegen Verweigerung des Treueeids der deutschen Beamten auf den „Führer" Suspendierung vom Dienst; 1935 Versetzung in
den Ruhestand und Verbot seiner Schriften; unmittelbar darauf Berufung nach Basel, wo er bis zu seiner Emeritierung lehrt; von hier aus Engagement für die Bekennende Kirche in Deutschland und Aufrufe an die
Christen in ganz Europa zum Widerstand gegen Faschismus und Nationalsozialismus; nach dem Krieg Warnung vor Antikommunismus und
deutscher Wiederaufrüstung; Einladungen zu Vorträgen in die ganze
Welt; 1948 Teilnahme an der Weltkirchenkonferenz in Amsterdam; 1966
Einladung in den Vatikan; gestorben am 10. Dezember 1968 in Basel;
beigesetzt auf dem Basler Friedhof Hörnli.

Autorenverzeichnis

ANSELM, Reiner; Professor für Ethik, Evangelisch-Theologische Fakultät der Georg-August-Universität Göttingen.

AXT-PISCALAR, Christine; Professorin für Systematische Theologie, Evangelisch-Theologische Fakultät der Georg August-Universität Göttingen.

FELDMEIER, Reinhard; Professor für Neues Testament, Evangelisch-Theologische Fakultät der Georg-August-Universität Göttingen.

HALFWASSEN, Jens; Professor für Philosophie, Ruprecht-Karls-Universität Heidelberg.

JAESCHKE, Walter; Professor für Geschichte der Philosophie, Universität Bochum.

JÜNGEL, Eberhard; Dres.h.c., D.D., Professor für Systematische Theologie und Religionsphilosophie und Direktor des Instituts für Hermeneutik, Evangelisch-Theologische Fakultät der Eberhard-Karls-Universität Tübingen (emeritiert); Ephorus des Theologischen Stifts in Tübingen.

MÜHLENBERG, Ekkehard; Professor für Kirchengeschichte, Evangelisch-Theologische Fakultät der Georg-August-Universität Göttingen.

PIEPER, Annemarie; Professorin für Philosophie, Universität Basel (emeritiert).

RAFFELT, Albert; Honorarprofessor für Dogmatische Theologie an der Katholischen Fakultät der Universität Freiburg i. Br. und stellvertretender Direktor der Freiburger Universitätsbibliothek.

RINGLEBEN, Joachim; Professor für Systematische Theologie, Evangelisch-Theologische Fakultät der Georg-August-Universität Göttingen.

ROHLS, Jan; Professor für Systematische Theologie, Evangelisch-Theologische Fakultät der Ludwig-Maximilians-Universität München.

SLENCZKA, Notger; Professor für Systematische Theologie, Evangelisch-Theologische Fakultät der Universität Mainz.

Wenz, Gunther; Professor für Systematische Theologie an der Evange-
lisch-Theologischen Fakultät der Ludwig-Maximilians-Universität
München und Direktor des Instituts für Fundamentaltheologie und
Ökumene.

Bildnachweise

Joachim Ringleben

Arbeit am Gottesbegriff I
Reformatorische Grundlegung, Gotteslehre, Eschatologie

Im Gespräch mit der Philosophie und den Fragen des Denkens versucht Joachim Ringleben eine intellektuelle Rekonstruktion zentraler Themen der Theologie Luthers sowie systematische Interpretationen zu Fragen der Gotteslehre, der Christologie, der theologischen Anthropologie, der Schöpfungslehre und der Eschatologie.

2004. VIII, 349 Seiten
ISBN 3-16-148277-8 fadengeheftete Broschur

Joachim Ringleben

Arbeit am Gottesbegriff II
Klassiker der Neuzeit

Ausgehend von der Sprache untersucht Joachim Ringleben in diesen theologisch-philosophischen Aufsätzen den christlichen Gottesgedanken in paradigmatischen Interpretationen zu Hamann, Hegel, Kierkegaard, Schleiermacher, Wilhelm von Humboldt und Schlatter.

2004. Ca. 800 Seiten
ISBN 3-16-148502-5 fadengeheftete Broschur

Mohr Siebeck
Postfach 2040
D-72010 Tübingen

Fax 07071 / 51104
e-mail: info@mohr.de
www.mohr.de

pro Studium Theologie/Religion

Marco Frenschkowski
**Literaturführer Theologie
und Religionswissenschaft**
Bücher und Internetanschriften
UTB 2405
ISBN 3-8252-**2405**-8
Schöningh.
2004. 383 S.,
EUR 16,90, sfr 30,10

Karl Gabriel,
Hans-Richard Reuter, (Hrsg.)
Religion und Gesellschaft
Texte zur Religionssoziologie
UTB 2510
ISBN 3-8252-**2510**-0
Schöningh.
2004. 398 S.,
EUR 17,90, sfr 31,70

Karen Gloy
Wahrheitstheorien
Eine Einführung
UTB 2531
ISBN 3-8252-**2531**-3
A. Francke.
2004. 295 S.,
EUR 18,90, sfr 33,40

Joachim Kunstmann
Religionspädagogik
Eine Einführung
UTB 2500
ISBN 3-8252-**2500**-3
A. Francke.
2004. 380 S., div. Abb.,
EUR 22,90, sfr 40,10

Christian Mölle
**Einführung in die
Praktische Theologie**
UTB 2529
ISBN 3-8252-**2529**-1
A. Francke.
2004. 298 S.,
EUR 21,90, sfr 38,50

Gunda Schneider-Flume
Grundkurs Dogmatik
Nachdenken über Gottes
Geschichte
UTB 2564
ISBN 3-8252-**2564**-X
Vandenhoeck & Ruprecht.
2004. 414 S.,
EUR 22,90, sfr 40,10

Jürgen Ziemer
Seelsorgelehre
Eine Einführung für Studium
und Praxis
UTB 2147
ISBN 3-8252-**2147**-4
Vandenhoeck & Ruprecht.
2., durchgeseh. u. aktual. Aufl.
2004. 364 S.,
EUR 22,90, sfr 40,10

Hellmut Zschoch
**Die Christenheit im Hoch-
und Spätmittelalter**
UTB 2520
ISBN 3-8252-**2520**-8
Vandenhoeck & Ruprecht.
2004. 323 S.,
EUR 15,90, sfr 28,50